国家文化产业资金支持媒体融合重大项目

全国高等职业教育财务会计类专业规划教材

会计信息系统应用

——业务财务一体化

（基于用友ERP-U8 V13.0）

赵　萍　刘兆军　主　编

李微娜　林淑清　孙婷婷　副主编

Application of Accounting Information System

东北财经大学出版社 大连

Dongbei University of Finance & Economics Press

图书在版编目（CIP）数据

会计信息系统应用：业务财务一体化（基于用友ERP-U8 V13.0）/ 赵萍，刘兆军主编. —大连：东北财经大学出版社，2022.2（2024.8重印）
（全国高等职业教育财务会计类专业规划教材）
ISBN 978-7-5654-4402-9

Ⅰ. 会… Ⅱ. ①赵… ②刘… Ⅲ. 会计信息-财务管理系统-高等职业教育-教材 Ⅳ. F232

中国版本图书馆CIP数据核字（2021）第261367号

东北财经大学出版社出版
（大连市黑石礁尖山街217号 邮政编码 116025）
网 址：http://www.dufep.cn
读者信箱：dufep@dufe.edu.cn
大连图腾彩色印刷有限公司印刷 东北财经大学出版社发行
幅面尺寸：185mm×260mm 字数：455千字 印张：20
2022年2月第1版 2024年8月第3次印刷
责任编辑：包利华 刘贤恩 责任校对：张晓鹏
封面设计：冀贵收 版式设计：原 皓
定价：62.00元

教学支持 售后服务 联系电话：（0411）84710309

如有印装质量问题，请联系营销部：（0411）84710711

前言

当前中国经济发展已经全面进入数字经济时代。《中共中央关于制定国民经济和社会发展第十四个五年规划和二〇三五年远景目标的建议》指出，“发展数字经济，推进数字产业化和产业数字化，推动数字经济和实体经济深度融合，打造具有国际竞争力的数字产业集群”。中央二十大报告指出“加快发展数字经济，促进数字经济和实体经济深度融合，打造具有国际竞争力的数字产业集群。”

为了更好地培养新产业、新业态及新模式下的大国工匠和高技能人才，践行二十大“人才强国战略”，积极贯彻落实《国家职业教育改革实施方案》，创新高职院校思想政治教育模式，强化“三教改革”成果，提升学生业务财务一体化、数字化处理能力，形成良好的职业习惯与职业精神，课程组开发了本工作手册式活页教材。教材以用友ERP-U8 V13.0为工具，业财一体、理实融合，主要具有以下特色：

1. 思政育人、职业引导

遵循“知识-能力-素养-价值”“四类进阶”理念，以中共二十大报告思想为指引，将家国情怀、文化传承、法治观念、道德修养与经世济民、诚信服务、学思结合、知行合一等职业精神结合起来，突出了职业引导功能，产教融合。按工作过程架构教材内容，设置“思政主线”、“职业能力清单”、“职业素质养成”、“职场陪练”与“职场寄语”等模块，培养学生家国志、报国情，引导学生通过学习了解职业、热爱职业岗位，树立正确的价值观、择业观，形成良好的职业道德和职业意识。

2. 岗课赛证融通

紧贴信息技术在行业中的最新应用，以2020年《业财一体信息化应用职业技能等级标准》为指导，结合实际工作过程，重构课程生态。岗课融通，对照岗位设置“任务清单”，以典型工作任务为载体，运用丰富的企业业务与管理场景，助力专业与产业、职业岗位全对接，人才培养与社会需求全对接；赛课融通，融合了会计技能、财务大数据分析等相关竞赛的思路方法，问题导向—理论指导—系统应用；书证融通，与“1+X”业财一体化、财务数字化等证书认证要求契合，设置 “一体化证书加油站”，检验学生职业能力形成状况。业财深度融合，帮助学生从全景视角磨炼会计核算技术，强化流程理解和数据分析运用能力。

3. 体例清晰，内容详实，突出实用性和实践性

全书以职业能力为本位，立足我国会计信息化人才需求，按制造企业经营管理业务流程设计体例分为3个层次、5个工作过程、13个特色实训、39个典型任务，通过思政主线、内容导图、情境引入、流程展示等引入具体任务，脉络分明，内容全面；注重业务财务活动的连续性和系统性，实现了多个子系统之间的数据交互，彼此验证。同时，实训内业务专题化布局，围绕专题输出理论，开展训练，提示操作要点和技巧，总结实践经验，具有较强的实践指导意义和应用价值。

另外，本书采用最新的工作手册式活页设计，便于使用和更新。同时，设置“任务清单”与“实训任务书”样式，方便学生对照任务清单独立思考和实施操作，还可随时记录操作要点、难点，及时总结、反思、提高，实用性和实践性较强。

4.配套资源丰富

为方便读者学习，本书提供了规范化操作指南和实际操作视频，读者可通过扫描二维码直接查看。同时，本书配有电子教案、PPT课件、教学大纲、教学计划、试卷及全部账套等形式多样的教学资源，另提供教学设计15项，微课5项，课程思政典型案例2项，各类测试题目300余项，有需要的读者可发送邮件至395594601@qq.com 索取。

本教材由赵萍、刘兆军担任主编，李微娜、林淑清、孙婷婷担任副主编。此外，在本书编写过程中，得到了沈阳智朗科技有限公司、大连云行科技有限公司各位领导和专家的技术指导以及东北财经大学出版社的大力支持，在此表示衷心感谢！

编 者

2023年7月

目　录

工作过程一　信息化实施初始

职业能力清单

1. 理解业财一体的意义；掌握系统应用各环节的关联关系；能够根据企业实际创建账套。

2. 掌握系统管理与企业应用平台的功能划分；理解系统管理员与账套主管的权限差别；能够根据业务流程和管理需要增减用户。

3. 理解系统中功能权限、数据权限及金额权限控制的方法，可以正确为各岗位操作员授权。

4. 能够对账套数据进行修改、输出、引入等操作。

5. 掌握基础档案设置的内容和方法，能够按需要正确启用模块并进行公共信息设置。

6. 熟悉各模块之间的关联关系；掌握各子系统的初始化设置及对账方法。

职业素质培养

1. 牢固树立系统的思想，用联系的观点正确看待各模块之间的关系。

2. 形成全局观念，着眼长远，立足当下，做好系统基础设置，保障核算工作顺利开展。

内容导图

工作过程一内容导图如图 1-1 所示。

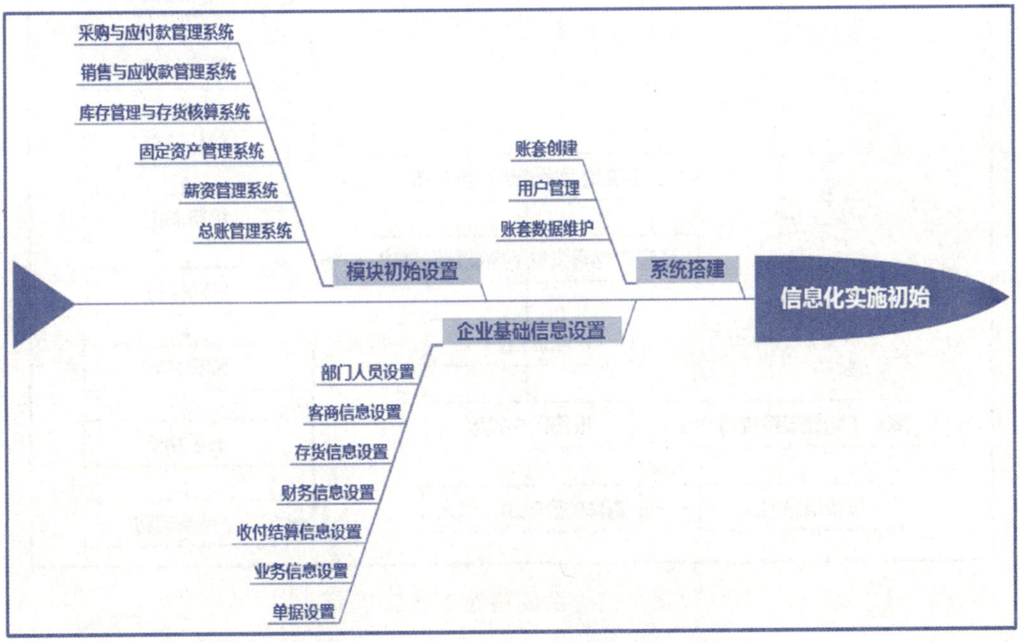

图 1-1　工作过程一内容导图

工作情境引入

沈阳君喜糖果有限公司，是一家主营糖果制作及销售的生产型企业，在业内具有很高的知名度，被誉为“中华老字号”。其特色产品牛轧糖和香酥枣深受消费者欢迎。

多年来，公司始终秉承“以质量求生存，以创新求发展”的理念，创新制糖工艺，严格质量管控，真材实料，真心实意，生产出营养丰富、口味独特的糖果制品。随着产品不断升级和业务不断扩大，原以手工核算为主的财务账务处理面临着极大的挑战。

2021年3月，公司做出重大战略调整，决定引进用友ERP财务软件，实现业务财务一体化管理。为此，公司聘请专家与单位的业务精英、财务精英一起组建了专门的信息化实施团队，进行了为期9个月的信息化实施准备工作。截至2021年年末，公司已经成功安装了用友ERP-U8 V13.0软件并设计完成了全套的系统实施方案，理清了系统运行所需的建账数据、基础档案数据和各系统初始数据，ERP业务财务一体化运作在2022年1月1日拉开帷幕。

思政主线

系统观点　大局思想　千里之行，始于足下

【实训一】系统搭建

信息化实施的基础工作是构建会计信息系统运行体系，即系统搭建。通过账套体系建立与维护、操作员管理、数据库管理及维护等操作，保障软件的正常运行及企业业务的准确核算。系统搭建要由系统管理员在【系统管理】平台操作完成。系统搭建工作流程如图1-2所示。

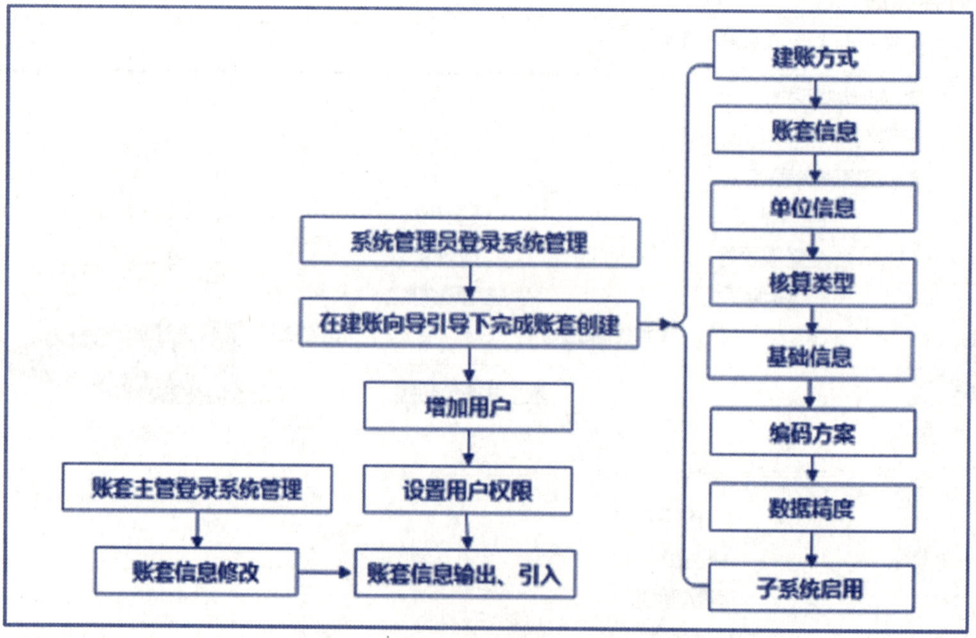

图1-2　系统搭建工作流程

任务清单1-1　账套创建

任务下达

1.熟悉企业信息及制度与核算要求。

2.理解业财一体的意义及业财一体核算软件的工作原理，掌握用友ERP-U8 V13.0系统的构成、功能及实现方法。

3.根据企业信息化实施准备过程中已经设计好的建账方案，在系统管理内实施建账操作。具体信息如下：

（1）账套信息。

账套号：323；账套名称：沈阳君喜糖果有限公司；账套路径：默认；启用会计期：2022年1月。

（2）单位信息。

单位名称：沈阳君喜糖果有限公司；单位简称：沈阳君喜；单位地址：沈阳市经济技术开发区开发大路188号；法人代表：顾晓兮；联系电话：024-33661188；税号：912101060911564238。

（3）核算类型。

本币代码：RMB；本币名称：人民币；企业类型：工业企业；行业性质：2007年新会计准则科目；账套主管：顾晓兮；按行业性质预置科目。

（4）基础信息。

存货、客户、供应商均有分类，无外币核算业务。

（5）分类编码方案。

科目编码：4-2-2-2-2；客户分类编码：1-2-2；供应商分类编码：1-2-2；存货分类编码：1-2；收发类别编码：1-2；其他项目按系统默认。

（6）数据精度。

按系统默认。

（7）系统启用。

启用总账、应收款管理、应付款管理、薪资管理、固定资产、采购管理、销售管理、库存管理、存货核算以及UFO报表10个系统，启用日期为2022年1月1日。

任务解析

一、企业信息

沈阳君喜糖果有限公司地处沈阳市经济技术开发区，是一家主营糖果制作及销售的生产型企业，主要生产牛轧糖和香酥枣，属增值税一般纳税人，法人代表兼总经理为顾晓兮。

在公司董事会下设总经理办公室、财务部以及采购部、销售部、生产部和仓储部。生产部门分为一车间和二车间，分别用来生产牛轧糖和香酥枣。总经理顾晓兮主管企业全面工作。

公司采用品种法计算产品成本，具体会计政策要求见本书附录1。实施准备小组已经根据公司实际情况和会计核算要求制订了相应的实施方案，见后续任务，这里不再赘述。

二、业财一体化

企业的运行是由一系列相互关联的业务过程来完成的。简单地说，每个企业至少有三种类型的业务过程：①企业需要从外部获取人、财、物等各种资源，付出代价并形成成本或费用的过程；②获取的资源经过加工或转换，形成企业产品及服务的过程；③企业向客户提供商品和服务，收取款项，实现价值增值的过程等。企业是一个复杂的系统，任何经营活动都会以资金运动的形式反映到会计与财务活动中，业务和财务具有天然的关联性，密不可分。

企业的业务过程也是物流、资金流、信息流的交互过程，对物流、资金流、信息流的管理贯穿于企业各个业务过程当中。从广义上来说，凡是业务活动发生的环节都是会计信息系统触角所及之处。

物流是指物质实体从供应者向需求者的物理移动，它由一系列创造时间价值和空间价值的经济活动组成，包括运输、仓储、配送、包装、装卸、流通加工及物流信息处理等多项基本活动，是这些活动的统一。企业加强物流管理，保障各种物质资源供应、流转顺畅，有效减少积压和资金占用，降低成本，提高效率，保障生产资源获取及产品和服务的连续供应。

资金流伴随着企业业务活动发生。企业财务过程最核心的功能就是实现对资金流的管理。通过会计核算把握资金的使用流向，通过财务预算实现对资金的计划控制。

信息流是指信息的传播与流动。企业只要有业务活动发生，就必然会产生物流、信息和信息流。信息流也必然需要在不同的业务环节被采集、传递和加工处理。在任何一个信息系统中，信息和信息流必然是主要的管理对象。

业财融合软件能够实现企业物流、资金流、信息流的一体化管理，从企业经营管理的角度进行设计，实现购销存业务管理和财务管理的一体化，提供经营决策的预测、控制和分析手段，能有效控制成本和经营风险，帮助企业提高竞争力。建立在一体化基础之上的会计系统能够跨部门应用，使信息资源充分共享，企业管理中各部门都能在第一时间得到其最需要的相关信息，从而以最快的速度做出经营决策，实现企业管理目标。

三、用友ERP-U8认知

用友ERP-U8是一款结构完善、功能全面、运行稳定的一体化软件。其汇聚了大量用户的应用需求，积累了丰富的行业先进企管经验，以销售订单为导向，以计划为主轴，业务涵盖财务、物流、生产制造、客户关系管理（CRM）、办公自动化（OA）、管理会计、决策支持、网络分销、人力资源、集团应用以及企业应用集成等，提供了企业信息化全面解决方案。其中，财务管理包括了总账、UFO报表、固定资产管理、应收款管理、应付款管理以及存货核算等主要模块，还包括人力资源管理中的薪资管理。供应链管理中包含了采购管理、销售管理、库存管理等主要模块，较好地实现了企业业务与财务核算的深度融合。

（一）软件操作平台

用友ERP-U8 V13.0系统的操作通过两个平台进行：系统管理与企业应用平台。二者功能不同，各司其职。

系统管理是软件的公共管理平台，对整个ERP系统公共任务实施统一管理，包括企业账套的建立、修改、删除、备份和恢复，年度账的建立、清空、引入、删除、输出及结转上年数据，操作员权限的集中管理、系统安全运行的管理及控制等。

企业应用平台是系统使用者进行业务操作的唯一入口。通过企业应用平台，系统使用者能够根据自身业务内容和管理需要启用模块，录入企业基础信息档案，定义业务工作，设计工作流程，进行个性化设置，并对具体的业务财务进行核算和数据处理。企业应用平台是软件的工作主体。

（二）账套与年度账

1.账套

账套是一组相互关联的数据。一个账套代表一个独立的企业资源管理系统。每个独立核算的企业都要有一套完整的账簿体系，把一套完整的账簿体系建立在U8系统中就称为一个账套。U8系统可以为多个企业（或企业的独立核算部门）建立账套，且各账套数据之间相互独立、互不影响。系统最多可建立999个企业账套。

当企业使用用友ERP-U8 V13.0软件时，首要工作便是建立相应的个性化账套。通过该账套存放相关的业务、财务数据，实现模块内部与模块间的数据传递、处理、存储、分析等操作。

2.年度账

由于企业的生产经营是连续不断进行的，因此每个账套中通常要存放多套不同年度的会计数据。为方便管理，系统将不同年度的数据存放于不同的数据表中，称为年度账。一个账套内可以建立多个年度账。

（三）系统管理员与账套主管

能够登录系统管理的操作员主要有系统管理员（admin）、账套主管、安全管理员（sadmin）等。只有账套主管可以登录企业应用平台。

1.系统管理员（admin）

系统管理员负责整个系统的创建与维护工作，进行账套的统一管理，包括账套的建立、引入、输出；进行操作员及功能权限的统一管理，指定每个账套的账套主管，定义角色、增加用户（操作员），并对用户（操作员）的权限进行设置等。此外，系统管理员还可以设置账套和年度账备份计划，升级SQL数据库，负责系统任务管理，包括阅读上机日志、清除异常任务、清除单据锁定等工作。值得说明的是，系统管理员不负责具体业务，没有登录企业应用平台的权限。

2.账套主管

账套主管是由系统管理员指定的、对某一个或多个账套实施全面管理的人员。账套主管负责本账套的修改、账套库的建立和删除，能够对年度账实施建立、清空、引入、删除、输出和结转上年数据等操作。账套主管可以设置本账套操作员的权限，也可以设置年度账备份计划、升级SQL数据库等。账套主管具有全部业务权限，可登录企业应用平台。

此外，系统还设有安全管理员（sadmin），他可以设置安全策略，执行数据清除和还原等操作。

任务实施

【操作岗位】系统管理员admin

【操作流程】

1.登录系统

单击【系统管理】，在打开的【新道U8［系统管理］】页面，执行【系统】|【注册】，进入【新道U8+】登录页面；输入用户名“admin”，其他选项默认，密码为空，点击登录。其过程如图1-3所示。

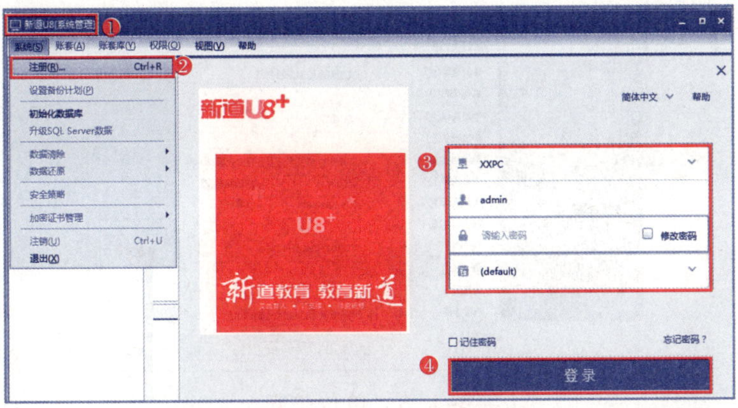

图 1-3　admin登录系统管理

2. 建账

(1) 执行【账套】|【建立】，打开【创建账套】对话框，选择【新建空白账套】，单击【下一步】；在【账套信息】对话框中，输入账套号、账套名称和启用会计期，如图1-4所示。

创建账套

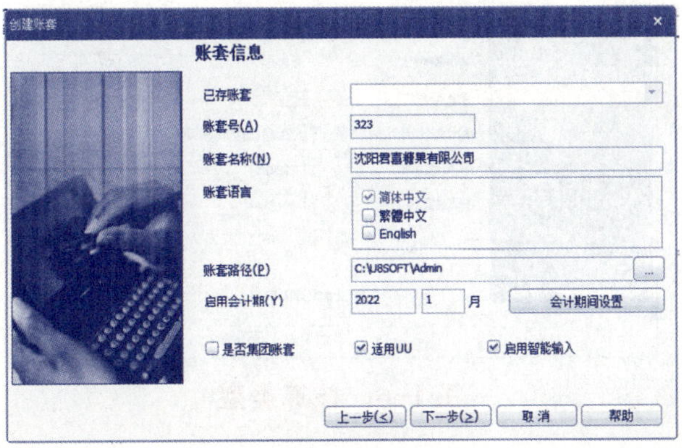

图 1-4　账套信息

操作提示

账套号是账套的唯一标识，可以自行设置3位数，但不允许与已存账套的账套号重复，且账套号设置后不允许修改。

账套名称是账套的另一种表示方法，其将与账套号一起显示在系统正在进行的屏幕上。

账套名称可以自行设置，并可以由账套主管在修改账套功能中进行修改。

系统默认的账套路径是用友ERP-U8 V13.0的安装路径，可以进行修改。

建立账套时系统会将启用会计期自动默认为系统日期，应注意根据实际资料修改，否则将会影响企业系统初始化及日常业务处理等的操作。

(2) 点击【下一步】，在【单位信息】页面输入单位名称、单位简称及单位地址、法人代表等信息，如图1-5所示；点击【下一步】，在【核算类型】对话框中选择【企业类型】为“工业”，【行业性质】为“2007年新会计准则科目”，账套主管按默认设置，勾选【按行业性质预置科目】复选框，如图1-6所示；点击【下一步】，在【基础信息】对话框中勾选【存货是否分类】【客户是否分类】【供应商是否分类】复选框，如图1-7所示。

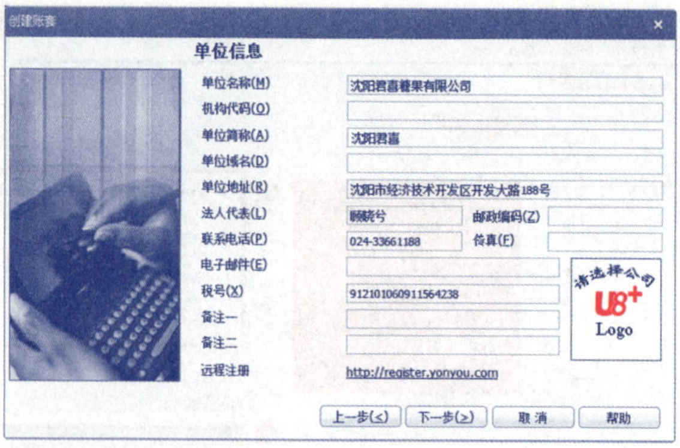

图 1-5　单位信息

操作提示

单位信息中单位名称是必录项。

单位名称要录入企业的全称，以便打印发票时使用。

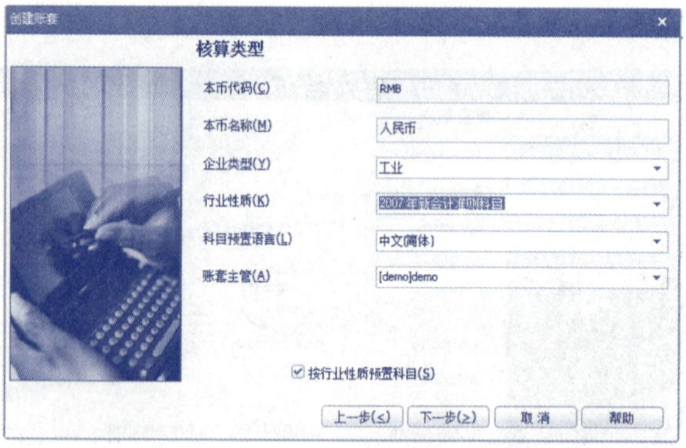

图 1-6　核算类型

操作提示

行业性质决定系统预置科目的内容，必须正确选择。

如果事先增加了操作员，则可在建账时选择该操作员为账套主管；如果建账前未设置操作员，可以先任选一个系统自带的操作员为账套主管，待后面增加操作员时再确认其为账套主管。

如果选择【按行业性质预置科目】，则系统将根据所选行业类型自动添加国家规定的一级科目。

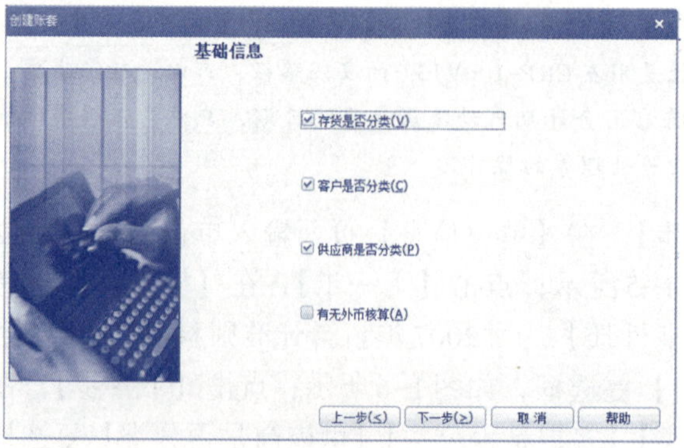

图 1-7　基础信息

操作提示

是否对存货、客户、供应商进行分类，将会影响其档案的设置。

是否有外币核算将会影响基础信息的设置及日常能否处理外币业务。

如果基本信息设置错误，可以由账套主管在修改账套功能中进行修改。

(3) 单击【下一步】，打开【创建账套-开始】对话框，点击【完成】，在弹出的建账与否对话框中选择【是】按钮，开始建账，如图1-8所示。

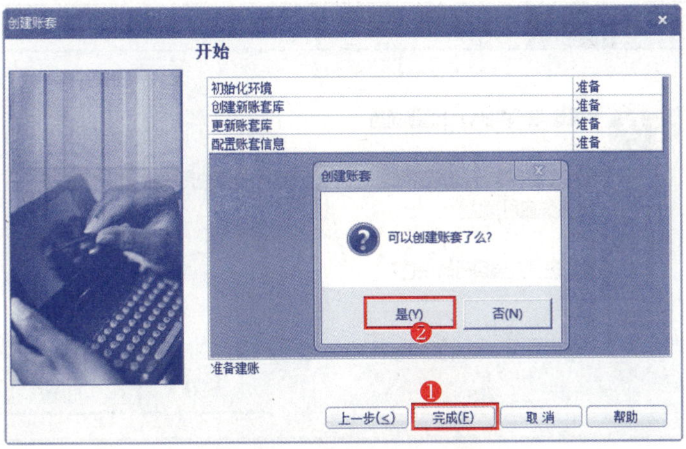

图1-8 创建账套-开始

系统创建账套需要一定时间，需耐心等待。建账完成后，系统会自动打开【编码方案】对话框，根据企业实际要求修改编码方案，再按【确定】|【取消】，如图1-9所示。打开【数据精度】页面，系统默认保留两位小数，点击【确定】|【取消】按钮，系统提示建账成功。

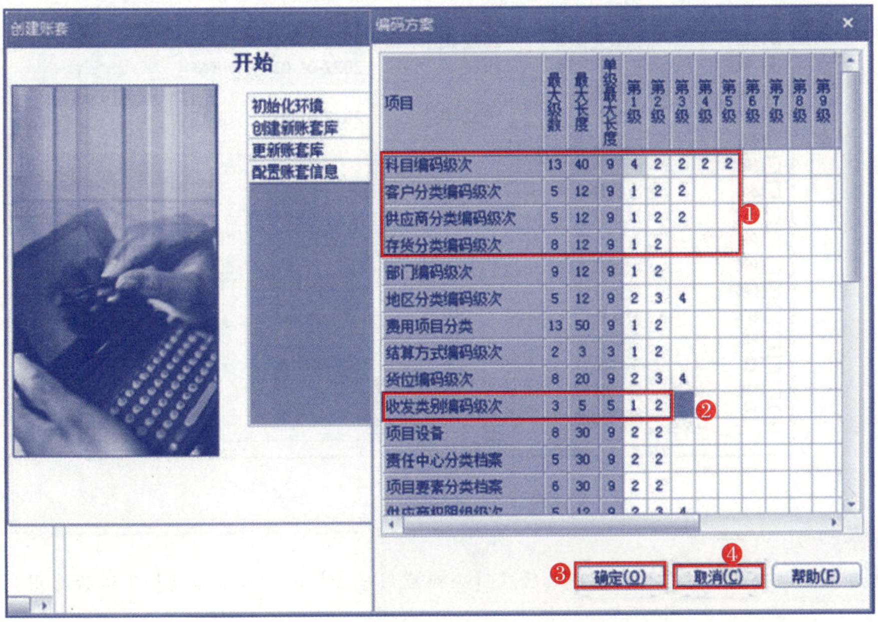

图1-9 编码方案

操作提示

编码方案的设置会直接影响基础信息设置中相应内容的编码级次及每级编码的位数。

（4）在图1-10所示页面中选择【是】，打开【系统启用】对话框，依次勾选“总账”、“应收款管理”、“应付款管理”、“薪资管理”、“固定资产”、“采购管理”、“销售管理”、“库存管理”及“存货核算”模块前复选框，启用自然日期均为“2022-01-01”，如图1-11所示。系统提示【请进入企业应用平台进行业务操作】，点击【确定】，完成本任务全部工作。

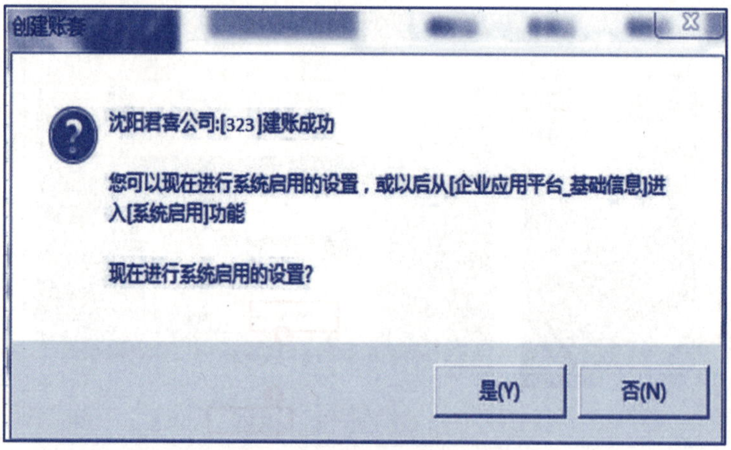

图1-10 建账成功

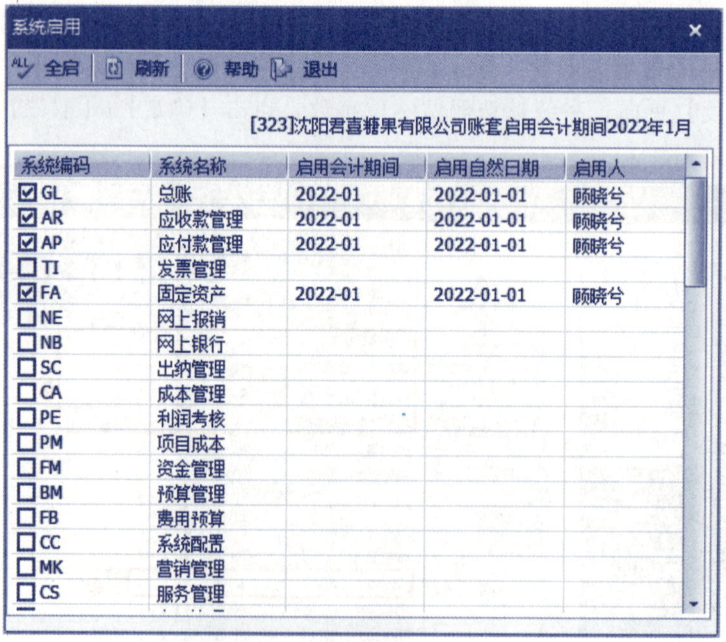

图1-11 系统启用

操作提示

系统启用可以在建账时进行，也可之后在【企业应用平台】的【基础信息】下进行启用。

任务清单1-2 用户管理

任务下达

1.增加用户

根据建账方案中操作员资料（见表1-1），增加用户基本信息。其中，顾晓兮的角色为账套主管，其他职员为普通员工。

表1-1 沈阳君喜糖果有限公司操作员及其职责权限

人员编码	姓名	部门名称	职务	职责权限
A01	顾晓兮	总经办	总经理	账套主管
W01	张鑫鑫	财务部	财务经理	总账的审核凭证、查询凭证、总账对账、总账结账、UFO报表
W02	闫立	财务部	主管会计	公用目录设置，总账（填制凭证、整理凭证、查询凭证、期末、账表、记账），应收及应付款管理（不含收付款单填制（卡片编辑）、选择收款和选择付款），固定资产管理、薪资管理、存货核算所有权限，UFO报表
W03	项芳	财务部	出纳	收付款单填制、选择收款和选择付款、票据管理、出纳签字及出纳权限
G01	周勋	采购部	采购经理	采购管理全部权限
X01	丁天	销售部	销售经理	销售管理全部权限
C01	杨雨艺	仓储部	仓库主管	公共单据、库存管理的全部权限

（注：若使用用友ERP U8 V10.1版本的软件，W02的权限中还应增加“公共单据”）

2.按照表1-1所示的职责权限，为用户授予功能级权限

3.取消所有记录级数据权限控制

任务解析

一、用户

用户又称操作员。普通用户是系统指定的具有登录企业应用平台并有权对该企业经济业务进行处理的操作人员。为了保证系统及数据的安全与保密，系统提供用户设置功能，可增加用户、修改用户、对用户进行权限分配，也可以删除未启用的用户。该项工作一般由系统管理员完成，账套主管只有权对其所负责的账套的用户授权。对于已经定义角色的用户，必须先取消所属角色信息才能将其删除，已经启用的用户不可删除。

二、角色

角色是指在企业管理中拥有某一类职能的组织，这个组织可以是实际的部门，也可以是由拥有同一类职能的人构成的虚拟的组织。例如，实际工作中最常见的会计和出纳两个角色，他们既可以是同一部门的人员，也可以分属不同的部门，但各自工作职能是一样的。

定义（增加）角色后，系统管理员可对各角色授权。当用户归属于某一角色时就相应拥有了该角色的权限。一个角色可以有多个用户，一个用户也可以分属不同的角色。用户与角色的设置不分先后顺序。

三、权限

用户设置完毕后，必须对用户的操作权限进行设置，以实现合理的分工合作与内部控制。用户的权限设置只能由系统管理员和相应的账套主管来进行。用友ERP-U8 V13.0提供了三种层次的权限管理：

①功能权限管理。该权限将提供划分更为细致的功能级权限管理功能，包括各个系统相关业务的查看和分配权限。用友U8系统提供了51个子系统的功能权限的分配，不同企业可以根据需要灵活设置，实现内部管理与控制。

②数据权限管理。该权限的控制分为记录级和字段级两个层次，对应记录级和字段级两个页签。【是否控制】复选框被勾选的业务对象将在数据权限设置的业务对象中显示。

③金额权限控制。该权限主要用于完善内部金额控制，实现对具体金额数量划分级别、对不同岗位和职位的用户进行金额级别控制，限制他们制单时可以使用的金额数量。

功能权限的分配在系统管理中就可以操作；而数据权限和金额权限需要在企业应用平台中的【系统服务】|【权限】中的【数据权限分配】和【金额权限分配】进行分配，并且必须在功能权限已经分配完毕后再进行分配。

任务实施

【操作岗位】系统管理员admin进行增加用户和功能权限分配设置，账套主管A01进行取消记录数据权限控制操作

【操作流程】

1.增加用户

（1）以系统管理员admin的身份注册进入系统管理，执行【权限】|【用户】，打开【用户管理】对话框；单击【增加】按钮，在打开的【操作员详细情况】页面输入编号“A01”、姓名“顾晓兮”，选择所属部门，同时勾选【所属角色】下“账套主管”前的复选框，如图1-12所示。系统自动设置顾晓兮为本账套的账套主管，完成账套主管全部权限的授予。

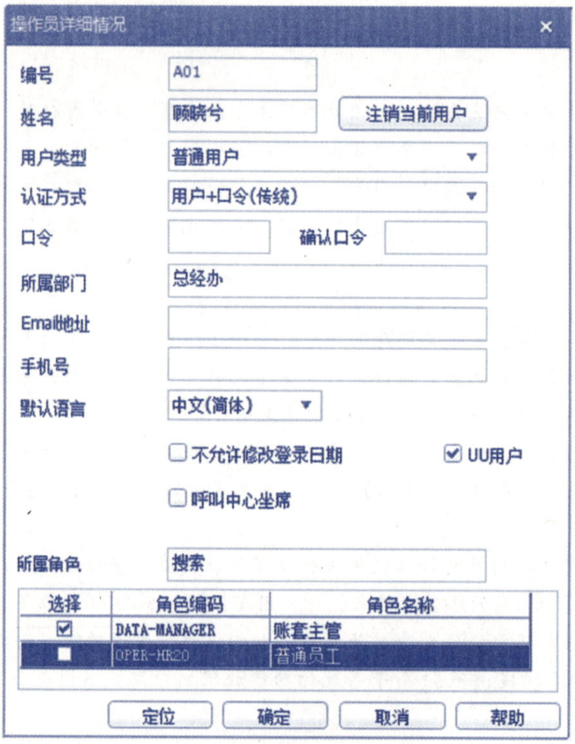

图 1-12 操作员详细信息录入

（2）重复前面操作，依次录入表 1-1 中所示的其他操作员的信息，结果如图 1-13 所示。

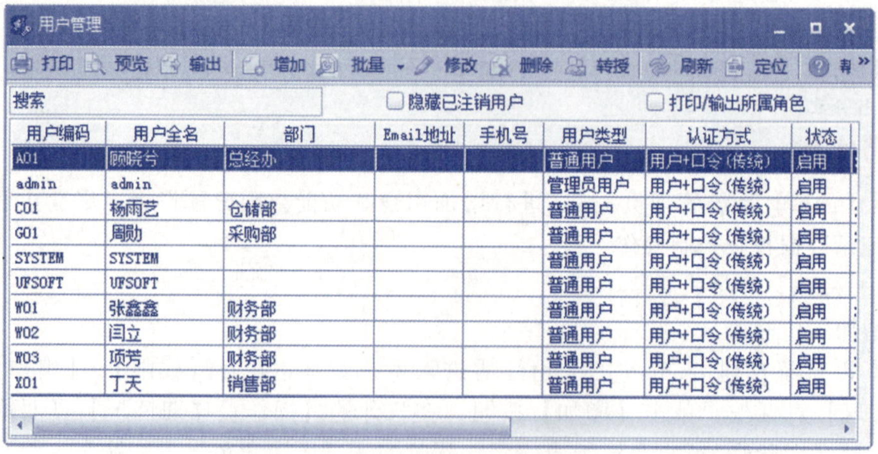

图 1-13 用户增加结果

2. 用户功能级权限授予

（1）系统管理员 admin 执行【权限】|【权限】，打开【操作员权限】对话框。

（2）在右侧账套名称框下拉列表中选择账套“323 沈阳君喜糖果有限公司”，分别对前述增加的本账套操作员进行授权。

（3）在左侧用户列表中选中“顾晓兮”，可以看到右侧“账套主管”前的复选框已经勾选，顾晓兮具有本账套全部权限，如图 1-14 所示。

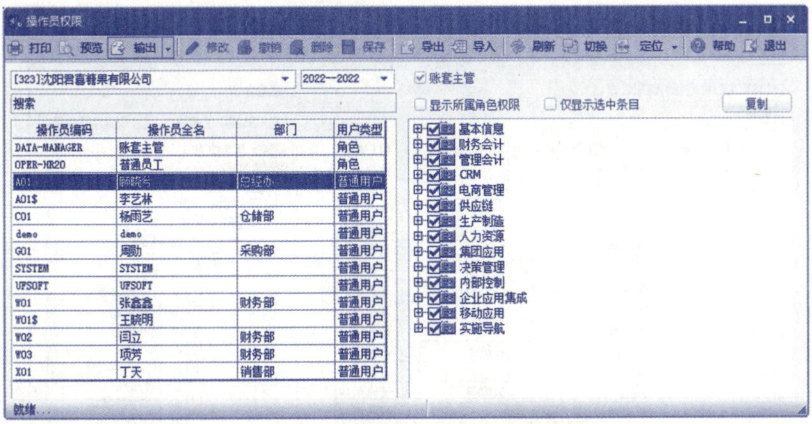

图 1-14　账套主管 A01 权限

（4）选择用户“张鑫鑫”，点击菜单栏中【修改】按钮，在右侧窗口中展开【财务会计】|【总账】，勾选【总账】中的【审核凭证】、【查询凭证】、【对账】及【结账】功能，同时选中【UFO 报表】，单击【保存】，完成用户“张鑫鑫”的授权，如图 1-15 所示。

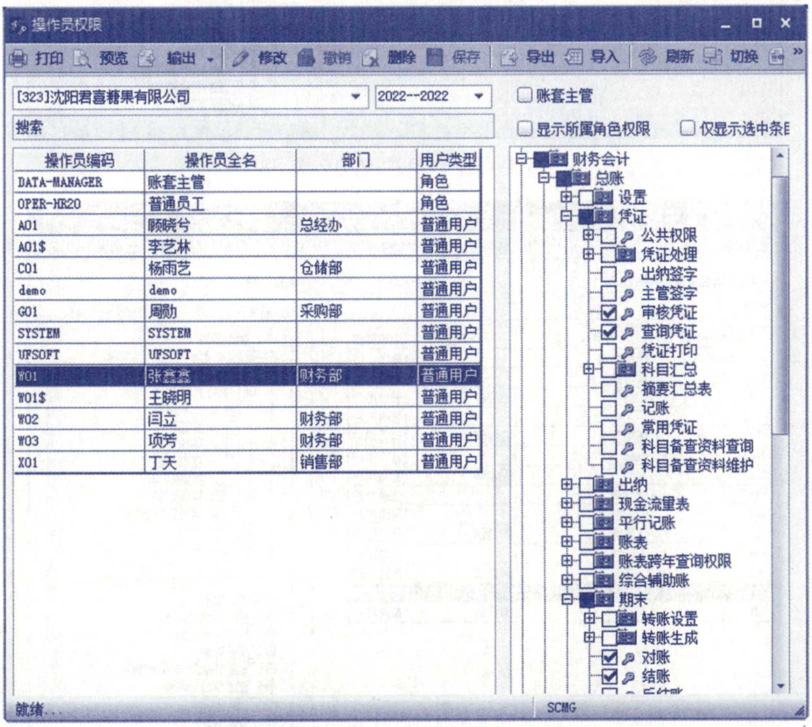

图 1-15　用户 W01 权限

（5）采用同样方法，按照表 1-1 中用户的职责权限，分别为“W02 闫立”“W03 项芳”等五名操作员授权，结果如图 1-16 至图 1-20 所示。需要说明的是，在对 X01 授权时，勾选【供应链】模块下的【销售管理】后，系统会自动勾选【生产制造】模块中【生产订单维护】下的【销售订单转生产】功能（如图 1-19 所示）。

W02 操作员授权

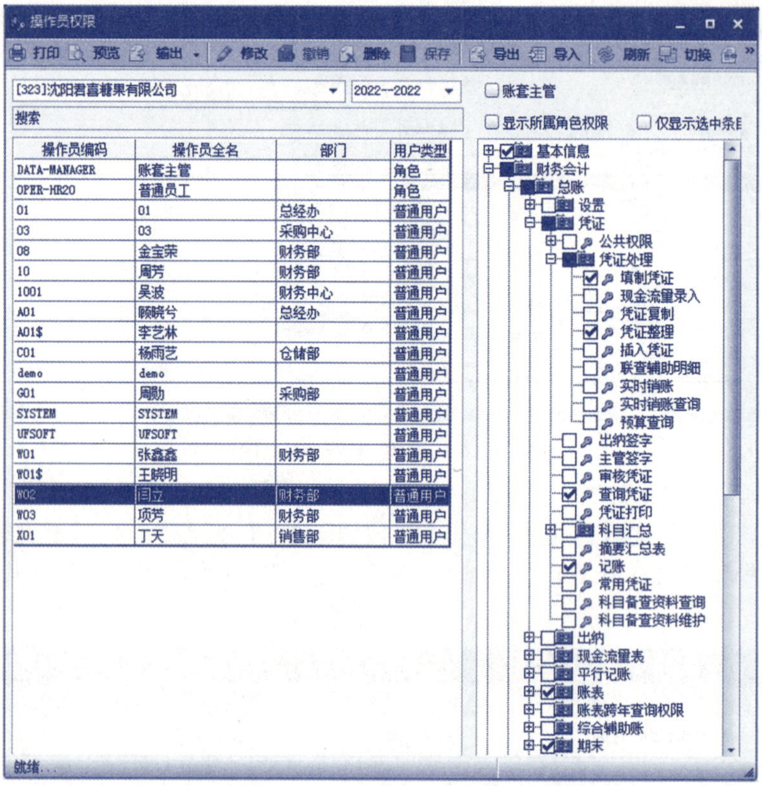

图 1-16 用户 W02 权限

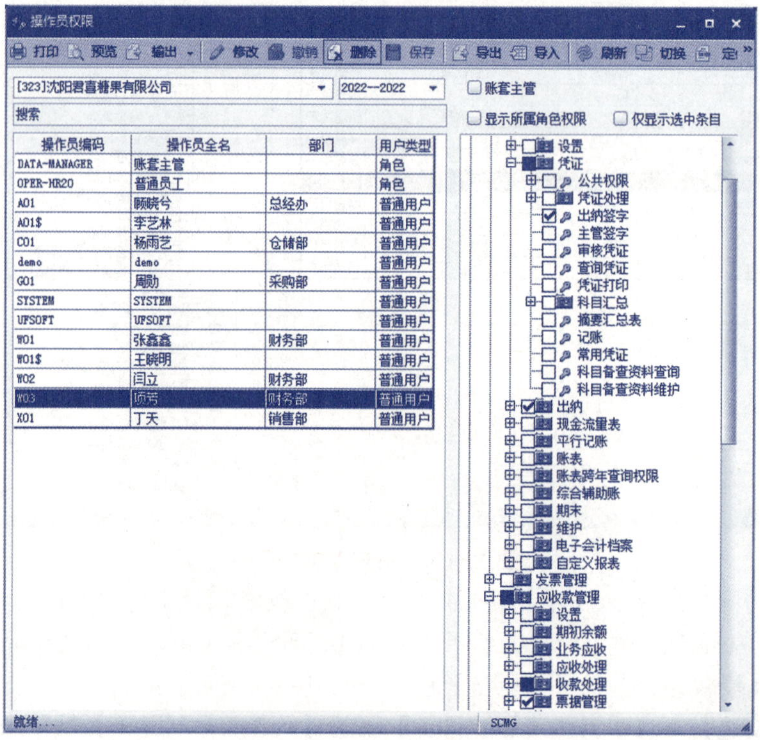

图 1-17 用户 W03 权限

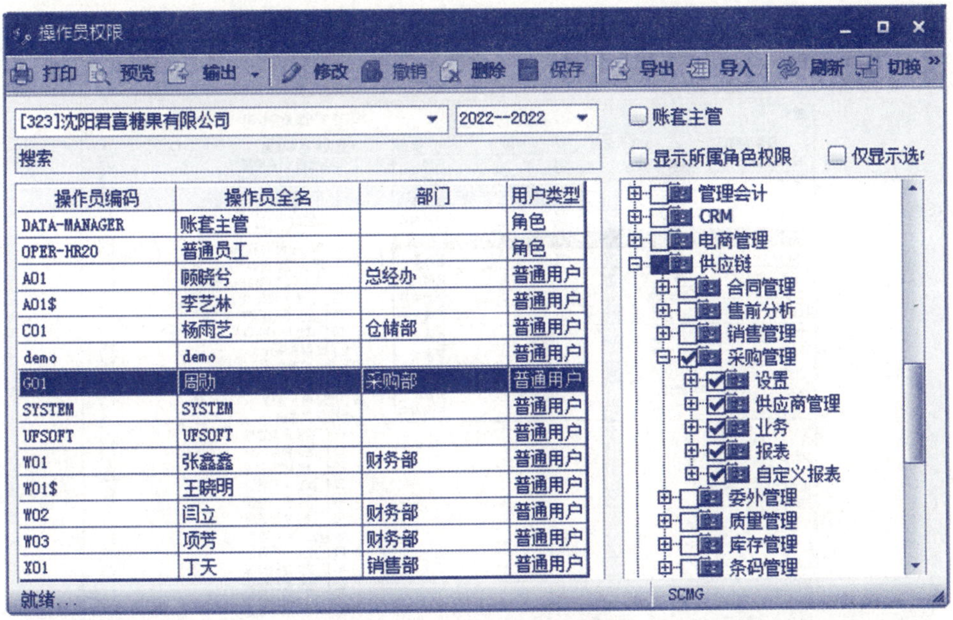

图 1-18　用户 G01 权限

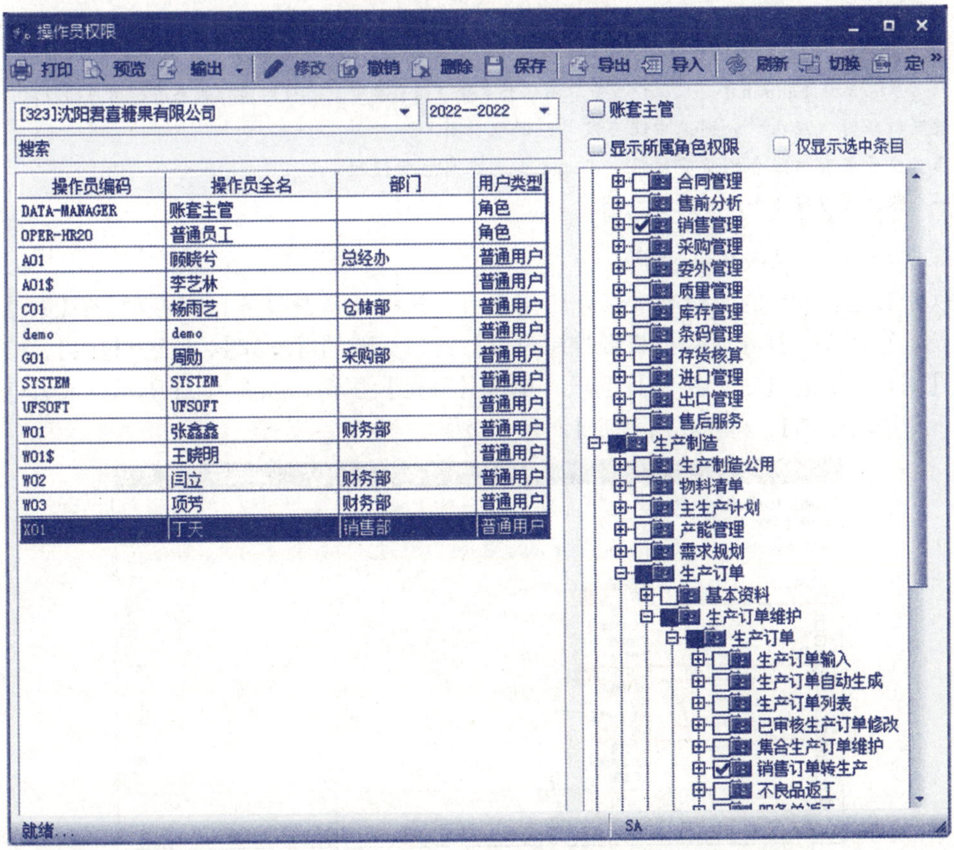

图 1-19　用户 X01 权限

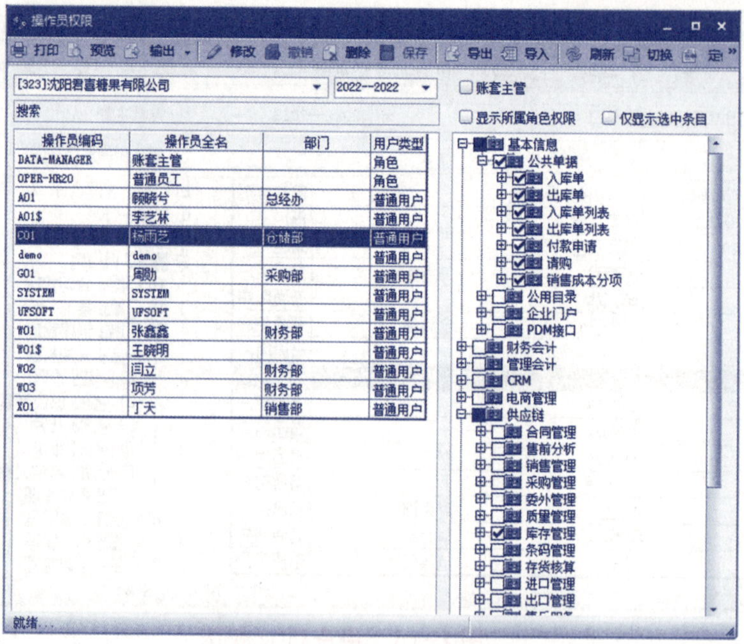

图 1-20 用户 C01 权限

操作提示

只有系统管理员admin才有权限设置或取消账套主管。账套主管只有权对所辖账套进行用户的权限设置。

设置权限时，应注意分别选中账套及相应的操作员。

账套主管拥有该账套的所有权限，因此无需为账套主管授权。

一个账套可以有多个账套主管。

3.取消所有记录级数据权限控制

以账套主管A01的身份登录企业应用平台，执行【系统服务】|【权限】|【数据权限控制设置】命令，打开【数据权限控制设置】窗口。取消【仓库】、【工资权限】、【科目】以及【用户】前的【是否控制】选项，单击【确定】按钮，如图1-21所示，或者直接点击右下角的【全消】，再点击【确定】，完成操作。

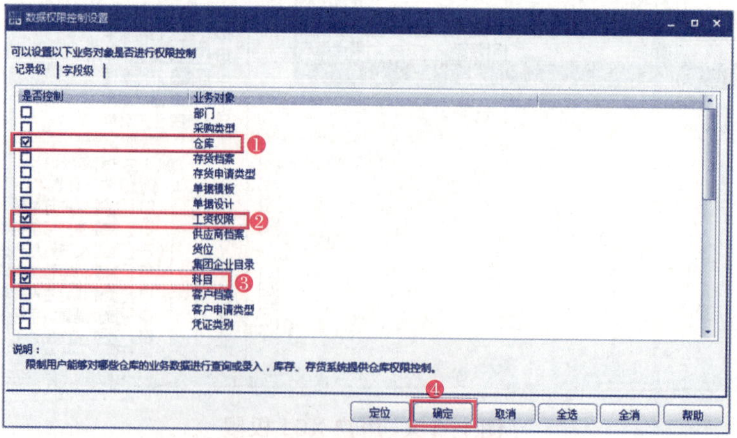

图 1-21 取消记录级数据权限控制

任务清单1-3　账套数据维护

任务下达

1.账套主管复核账套信息并根据需要做如下修改：

（1）修改公司简称为：沈阳君喜糖果；

（2）增加外币核算业务；

（3）将【费用类别】编码方案由原来的“1-2”改为“1”。

2.为提高数据安全系数，设置账套自动备份计划。计划编号：001；计划名称：君喜周备份；发生频率：每周；发生天数：2；开始时间：17:00；备份文件路径为D盘指定文件夹下。

3.输出账套，做好数据手工备份，同时删除系统内账套。

4.执行账套引入操作。

任务解析

一、账套输出、删除与引入

（一）账套输出与删除

为了保护机内数据安全，企业应定期进行数据备份。账套输出是将机内企业账套数据备份到硬盘、软盘或光盘中保存，以备机内数据损坏时恢复之用。U8系统提供了自动备份和人工备份两种方式。自动备份在系统管理的【系统】|【设置备份计划】中设置。账套不能直接删除，如果在备份时勾选【删除当前输出的账套】选项，则账套输出备份后同时将系统中原存的账套数据全部删除。

（二）账套引入

账套引入即账套恢复，是将备份的账套重新引入系统的过程。通过“账套输出”备份的账套数据无法脱离系统查看内容，只能在系统管理中通过【引入】功能恢复到系统中才能使用。

二、账套修改

系统经过一段时间的运行，如果发现账套的某些信息需要修改或补充，可通过【修改账套】功能来完成。此功能还可帮助用户查看某个账套的基本信息。账套修改需以账套主管的身份登录系统管理后进行，系统管理员无此权限。需要注意的是，并非全部账套信息都可修改，不可修改的部分以灰色显示，建账时应细心、谨慎。

任务实施

【操作岗位】账套主管A01完成账套修改，系统管理员admin完成其他操作任务

【操作流程】

1.修改账套

（1）打开【系统管理】，输入操作员“A01”，选择账套“323”，日期为“2022-01-01”，以账套主管A01身份注册进入系统管理，如图1-22所示。

图1-22 账套主管登录系统管理

（2）执行【账套】|【修改】，打开【修改账套】对话框。按建账顺序一步步查看账套信息，在【单位信息】页将单位简称修改为“沈阳君喜糖果”，如图1-23所示。继续按操作步骤提示完成其他修改项目。

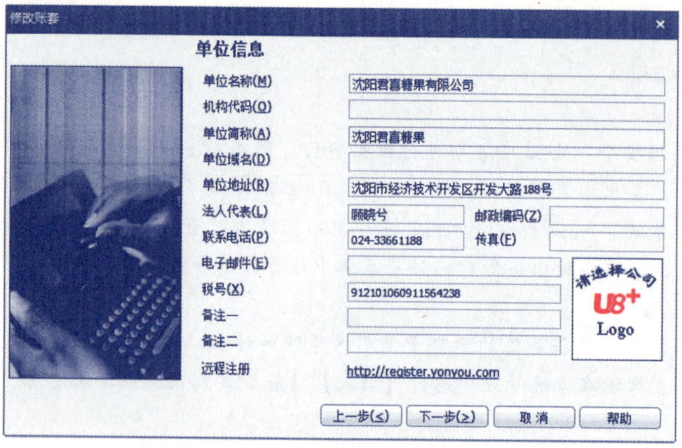

图 1-23　修改账套信息

（3）修改完成后，单击【完成】按钮，弹出系统提示信息“确认修改账套了么?”，选择【是】。然后再修改确认编码方案和进行数据精度定义，单击【确定】，则修改账套成功。

2. 设置自动备份计划

（1）以系统管理员（admin）身份注册进入系统管理，执行【系统】|【备份计划设置】，打开【备份计划设置】对话框，如图 1-24 所示。

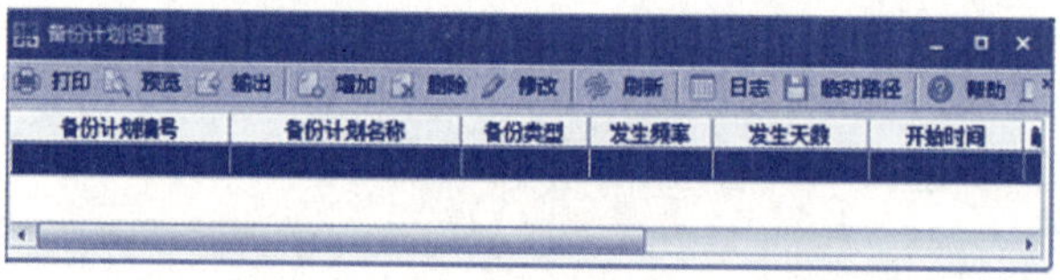

图 1-24　自动备份计划设置窗口

（2）单击【增加】按钮，打开【增加备份计划】对话框，输入相关内容，包括：计划编号、计划名称、备份类型、发生频率、发生天数、开始时间等，点击中间的【增加】按钮，添加账套备份路径为“D:\323 君喜周备份\”，再勾选账套“323 沈阳君喜糖果有限公司”前的复选框，单击下方的【增加】，保存设置。具体操作如图 1-25 所示。

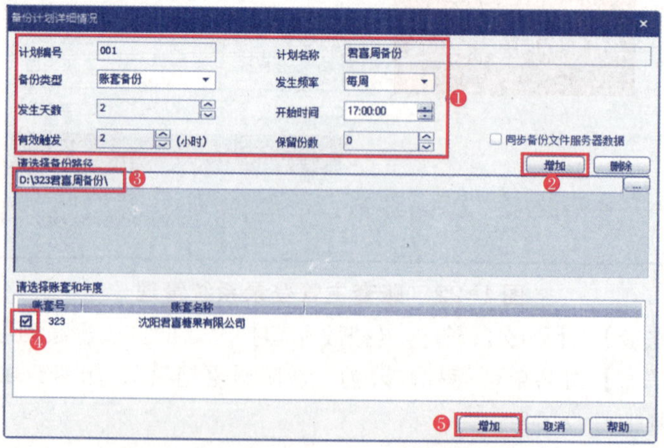

图 1-25　自动备份计划设置过程

3.手工备份账套

（1）在电脑硬盘上建立好存放账套的文件夹。

（2）以系统管理员（admin）身份注册进入系统管理，执行【账套】|【输出】，打开【请选择账套备份路径】对话框，如图1-26所示。在列表中选定已建好的文件夹，单击【确定】。

账套输出

（3）在【账套输出】对话框中勾选【删除当前输出的账套】项目下的复选框，系统弹出【真要删除该账套吗?】提示框，单击【是】，点击【确认】，如图1-27所示，系统进入账套备份状态。备份结束时系统会提示“备份成功!”，此时系统里的账套已经被删除。

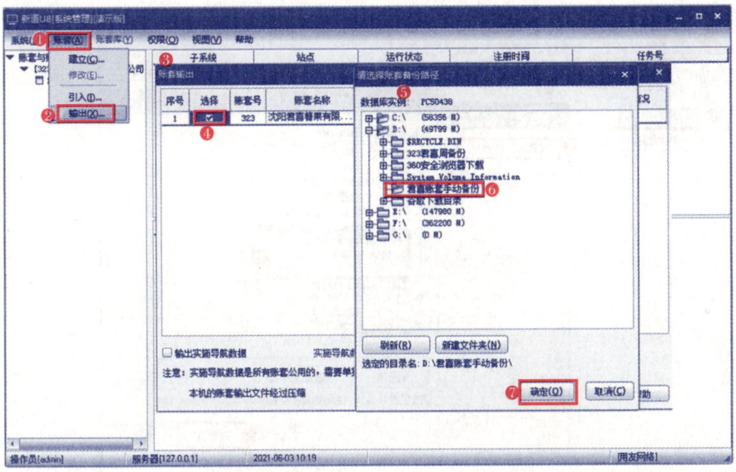

图1-26　手动备份过程

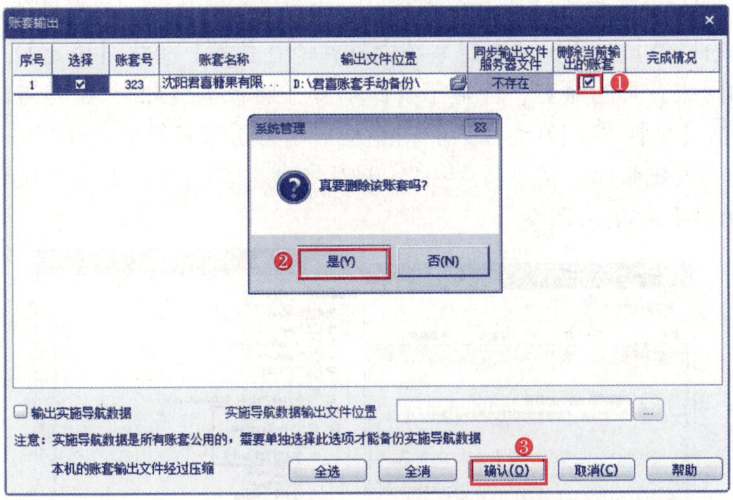

图1-27　备份同时删除账套

操作提示

正在使用的账套可以输出，但不允许进行账套删除。

可以利用账套输出功能执行删除账套操作，也可以通过【初始化数据】操作，将系统中所有账套全部删除。

备份账套时，应先建一个备份账套的文件夹，以便将备份数据存放在目标文件夹中。

4.账套引入

（1）以系统管理员（admin）身份注册进入【系统管理】。

账套引入

（2）执行【账套】|【引入】，打开【请选择账套备份文件】对话框，点击要引入的账套所存放的文件夹，选择账套文件“UfErpAct.Lst”，如图1-28所示。

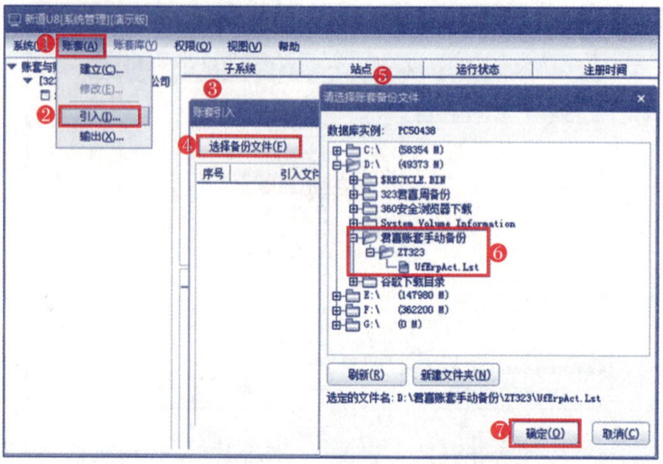

图1-28 账套引入操作（一）

单击【确定】，系统弹出【请选择账套引入的目录】对话框，单击【确定】，打开【请选择账套引入的目录】对话框，选定系统中软件所在位置，单击【确定】。这时如果系统里已经存在相同账套号的账套，会提示【此项操作将覆盖［323］账套当前的所有信息，继续吗?】，点击【是】，在【账套引入】对话框显示备份账套信息记录，单击【确认】，系统显示“正在引入账套库，请等待……”，最后完成账套引入，提示“账套引入成功!”，过程如图1-29、图1-30所示。

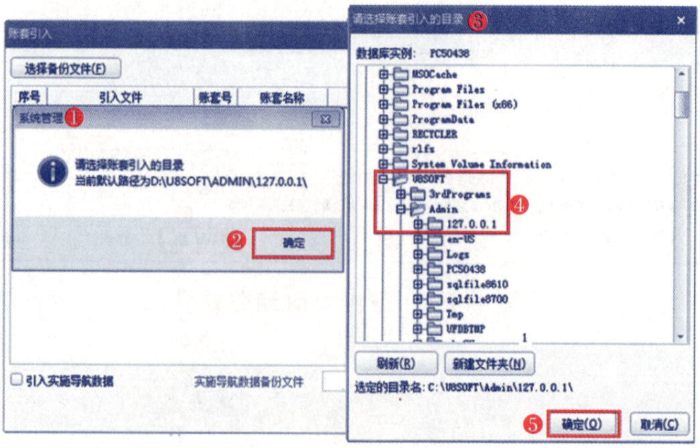

图1-29 账套引入操作（二）

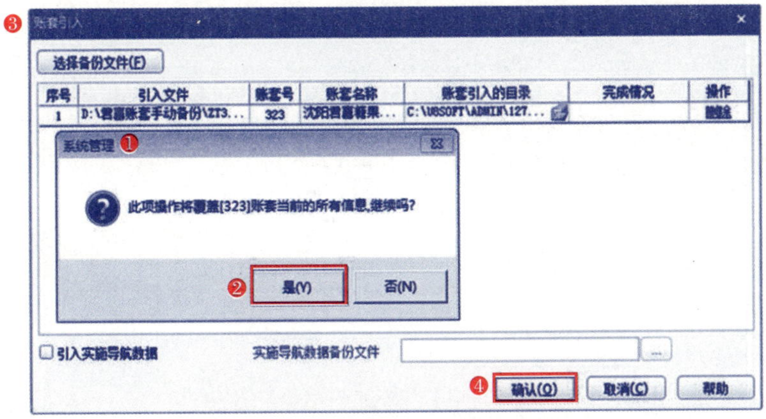

图 1-30　账套引入操作（三）

【实训二】企业基础信息设置

建账完成后，首先要定义公共信息，即各个子系统均可调用的企业基本信息资料，包括部门（或机构）人员信息、业务信息、财务信息以及单据信息等多个方面。这一工作应在2022年1月1日，由账套主管登录企业应用平台，打开【业务导航】|【基础设置】|【基本信息】及【基础档案】功能，完成相关设置。

企业基础信息设置工作流程如图1-31所示。

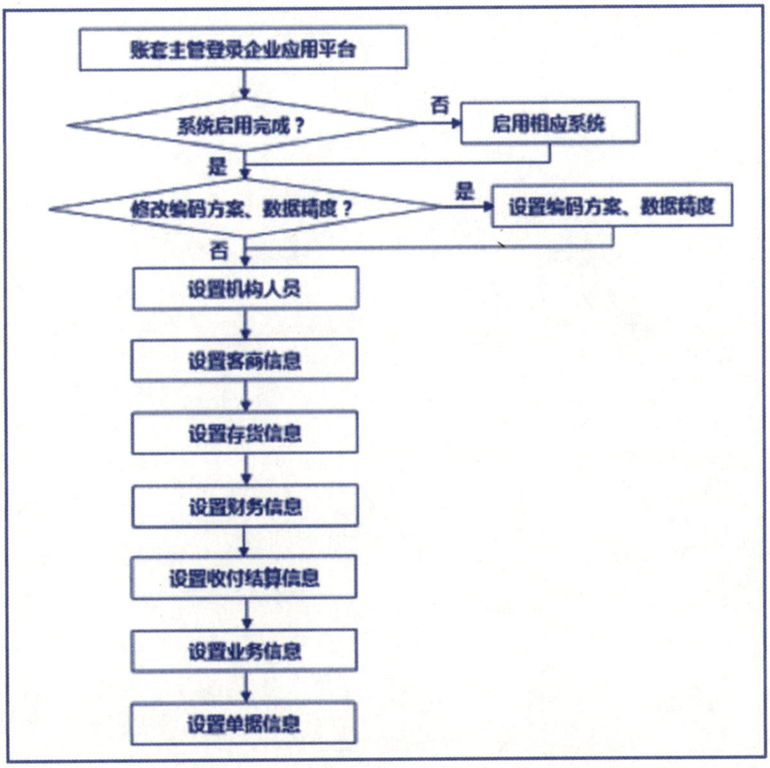

图 1-31　企业基础信息设置工作流程

任务清单2-1 机构人员设置

任务下达

沈阳君喜糖果有限公司部门档案、人员类别、人员档案资料见表1-2至表1-4。按要求将相关信息录入系统。

表1-2 部门档案

部门编码	部门名称
1	总经办
2	财务部
3	采购部
4	销售部
5	生产部
501	一车间
502	二车间
6	仓储部

表1-3 人员类别

类别编码	类别名称
101	企业管理人员
102	财务人员
103	采购人员
104	销售人员
105	生产人员
106	车间管理人员

表1-4 人员档案

人员编码	姓名	部门名称	雇佣状态	人员类别	性别	是否业务员	是否操作员
101	顾晓兮	总经办	在职	企业管理人员	女	是	是
102	李靖华	总经办	在职	企业管理人员	男	是	否
201	张鑫鑫	财务部	在职	财务人员	女	是	是
202	闫立	财务部	在职	财务人员	男	是	是
203	项芳	财务部	在职	财务人员	女	是	是
301	周勋	采购部	在职	采购人员	男	是	是
401	丁天	销售部	在职	销售人员	男	是	是
402	陈琳	销售部	在职	销售人员	女	是	否
50101	徐旷达	一车间	在职	车间管理人员	男	否	否
50102	王凯	一车间	在职	生产人员	男	否	否
50103	张宏伟	一车间	在职	生产人员	女	否	否
50201	侯杰	二车间	在职	车间管理人员	男	否	否
50202	占领	二车间	在职	生产人员	男	否	否
50203	雷腾	二车间	在职	生产人员	男	否	否
50204	杨国富	二车间	在职	生产人员	男	否	否
601	杨雨艺	仓储部	在职	企业管理人员	女	是	是

任务解析

一、企业应用平台

账套创建完成后，应由账套主管在“企业应用平台”进行系统启用、基础信息设置、基础档案信息录入等工作。企业应用平台是ERP-U8系统的集成应用平台，可以实现企业基础档案和基础数据的设置与维护、信息的及时沟通和传输、信息的统计分析等。

用友ERP-U8 V13.0的“企业应用平台”页面比10.1版本更加友好。用户可根据需要在【我的桌面】添加常用功能，进而提高工作效率。【业务导航】按钮提供了“经典树形”和“全景式菜单”两种功能菜单的排列方式，可查看企业流程图和业务场景，业财融合更加紧密。功能按钮划分为3个组：系统服务、基础设置和业务工作。

①“系统服务”主要为系统安全正常运行而设置，包括“系统管理”“服务器配置”“企业应用集成”“工具”“权限”5项功能。

②基础设置主要用于U8各子系统公用的基本信息、基础档案和单据等的设置，包括“基本信息”“基础档案”“业务参数”“档案设置”等11项功能。

③“业务工作”集成了登录用户在U8软件中具有操作权限的所有功能模块。

二、基本信息与基础档案

（1）“基本信息”功能下包括系统启用、编码方案以及数据精度的设置等几部分内容。

系统启用是指设定各个子系统开始使用的日期。只有启用后的子系统才能使用。系统启用的方法有两种：①系统管理员在企业建账完成后立即进行系统启用；②在建账结束后由账套主管在企业应用平台进行系统启用设置。只有系统管理员和账套主管才有系统启用的权限，并且各系统启用的会计时间必须大于等于账套启用的会计时间。系统启用后，未被使用前可以采用“注销”的方法取消启用。系统一旦被使用后是不允许注销的。

如果建账时编码方案或数据精度设置有误，可由账套主管在企业应用平台进行修改。

（2）基础档案是系统处理日常业务必需的基础资料，是系统运行的基石。一个账套总是由若干个子系统构成的，这些子系统共享共用基础档案信息。在U8 V13.0软件的基础档案功能下，可以对企业的“机构人员”“客商信息”“存货”“财务”“收付结算”“业务”“生产制造”等进行设置。

三、人员类别与人员档案

设置机构人员信息主要包括本单位信息、部门档案、人员档案、人员类别、职务档案、岗位档案等。设置部门档案，指按照已经定义好的部门编码级次原则输入部门及其信息。这里的部门是指使用单位下辖的具有分别进行财务核算或者业务管理要求的单元体，可以是实际的部门机构，也可以是虚拟的核算单元。人员类别与工资费用的分配、分摊有关，工资费用的分配、分摊是薪资管理系统的一项重要功能。人员类别设置直接决定了工资费用的入账科目。人员类别是人员档案的必选项目，需要先于人员档案设置。人员档案用于记录本企业职工的个人信息，一方面为总账中个人往来核算和管理提供基础档案；另一方面为薪资管理系统提供人员基本信息。企业全部人员均需要在此建立档案，供各模块调用。

任务实施

【操作岗位】账套主管A01

【操作流程】

1.设置部门档案

账套主管A01登录企业应用平台，执行【业务导航】|【基础设置】|【基础档案】|【机构人员】|【部门档案】，打开【部门档案】对话框；单击【增加】按钮，在打开的【部门档案】右侧窗格输入部门编码“1”，部门名称“总经办”，点击【保存】。采用同样方法录入其他部门编码及对应部门名称并保存。结果如图1-32所示。

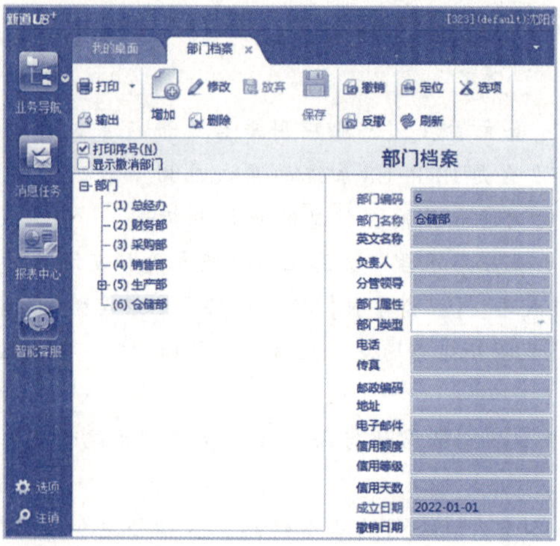

图 1-32　设置部门档案

2.设置人员类别

（1）账套主管A01在企业应用平台执行【业务导航】|【基础设置】|【基础档案】|【机构人员】|【人员类别】，打开【人员类别】对话框。

（2）删除系统内置的“正式工”、“合同工”和“实习生”三项类别，选中【人员类别(HR_CT000)】，单击【增加】按钮，在打开的【增加档案项】对话框中输入档案编码“101”，档案名称为“企业管理人员”，点击【保存】，如图1-33所示。

（3）采用同样方法录入其他档案编码及对应档案名称并保存。结果如图1-34所示。

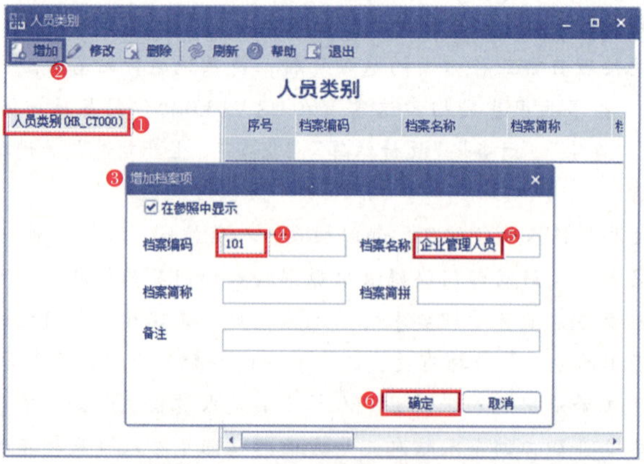

图 1-33　设置人员类别

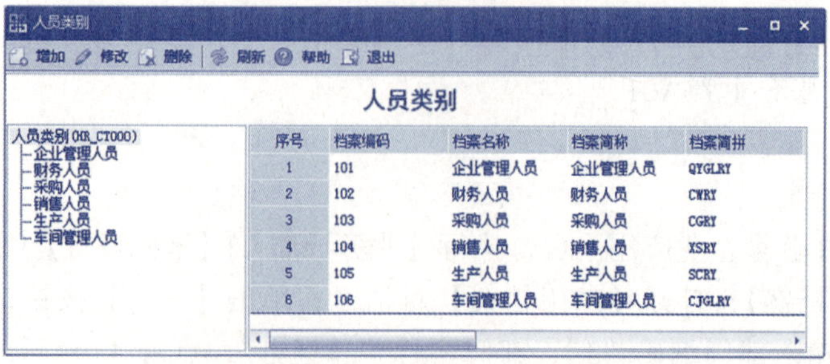

图 1-34　人员类别设置结果

操作提示

人员类别名称可以修改，但已使用的人员类别名称不能删除。

3. 设置人员档案

（1）账套主管A01点击【基础设置】选项卡，执行【基础档案】|【机构人员】|【人员档案】，打开【人员档案】对话框。

顾晓兮档案设置

（2）单击左侧窗口中【部门分类】下的【总经办】，点击【增加】按钮，打开【人员档案】窗口，按照表1-4的资料，录入顾晓兮的档案信息，并同步修改操作员的相关信息。注意：【操作员名称】选项应在参照列表中选择“A01 顾晓兮”，以表明人员编码101与操作员编码A01是同一个操作员。如图1-35所示。

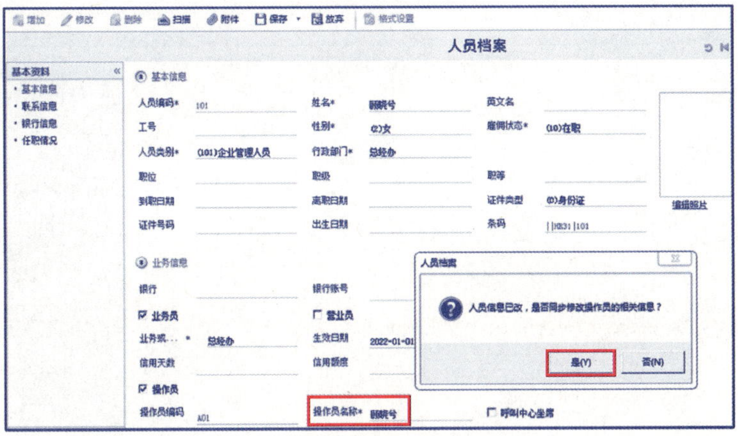

图1-35　人员档案设置

（3）采用同样方法录入其他人员档案信息。结果如图1-36所示。

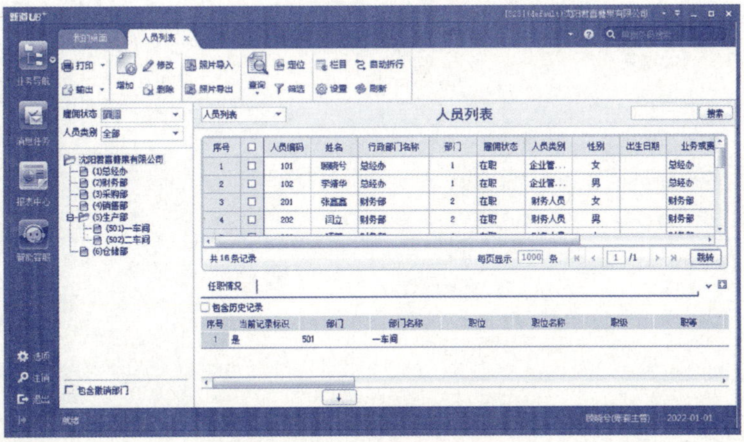

图1-36　人员档案清单

操作提示

人员档案应该包括企业所有员工。

人员编码必须唯一，只能在末级行政部门下增加人员档案。

如果该员工需要在其他档案或者其他单据的业务员项目中被参照，需要选中【业务员】选项。

任务清单 2-2 客商信息设置

任务下达

沈阳君喜糖果有限公司客户和供应商相关信息见表 1-5 至表 1-7。按要求将相关信息录入系统。

表 1-5 客户与供应商分类

分类主体	分类编码	分类名称
客户	1	一般客户
	2	重要客户
供应商	1	主材及辅料供应商
	2	包装供应商
	3	成品供应商
	4	物流公司

表 1-6 客户信息

客户编码及名称	客户简称	所属分类	开户行及账号、税号	地址、电话、联系人
001 北京新世界百货有限公司	北京新世界	1	招行崇文门支行 账号：2636486817289778348 税号：910330858333912587	北京市东城区东兴隆街58号 010-48987293 联系人：张扬
002 上海艾格连锁超市有限公司	上海艾格	1	建行杨浦支行 账号：6746248014441546256 税号：910330222824325865	上海市杨浦区长阳路1200号 021-39559871 联系人：赵蕊
003 沈阳鑫鑫副食集团	沈阳鑫鑫	2	工行沈阳皇姑支行 账号：9100588726201730432 税号：910330577951461899	沈阳市皇姑区昆山中路166号 024-49732200 联系人：吴昕
004 辽宁百盛商城有限公司	辽宁百盛	2	农行北街分理处 账号：7145331753957310174 税号：910330385960428743	沈阳市于洪区黄河北大街50号 024-82137272 联系人：沙欢
005 大连金舵购物广场	大连金舵	2	建行沙河口支行 账号：8358343846938802872 税号：910330955665695922	大连市沙河口区五四广场228号 0411-25633507 联系人：文利

表 1-7 供应商信息

供应商编码及名称	供应商简称	所属分类	开户行及账号、税号	地址电话
001 北京美乐商贸有限公司	北京美乐	3	建行北京经济技术开发区支行 账号：8055474458457381615 税号：910330449891727889	北京市经济技术开发区隆庆街160号 010-95283196 联系人：孙文
002 天津青青牧业有限公司	青青牧业	1	建行天津宏达支行 账号：6051692379040550362 税号：910330822697068233	天津市滨海新区宏达街119号 024-69524341 联系人：金息纳
003 辽宁秋云丝印有限公司	辽宁秋云	2	中信银行沈阳南湖支行 账号：6159851019461045148 税号：910330246934679477	沈阳市和平区彩塔街46号 024-35569586 联系人：李海
004 大连富林食品有限公司	大连富林	1	中国银行大连沙河口支行 账号：5599098979634433289 税号：910330686951575613	大连市中山区中山广场254号 0411-25043145 联系人：常新
005 沈阳顺通物流公司	顺通物流	4	工行沈阳大东支行 账号：9596931228638092897 税号：910330877690412701	沈阳市大东区大东路34号 024-79535909 联系人：龚晓跃

任务解析

企业可以根据自身管理的需要对客户或供应商进行分类管理。分类的目的是预设统计口径，方便企业进行采购与销售分析，制定合理的销售政策。

设置往来供应商的档案信息，是为企业的采购管理、委外管理、库存管理和应付款管理服务的。在业财融合的情况下，填制采购入库单、采购发票，进行采购结算、应付款结算时都要用到供应商档案。

客户档案是企业的一项重要资源。信息化管理方式下将分散在业务员手中的客户信息包括基本信息、联系信息、信用信息和其他信息统一整理并录入系统，一方面方便对客户进行信用等级、信用额度等的管理与维护；另一方面为销售发货、销售开票等相关业务做好信息预置。

客户档案和供应商档案主要用于录入往来客户和供应商的信息资料，以便于对客户和供应商进行管理和业务分析。

设置客商分类信息的前提是在建立公司账套时已经选择了客户、供应商分类。已被引用的供应商分类不能被删除。没有对供应商进行分类管理需求的用户可以不使用本功能。已被引用的客户分类不能被删除。不需要对客户进行分类管理的用户可以不使用本功能。

任务实施

【操作岗位】账套主管A01

【操作流程】

1.客户与供应商分类设置

(1) 账套主管A01登录企业应用平台，点击【基础设置】选项卡，执行【基础档案】|【客商信息】|【客户分类】，在打开的【客户分类】页面，单击【增加】，填写分类编码及分类名称，再点击【保存】按钮。重复上述操作，逐一完成客户分类的录入，如图1-37所示。

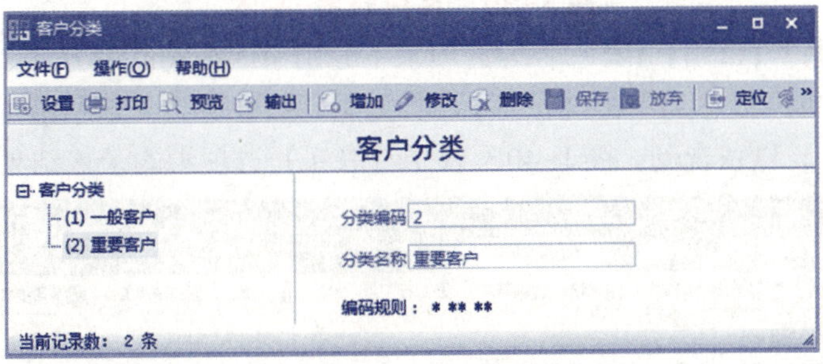

图1-37　客户分类

(2) 采用上述同样方法在【供应商分类】页面完成供应商分类信息的设置，如图1-38所示。

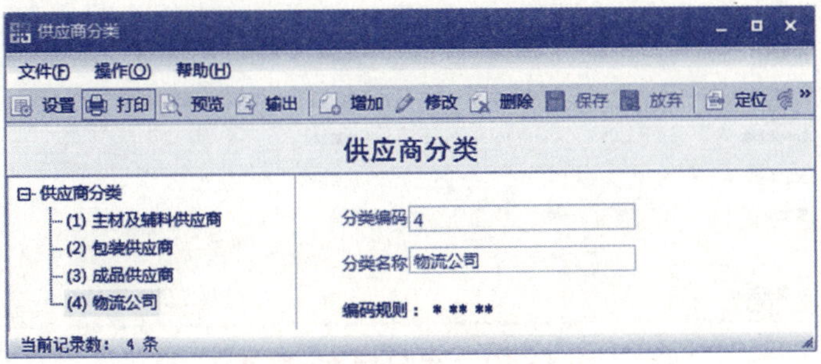

图1-38　供应商分类

2. 客户与供应商档案设置

（1）账套主管A01点击【基础设置】选项卡，执行【基础档案】|【客商信息】|【客户档案】，打开【客户档案】窗口。窗口分为左右两部分，左侧窗口显示已经设置的客户分类，单击鼠标选中某一类别，右侧窗口显示该分类下所有的客户列表。

北京新世界客户档案设置

（2）单击【增加】按钮，打开【增加客户档案】页面。在【基本】选项卡下依次填写客户编码、客户名称、客户简称、税号等，如图1-39所示。

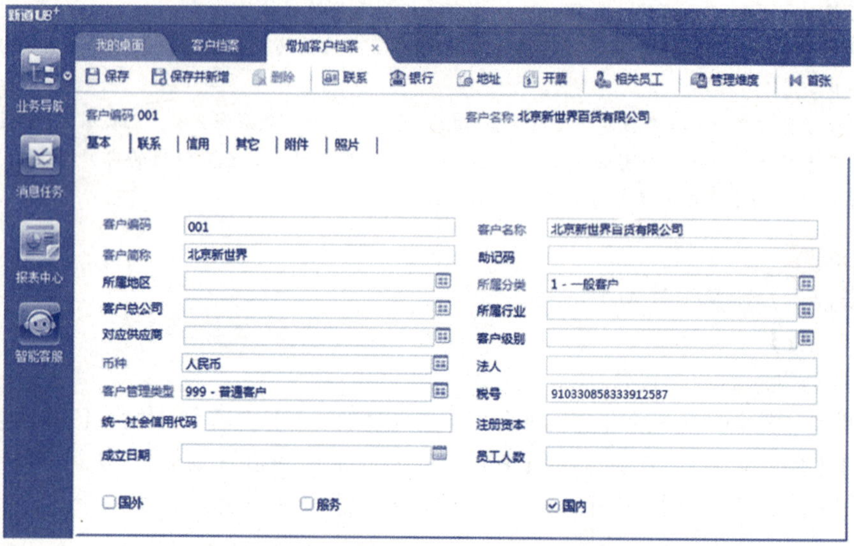

图1-39 客户档案-基本

（3）在【联系】【信用】【其它】等选项卡下分别录入公司联系方式、信用状况以及默认采集到的其他备注信息，单击【保存】。以文件形式呈现的文本及图片资料可以上传到【附件】选项卡下，以备查阅。图1-40反映了【联系】选项卡的录入结果。

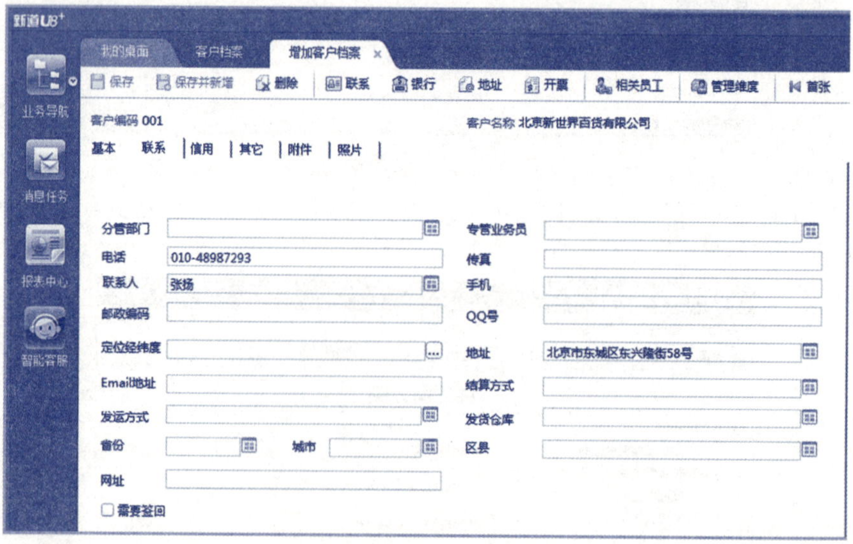

图1-40 客户档案-联系

（4）点击【银行】按钮，打开【客户银行】对话框，录入【所属银行】【开户银行】【银行账号】等信息，默认值选择【是】，点击【保存】，完成客户银行档案的录入，如图1-41所示。

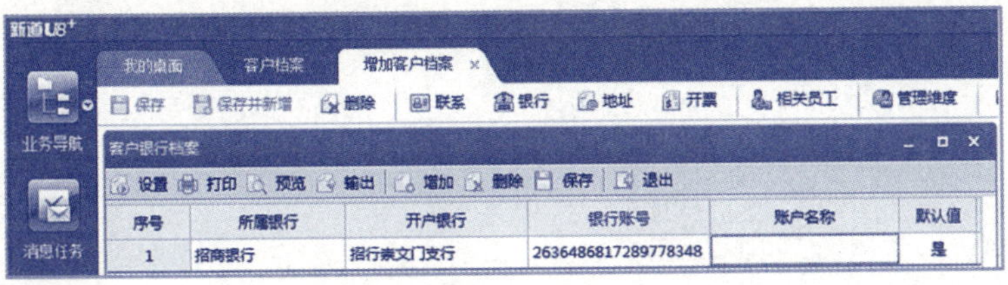

图1-41 客户档案-银行

（5）供应商档案的录入与客户档案相似，账套主管在【基础设置】选项卡下，执行【基础档案】|【客商信息】|【供应商档案】，打开【供应商档案】窗口。窗口构造与【客户档案】窗口一致，选中左侧某一类别，点击【增加】按钮，然后在打开的【增加供应商档案】窗口录入相应的供应商信息。该窗口中也有【基本】【联系】【信用】【其它】等选项卡，用以分类记录供应商属性。按表1-7所示资料逐一录入各个供应商的具体信息，保存即可，这里不再赘述。图1-42为001供应商【基本】选项卡档案信息的录入结果。

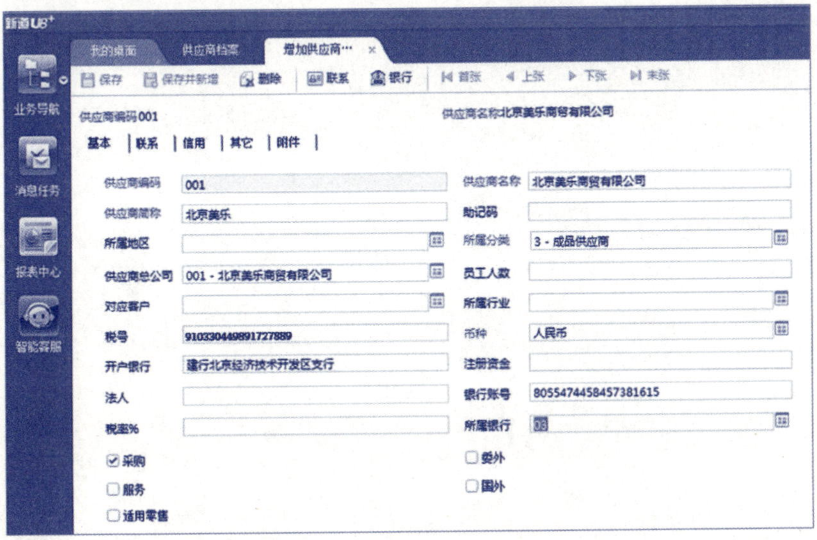

图1-42 供应商档案-基本

操作提示

在录入客户、供应商档案时，编码及简称必须录入，编码必须唯一。

客户、供应商是否分类应在建立账套时确定，此时不能修改。如果修改，只能在未建立客户、供应商档案的情况下，在系统管理中以修改账套的方式进行。

设置客户、供应商的分管部门及专管业务员是为了在销售管理、采购管理系统填制发票等原始单据时，能自动根据客户、供应商显示部门及业务员信息。

任务清单 2-3 存货信息设置

任务下达

根据沈阳君喜糖果有限公司生产及存货情况，在系统中完成存货分类及存货档案、计量单位的设置。具体信息见表 1-8、表 1-9。

表 1-8 存货分类及存货档案

存货分类编码	存货分类名称	存货编码	存货名称	计量单位	税率	存货属性
1	主材与辅料	101	奶粉	千克	13%	采购，生产耗用
		102	纯牛奶	千克	13%	采购，生产耗用
		103	红枣	千克	13%	采购，生产耗用
		104	白砂糖	千克	13%	采购，生产耗用
		105	坚果	千克	13%	采购，生产耗用
		106	黄油	千克	13%	采购，生产耗用
2	产成品	201	牛轧糖	箱	13%	内销，外销，自制
		202	香酥枣	箱	13%	内销，外销，自制
3	周转材料	301	包装纸	盒	13%	采购，生产耗用
		302	包装袋	箱	13%	采购，生产耗用
		303	包装箱	个	13%	采购，生产耗用
4	外购成品	401	太妃糖	箱	13%	采购，内销，外销
		402	椰子糖	箱	13%	采购，内销，外销
5	劳务	501	运输费	千米	9%	采购，内销，应税劳务

表 1-9 计量单位

计量单位组编码	计量单位组名称	组类别	计量单位编码	计量单位名称	换算率	备注
1	自然单位	无换算率	101	千克		
			102	个		
			103	箱		
			104	台		
			105	千米		
			106	次		
2	换算单位	固定换算率	201	张	1	主计量单位
			202	盒	3 000	

任务解析

存货信息是购销存系统运行的基础，设置存货信息时要考虑企业购销存业务核算与管理的需要，站在整个企业管理的高度综合全盘考虑，在软件的功能范围内要结合企业的实际业务需要。

一、存货分类

如果企业存货较多，需要按照一定的方式进行分类管理。存货分类是指按照存货固有的特征或属性将存货划分为不同的类别，以便于分类核算与统计。

二、计量单位

计量单位主要用于设置对应存货的计量单位组和计量单位信息。在应收款管理、应付款管理、库存管理和存货核算系统中都会用到计量单位信息。计量单位设置首先要定义好计量单位组，再在计量单位组下增加具体的计量单位信息。

计量单位组包括无换算、浮动换算、固定换算三种类别。每个计量单位组中可以设置多个计量单位，并且通过定义主计量单位、辅计量单位以及主辅计量单位之间的换算率，建立计量单位之间的换算关系。

无换算关系计量单位一般是指自然计量单位、度量衡单位等；有换算关系的计量单位在系统中分别称为“固定换算计量单位”和“浮动换算计量单位”。两类计量单位中必须设置一个主计量单位，其他为辅助计量单位。固定换算计量单位是指主辅计量单位间存在着固定不变的换算比率；而浮动换算计量单位则是指主辅计量单位之间的换算比率是浮动的。

三、存货属性

系统中，企业的存货档案从基本、成本、控制、其他、计划、MPS/MRP、图片和附件八个方面进行设置。

【基本】选项卡中记录了存货的基本信息。窗口下方系统为存货设置了多种存货属性供用户选择。存货属性的设置缩小了单据制作过程中参照存货的范围。

内销用于发货单、销售发票、销售出库单等与销售有关的单据参照使用，表示该存货可用于销售；外销用于出口子系统填制相关单据时参照使用。

外购用于采购入库单、采购发票等与采购有关的单据的参照，在采购发票、运费发票上开具的采购费用，也应设置为外购属性；自制是指由企业生产自制的存货，如产成品、半成品等，主要用于开具产成品入库单时参照。

生产耗用表示存货可在生产过程被领用、消耗。生产耗用包括生产产品时耗用的原材料、辅助材料等，在开具材料领料单时参照。在制指尚在制造加工中的存货。应税劳务指在采购发票上开具的运输费、包装费等采购费用及开具在销售发票或发货单上的应税劳务、非应税劳务等。

任务实施

【操作岗位】账套主管A01

【操作流程】

1.增加存货分类

（1）以账套主管A01的身份登录企业应用平台。

（2）点击【基础设置】选项卡，执行【基础档案】|【存货】|【存货分类】，打开【存货分类】窗口。单击【增加】，填写分类编码及分类名称，再点击【保存】按钮，根据表1-8所给资料逐一完成存货分类的录入，如图1-43所示。

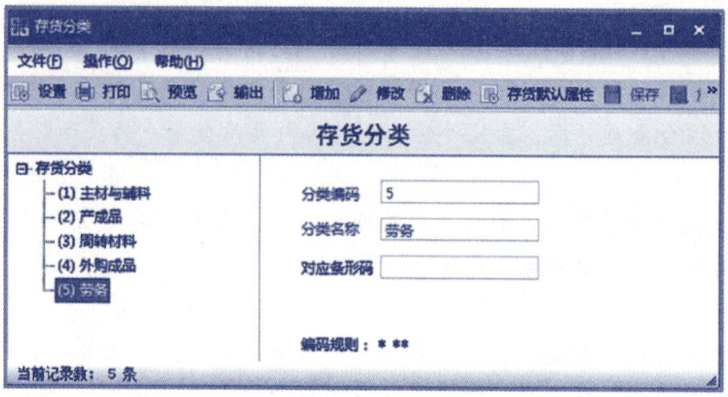

图 1-43 存货分类

操作提示

只有在建立账套时设置需要对存货分类，才能在此设置存货分类，否则不能设置存货分类。

存货分类编码必须唯一，且必须符合编码规则。

运输费和装卸费等也是构成企业存货成本的一个组成部分，并且它们拥有不同于一般存货的税率。为了能够正确反映和核算这些劳务费用，一般在存货分类中可以单独设置一类存货，如劳务（或应税劳务、劳务费用）等。

2. 设置计量单位

（1）账套主管A01点击【基础设置】选项卡，执行【基础档案】|【存货】|【计量单位】，打开【计量单位】窗口。单击【分组】按钮，打开【计量单位组】页面。填写计量单位组编码为“1”，计量单位组名称为“自然单位”，选择计量单位组类别为“无换算率”，如图1-44所示。单击【保存】，系统会自动增加一个计量单位组。采用同样方法，增加类别为“固定换算率”的计量单位组。

增加计量单位组

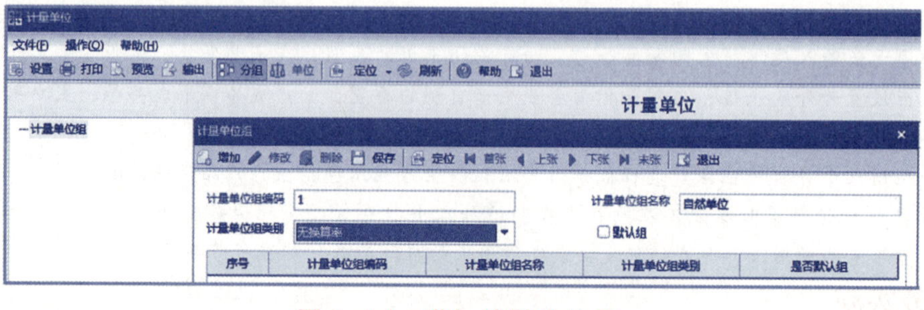

图 1-44 增加计量单位组

（2）选中“自然单位”组，点击【单位】按钮，打开【计量单位】对话框，单击【增加】，输入计量单位编码为“101”，计量单位名称为“千克”，点击【保存】，完成一个自然单位的增加。重复前述操作，将全部自然单位录入。

增加换算计量单位

（3）在“换算单位”组内增加计量单位并保存。采用与上步骤相同的方法录入计量单位编码、计量单位名称。如果当前单位为主计量单位，则需勾选【主计量单位标志】；如果是非主要计量单位，应在【换算率】框中标明换算率数值。主计量单位的设置如图1-45所示。

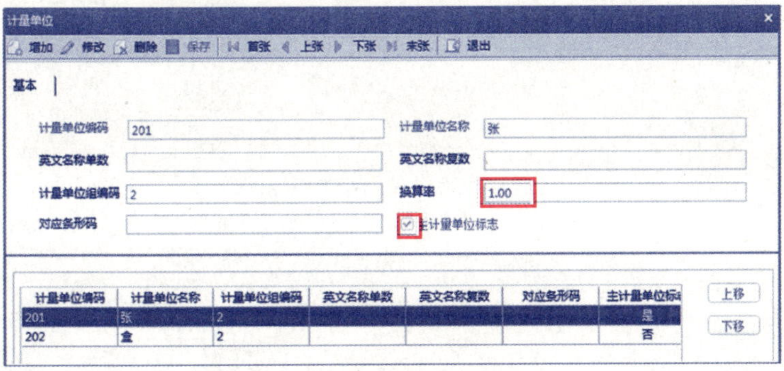

图 1-45　增加计量单位

操作提示

存货档案中每一存货只能选择一个计量单位组。

计量单位组保存后不可修改。

已经有数据的存货不允许修改其计量单位组。

已经使用过的计量单位组不能修改其已经存在的计量单位信息。

3. 录入存货档案

账套主管 A01 点击【基础设置】选项卡，执行【基础档案】|【存货】|【存货档案】，选中左侧分类，点击【增加】按钮，录入存货编码等信息，勾选相应的存货属性，点击【保存】。在【价格成本】选项卡下默认进项税率和销项税率均为13%，可根据最新税法规定调整。存货档案录入结果如图 1-46 所示。

存货档案

序号	☐ 选择	存货编码	存货名称	规格型号	存货代码	ABC分类	启用日期	计量单位组名称	主计量单位名称	特征选配
1	☐	101	奶粉				2022-01-01	自然单位	千克	☐
2	☐	102	纯牛奶				2022-01-01	自然单位	千克	☐
3	☐	103	红枣				2022-01-01	自然单位	千克	☐
4	☐	104	白砂糖				2022-01-01	自然单位	千克	☐
5	☐	105	坚果				2022-01-01	自然单位	千克	☐
6	☐	106	黄油				2022-01-01	自然单位	千克	☐
7	☐	201	牛轧糖				2022-01-01	自然单位	箱	☐
8	☐	202	香酥枣				2022-01-01	自然单位	箱	☐
9	☐	301	包装纸				2022-01-01	换算单位	张	☐
10	☐	302	包装袋				2022-01-01	自然单位	箱	☐
11	☐	303	包装箱				2022-01-01	自然单位	个	☐
12	☐	401	太妃糖				2022-01-01	自然单位	箱	☐
13	☐	402	椰子糖				2022-01-01	自然单位	箱	☐
14	☐	501	运输费				2022-01-01	自然单位	千米	☐

图 1-46　存货档案

任务清单2-4　财务信息设置

任务下达

根据沈阳君喜糖果有限公司的管理特点和核算要求，完成凭证类别、外币、会计科目及项目核算等信息的设置。

1. 设置凭证类别为记账凭证。

2. 设置外币类型为“美元”，币符为“USD”，汇率类型为“固定汇率”，2022年1月的记账汇率为“6.33”。

3. 会计科目设置情况见表1-10。完成会计科目的增加、修改、各类辅助项设置工作，并为出纳指定现金及银行总账科目。

表1-10　会计科目

类型	科目编码	科目名称	辅助账类型	账页格式	余额方向	受控系统
资产	1001	库存现金	日记账	金额式	借	
资产	1002	银行存款	日记账	金额式	借	
资产	100201	建行人民币户	银行账	金额式	借	
资产	100202	建行美元户	外币：美元	外币金额式	借	
资产	1121	应收票据		金额式	借	
资产	112101	银行承兑汇票	客户往来	金额式	借	应收系统
资产	112102	商业承兑汇票	客户往来	金额式	借	应收系统
资产	1122	应收账款	客户往来	金额式	借	应收系统
资产	1123	预付账款	供应商往来	金额式	借	应付系统
资产	1221	其他应收款		金额式	借	
资产	122101	保险公司		金额式	借	
资产	122102	个人	个人往来	金额式	借	
资产	1403	原材料		金额式	借	存货核算
资产	1405	库存商品		金额式	借	存货核算
资产	1406	发出商品		金额式	借	存货核算
资产	1411	周转材料		金额式	借	存货核算
负债	2201	应付票据		金额式	贷	
负债	220101	银行承兑汇票	供应商往来	金额式	贷	应付系统
负债	220102	商业承兑汇票	供应商往来	金额式	贷	应付系统
负债	2202	应付账款		金额式	贷	
负债	220201	一般应付款	供应商往来	金额式	贷	应付系统
负债	220202	暂估应付款	供应商往来	金额式	贷	
负债	2203	预收账款	客户往来	金额式	贷	应收系统
负债	2211	应付职工薪酬		金额式	贷	
负债	221101	工资		金额式	贷	
负债	221102	职工福利		金额式	贷	
负债	221103	社会保险		金额式	贷	

续表

类型	科目编码	科目名称	辅助账类型	账页格式	余额方向	受控系统
负债	221104	住房公积金		金额式	贷	
负债	221105	职工教育经费		金额式	贷	
负债	221106	工会经费		金额式	贷	
负债	221107	非货币性福利		金额式	贷	
负债	221108	设定提存计划		金额式	贷	
负债	2221	应交税费		金额式	贷	
负债	222101	应交增值税		金额式	贷	
负债	22210101	进项税额		金额式	贷	
负债	22210102	进项税额转出		金额式	贷	
负债	22210103	销项税额		金额式	贷	
负债	22210104	转出未交增值税		金额式	贷	
负债	222102	未交增值税		金额式	贷	
负债	222103	应交企业所得税		金额式	贷	
负债	222104	应交个人所得税		金额式	贷	
负债	222105	应交城市维护建设税		金额式	贷	
负债	222106	应交教育费附加		金额式	贷	
负债	222107	应交地方教育附加		金额式	贷	
负债	2241	其他应付款		金额式	贷	
负债	224101	代扣社会保险费		金额式	贷	
负债	224102	代扣住房公积金		金额式	贷	
权益	4101	盈余公积		金额式	贷	
权益	410101	法定盈余公积		金额式	贷	
权益	410102	任意盈余公积		金额式	贷	
权益	4104	利润分配		金额式	贷	
权益	410401	未分配利润		金额式	贷	
权益	410402	提取法定盈余公积		金额式	贷	
权益	410403	提取任意盈余公积		金额式	贷	
成本	5001	生产成本		金额式	借	
成本	500101	直接材料	部门、项目	金额式	借	
成本	500102	直接人工	部门、项目	金额式	借	
成本	500103	制造费用	部门、项目	金额式	借	
成本	5101	制造费用		金额式	借	
成本	510101	工资		金额式	借	
成本	510102	折旧费		金额式	借	
成本	510103	其他		金额式	借	
损益	6601	销售费用		金额式	借	
损益	660101	工资		金额式	借	
损益	660102	折旧费		金额式	借	
损益	660103	差旅费		金额式	借	

续表

类型	科目编码	科目名称	辅助账类型	账页格式	余额方向	受控系统
损益	660104	业务招待费		金额式	借	
损益	660105	委托代销手续费		金额式	借	
损益	660106	其他		金额式	借	
损益	6602	管理费用		金额式	借	
损益	660201	工资	部门	金额式	借	
损益	660202	折旧费	部门	金额式	借	
损益	660203	差旅费	部门	金额式	借	
损益	660204	业务招待费	部门	金额式	借	
损益	660205	办公费	部门	金额式	借	
损益	660206	其他	部门	金额式	借	
损益	6603	财务费用		金额式	借	
损益	660301	利息收入		金额式	借	
损益	660302	利息支出		金额式	借	
损益	660303	手续费		金额式	借	
损益	660304	现金折扣		金额式	借	

4.项目设置情况见表1-11。

表1-11　项目设置

项目设置步骤	设置内容
项目大类	00生产成本核算
核算科目	生产成本——直接材料
	生产成本——直接人工
	生产成本——制造费用
项目分类	自产产品
项目目录	项目编号:1
	项目名称:牛轧糖
	是否结算:否
	所属分类码:1
	项目编号:2
	项目名称:香酥枣
	是否结算:否
	所属分类码:1

任务解析

一、会计科目

（一）设置要求

科目的设置是U8系统的应用基础，其完整性和详细程度至关重要。软件中所采用的一级会计科目，必须符合国家相关会计准则或制度的规定，而明细科目可根据企业实际情况，自行设定。会计科目设置要求如下：

1.满足需要

科目设置必须满足会计核算与宏观管理和微观管理的需要，资产、负债、所有者权益、成本、损益等各类科目中所有可能用到的各级明细科目均须设置。同时，科目设置还必须满足编制财务报表的要求，凡是报表所用数据，需要从账务系统中取数的，必须设置相应的科目。

2.保持科目稳定及科目间的协调和体系完整

会计科目要保持相对稳定，已使用科目在会计年度中不能删除。一级科目遵守国家相关会计准则或制度规定，自定义的明细科目要通俗易懂，具有普遍的适用性。

3.科目设置要考虑与其他系统的衔接

在账务系统中，只有末级会计科目才允许有发生额，才能接受各个子系统转入的数据，所以要将各个子系统中的核算大类设置为末级科目。

（二）科目设置

在U8系统中会计科目设置工作主要包括三个方面：修改科目、增减科目和指定科目。

企业可根据需要对系统预置的会计科目进行修改和增减操作，增加二级、三级明细科目，设置科目的辅助核算项等。系统提供了部门核算、个人往来、客户往来、供应商往来、项目核算以及自定义项等辅助核算项目供企业选择。

指定会计科目是确定出纳的专管科目，有现金科目、银行科目和现金流量科目。被指定为现金、银行科目后，出纳才能查询库存现金、银行日记账，进行银行对账，并且在制单中进行支票控制和资金赤字控制，从而实现现金、银行管理的保密性。

另外，现金科目要设为日记账；银行科目要设为银行账和日记账。如果需要核算现金流量以编制现金流量表的，可在此处指定现金流量科目，系统会在使用到指定科目后要求输入现金流量项目类型。

二、凭证类别

系统提供了设置凭证类别的功能，以便于对会计凭证进行分类编制管理、记账和汇总。常用的分类方式有：①记账凭证；②收款、付款、转账凭证；③现金、银行、转账凭证；④现金收款、现金付款、银行收款、银行付款、转账凭证；⑤自定义凭证类别。

用户可以按照本单位的需要选择凭证分类，并设置相应的凭证类别限制条件。用友U8系统设置了七种限制类型：借方必有、贷方必有、凭证必有、凭证必无、无限制、借方必无和贷方必无。

三、外币设置

企业如果有外币业务，需要进行外币及汇率的设置。外币设置一方面可以减少录入汇率的次数和差错；另一方面可以避免在汇率发生变化时出现错误。外币汇率分为固定汇率和浮动汇率两种，企业根据需要选择确定。

四、项目设置

一个单位项目核算的种类可能多种多样，如在建工程、产品成本、对外投资等，为此系统允许企业定义多个种类的项目核算。可以将具有相同特性的一类项目定义成一个项目大类，一个项目大类可以核算多个项目。

使用项目核算与管理的首要步骤是设置项目档案，包括增加或修改项目大类，定义项目核算科目、项目分类、项目栏目结构等，并进行项目目录的维护。

任务实施

【操作岗位】账套主管A01

【操作流程】

1.设置凭证类别

账套主管A01执行【基础设置】|【基础档案】|【财务】|【凭证类别】，打开【凭证类别预置】对话框。选中【记账凭证】前的单选按钮，单击【确定】，回到【凭证类别】窗口，点击【退出】，完成操作。

2.外币设置

（1）账套主管A01执行【基础设置】|【基础档案】|【财务】|【外币设置】，打开【外币设置】对话框。

（2）点击【增加】按钮，选择【固定汇率】，输入【币符】为“USD”，【币名】为“美元”，单击【确认】。

（3）双击【2022.01】行的【记账汇率】，输入“6.33”，然后单击【确认】完成外币设置。具体操作结果如图1-47所示。

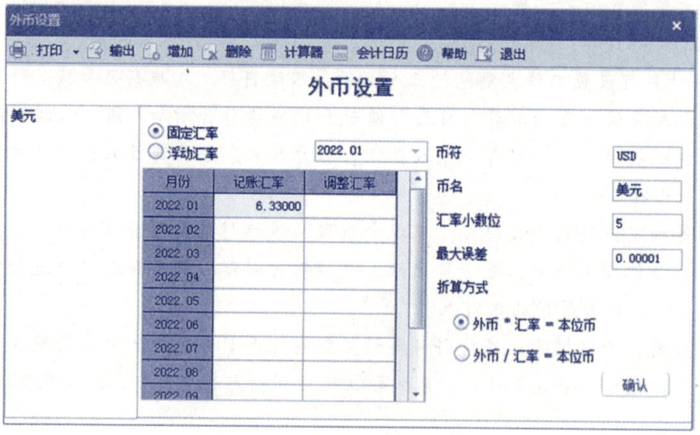

图1-47 外币设置

3.设置会计科目

（1）修改会计科目。

账套主管A01执行【基础设置】|【基础档案】|【财务】|【会计科目】，在打开的【会计科目】窗口中，双击需要修改的会计科目，打开“会计科目_修改”对话框。单击对话框右下角的【修改】按钮，进入可编辑状态，如图1-48所示。修改完成后，单击【确定】按钮保存。一般需要修改的项目主要有“辅助账类型”“账页格式”“受控系统”等内容。

采用相同步骤对应收账款、预付账款以及原材料、库存商品等科目进行辅助项目及受控系统的设置。

（2）增加会计科目。

执行【基础设置】|【基础档案】|【财务】|【会计科目】，打开【会计科目】对话框。单击【增加】，在【新增会计科目】对话框中输入科目编码“100201”，科目名称为“建行人民币户”，勾选【日记账】【银行账】，再点击【确定】，完成100201科目的增加。重复上述操作，增加表1-10中其他二级科目并做好辅助项设置。部分科目设置结果如图1-49所示。

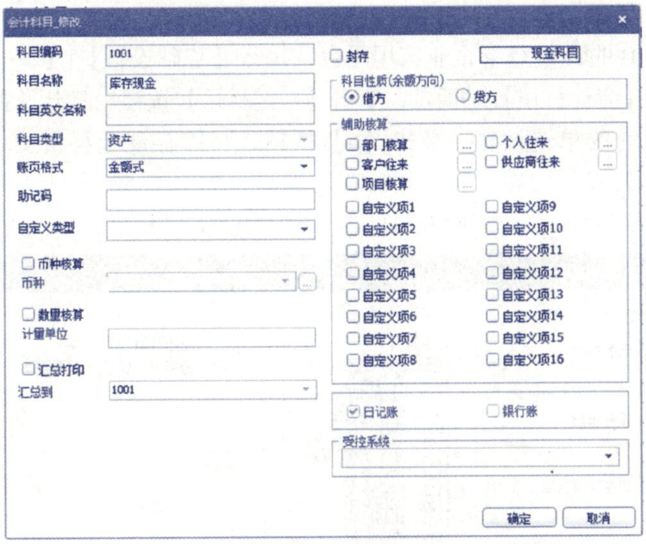

图 1-48　科目修改

图 1-49　部分科目设置结果

需要说明的是，由于“6601销售费用”与“6602管理费用”下的二级科目相似，可以利用“成批复制”功能将录完的销售费用的下级科目全部复制到6602科目下，再修改不相同的科目名称，以提高科目增加工作的效率。

操作提示

会计科目编码应符合编码规则，如果科目已经使用，则不能被修改或删除。

设置会计科目时，应注意会计科目的账页格式。如果是数量金额式，还应继续设置计量单位，否则仍不能同时进行数量金额式的核算。

无受控系统，即该账套不使用应收、应付系统，应收、应付业务均以辅助账的形式在总账系统进行核算。

凡是设置有辅助核算内容的会计科目，在填制凭证时都需填制具体的辅助核算内容。

如果新增科目与原有某一科目相同或类似，则可采用复制的方法，但要特别注意复制后的科目是否需要修改科目性质、余额方向等。

（3）指定会计科目。

以账套主管A01的身份登录企业应用平台，执行【基础设置】|【基础档案】|【财务】|【会计科目】，打开【会计科目】对话框，单击【指定科目】按钮，打开【指定科目】对话框，点击【现金科目】前的单选按钮，单击【>】按钮，将库存现金科目从【待选科目】列表选入【已选科目】列表。同理，指定银行存款科目，如图1-50所示，单击【确定】。如果需要反映企业现金流量情况，需要按同样方法指定现金流量科目，本例不要求。

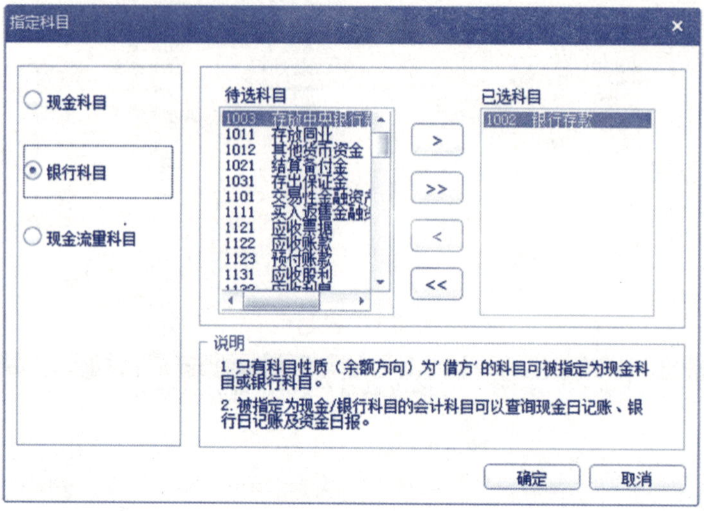

图1-50　指定银行科目

4. 设置项目目录

（1）定义项目大类。

在企业应用平台中，单击【基础设置】|【基础档案】|【财务】|【项目大类】，打开【项目大类】对话框。单击【增加】，打开【项目大类定义_增加】窗口，输入新项目大类名称“生产成本核算”，如图1-51所示。

设置项目目录

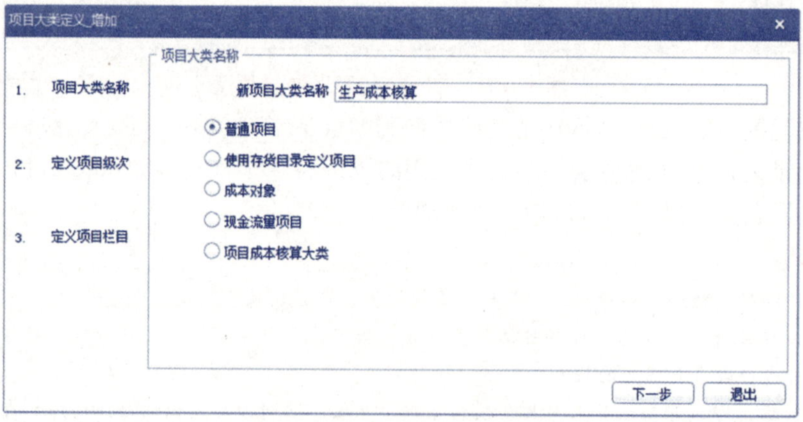

图1-51　增加项目大类

单击【下一步】按钮，输入要定义的项目级次，本例采用系统默认值；继续单击【下一步】，输入要修改的项目栏目，本例采用系统默认值；点击【完成】按钮，返回【项目大类】对话框。

（2）选定核算科目。

单击【项目大类】栏的下拉三角按钮，选择“生产成本核算”，在【核算科目】选项卡下，单击【》】按钮，将生产成本明细科目从【待选科目】列表选入【已选科目】列表，单击【保存】。

（3）定义项目分类。

单击【基础设置】|【基础档案】|【财务】|【项目分类】，打开【项目分类】对话框，选择“生产成本核算”项目大类，再录入分类编码“1”，分类名称为“自产产品”，单击【保存】，如图1-52所示。

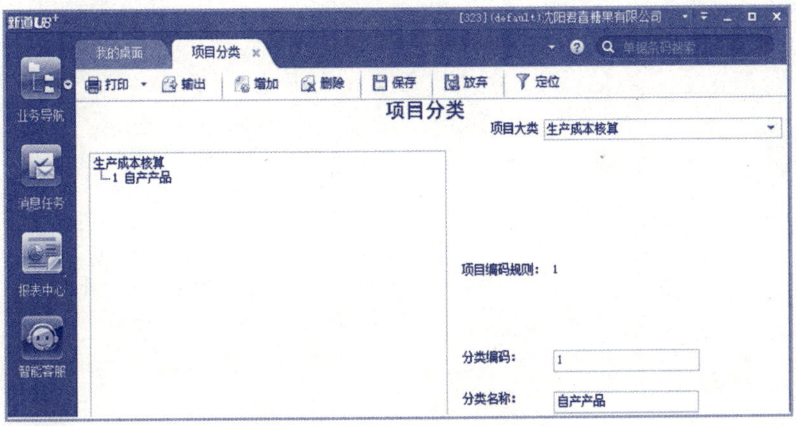

图1-52 定义项目分类

（4）定义项目目录。

单击【基础设置】|【基础档案】|【财务】|【项目目录】，打开【查询条件-项目目录】对话框，选择【00生产成本核算】项目大类，点击【确定】，系统进入【项目目录】对话框。单击【增加】，输入项目编号为“1”，项目名称为“牛轧糖”，默认所属分类码为“1”，点击【修改】，完成一项项目目录的设置。采用相同步骤，完成全部项目目录设置，如图1-53所示。单击窗口上的【关闭】按钮，结束操作。

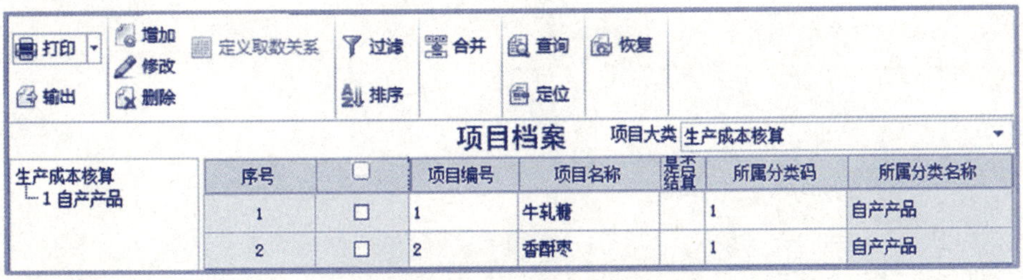

图1-53 定义项目目录

操作提示

一个项目大类可以指定多个科目，一个科目只能属于一个项目大类。

在每年年初应将已结算或不用的项目删除。

标识“是否结算”为“Y”后的项目将不能再使用。

任务清单2-5　收付结算信息设置

任务下达

沈阳君喜糖果有限公司存在多种结算方式，具体结算方式、单位开户行和付款条件信息分别见表1-12至表1-14，完成相关信息的输入。

1. 根据表1-12内容输入结算方式。

表1-12　结算方式

序号	结算方式编码	结算方式名称	是否票据管理
1	1	现金	否
2	2	支票	否
3	201	现金支票	是
4	202	转账支票	是
5	3	汇票	否
6	301	银行承兑汇票	否
7	302	商业承兑汇票	否
8	4	电汇	否
9	5	其他	否

2. 设置银行档案信息，修改中国建设银行档案：取消定长；修改个人账户规则：勾选【定长】复选框，账号长度为19位，自动带出16位，单位编码：11111111。

3. 根据表1-13内容输入单位开户行信息。

表1-13　单位开户行信息

编码	01
银行账号	6220556267834921166
账户名称	沈阳君喜糖果有限公司
币种	人民币
开户银行	中国建设银行经济技术开发区支行
税号	912101060911564238
联行号	61218
机构号	91210
客户编号	9115642

4. 根据表1-14内容输入付款条件信息。

表1-14　付款条件信息

付款条件编码	付款条件名称
1	2/10,1/20,n/30

任务解析

结算方式是用来建立和管理企业在经营活动中所涉及的结算方式。它与财务结算方式一致，如现金结算、支票结算等。企业根据自己的实际情况来设置现金结算和银行结算方式。

结算方式最多可以分为2级。结算方式一旦被引用，便不能进行修改和删除的操作。结算方式设置与客户分类设置相似，应注意结算方式的编码规则，如果勾选【是否票据管理】选项，则在执行该种结算方式时，系统会提示记录发生该笔业务的票据信息，否则不会。

开户银行用于设置本企业在收付结算中对应的各个开户银行的信息。系统支持多个开户行及账号的情况。在销售管理系统中，如果需要开具增值税专用发票，则必须设置开户银行信息，否则将不能开具增值税专用发票。

付款条件是现金折扣的表示方式，是为了敦促客户尽早付清货款而提供的一种价格优惠，在购销业务中经常发生。

任务实施

【操作岗位】账套主管A01

【操作流程】

1.设置结算方式

（1）以账套主管A01的身份登录企业应用平台。

（2）执行【基础设置】|【基础档案】|【收付结算】|【结算方式】，打开【结算方式】对话框。单击【增加】，输入【结算方式编码】为“1”，【结算方式名称】为“现金”，单击【保存】。

（3）依次输入其他结算方式。对于“现金支票”和“转账支票”要选中【是否票据管理】，并在【对应票据类型】选项中选择对应的选项，如图1-54所示。全部结算方式设置完成后，单击【退出】。

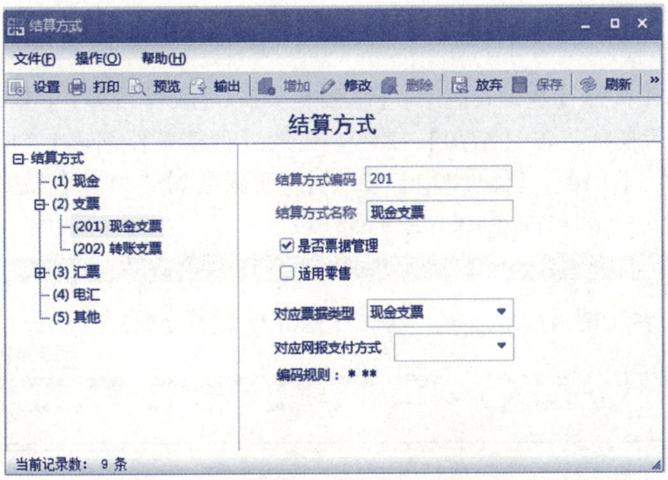

图1-54　增减现金支票结算方式

操作提示

在总账系统中，结算方式将在使用“银行账”类科目填制凭证时使用，并可作为银行对账的一个参数。

2.设置单位开户行

（1）修改银行档案。账套主管A01执行【基础设置】|【基础档案】|【收付结算】|【银

行档案】，打开【银行档案】对话框，选中【03中国建设银行】，单击【修改】，打开如图1-55所示的【修改银行档案】对话框。

在【修改银行档案】对话框中取消企业账户规则的【定长】复选框；个人账户规则中勾选【定长】复选框，账号长度修改为“19”，自动带出账号长度为“16”，输入单位编码为“11111111”，单击【保存】完成操作，如图1-56所示。

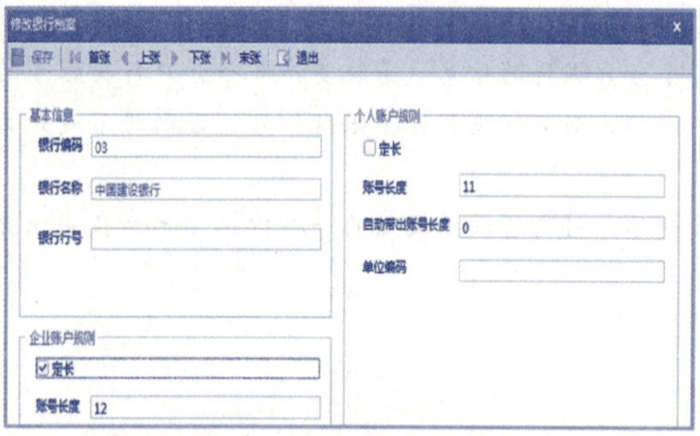

图1-55 修改银行档案（一）

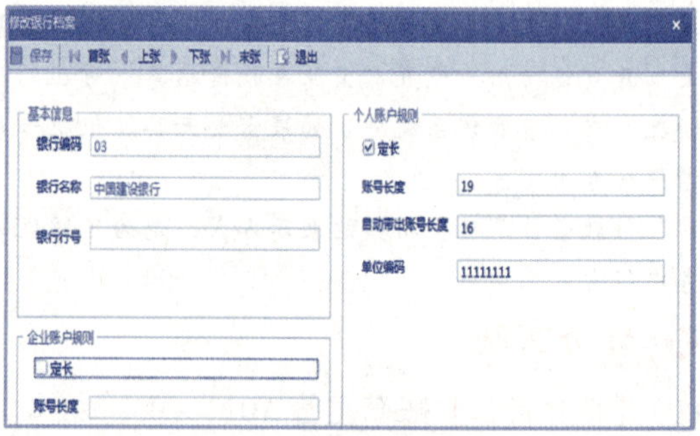

图1-56 修改银行档案（二）

（2）增加本单位开户行。执行【基础设置】|【基础档案】|【收付结算】|【本单位开户银行】，打开【本单位开户银行】对话框。单击【增加】，按表1-13输入相关项目，单击【保存】，如图1-57所示，完成本单位银行档案的设置，关闭窗口退出操作。

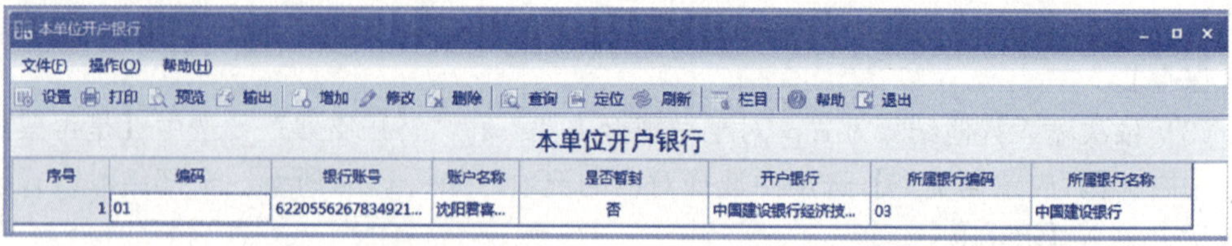

序号	编码	银行账号	账户名称	是否暂封	开户银行	所属银行编码	所属银行名称
1	01	6220556267834921...	沈阳君鑫...	否	中国建设银行经济技...	03	中国建设银行

图1-57 设置单位开户行

3.设置付款条件

账套主管A01执行【基础设置】|【基础档案】|【收付结算】|【付款条件】，打开“付款条件”对话框。点击【增加】按钮，输入【付款条件编码】“1”、【信用天数】“30”、【优惠天数1】“10”、【优惠率1】“2”、【优惠天数2】“20”、【优惠率2】“1”，单击【保存】|【退出】，完成操作，结果如图1-58所示。

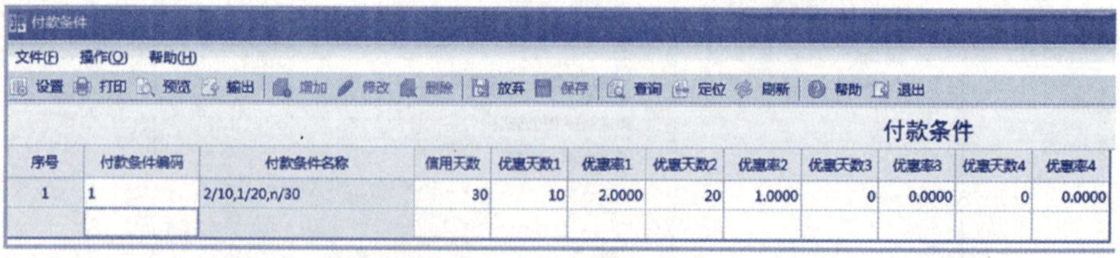

序号	付款条件编码	付款条件名称	信用天数	优惠天数1	优惠率1	优惠天数2	优惠率2	优惠天数3	优惠率3	优惠天数4	优惠率4
1	1	2/10,1/20,n/30	30	10	2.0000	20	1.0000	0	0.0000	0	0.0000

图1-58 设置付款条件

任务清单 2-6　业务信息设置

任务下达

沈阳君喜糖果有限公司业务信息数据见表1-15至表1-19，完成仓库档案、收发类别、采购与销售类型、费用项目以及非合理损耗类型等信息的设置。

表1-15　仓库档案

仓库编码	仓库名称	计价方式	其他属性
1	原材料库	先进先出法	普通仓，其他选项默认（参与需求计划运算，参与ROP计算，计入成本，纳入可用量计算）
2	周转材料库	先进先出法	
3	成品库	移动平均法	
4	其他库	全月平均法	

表1-16　收发类别

类别编码	收发标志	类别名称	类别编码	收发标志	类别名称
1	收	入库	2	发	出库
101		采购入库	201		销售出库
102		采购退货	202		销售退货
103		盘盈入库	203		盘亏出库
104		产成品入库	204		材料出库
105		受托代销入库	205		委托代销出库
106		其他入库	206		其他出库

表1-17　采购与销售类型

采购类型编码	采购类型名称	入库类别	销售类型编码	销售类型名称	出库类别
01	正常采购	采购入库	01	正常销售	销售出库
02	采购退货	采购退货	02	委托销售	委托代销出库
			03	销售退货	销售退货

表1-18　费用项目

费用项目分类编码	费用项目分类名称	费用项目编码	费用项目名称
0	无分类	01	运输费
0	无分类	02	委托代销手续费

表1-19　非合理损耗类型

非合理损耗类型编码	非合理损耗类型名称
01	运输部门责任
02	保险公司责任

任务解析

业务信息设置是实施业财一体化管理的前提，直接影响着采购管理、销售管理及库存管理下各种经营业务的核算、统计与分析。业务信息主要包括如下方面：

1. 仓库档案

加强存货的核算与管理，首先必须建立仓库档案。仓库档案设置是供应链管理系统的重要基础准备工作之一。此处设置的仓库可以是企业实际使用的仓库，也可以是虚拟仓库。存在直运销售的企业可以设置虚拟仓库，以加强对直运采购物资的管理。

2. 收发类别

收发类别设置是未来对材料的出入库情况进行分类汇总、统计而设计的，表示材料的出入库类型。用友U8中规定，收发类别只有收和发。入库的收发类别标志为收，出库的收发类别标志为发。

3. 采购与销售类型

采购类型是用户对采购业务所做出的一种分类，是采购订单上的必填项目。如果企业需要按照采购类别进行采购统计，则必须设置采购类型。

4. 费用项目分类及其项目

用户若需要处理销售业务中的代垫费用、销售支出费用，则应先设定这些费用项目。费用项目分类是将相同属性的费用归集成一类，以便统计和分析。

任务实施

【操作岗位】账套主管A01

【操作流程】

1. 设置仓库档案

账套主管A01在企业应用平台执行【基础设置】|【基础档案】|【业务】|【仓库档案】，打开【增加仓库档案】对话框，按表1-15所示的内容依次填写、选择、保存相关仓库信息，完成仓库档案的设置。如图1-59所示。

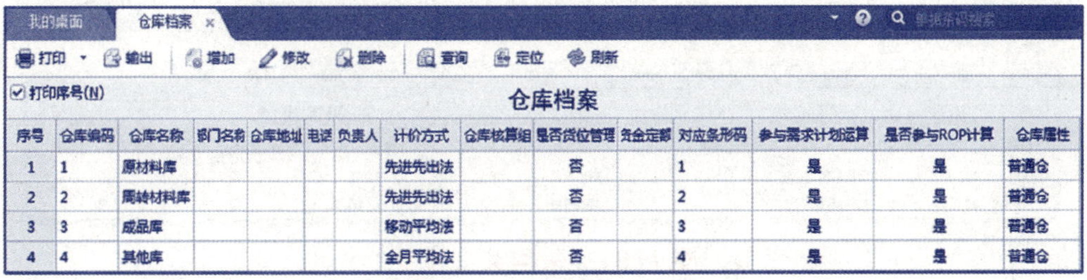

序号	仓库编码	仓库名称	部门名称	仓库地址	电话	负责人	计价方式	仓库核算组	是否货位管理	资金定额	对应条形码	参与需求计划运算	是否参与ROP计算	仓库属性
1	1	原材料库					先进先出法		否		1	是	是	普通仓
2	2	周转材料库					先进先出法		否		2	是	是	普通仓
3	3	成品库					移动平均法		否		3	是	是	普通仓
4	4	其他库					全月平均法		否		4	是	是	普通仓

图1-59　仓库档案设置

2. 设置收发类别

以账套主管A01的身份执行【基础设置】|【基础档案】|【业务】|【收发类别】，打开【收发类别】对话框。按表1-16所示的资料依次增加、填写、保存相关收发类别信息，完成收发类别设置，如图1-60所示。

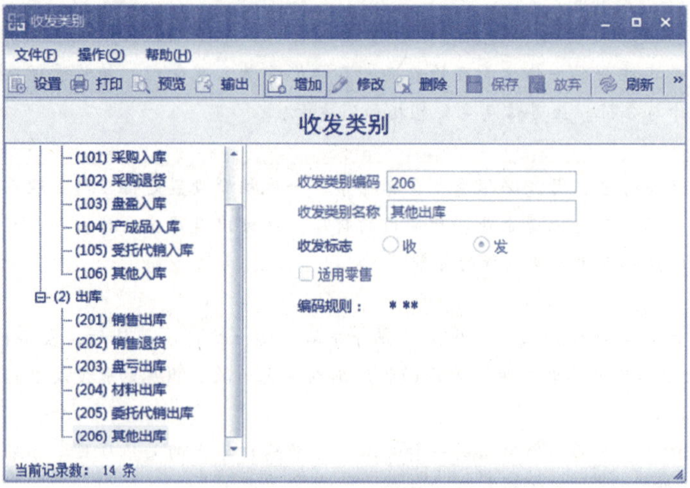

图1-60 收发类别设置

操作提示

收发类别的设置直接影响采购类型和销售类型对收发类别的选择。

在存货核算系统中，往往根据收发类别来设置存货对方科目，实现不同收发类别业务的自动制单。

3.设置采购与销售类型

（1）设置采购类型。

以账套主管A01的身份执行【基础设置】|【基础档案】|【业务】|【采购类型】，打开【采购类型】对话框。点击【增加】按钮，依次录入【采购类型编码】【采购类型名称】，并参照选择【入库类别】项目，点击【保存】，完成设置。采购类型设置结果如图1-61所示。

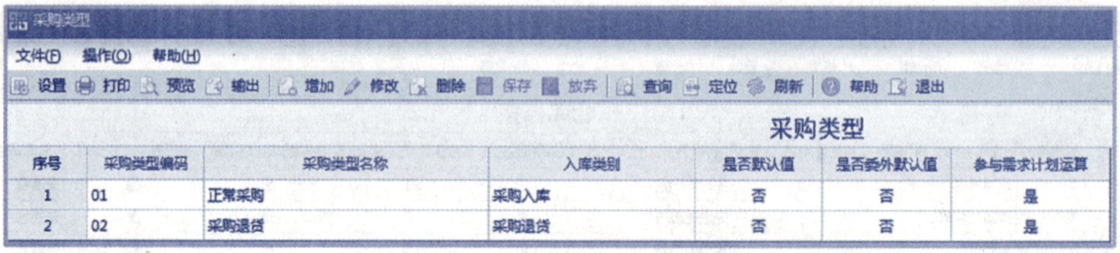

采购类型

序号	采购类型编码	采购类型名称	入库类别	是否默认值	是否委外默认值	参与需求计划运算
1	01	正常采购	采购入库	否	否	是
2	02	采购退货	采购退货	否	否	是

图1-61 采购类型设置

（2）设置销售类型

同理，以账套主管A01的身份执行【基础设置】|【基础档案】|【业务】|【销售类型】，打开【销售类型】对话框，增加销售类型信息，完成操作。如图1-62所示。

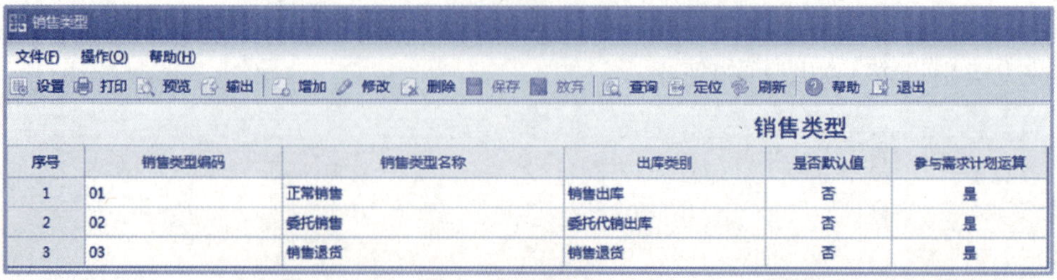

销售类型

序号	销售类型编码	销售类型名称	出库类别	是否默认值	参与需求计划运算
1	01	正常销售	销售出库	否	是
2	02	委托销售	委托代销出库	否	是
3	03	销售退货	销售退货	否	是

图1-62 销售类型设置

操作提示

类型编码只有2个字符长，可以是数字或英文字母。编码必须输入，不允许重复，并要注意编码字母的大小写。

输入采购、销售类型所对应的入库、出库类别，可以将采购、销售业务数据传递到库存管理系统和存货核算系统时进行入库、出库统计和财务制单处理。

【是否默认值】表示是否设置某个采购或销售类型为填制单据默认的类型。

4.设置费用项目

（1）设置费用项目分类。

以账套主管A01的身份执行【基础设置】|【基础档案】|【业务】|【费用项目分类】，打开【费用项目分类】对话框。点击【增加】按钮，录入分类编码为“0”，分类名称为“无分类”，单击【保存】，完成操作，如图1-63所示。

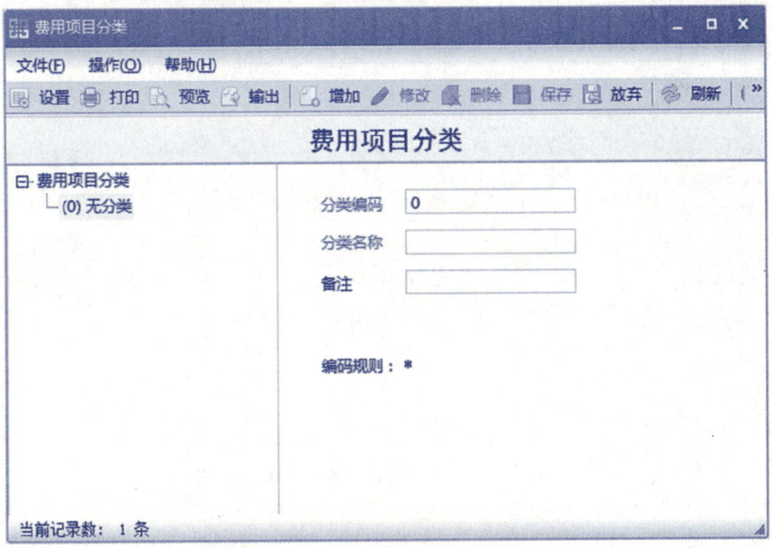

图1-63　费用项目分类设置

（2）增加费用项目。

以账套主管A01的身份执行【基础设置】|【基础档案】|【业务】|【费用项目】，打开【费用项目】对话框。选中左侧“（0）无分类”项目，依次增加费用项目编码和费用项目名称信息，单击【保存】，完成操作，如图1-64所示。

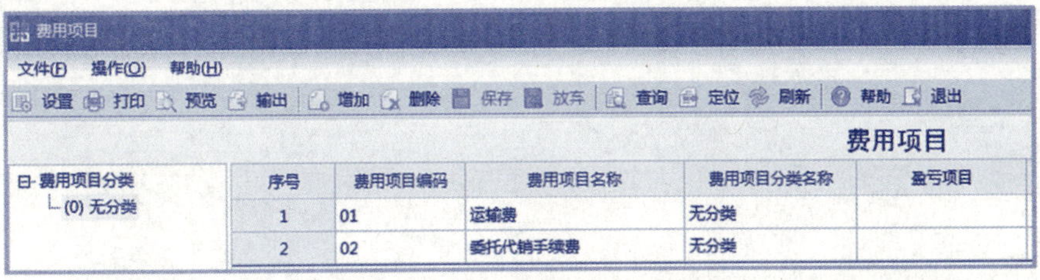

图1-64　费用项目设置

5.设置非合理损耗类型

以账套主管A01的身份执行【基础设置】|【基础档案】|【业务】|【非合理损耗类型】，打开【非合理损耗类型】对话框，单击【增加】，输入非合理损耗类型编码和名称，

点击【保存】，完成操作，如图 1-65 所示。

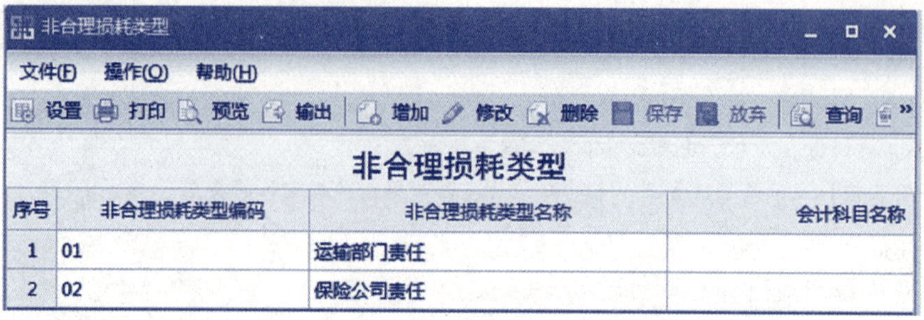

序号	非合理损耗类型编码	非合理损耗类型名称	会计科目名称
1	01	运输部门责任	
2	02	保险公司责任	

图 1-65　非合理损耗类型设置

任务清单2-7　单据设置

任务下达

1.修改单据格式

（1）增加材料出库单表体项目：项目大类编码、项目大类名称、项目编码、项目。

（2）增加委托代销结算单的表头项目：发票号，并设置为必输项目。

2.修改单据编号方式

（1）修改采购订单、销售订单、采购发票（包括普通发票和专用发票）、销售发票（包括普通发票和专用发票）的编号方式为“完全手工编号”。

（2）修改所有出入库单及调拨单、盘点单的编号方式为“手工改动，重号时自动重取”。

任务解析

单据是记录企业经济业务发生的原始证明。U8系统中已经预置了企业常用的单据，称为单据模板。每个企业可根据自身业务情况，在系统提供的单据模板的基础上定义本企业所需要的单据格式。每一种单据格式的设置分为显示单据格式设置和打印单据格式设置。

单据编号是根据企业业务中使用的各种单据、档案的不同需求，由用户自己设置各种单据、档案类型的编码生成原则。

◆ 任务实施

【操作岗位】账套主管 A01

【操作流程】

1. 修改单据格式

（1）以账套主管 A01 的身份登录企业应用平台。

（2）选择工具栏中的“模板夹”对“库存管理”的材料出库单执行“显示-材料出库单显示模板”命令，打开工具栏中【表体栏目】，选中【项目】【项目编码】【项目大类编码】【项目大类名称】复选框，其他选项系统默认，单击【确定】。其操作过程如图 1-66 所示。

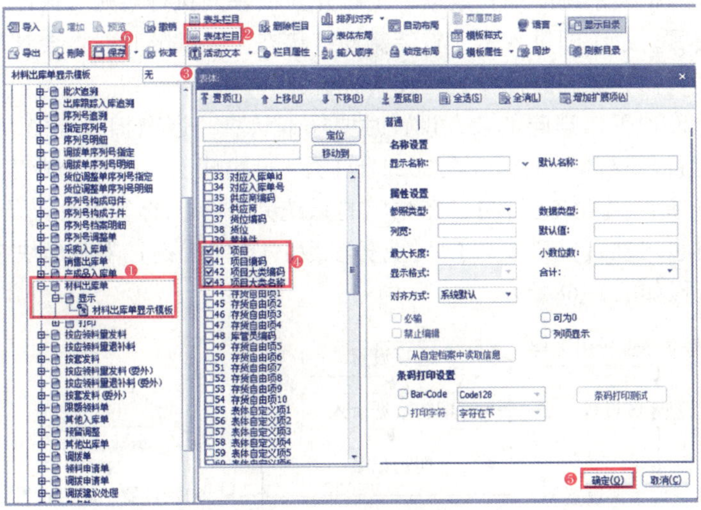

图 1-66　材料出库单模板设置

同理，添加委托代销结算单的表头项目“发票号”，勾选“必输”前的复选框，并自动布局。

2. 修改单据编号方式

（1）账套主管 A01 登录企业应用平台，将【采购管理】中【采购订单】设置为“完全手工编号”，操作过程如图 1-67 所示。

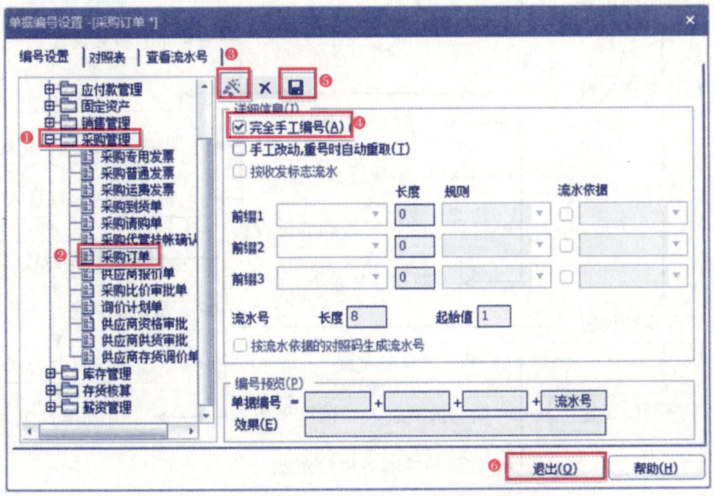

图 1-67　采购订单编号设置

（2）采用同样方法设置采购管理中采购发票（包括普通发票和专用发票）以及销售管理中销售订单、销售发票（包括普通发票和专用发票）的编号方式为“完全手工编号”。

同时，设置采购入库单、产成品入库单、其他入库单、销售出库单、材料出库单、其他出库单以及调拨单、盘点单的编号方式为“手工改动，重号时自动重取”。

【实训三】各模块初始设置

公共信息设置完成后，还要进一步启用子账套（固定资产管理和薪资管理），设置各子系统参数，录入相关系统的期初数据，记账并在模块间执行对账，保证对账平衡。子系统初始设置完成后，系统即进入了“整装待发”状态，可以随时对本会计期间发生的经济业务进行正常、顺畅、准确的核算、统计与分析。

子系统初始设置工作琐碎繁杂，设置时要仔细认真，遵循相应流程，以免出现错误、影响系统正常运行。这部分工作应在2022年1月1日由账套主管在企业应用平台中进行，即打开【业务导航】|【业务工作】，在相应的系统完成各自的参数设置及期初数据录入。其中，参数设置也可在【基础设置】|【业务参数】|【供应链】下各模块中完成。子系统初始设置工作流程如图1-68所示。

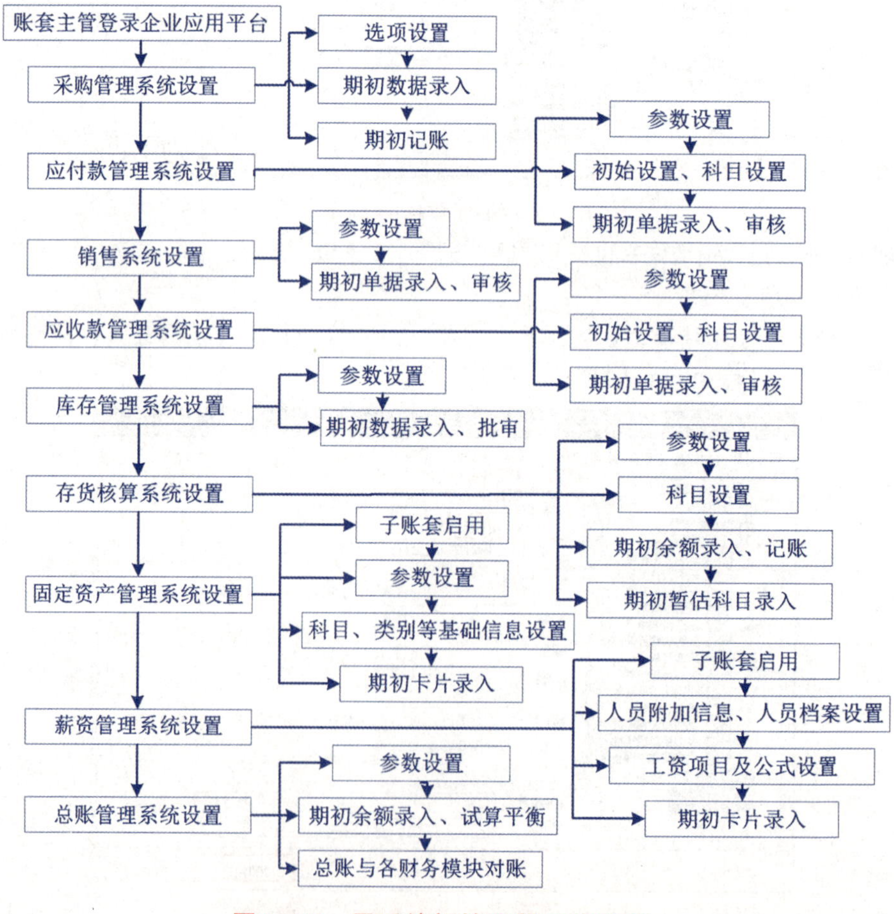

图1-68 子系统初始设置工作流程

任务清单3-1 采购与应付款管理系统

任务下达

2022年1月1日，账套主管根据沈阳君喜糖果有限公司采购与应付款管理状况，进行二者初始化设置。

1.采购管理系统参数设置

允许超请购订货；将单据默认税率改为13%；订单自动关闭条件：入库完成；其他选项按默认值。

2.录入采购系统期初数据

（1）录入期初采购入库单

2021年12月16日，采购部周勋自大连富林食品有限公司采购黄油200千克，单价（不含税）为60元/千克，已入原材料库，采购类型为正常采购，入库类别为采购入库，采购发票未到，款未付。

（2）录入期初采购在途物资发票

2021年12月15日，采购部周勋向北京美乐商贸有限公司采购椰子糖1 000箱，不含税单价为56元/箱，增值税税率为13%。已经取得增值税专用发票，发票号：56897632，尚未到货，未付款。

3.完成采购系统期初记账工作

4.2022年1月1日，账套主管设置应付款管理系统参数

单据审核日期依据为单据日期；自动计算现金折扣；核销生成凭证，单据审核后立即制单；其他选项系统默认。

5.2022年1月1日，账套主管进行应付款管理系统初始设置

（1）基本科目设置

应付科目为【220201应付账款-一般应付款】；预付科目为【1123预付账款】；采购科目为【1402在途物资】；税金科目为【22210101应交税费-应交增值税-进项税额】；现金折扣科目为【660304财务费用-现金折扣】；银行承兑科目为【220101应付票据-银行承兑汇票】；商业承兑科目为【220102应付票据-商业承兑汇票】；票据利息科目为【660302财务费用-利息支出】。

（2）控制科目设置

供应商编码为001至005的应付科目均为【220201应付账款-一般应付款】；预付账款科目均为【1123预付账款】。

（3）结算科目设置

现金结算方式科目为【1001库存现金】；现金支票、转账支票、电汇、其他几种结算方式对应的科目为【100201银行存款-建行人民币户】。

6.2022年1月1日，账套主管录入应付款管理系统期初余额

2022年1月1日，沈阳君喜糖果有限公司应录入系统的数据见表1-20至表1-22。

表 1-20　　应付账款——一般应付款（220201）期初余额

日期	供应商名称	摘要	方向	金额（元）
2021.12.15	北京美乐商贸有限公司	采购部周勋采购椰子糖1 000箱,不含税单价56元/箱,发票号:56897632	贷	63 280

表 1-21　　应付票据——商业承兑汇票（220102）期初余额

日期	供应商名称	摘要	方向	金额（元）
2021.11.10	大连富林食品有限公司	采购部周勋采购红枣3 000千克,不含税单价8元/千克,承兑汇票票号:54386721,到期日为2022年1月10日,票面利率为8%	贷	27 120

表 1-22　　预付账款（1123）期初余额

日期	供应商名称	摘要	方向	金额（元）
2021.12.30	天津青青牧业有限公司	采购部周勋采购纯牛奶5 000千克,不含税单价10元/千克,预付货款10 000元,转账支票支付,票号:69754166	借	10 000

任务解析

一、采购管理系统初始化

采购管理系统的初始设置主要从选项设置和期初余额录入两个方面进行。

在采购系统选项中，企业可以针对自身情况从“业务及权限控制”“公共及参照控制”“其他业务控制”“预算控制”四个角度对采购业务参数进行全面的规划和设计。

采购系统的期初余额主要有期初未取得发票的采购入库单以及期初未到货的采购发票两种情形，分别在【采购管理】中【采购入库】或【采购发票】功能下录入，并完成采购期初记账。需要说明的是，采购期初记账在【设置】功能下，它是采购系统初始化的必需步骤，即便没有期初数据，也要执行此操作，将期初操作与日常核算划分开来。

二、应付款管理系统初始化

应付款管理系统初始化包括选项设置、初始设置和期初余额录入三个部分。

（一）选项设置

选项设置是应付款系统使用前，对运行所需要的账套参数进行设置，以保证系统可以自动按选项设置的结果进行相应的账务处理。

应付款系统的选项较多，按照参数性质分为常规、凭证、权限与预警、核销设置、收付款控制等。每个选项卡中包括若干个参数。每个参数的含义可查阅系统中的帮助。

（二）初始设置

初始设置的实质是对应付款管理系统的业务处理核算规则进行统一安排。

凭证科目设置主要包括基本科目设置、控制科目设置、产品科目设置以及结算方式科目设置；账龄区间设置，包括账期内账龄区间设置和逾期账龄区间设置两部分，分别对应付账款进行账期内账龄分析和逾期账龄分析。

此外，初始设置还包括预警级别设置、单据类型设置和中间币种设置，分别用来反映各个往来单位的信用情况、建立往来单位与单据类型的对应关系，以及通过中间币种设置确认异币种核销的有效性。

（三）期初余额录入

第一次使用系统是在建立供应商档案后，为了能使计算机顺利完成清理核销工作，必须把手工方式尚未结清的供应商往来款项输入计算机。只有在往来期初数据准确输入后，才能正确地进行往来账的各种统计和分析。进入下一年度时，系统会自动将上年度未结清的单据转成下一年度的期初余额。

在应付款管理系统中，往来款余额是按单据形式录入的。录入完成后要与总账系统中相应的供应商账户余额核对相符。

任务实施

【操作岗位】账套主管A01

【操作流程】

1.采购管理系统参数设置

（1）账套主管A01登录企业应用平台，执行【业务工作】|【供应链】|【采购管理】|【设置】|【采购选项】，勾选“允许超请购订货”；其他选项按默认值。如图1-69所示。

（2）点击【业务工作】|【供应链】|【采购管理】|【设置】|【采购选项】|【公共及参照控制】，将单据默认税率改为“13%”；点击【业务工作】|【供应链】|【采购管理】|【设置】|【采购选项】|【其他业务控制】，选择订单关闭条件为“入库完成”，其他选项系统默认。

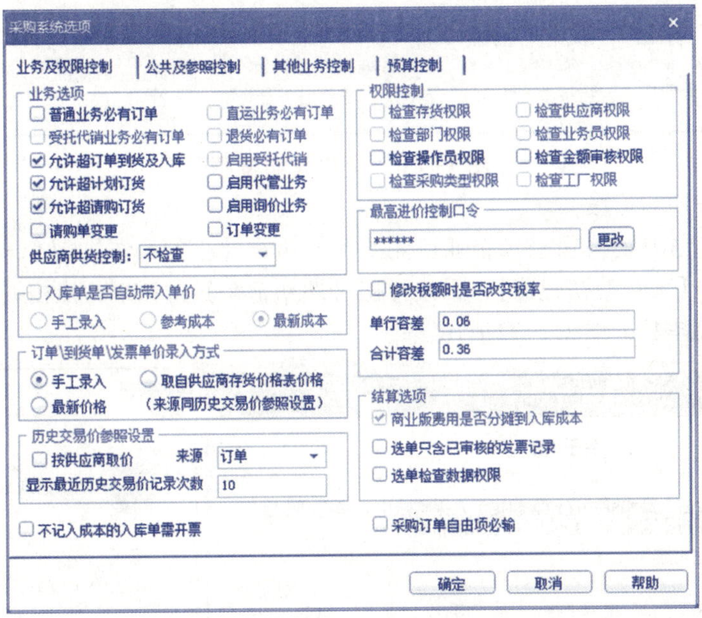

图1-69　采购管理业务及权限控制设置

2.录入采购系统期初数据

（1）录入期初采购入库单。

账套主管A01执行【业务工作】|【供应链】|【采购管理】|【采购入库】|【入库单】，打开【期初采购入库单】对话框。单击【增加】按钮，按要求录入期初采购入库单信息并单击【保存】，完成操作。结果如图1-70所示。

录入期初采购入库单

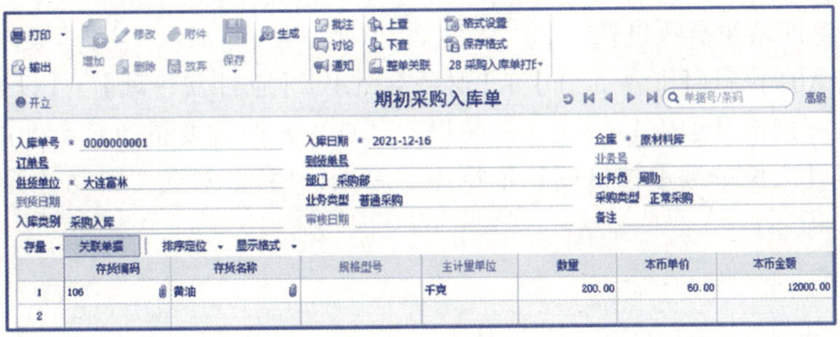

图1-70　期初采购入库单

（2）录入期初采购发票。

账套主管A01执行【业务工作】|【供应链】|【采购管理】|【采购发票】|【专用采购发票】，打开【期初专用发票】对话框。单击【增加】按钮，按要求录入期初专用发票信息并点击【保存】，完成操作。结果如图1-71所示。

图1-71 期初采购发票

3.采购系统期初记账

以账套主管A01的身份登录企业应用平台，执行【业务工作】|【供应链】|【采购管理】|【设置】|【采购期初记账】，系统弹出【期初记账】对话框，点击【记账】，系统返回“期初记账完毕!”。如图1-72所示。

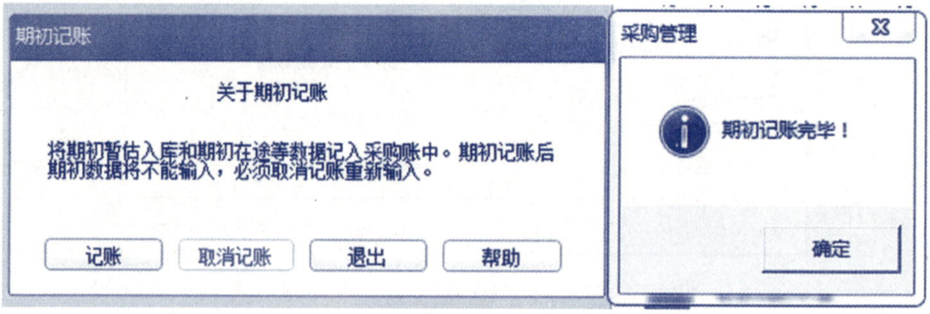

图1-72 采购系统期初记账

操作提示

没有期初数据时，也必须进行期初记账，期初记账后就不能增加采购期初余额了。

如果发现期初余额录入有误，可以取消记账，但以下情况不能取消记账：①采购系统已进行月末结账；②采购系统已进行采购结算；③存货系统已进行期初记账。

4.应付款管理系统参数设置

账套主管A01执行【业务工作】|【财务会计】|【应付款管理】|【设置】|【选项】，在【常规】页签点击【编辑】按钮，系统提示“选项修改需要重新登录才能生效”，点击【确定】，选择【应付单据审核日期】依据为“单据日期”；勾选“自动计算现金折扣”选项，如图1-73所示。

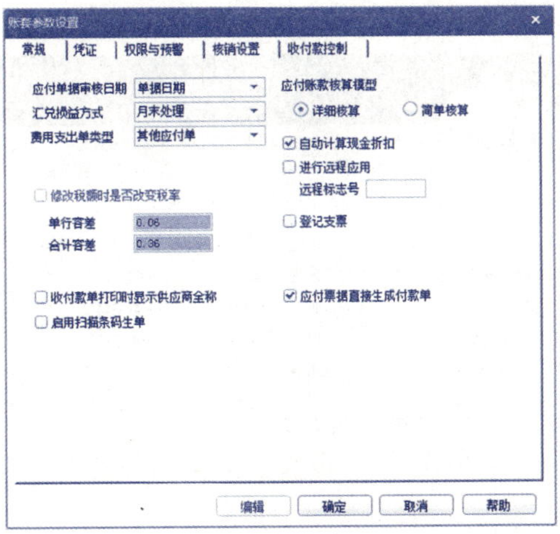

图 1-73　应付款管理系统参数设置

点击【凭证】页签，勾选“单据审核后立即制单”“核销生成凭证”选项，其他默认，完成应付款管理系统参数设置。

5.应付款管理系统初始设置

（1）基本科目设置。

以账套主管A01的身份登录企业应用平台，执行【业务工作】|【财务会计】|【应付款管理】|【设置】|【科目设置】|【基本科目】，打开【应付基本科目】页面，单击【增行】，在新增的空白行中双击选择“应付科目”；在对应科目栏填写科目代码“220201”或参照选择“220201应付账款-—一般应付款”科目，双击币种，显示“人民币”，完成第一个基本科目设置。采用同样方法录入预付科目、采购科目等其他对应科目信息，结果如图1-74所示。

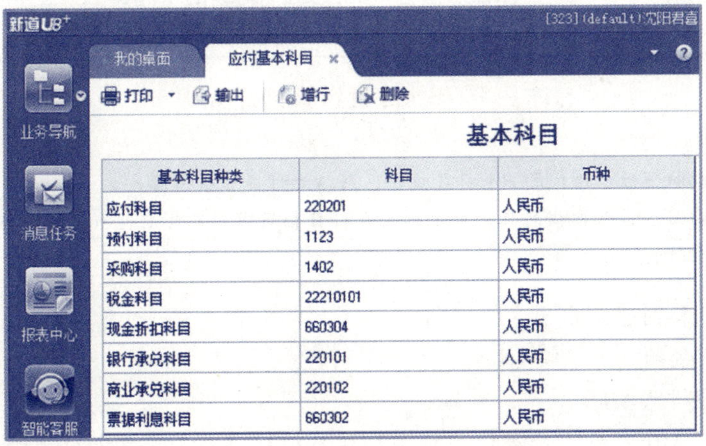

图 1-74　应付基本科目设置

（2）控制科目设置。

以账套主管A01的身份登录企业应用平台，执行【业务工作】|【财务会计】|【应付款管理】|【设置】|【科目设置】|【控制科目】，打开【应付控制科目】页面，单击【增行】，依次录入供应商编码和对应的币种、应付科目与预付科目相关信息，完成设置。如

图1-75所示。

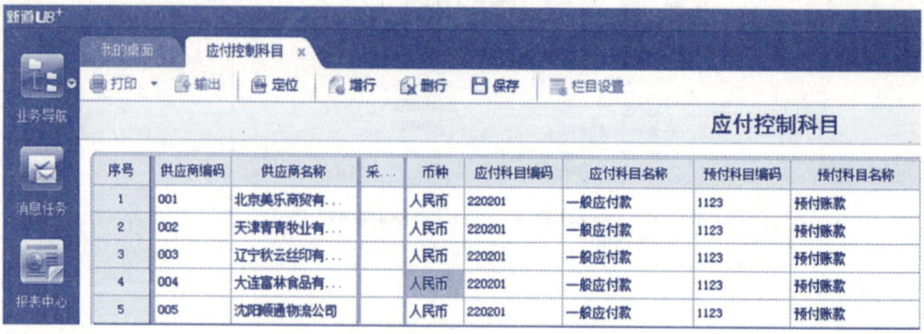

应付控制科目

序号	供应商编码	供应商名称	采...	币种	应付科目编码	应付科目名称	预付科目编码	预付科目名称
1	001	北京美乐商贸有...		人民币	220201	一般应付款	1123	预付账款
2	002	天津青青牧业有...		人民币	220201	一般应付款	1123	预付账款
3	003	辽宁秋云丝印有...		人民币	220201	一般应付款	1123	预付账款
4	004	大连富林食品有...		人民币	220201	一般应付款	1123	预付账款
5	005	沈阳顺通物流公司		人民币	220201	一般应付款	1123	预付账款

图1-75　应付控制科目设置

（3）结算科目设置。

以账套主管A01的身份登录企业应用平台，执行【业务工作】|【财务会计】|【应付款管理】|【设置】|【科目设置】|【结算科目】，打开【应付结算科目】页面，单击【增行】，双击选择录入各种结算方式及其对应的币种、本单位账号、科目，完成设置。如图1-76所示。

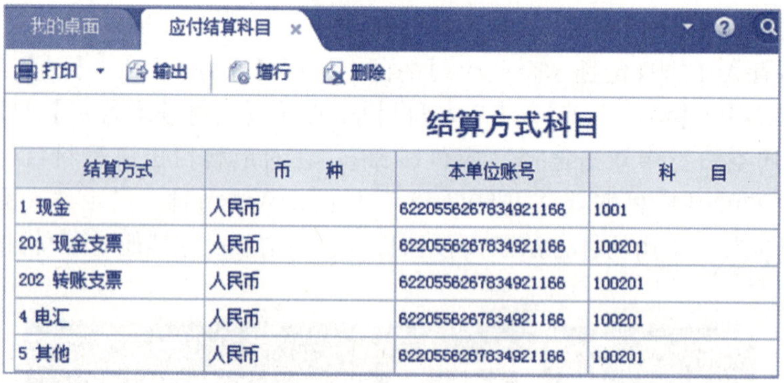

结算方式科目

结算方式	币　种	本单位账号	科　目
1 现金	人民币	6220556267834921166	1001
201 现金支票	人民币	6220556267834921166	100201
202 转账支票	人民币	6220556267834921166	100201
4 电汇	人民币	6220556267834921166	100201
5 其他	人民币	6220556267834921166	100201

图1-76　应付结算科目设置

操作提示

如果应付账款和预付账款只用一个科目核算，则二者科目可以相同。

应付和预付科目、应付票据科目必须是已经在科目档案中指定为应付系统的受控科目，其他科目必须是非应收/应付的受控科目。

以上设置的科目必须是最末级科目。

6.录入期初余额

（1）录入应付账款。

以账套主管A01的身份登录企业应用平台，执行【业务工作】|【财务会计】|【应付款管理】|【期初余额】，打开【期初余额-查询】对话框，单击【确定】，打开【期初余额】界面。点击【增加】按钮，弹出【单据类别】对话框，进行如图1-77所示的默认设置。

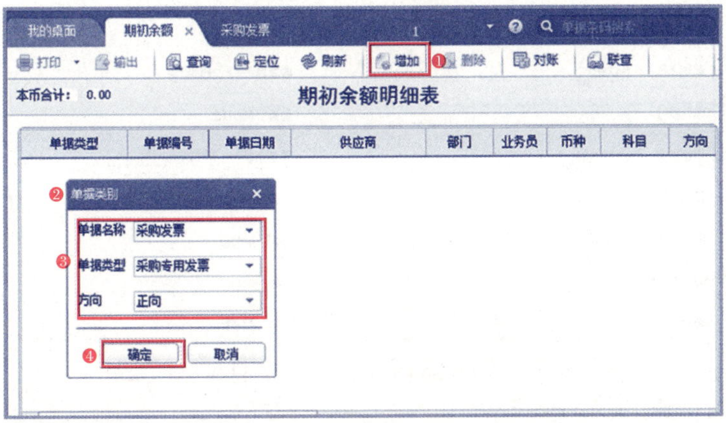

图 1-77 录入期初应付增值税专用发票（一）

单击【确定】，系统打开【采购发票】页面，点击【增加】，依次录入发票号“001”（应付系统录入的增值税专用发票单独编号），选择开票日期“2021-12-15”、供应商“北京美乐”、币种“人民币”、业务员“周勋”、部门“采购部”等表头内容，再输入存货编码“402”、数量“1000”、原币单价“56”等表体内容，单击【保存】，如图1-78所示。完成一张期初增值税专用发票的录入，关闭【采购发票】。

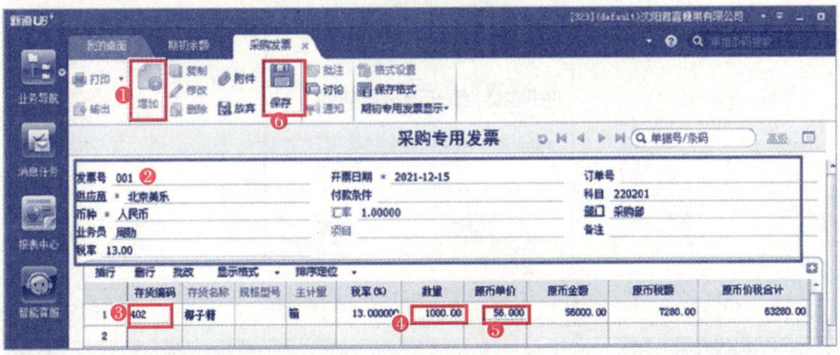

图 1-78 录入期初应付增值税专用发票（二）

（2）录入应付票据。

账套主管A01在打开的【期初余额】界面点击【增加】按钮，弹出【单据类别】对话框，选择单据名称为“应付票据”，单据类型为“商业承兑汇票”，默认正向，如图1-79所示，单击【确定】，系统会打开【期初单据录入】页面。点击【增加】，在期初票据中录入商业承兑汇票的各个项目，单击【保存】，结果如图1-80所示。完成后，关闭退出。

录入应付票据

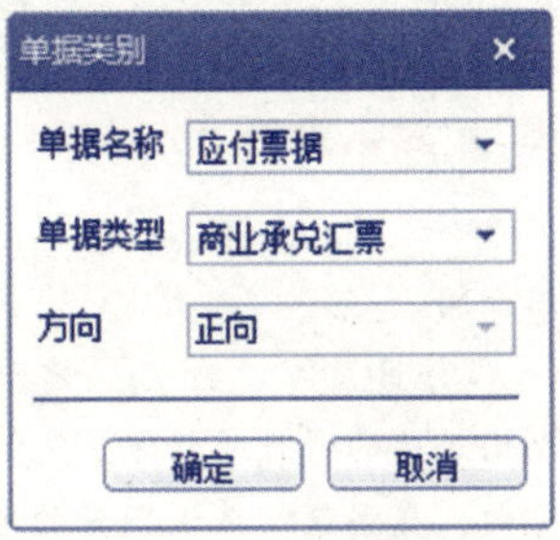

图 1-79 录入期初应付商业承兑汇票（一）

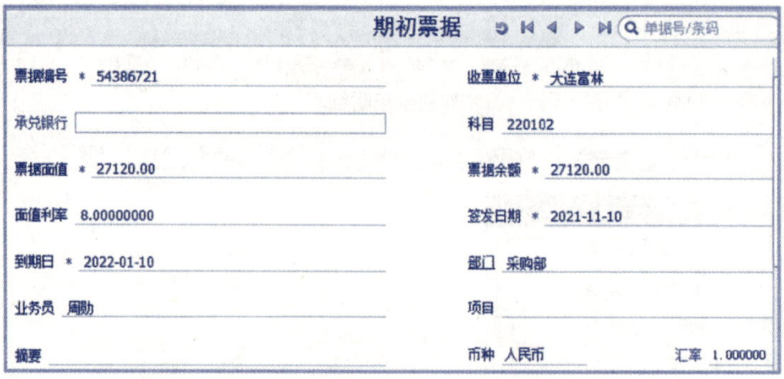

图 1-80　录入期初应付商业承兑汇票（二）

（3）录入预付款。

账套主管 A01 在打开的【期初余额】界面点击【增加】按钮，弹出【单据类别】对话框，选择单据名称为“预付款”，单据类型为“付款单”，默认正向，如图 1-81 所示，单击【确定】，系统会打开【期初单据录入】页面。单击【增加】按钮，在付款单中依次录入日期、供应商、结算方式、金额等表头项目，再在表体项目【款项类型】中选择“预付款”，系统自动填充对应的预付信息，如图 1-82 所示，点击【保存】，完成退出。

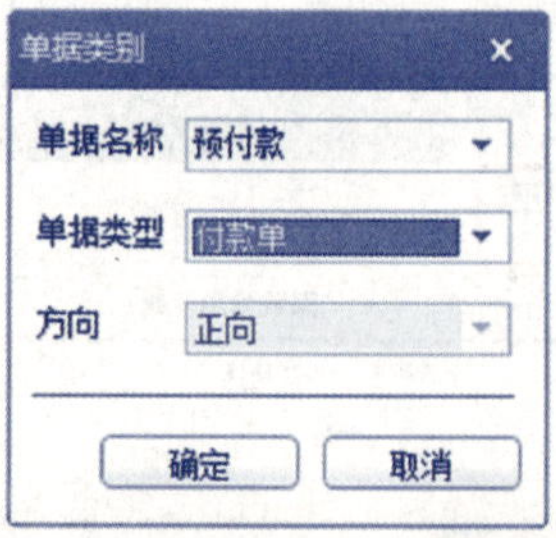

图 1-81　录入期初预付单据（一）

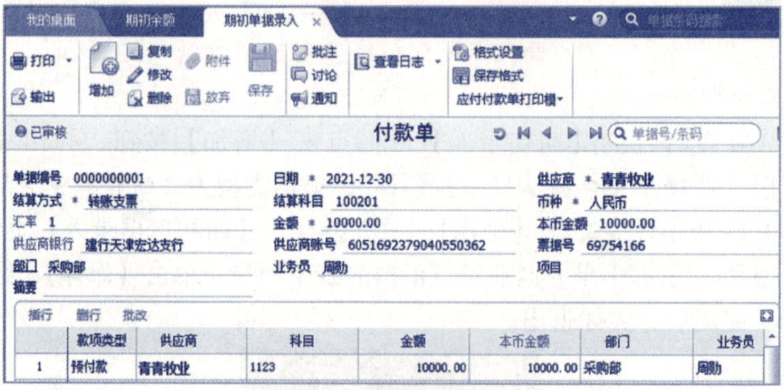

图 1-82　录入期初预付单据（二）

操作提示

期初单据日期必须小于该账套启用期间。

单据中的科目栏反映该笔业务的入账科目，可以为空。建议在录入期初单据时，录入科目信息，这样可以执行与总账对账功能，且可查询正确的科目明细账。

汇票和应付单的方向包括正向和负向，类型包括系统预置的各类型及用户定义的类型。

任务清单 3-2　销售与应收款管理系统

✻ 任务下达

1.2022 年 1 月 1 日，账套主管对销售管理系统进行初始设置

（1）销售管理系统参数设置

有零售日报业务，有委托代销业务，有分期收款业务，有直运销售业务；取消销售生成出库单；普通销售开票依据为“发货单”；其他默认。

（2）录入期初分期收款发货单

2021 年 12 月 30 日，销售部陈琳与北京新世界百货有限公司签订合同分期收款销售香酥枣 200 箱，单价为 80 元/箱，增值税税率为 13%。货物已经发出，尚未开具增值税专用发票，未收款。

2.2022 年 1 月 1 日，账套主管设置应收款管理系统参数

单据审核日期依据为【单据日期】，坏账处理方式为【应收余额百分比法】，勾选【自动计算现金折扣】；受控科目制单方式为【明细到单据】。

3.2022 年 1 月 1 日，账套主管进行应收款管理系统初始设置

（1）基本科目设置

应收科目为【1122 应收账款】，预收科目为【2203 预收账款】，税金科目为【22210103 应交税费–应交增值税–销项税额】，坏账入账科目为【1231 坏账准备】，现金折扣科目为【660304 财务费用–现金折扣】，票据利息科目【660301 财务费用–利息收入】，票据费用科目【660303 财务费用–手续费】，销售收入科目为【6001 主营业务收入】，销售退回科目为【6001 主营业务收入】，银行承兑科目为【112101 应收票据–银行承兑汇票】，商业承兑科目为【112102 应收票据–商业承兑汇票】。

（2）控制科目设置

客户编码为 001 至 005 的应收科目均为【1122 应收账款】，预收账款科目均为【2203 预收账款】。

（3）结算方式科目设置

现金结算方式科目为【1001 库存现金】；现金支票、转账支票、汇兑、其他几种结算方式对应的科目为【100201 银行存款–建行人民币户】。

（4）坏账准备设置

提取比例为【0.5%】，坏账准备科目为【1231 坏账准备】，对方科目为【6701 资产减值损失】，坏账准备期初余额为 700.60 元。

（5）账龄区间设置

账期内账龄区间设置总天数为 10 天、30 天、60 天、90 天。

4.2022 年 1 月 1 日，账套主管录入应收款管理系统期初余额

2022 年 1 月 1 日，沈阳君喜糖果有限公司应录入系统的数据见表 1–23 至表 1–25。

表 1-23 应收账款（1122）期初余额

日期	客户名称	摘要	方向	金额（元）
2021/12/05	大连金舵购物广场	销售部丁天销售太妃糖 1 000 箱，不含税单价 70 元/箱，增值税税率 13%，发票号：22337865	借	79 100
2021/12/28	辽宁百盛商城有限公司	销售部陈琳销售椰子糖 600 箱，不含税单价 90 元/箱，增值税税率 13%，发票号：76540536，付款条件为“2/10，1/20，n/30”	借	61 020

表 1-24 应收票据——银行承兑汇票（112101）期初余额

日期	客户名称	摘要	方向	金额（元）
2021/12/20	北京新世界百货有限公司	销售部丁天销售香酥枣 2 000 箱，不含税单价 60 元/箱，汇票票号：36507223，承兑银行：中国建设银行，到期日为 2022 年 3 月 20 日	借	135 600

表 1-25 预收账款（2203）期初余额

日期	客户名称	摘要	方向	金额（元）
2021/12/20	上海艾格连锁超市有限公司	销售部陈琳销售牛轧糖 2 500 箱，不含税单价 80 元/箱，增值税税率 13%。预收货款 10 000 元，转账支票票号：55660309	贷	10 000

任务解析

一、销售管理系统期初设置

销售管理系统初始设置主要是设置销售业务处理所需要的各种业务选项及录入销售期初数据。

业务参数设置在【业务工作】|【供应链】|【销售管理】|【设置】|【选项】中进行，分“业务控制”“其他控制”“信用控制”“可用量控制”“价格管理”五个方面展开。

在U8 V13.0系统中，销售系统期初单据有“期初已经发货、出库，但尚未开票的发货单”和“期初已经发货但未结算的委托代销发货单”两种。期初单据录入后要执行【审核】操作，完成期初记账。

二、应收款管理系统期初设置

应收款管理系统初始化也包括选项设置、初始设置和期初余额录入三个部分，其内容和方法与应付款管理系统一致，这里不展开叙述。

需要说明的是，应收款管理在初始设置时一个很重要的工作是进行坏账准备设置，需录入坏账计提比率、坏账准备期初余额及相应的核算科目，以便实现坏账准备的自动计算计提。

任务实施

【操作岗位】账套主管A01

【操作流程】

1.销售管理系统参数设置

账套主管A01在企业应用平台执行【业务工作】|【供应链】|【销售管理】|【设置】|【选项】，打开【销售选项】对话框。

在【业务控制】选项卡下，勾选“有零售日报业务”“有委托代销业务”“有分期收款业务”“有直运销售业务”；取消“销售生成出库单”；在【其他控制】选项卡下，设置【普通销售开票依据】为“发货单”，其他参数默认。

2.录入期初发货单

账套主管A01执行【业务工作】|【供应链】|【销售管理】|【设置】|【期初发货单】，打开【期初发货单】页面。

单击【增加】按钮，按要求录入分期收款发货单信息并单击【保存】。单击【审核】，完成期初发货单的记账工作，结果如图1-83所示。

录入期初销售发货单

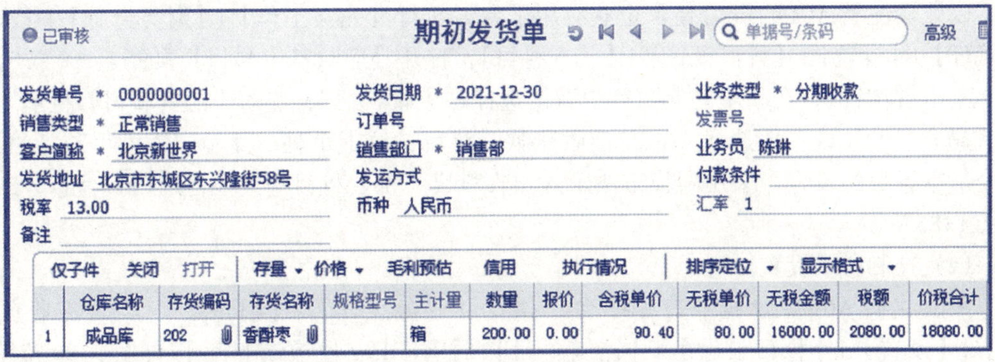
已审核　期初发货单　单据号/条码　高级

发货单号 * 0000000001　发货日期 * 2021-12-30　业务类型 * 分期收款
销售类型 * 正常销售　订单号　发票号
客户简称 * 北京新世界　销售部门 * 销售部　业务员 陈琳
发货地址 北京市东城区东兴隆街58号　发运方式　付款条件
税率 13.00　币种 人民币　汇率 1
备注

仅子件　关闭　打开　存量　价格　毛利预估　信用　执行情况　排序定位　显示格式

	仓库名称	存货编码	存货名称	规格型号	主计量	数量	报价	含税单价	无税单价	无税金额	税额	价税合计
1	成品库	202	香酥枣		箱	200.00	0.00	90.40	80.00	16000.00	2080.00	18080.00

图1-83　录入期初发货单

3.设置应收款管理系统参数

账套主管A01在企业应用平台，执行【业务工作】|【财务会计】|【应收款管理】|【设置】|【选项】，打开【账套参数设置】对话框。

先点击【编辑】，使页面进入可编辑状态。在【常规】选项卡下，选择【应收单据审核日期】为“单据日期”，【坏账处理方式】为“应收余额百分比法”，勾选“自动计算现金折扣”，如图1-84所示；在【凭证】选项卡下选择受控科目制单方式为“明细到单据”，勾选“核销生成凭证”，其他默认，点击【确定】，完成设置。

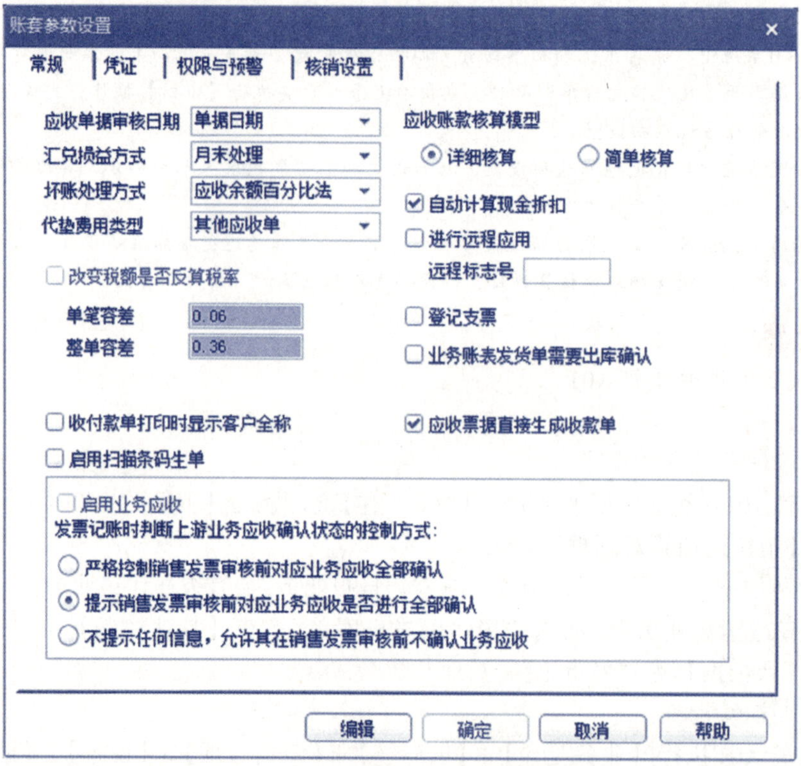

图1-84　应收款管理参数设置

4.应收款管理系统初始设置

（1）基本科目设置。

以账套主管A01的身份登录企业应用平台，执行【业务工作】|【财务会计】|【应收款管理】|【设置】|【科目设置】|【基本科目】，打开【应收基本科目】页面。

单击【增行】，在新增的空白行中双击选择“应收科目”；在对应的【科目】栏填写科目代码“1122”或参照选择“1122应收账款”科目，双击币种，显示“人民币”，完成第一个基本科目的设置。采用同样方法录入预收科目、税金科目等其他对应科目信息，结果如图1-85所示。

（2）控制科目设置。

账套主管A01登录企业应用平台，执行【业务工作】|【财务会计】|【应收款管理】|【设置】|【科目设置】|【控制科目】，打开【应收控制科目】页面，单击【增行】，依次录入客户编码和对应的币种、应收科目与预收科目，完成设置，结果如图1-86所示。

基本科目

基本科目种类	科目	币种
应收科目	1122	人民币
预收科目	2203	人民币
税金科目	22210103	人民币
坏账入账科目	1231	人民币
商业承兑科目	112102	人民币
银行承兑科目	112101	人民币
票据利息科目	660301	人民币
票据费用科目	660303	人民币
销售收入科目	6001	人民币
销售退回科目	6001	人民币
现金折扣科目	660304	人民币

图 1-85　应收基本科目设置

应收控制科目

序号	客户编码	客户名称	币种	应收科目编码	应收科目名称	预收科目编码	预收科目名称
1	001	北京新世…	人民币	1122	应收账款	2203	预收账款
2	002	上海艾格…	人民币	1122	应收账款	2203	预收账款
3	003	沈阳鑫鑫…	人民币	1122	应收账款	2203	预收账款
4	004	辽宁百盛…	人民币	1122	应收账款	2203	预收账款
5	005	大连金乾…	人民币	1122	应收账款	2203	预收账款

图 1-86　应收控制科目设置

（3）结算方式科目设置。

账套主管 A01 登录企业应用平台，执行【业务工作】|【财务会计】|【应收款管理】|【设置】|【科目设置】|【结算科目】，打开【应收结算科目】页面，单击【增行】，双击选择录入各种结算方式及其对应的币种、本单位账号、科目，完成设置，结果如图 1-87 所示。

结算方式科目

结算方式	币　种	本单位账号	科　目
1 现金	人民币	6220556267834921166	1001
201 现金支票	人民币	6220556267834921166	100201
202 转账支票	人民币	6220556267834921166	100201
4 电汇	人民币	6220556267834921166	100201
5 其他	人民币	6220556267834921166	100201

图 1-87　应收结算科目设置

操作提示

如果应收账款和预收账款只用一个科目核算，则二者科目可以相同。

应收和预收科目、应收票据科目必须是已经在科目档案中指定为应收系统的受控科目，其他科目必须是非应收/应付的受控科目。

以上设置的科目必须是最末级科目。

(4) 坏账准备设置。

账套主管A01登录企业应用平台，执行【业务工作】|【财务会计】|【应收款管理】|【设置】|【初始设置】，打开【初始设置】页面，单击左侧【坏账准备设置】菜单，在右侧依次录入【计提比率】“0.5%”（录入0.5即可）、【坏账准备期初余额】“700.6”、【坏账准备科目】“1231”、【对方科目】为“6701资产减值损失”，如图1-88所示，点击【确定】，系统提示“储存完毕”，完成操作，关闭窗口。

图1-88 坏账准备设置（一）

需要说明的是，按最新会计政策，计提坏账准备应贷记“信用减值损失”科目，而非“资产减值损失”科目。若需使用“信用减值损失”科目，应单击【对方科目】右侧的科目参照按钮，在【科目参照】对话框中点击【编辑】，打开【会计科目】列表，增加科目“6702信用减值损失”后退出【会计科目】，再选择【对方科目】为“6702”，点击【确定】即可。

操作提示

坏账准备的期初余额必须要与总账对应的科目期初余额一致，即使没有余额，也要写0，否则不能保存。

当做过任意一种坏账处理（坏账计提、坏账发生、坏账收回）后，就不能修改坏账准备数据，只允许查询。

(5) 账龄区间设置。

账套主管A01登录企业应用平台，执行【业务工作】|【财务会计】|【应收款管理】|【设置】|【初始设置】，打开【初始设置】页面，单击左侧【账期内账龄区间设置】菜单，在右侧【总天数】栏依次录入“10”“30”“60”“90”，完成录入，如图1-89所示。

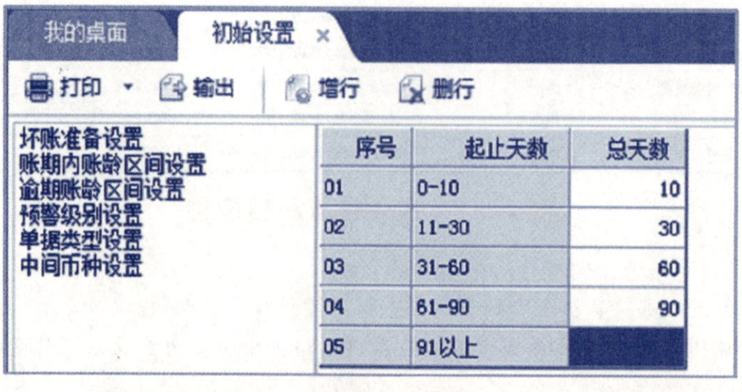

图1-89 坏账准备设置（二）

5.应收款管理系统期初余额录入

（1）录入应收账款期初余额。

账套主管A01登录企业应用平台，执行【业务工作】|【财务会计】|【应收款管理】|【期初余额】，打开【期初余额-查询】对话框，单击【确定】，打开【期初余额】界面。点击【增加】按钮，弹出【单据类别】对话框，按图1-90设置单据名称、单据类型及方向。

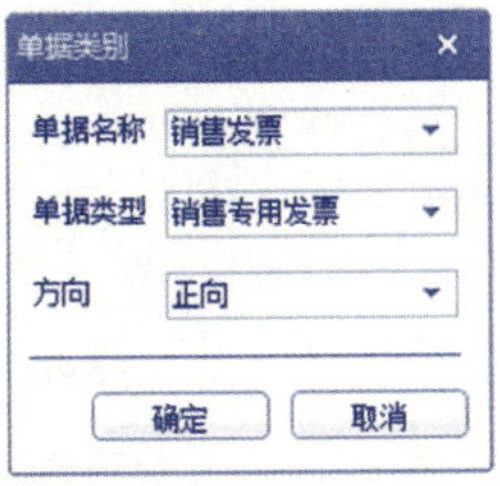

图1-90　期初销售发票录入（一）

单击【确定】，系统打开【销售发票】页面，点击【增加】，依次录入发票号“001”（应收系统录入的增值税专用发票单独编号）、开票日期“2021-12-05”、供应商“大连金舵”、税率“13%”、币种“人民币”、业务员“丁天”、部门“销售部”等表头内容，再输入存货编码“401”、数量“1000”、无税单价“70”等表体内容，单击【保存】，如图1-91所示。

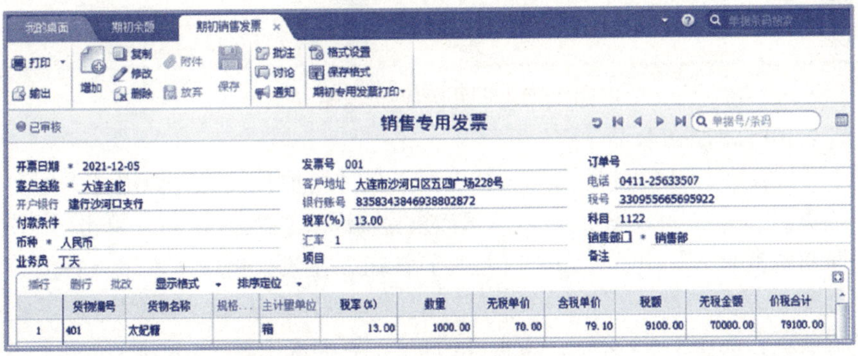

图1-91　期初销售发票录入（二）

同理，录入2021年12月28日，销售部陈琳销售椰子糖给辽宁百盛商城有限公司的增值税专用发票，编号为“002”，税率为“13%”，付款条件为“2/10，1/20，n/30”，其他条件见表1-23，结果如图1-92所示。

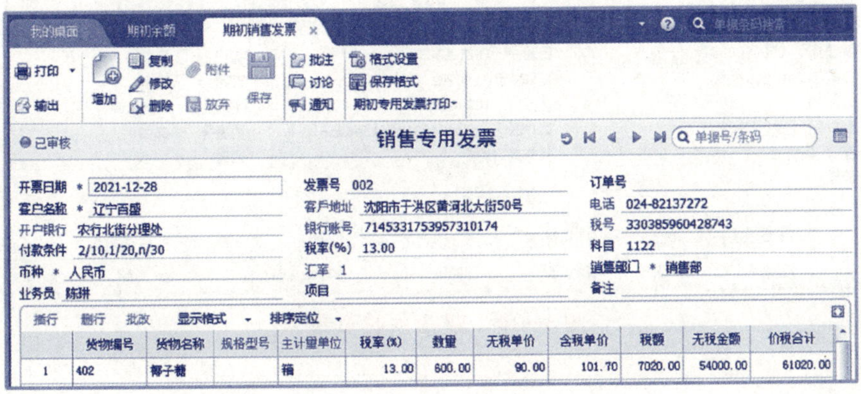

图1-92　期初销售发票录入（三）

（2）录入应收票据期初余额。

账套主管A01在打开的【期初余额】界面，点击【增加】按钮，弹出【单据类别】对话框，选择单据名称为“应收票据”，单据类型为“银行承兑汇票”，默认正向，单击【确定】，系统打开【期初单据录入】页面。点击【增加】，在期初票据中录入银行承兑汇票的各个项目，单击【保存】，结果如图1-93所示。完成后，关闭退出。

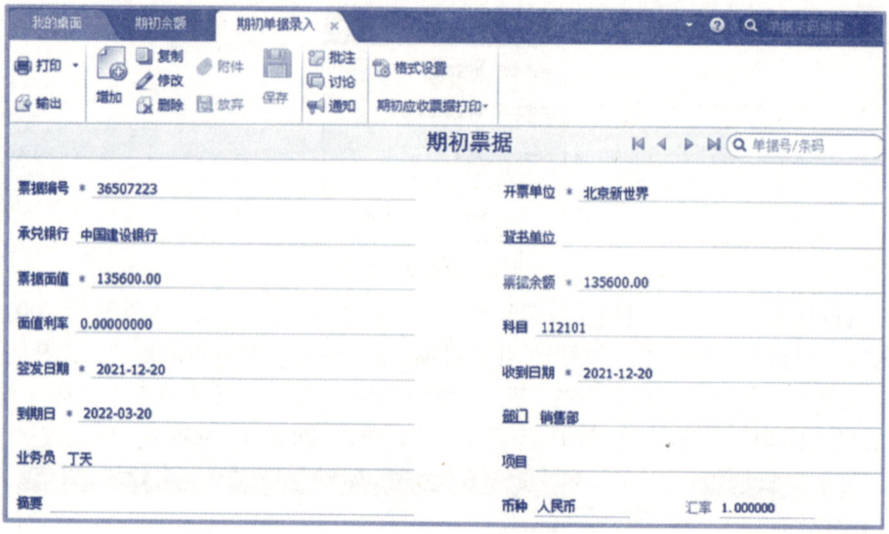

图 1-93　期初应收票据录入

（3）录入预收款期初余额。

账套主管A01在打开的【期初余额】界面点击【增加】按钮，弹出【单据类别】对话框，选择单据名称为“预收款”，单据类型为“收款单”，默认正向，单击【确定】，系统会打开【期初单据录入】页面。单击【增加】按钮，在收款单中依次录入日期、客户、结算方式、金额等表头项目，再在表体项目【款项类型】中选择“预收款”，系统自动填充对应的预收信息，如图1-94所示，点击【保存】，完成退出。

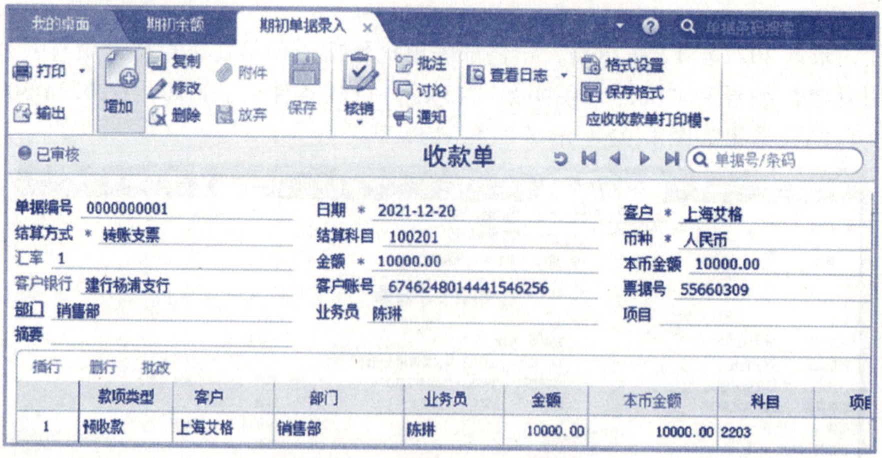

图 1-94　期初预收款录入

任务清单 3-3 库存管理与存货核算系统

任务下达

1.2022年1月1日，账套主管对库存管理系统进行初始设置

（1）库存管理系统参数设置

有委托代销业务；修改现存量时点设置为“采购入库审核时改现存量”“销售出库审核时改现存量”“产成品入库审核改现存量”“材料出库审核时改现存量”“其它出入库审核时改现存量”。

（2）录入库存期初数据

沈阳君喜糖果有限公司2022年1月1日存货信息见表1-26。

表1-26 库存期初数据 金额单位：元

仓库	存货编码	存货名称	主计量单位	数量	单价	金额
原材料库	101	奶粉	千克	2 000	180	360 000
	102	纯牛奶	千克	2 000	10	20 000
	103	红枣	千克	6 000	8	48 000
	104	白砂糖	千克	8 000	7	56 000
	105	坚果	千克	1 200	25	30 000
	106	黄油	千克	400	60	24 000
周转材料库	301	包装纸	张	2 000	30	60 000
	302	包装袋	箱	1 000	35	35 000
	303	包装箱	个	10 000	2	20 000
成品库	201	牛轧糖	箱	8 000	60	480 000
	202	香酥枣	箱	6 000	46	276 000
	401	太妃糖	箱	4 950	42	207 900
	402	椰子糖	箱	4 000	56	224 000
其他库	401	太妃糖	箱	50	42	2 100

2.存货核算系统参数设置

暂估方式为“单到回冲”，委托代销成本核算方式为“按发出商品核算”，其余信息按系统默认。

3.存货核算系统科目设置

（1）存货科目设置

原材料库的存货科目为【1403原材料】，周转材料库的存货科目为【1411周转材料】，成品库的存货科目为【1405库存商品】，其他库的存货科目为【1405库存商品】，分期收款发出商品科目为【1406发出商品】，委托代销发出商品科目为【1406发出商品】，直运科目为【1405库存商品】。

（2）存货对方科目设置

采购入库的对方科目为【1402在途物资】，暂估科目为【220202应付账款-暂估应付款】，采购退货的对方科目为【1402在途物资】，盘盈入库的对方科目为【1901待处理财

产损溢】，产成品入库的对方科目为【500101 生产成本-直接材料】，销售出库、销售退货、委托代销出库的对方科目均为【6401 主营业务成本】，盘亏出库的对方科目为【1901 待处理财产损溢】，材料出库的对方科目为【500101 生产成本-直接材料】。

4. 录入存货核算系统期初数据并对账、记账

（1）录入期初余额

存货核算系统的期初余额即库存管理系统的期初数据，可参照库存资料录入或引入。

（2）引入分期收款发出商品及委托代销发出商品期初数据

2021年12月30日，销售员陈琳分期收款销售给北京新世界百货有限公司的200箱香酥枣已经发货，尚未开具增值税专用发票，未收款。已知该商品的合同售价为80元/箱，成本价为46元/箱。

（3）对存货核算期初数据进行对账和记账

5. 期初暂估科目录入

2021年12月16日，采购部周勋自大连富林食品有限公司采购的200千克黄油已经入库，采购发票未到，款未付。上月末已执行暂估操作，黄油暂估单价（不含税）为60元/千克。

任务解析

一、库存管理

（一）库存参数设置

库存管理作为存货管理的业务部门，其初始设置也分为参数设置及期初余额设置两部分。参数设置从“通用设置”“专用设置”“可用量控制”“可用量检查”“其他设置”五方面进行，设置库存管理业务规则。

可用量是库存管理系统中的一个重要概念，指企业实际可以使用的存量，其计算公式为：

可用量＝现存量－冻结量＋预计入库量－预计出库量

现存量是指企业实际的库存量；冻结量是指虽然已入库但因各种原因不能办理出入库的存货量；预计入库量指采购业务或调拨业务已发生或生产订单已下达，实物还未入库但在可预见的未来将要入库的量，包括已请购量、采购在途量、生产订单量、委外订单量、到货/在检量、调拨在途量等；预计出库量指销售或调拨业务已发生，实物还未出库但在可预见的未来将要出库的量，包括销售订单量、备料计划量、生产未领量、委外未领量、待发货量、调拨待发量等。

在库存【选项】设置中，可以由用户定义预计入库量和预计出库量的构成。

（二）库存期初余额设置

库存管理模块下，期初要录入库存存货的信息以及不合格品的期初数量，录入后执行批审操作，完成期初记账。

需要说明的是，库存管理和存货核算共用存货期初余额数据，可以选择一方录入，而另一方从录入方取数，也可以双方皆录入数据，再互相比对相符。

二、存货核算

存货核算初始设置与应收款、应付款等财务模块的初始设置相似，包括选项设置、科目设置和期初数据录入。

存货核算系统的参数设置包括“核算方式”“控制方式”“其他选项”三部分，对企业存货核算方式、暂估方式、销售成本核算方式、委托代销成本核算方式等进行了全面的设置，同时设计了存货业务核算的控制开关及权限分配等。

存货科目设置方便各种业务类型下存货出入库自动生成会计凭证。一般需设置存货科目、对方科目、结算科目、应付科目、税金科目等，可以大大提高工作效率。该部分也可以不预先设置，待凭证生成时再输入。

在存货核算系统，期初数据包括期初余额、期初差异、期初分期收款发出商品和期初委托代销发出商品几部分。其中，期初余额与库存数据一致，可以自行录入或从库存管理系统取数；期初差异是针对采用计划价或售价核算出库成本的存货而设计的，初次使用本系统时，应先输入该部分存货的期初差异余额或期初差价余额；期初分期收款发出商品和期初委托代销发出商品均应从对应的销售系统取数。期初余额录入完成后应执行记账操作，再执行“期初暂估科目录入”，引入对应数据。

存货核算期初设置完成后，同样要与总账进行核对，系统中设置了“存货与总账对账”“发出商品与总账对账”“暂估科目与总账对账”三项，通常要使三项全部对账相符。

任务实施

【操作岗位】账套主管A01

【操作流程】

1.库存管理系统初始设置

（1）库存管理系统参数设置。

以账套主管A01的身份登录企业应用平台，执行【业务工作】|【供应链】|【库存管

理】|【设置】|【选项】，打开选项对话框，在【通用设置】选项卡下，勾选“有无委托代销业务”“采购入库审核时改现存量”“销售出库审核时改现存量”“产成品入库审核改现存量”“材料出库审核时改现存量”“其它出入库审核时改现存量”选项。结果如图1-95所示。

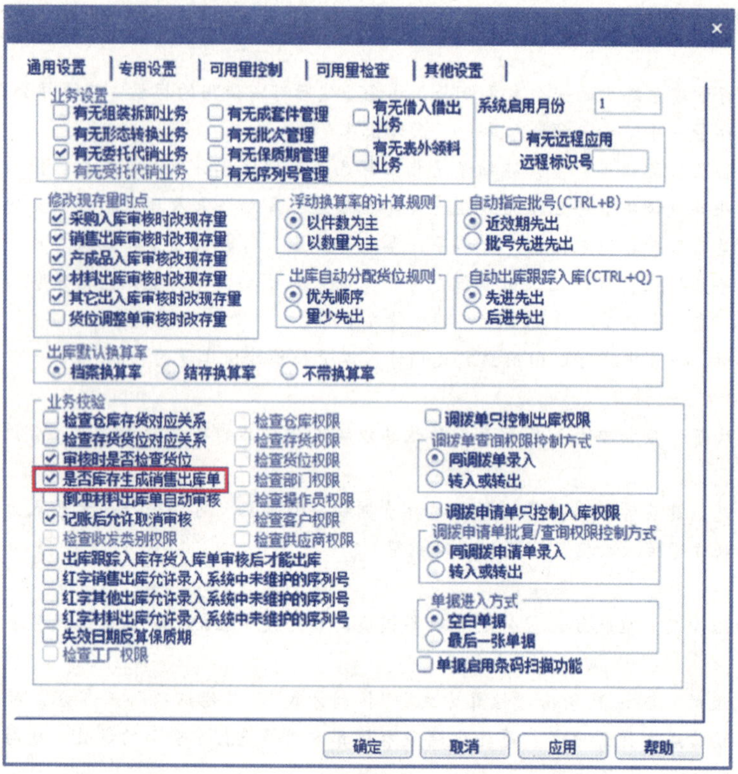

图1-95　库存管理系统参数设置

操作提示

库存选项设置中勾选“是否库存生成销售出库单”复选框后，前面销售参数中的“销售生成出库单”会自动取消选中。

(2) 期初余额录入及期初记账。

账套主管A01登录企业应用平台，执行【业务工作】|【供应链】|【库存管理】|【设置】|【期初余额】，打开【库存期初数据录入】对话框。在右上角选择仓库为“原材料库”，点击【修改】，在表体中打开【存货编码】参照表，勾选原材料库中所有存货的复选框，单击【确定】，系统自动填充好原材料名称，再依次按表1-26所给资料输入数量和单价，点击【保存】，完成原材料库期初数据录入，如图1-96所示。单击【批审】按钮，对原材料库期初数据进行期初记账。

采用同样方法录入周转材料库、成品库以及其他库的存货期初数据，并批审，完成期初记账工作。

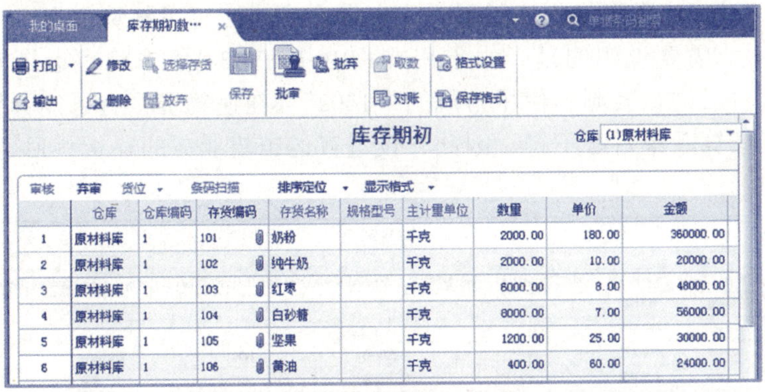

	仓库	仓库编码	存货编码	存货名称	规格型号	主计量单位	数量	单价	金额
1	原材料库	1	101	奶粉		千克	2000.00	180.00	360000.00
2	原材料库	1	102	纯牛奶		千克	2000.00	10.00	20000.00
3	原材料库	1	103	红枣		千克	6000.00	8.00	48000.00
4	原材料库	1	104	白砂糖		千克	8000.00	7.00	56000.00
5	原材料库	1	105	坚果		千克	1200.00	25.00	30000.00
6	原材料库	1	106	黄油		千克	400.00	60.00	24000.00

图 1-96 库存期初数据录入

操作提示

库存期初余额可以直接输入，若存货核算系统已经录入期初余额也可以从其中取数。

审核和弃审可分仓库逐条记录分别执行，也可以执行批审命令，将一个仓库所有的存货记录一次性全部审核。

审核以后会影响存货的现存量和可用量，对日常业务的发货及出库会有影响。

2.存货核算系统参数设置

账套主管A01登录企业应用平台，执行【业务工作】|【供应链】|【存货核算】|【设置】|【选项】，打开【选项查询】页面，点击【编辑】，进入编辑状态，选择暂估方式为“单到回冲”；选择委托代销成本核算方式为“按发出商品核算”，其他信息默认。结果如图1-97所示。

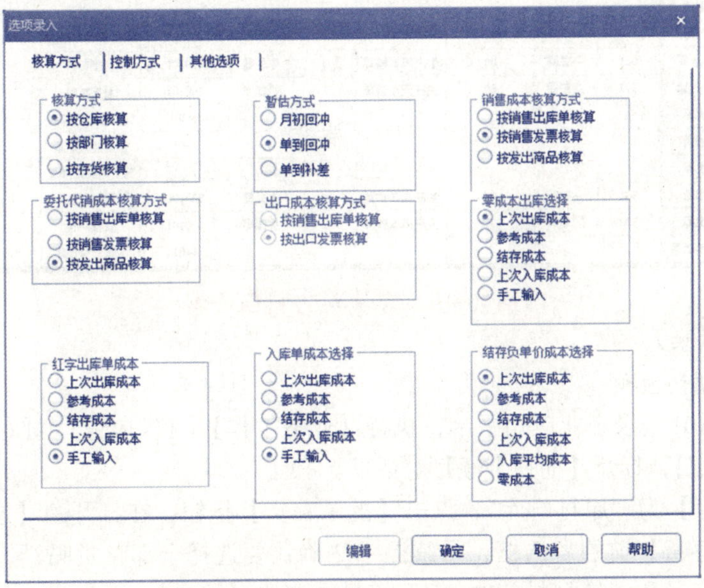

图 1-97 存货核算系统参数设置

3.科目设置

(1) 存货科目设置。

账套主管A01登录企业应用平台，执行【业务工作】|【供应链】|【库存管理】|【设置】|【存货科目】，打开【存货科目】对话框。

单击【增行】，依次选择仓库编码，录入各仓库对应存货核算科目，单击【保存】，如图 1-98 所示。需要说明的是，由于用友 ERP-U8 V13.0 版本将直运销售业务的借方科目作为存货科目进行控制，使用常规的“1402”（在途物资）有可能会导致期初、期末总账与存货核算系统对账不符。因此，设置直运销售业务的存货科目为“1405”（库存商品）。

存货科目

仓库编码	仓库名称	存货科目编码	存货科目名称	分期收款发出商品科目编码	分期收款发出商品科目名称	委托代销发出商品科目编码	委托代销发出商品科目名称	直运科目编码	直运科目名称
1	原材料库	1403	原材料						
2	周转材料库	1411	周转材料						
3	成品库	1405	库存商品	1406	发出商品	1406	发出商品	1405	库存商品
4	其他库	1405	库存商品	1406	发出商品	1406	发出商品		

图 1-98　存货科目设置

（2）存货对方科目设置。

账套主管 A01 登录企业应用平台，执行【业务工作】|【供应链】|【库存管理】|【设置】|【对方科目】，打开【对方科目】对话框。单击【增行】，依次选择收发类别编码，录入各方式下对方科目编码，同时在【暂估科目编码】中输入“220202”，材料出库的对方科目“500101”（生产成本-直接材料）需要按项目分别设置，如图 1-99 所示。单击【保存】，完成操作。

对方科目

收发类别编码	收发类别名称	部门编码	部门名称	项目大类编码	项目大类名称	项目编码	项目名称	对方科目编码	对方科目名称	暂估科目编码	暂估科目名称
101	采购入库							1402	在途物资	220202	暂估应付款
102	采购退货							1402	在途物资	220202	暂估应付款
103	盘盈入库							1901	待处理财产损溢		
104	产成品入库	501	一车间	00	生产成本核算	1	牛轧糖	500101	直接材料		
104	产成品入库	502	二车间	00	生产成本核算	2	香酥枣	500101	直接材料		
201	销售出库							6401	主营业务成本		
202	销售退货							6401	主营业务成本		
203	盘亏出库							1901	待处理财产损溢		
204	材料出库	501	一车间	00	生产成本核算	1	牛轧糖	500101	直接材料		
204	材料出库	502	二车间	00	生产成本核算	2	香酥枣	500101	直接材料		
205	委托代销出库							6401	主营业务成本		

图 1-99　存货对方科目设置

4. 期初余额录入

（1）录入期初余额。

账套主管 A01 登录企业应用平台，执行【业务工作】|【供应链】|【存货核算】|【设置】|【期初余额】，打开【期初余额】对话框。

选择【仓库】为“原材料库”，点击【批录存货】按钮，在打开的【选择存货】对话框中，勾选【存货】前的复选框，系统提示“确认要选择全部存货吗？”，单击【确定】，双击去除库存商品和周转材料前的“Y”符号，点击【确定】，系统自动将选中的存货添加到期初余额页面；按原材料名称逐一录入数量、单价以及存货科目编码，如图 1-100 所示。

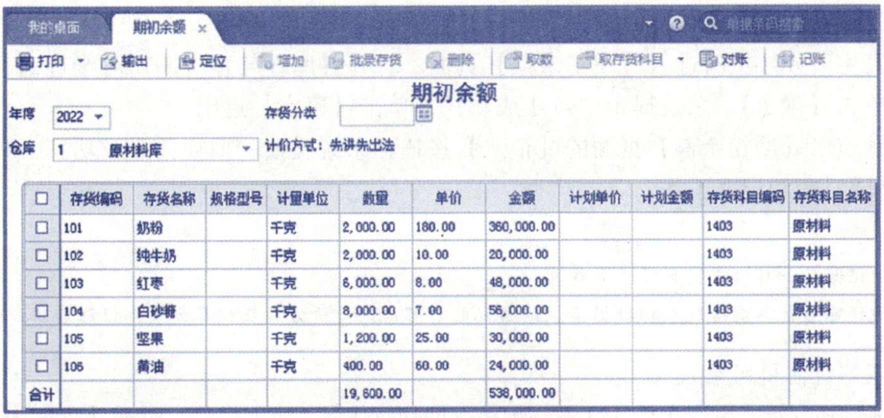

期初余额

年度 2022　　存货分类

仓库 1 原材料库　　计价方式：先进先出法

存货编码	存货名称	规格型号	计量单位	数量	单价	金额	计划单价	计划金额	存货科目编码	存货科目名称
101	奶粉		千克	2,000.00	180.00	360,000.00			1403	原材料
102	纯牛奶		千克	2,000.00	10.00	20,000.00			1403	原材料
103	红枣		千克	6,000.00	8.00	48,000.00			1403	原材料
104	白砂糖		千克	8,000.00	7.00	56,000.00			1403	原材料
105	坚果		千克	1,200.00	25.00	30,000.00			1403	原材料
106	黄油		千克	400.00	60.00	24,000.00			1403	原材料
合计				19,600.00		538,000.00				

图 1-100　原材料库期初余额

同理，录入剩余仓库的期初数据。也可以在选定仓库后通过菜单【取数】按钮，将库存管理的期初数据取到存货核算系统中来。二者数据一致。

（2）引入分期收款发出商品及委托代销发出商品期初数据。

账套主管A01登录企业应用平台，执行【业务工作】|【供应链】|【存货核算】|【设置】|【期初分期收款发出商品】，打开【期初发出分期收款发出商品】窗口；点击【取数】按钮，系统提示“取数完毕！”，单击【确定】。

引入分期收款发出商品及委托代销发出商品期初数据

点击【查询】按钮，打开【期初发出商品查询】对话框，如图1-101所示。单击【确定】，检索出2021年12月30日的发货记录，修改单价为“46”，科目编码为“1406”，系统自动计算填充金额数据，如图1-102所示。完成取数，关闭退出。

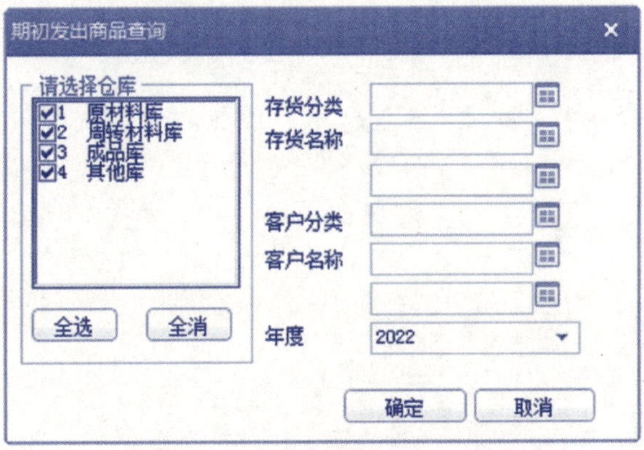

图 1-101　期初发出商品查询

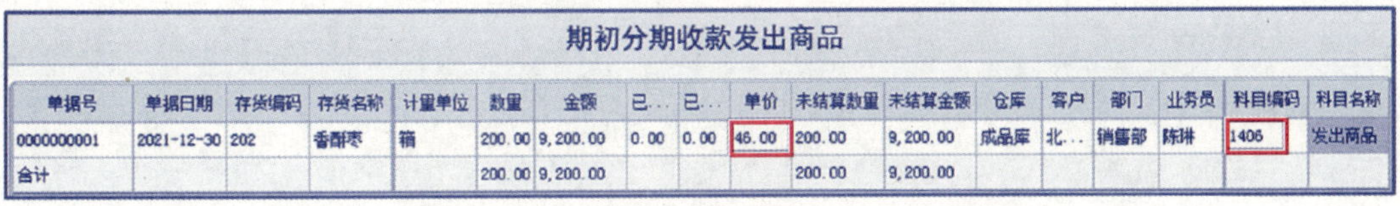

期初分期收款发出商品

单据号	单据日期	存货编码	存货名称	计量单位	数量	金额	已…	已…	单价	未结算数量	未结算金额	仓库	客户	部门	业务员	科目编码	科目名称
0000000001	2021-12-30	202	香酥枣	箱	200.00	9,200.00	0.00	0.00	46.00	200.00	9,200.00	成品库	北…	销售部	陈琳	1406	发出商品
合计					200.00	9,200.00				200.00	9,200.00						

图 1-102　期初分期收款发出商品取数

同理，账套主管A01登录企业应用平台，执行【业务工作】|【供应链】|【存货核算】|【设置】|【委托代销发出商品】，打开【委托代销发出商品】窗口；点击【取数】按钮，系统提示“取数完毕！”，单击【确定】，委托代销无期初余额，无需进行其他操作。

（3）期初对账、记账。

账套主管A01重新进入【期初余额】页面，打开【库存与存货期初对账查询条件】对话框，单击【确定】，系统提示“对账成功!”，单击【确定】退出。

继续点击【期初余额】页面的【记账】按钮，系统反馈“期初记账成功!”，单击【确定】，完成对账和记账工作。

操作提示

期初记账后，可以进行日常业务核算。

期初记账后就不能修改期初数据了。期初记账前可修改计价方式及核算方式，记账后不能修改。

5.期初暂估科目录入

记账完成之后，账套主管A01进一步执行期初暂估科目录入操作。单击【业务工作】|【供应链】|【存货核算】|【设置】|【期初暂估科目录入】，进入【期初暂估科目录入】页面，点击左下方【查询】按钮，检索出2021年12月16日的入库记录，如图1-103所示，修改暂估科目为“220202”，单击【保存】完成操作。

期初暂估科目录入

期初暂估科目录入

单据号	单据日期	供应商	入库类别	仓库	存货名称	计量单位	数量	单价	金额	暂估科目	科目名称
0000000001	2021-12-16	大连富...	采购入库	原材料库	黄油	千克	200.00	60.00	12,000.00	220202	暂估应付款
合计							200.00		12,000.00		

图1-103　期初暂估科目录入

任务清单3-4　固定资产管理系统

任务下达

沈阳君喜糖果有限公司2022年年初固定资产管理系统设置要求及固定资产清单分别见表1-27至表1-31。2022年1月1日，账套主管据此对固定资产管理系统进行初始设置。

1. 按表1-27设置固定资产管理系统参数

表1-27　固定资产管理系统参数

基本信息	账套启用月份：2022.01
折旧信息	折旧方法：平均年限法(一)
	折旧汇总分配周期：1个月
	当(月初已计提月份=可使用月份-1)时，将剩余折旧全部提足
编码方式	资产类别编码方式：2112
	固定资产编码方式：自动编码、类别编码+序号；卡片序号长度为3
账务接口	与账务系统进行对账
	固定资产对账科目：1601固定资产
	累计折旧对账科目：1602累计折旧
	固定资产缺省入账科目：1601固定资产
	累计折旧缺省入账科目：1602累计折旧
	减值准备缺省入账科目：1603固定资产减值准备
	增值税进项税额缺省入账科目：22210101应交税费-应交增值税-进项税额
	固定资产清理缺省入账科目：1606固定资产清理
	本期发生额对账不平允许结账 期末余额对账不平允许结账 业务发生后立即制单 月末结账前一定要完成制单登账业务
其它	自动填补卡片断号
	不允许转回减值准备

2. 按表1-28设置部门对应折旧科目

表1-28　部门对应折旧科目

部门	对应折旧科目
总经办	660202管理费用-折旧费
财务部	660202管理费用-折旧费
采购部	660202管理费用-折旧费
销售部	660102销售费用-折旧费
生产部	
一车间	510102制造费用-折旧费
二车间	510102制造费用-折旧费
仓储部	660202管理费用-折旧费

3.按表1-29设置固定资产类别

表1-29 固定资产类别

类别编码	类别名称	使用年限（年）	净残值率（%）	计提属性	折旧方法	卡片样式
01	房屋及建筑物	30	5	正常计提	平均年限法(一)	含税卡片样式
02	生产设备	10	5	正常计提	平均年限法(一)	含税卡片样式
03	运输设备	15	5	正常计提	平均年限法(一)	含税卡片样式
04	办公设备	5	5	正常计提	平均年限法(一)	含税卡片样式

4.按表1-30设置固定资产增减方式对应科目

表1-30 固定资产增减方式对应科目

增加方式	对应入账科目	减少方式	对应入账科目
直接购入	100201建行人民币户	出售	1606固定资产清理
在建工程转入	1604在建工程	报废	1606固定资产清理
盘盈	6901以前年度损益调整	盘亏	1901待处理财产损溢

5.按表1-31录入固定资产原始卡片，所有固定资产均处于“在用”状态，净残值率均为5%

表1-31 固定资产清单

固定资产名称	类别编号	使用部门	增加方式	可使用年限（年）	开始日期	原值（元）	累计折旧（元）
厂房	01	一车间、二车间各占50%	在建工程转入	30	2017-03-23	5 100 000	767 125
仓库	01	仓储部	在建工程转入	30	2017-03-23	2 400 000	361 000
生产线A	02	一车间	直接购入	10	2019-08-25	480 000	106 400
生产线B	02	二车间	直接购入	10	2019-08-25	360 000	79 800
流水线A	02	一车间	直接购入	10	2019-08-25	210 000	46 550
流水线B	02	二车间	直接购入	10	2019-08-25	300 000	66 500
丰田汽车	03	总经办	直接购入	15	2018-08-10	270 000	57 000
电脑	04	采购部	直接购入	5	2019-08-30	4 500	1 995
电脑	04	销售部	直接购入	5	2019-08-30	4 500	1 995
电脑	04	财务部	直接购入	5	2019-08-30	4 500	1 995
打印复印一体机	04	财务部	直接购入	5	2019-08-30	3 000	1 330

任务解析

固定资产管理系统初始设置是指根据用户的具体情况，建立一个合适的固定资产子账套的过程。其设置包括系统初始化、基础信息设置以及原始卡片录入三方面。

系统初始化主要是根据企业的具体情况，在已经建立的企业会计核算账套的基础上，设置企业进行固定资产核算的必需参数。

基础信息设置部分要进行部门设置、类别设置、使用状况定义、增减方式定义、折旧方法定义、卡片项目定义、卡片样式定义等操作，是做好固定资产核算与管理所必需的基础信息设计。

基础信息设置完成后，要将期初固定资产的卡片信息录入系统，这部分是固定资产管理系统的期初余额，应与总账固定资产和累计折旧科目对账平衡后才能完成。

任务实施

【操作岗位】账套主管A01

【操作流程】

1.设置系统参数

固定资产账套初始化

（1）账套主管A01登录企业应用平台。

（2）执行【业务工作】|【财务会计】|【固定资产】，系统弹出如图1-104所示的对话框。

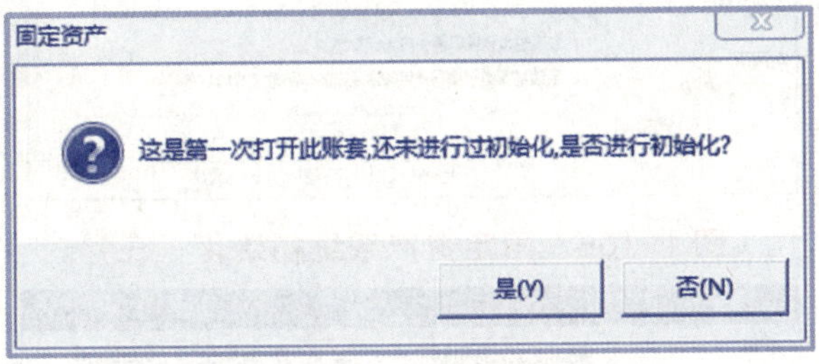

图1-104　固定资产系统初始化（一）

（3）单击【是】按钮，打开固定资产【初始化账套向导——约定及说明】，选中【我同意】单选按钮，单击【下一步】按钮，打开【初始化账套向导——启用月份】对话框。系统默认账套启用月份为【2022.01】。

（4）单击【下一步】按钮，打开【初始化账套向导——折旧信息】对话框，选择主要折旧方法为“平均年限法（一）”，选中“当（月初已计提月份=可使用月份-1）时将剩余折旧全部提足（工作量法除外）”，如图1-105所示。

（5）单击【下一步】按钮，打开【初始化账套向导——编码方式】对话框。选择【固定资产编码方式】为“自动编码”及“类别编码+序号”，序号长度为“3”，如图1-106所示。

（6）单击【下一步】按钮，打开【初始化账套向导——账务接口】对话框。在【固定资产对账科目】栏录入“1601”，在【累计折旧对账科目】栏录入“1602”，选中【在对账不平情况下允许固定资产月末结账】复选框。

（7）单击【下一步】按钮，打开【初始化账套向导——完成】对话框，如图1-107所示，单击【完成】按钮，系统弹出【已完成了新账套的所有设置工作，是否确定所设置的信息全部正确并保存对新账套的所有设置?】对话框，单击【是】按钮，系统提示【已完成初始化本固定资产账套!】，单击【确定】按钮，固定资产建账完成。

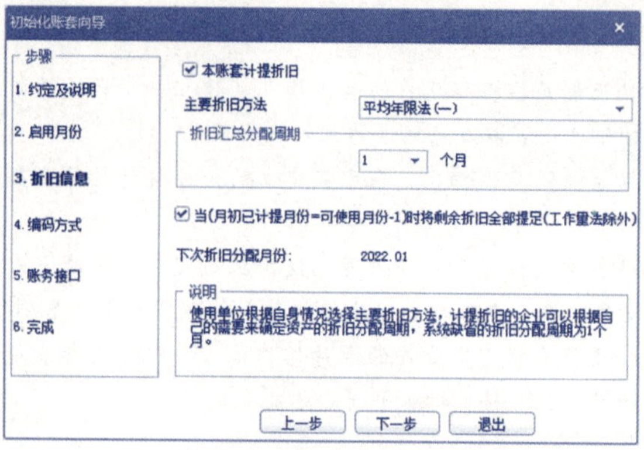

图1-105 固定资产系统初始化（二）

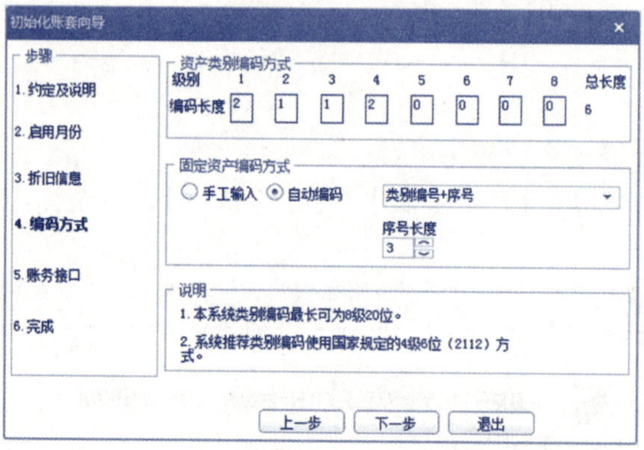

图1-106 固定资产系统初始化（三）

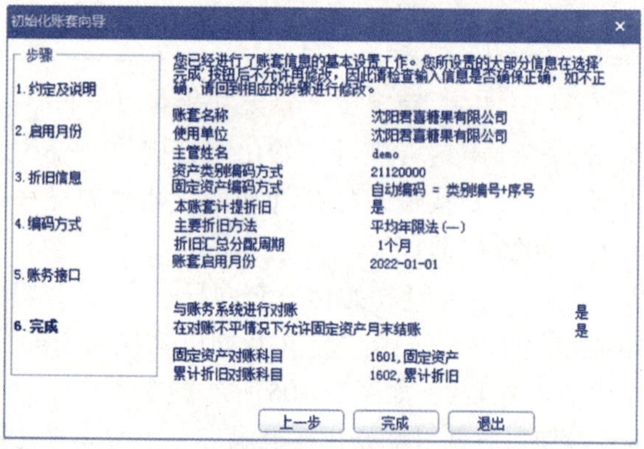

图1-107 固定资产系统初始化（四）

（8）执行【业务工作】|【财务会计】|【固定资产】|【设置】|【选项】，打开【与账户系统接口】选项卡，单击【编辑】按钮，激活【选项】窗口，在【［固定资产］缺省入账科目】栏录入“1601”；【［累计折旧］缺省入账科目】栏录入“1602”；【［减值准备］缺省入账科目】栏录入“1603”，【［增值税进项税额］缺省入账科目】栏录入“22210101”，【［固定资产清理］缺省入账科目】栏录入“1606”；勾选“本期发生额对账不平允许结账”“期末余额对账不平允许结账”“业务发生后立即制单”“月末结账前一定要完成制单登账业务”，如图1-108所示。

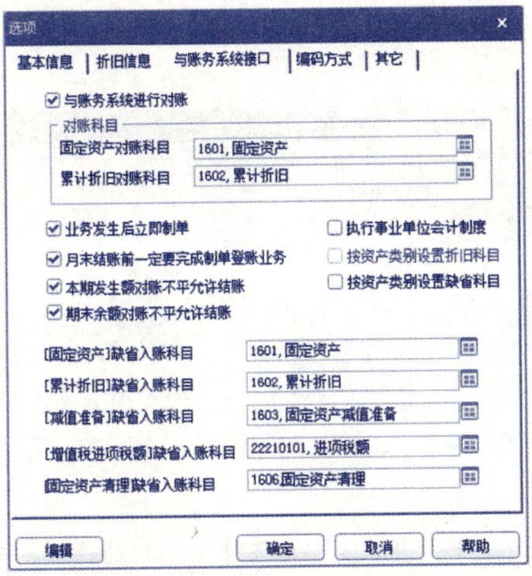

图 1-108　固定资产系统选项设置（一）

（9）继续在【选项】对话框，打开【其它】选项卡，勾选“自动填补卡片断号”及“不允许转回减值准备”，如图1-109所示，点击【确定】，完成设置。

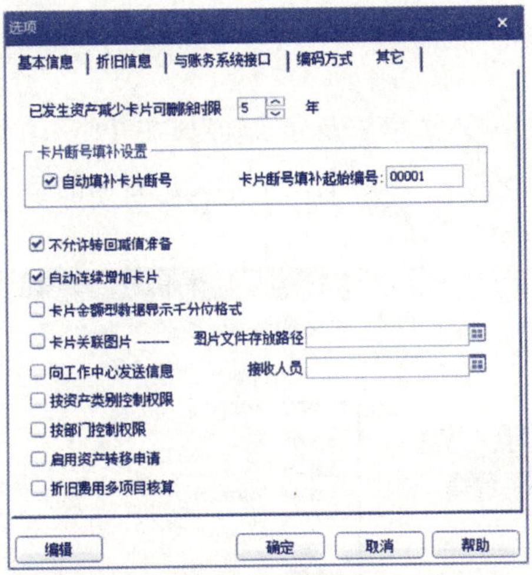

图 1-109　固定资产系统选项设置（二）

操作提示

在固定资产【初始化账套向导——启用月份】窗口中所列示的启用月份只能查看不能修改，启用日期确定后，在该日期前的所有固定资产都将作为期初数据在启用月份开始计提折旧。

固定资产对账科目和累计折旧对账科目应与账务系统内的对应科目一致。

对账不平不允许结账，是指本系统在月末结账前自动执行一次与总账的对账工作，给出对账结果，如果不平，说明系统存在偏差，应予以调整。

2.设置部门对应折旧科目

账套主管A01登录企业应用平台，执行【业务工作】|【财务会计】|【固定资产】|【设置】|【部门对应折旧科目】，进入【部门对应折旧科目-列表视图】窗口，选择【总经办】所在行，单击【修改】按钮，打开【部门对应折旧科目-单张视图】对话框，在【折旧科目】栏录入或选择该部门设备折旧所对应的科目编码

“660202”，单击【保存】，完成录入。根据表1-28完成其他部门折旧科目设置。折旧科目设置结果如图1-110所示。

图1-110 部门对应折旧科目设置

操作提示

设置部门对应的折旧科目时，下级部门自动继承上级部门的设置，如果下级设置不同于上级，可修改。

3.设置固定资产类别

（1）账套主管A01登录企业应用平台，执行【业务工作】|【财务会计】|【固定资产】|【设置】|【资产类别】，进入【资产类别-列表视图】窗口，单击【增加】按钮，打开【资产类别-单张视图】窗口。

（2）在【类别名称】栏录入“房屋及建筑物”，在【使用年限】栏录入“30”，在【净残值率】栏录入“5”（即5%），单击【卡片样式】右侧的按钮，选择“含税卡片样式”，单击【保存】，如图1-111所示。

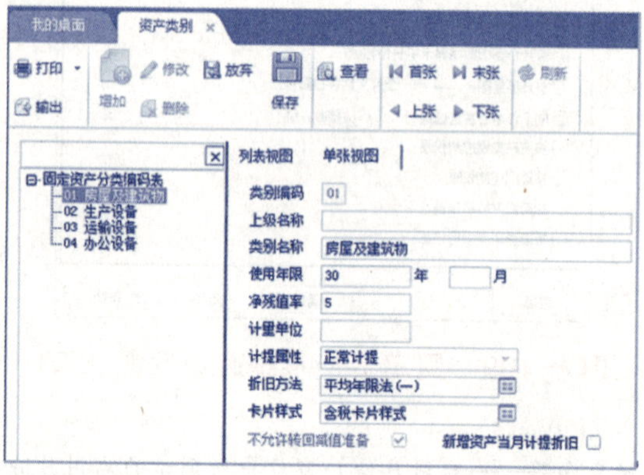

图1-111 固定资产类别设置（一）

（3）同理，依次录入其他资产类别的类别名称、使用年限、净残值率，选择“含税卡片样式”，完成操作，如图1-112所示。

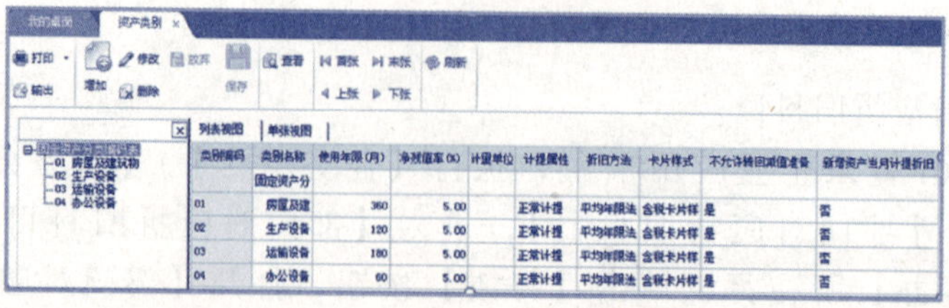

图1-112 固定资产类别设置（二）

操作提示

要建立多级固定资产类别，应先建立上级类别，再建立下级类别。上级类别设置的使用年限、净残值率，下级类别可自动继承，也可根据需要修改。

非明细级类别编码不能修改和删除，明细级类别编码只能修改本级编码。

使用过的类别，计提属性不能修改，也不允许增加下级和删除。

4.设置固定资产增减方式对应科目

以账套主管A01的身份登录企业应用平台，执行【业务工作】|【财务会计】|【固定资产】|【设置】|【增减方式】，进入【增减方式-列表视图】窗口，选中左侧具体的增减方式，如“直接购入”，单击【修改】按钮，打开【增减方式-单张视图】窗口，在【对应入账科目】栏录入科目编码“100201”，单击【保存】。

依此方法将表1-30所列示的增减方式对应科目录入系统，结果如图1-113所示。

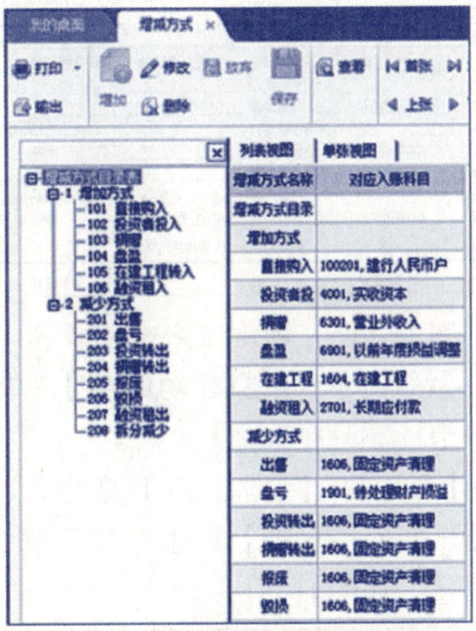

图1-113　固定资产增减方式设置

操作提示

在资产增减方式中设置对应入账科目是为了生成凭证时自动带出科目，也可以不设置。

非明细增减方式不能删除，已使用的增减方式不能删除。

生成凭证时，如果入账科目发生了变化，可以及时修改。

5.录入固定资产原始卡片

（1）账套主管A01登录企业应用平台，执行【业务工作】|【财务会计】|【固定资产】|【卡片】|【录入原始卡片】，打开【固定资产类别档案】窗口，选择【01房屋及建筑物】前的复选框，单击【确定】，进入【固定资产卡片】窗口。

（2）在【固定资产名称】栏录入“厂房”，单击【使用部门】，打开【固定资产】窗口，选择【多部门使用】单选框，单击【确定】，打开【使用部门】对话框。

（3）单击【增加】按钮，在第一行【使用部门】栏选择“一车间”，在【使用比例%】栏录入“50”。继续单击【增加】按钮，录入“二车间”信息。结果如图1-114所示。单击【确定】，退出【使用部门】对话框。

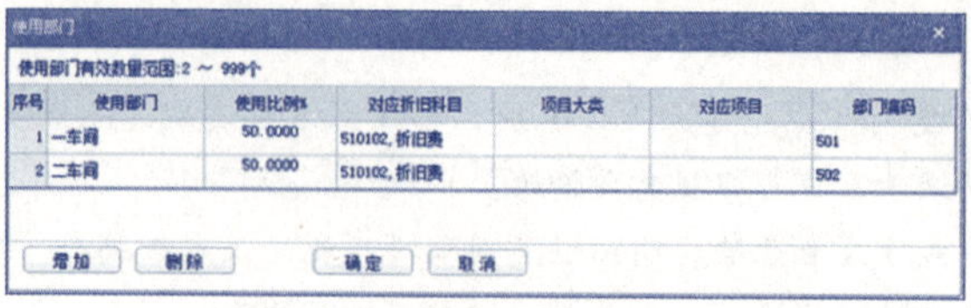

图 1-114　固定资产使用部门增加

（4）单击【增加方式】栏，打开【固定资产增加方式】窗口，选择“106 在建工程转入”，单击【确定】；单击【使用状况】栏，打开【使用状况参照】窗口，选择“在用”，单击【确定】。

（5）在【开始使用日期】栏录入“2017-03-23”，在【原值】栏录入“5100000”，在【累计折旧】栏录入“767125”，其他选项选择默认，如图 1-115 所示。

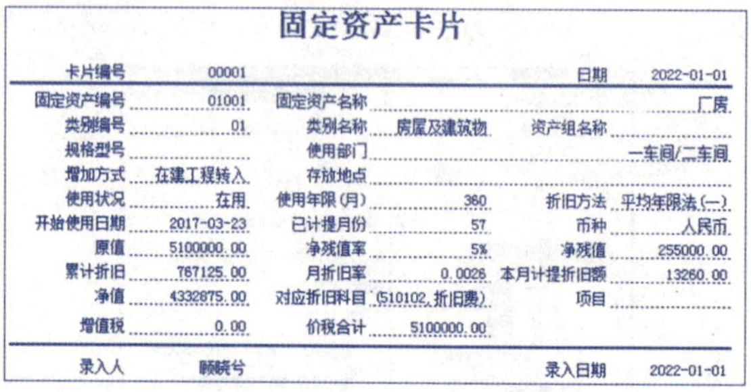

图 1-115　固定资产卡片录入

（6）单击【保存】按钮，系统提示【数据成功保存!】，单击【确定】。依此方法继续录入其他的固定资产卡片。

固定资产卡片查询

（7）执行【固定资产】|【卡片】|【卡片管理】命令，打开【查询条件选择-卡片管理】窗口，取消【开始使用日期】栏中的复选框，单击【确定】按钮，即可查询所有原始卡片信息，如图 1-116 所示。

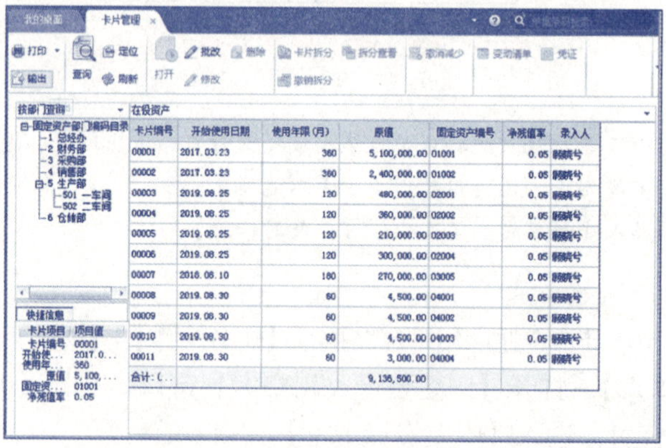

卡片编号	开始使用日期	使用年限(月)	原值	固定资产编号	净残值率	录入人
00001	2017.03.23	360	5,100,000.00	01001	0.05	顾晓号
00002	2017.03.23	360	2,400,000.00	01002	0.05	顾晓号
00003	2019.08.25	120	480,000.00	02001	0.05	顾晓号
00004	2019.08.25	120	360,000.00	02002	0.05	顾晓号
00005	2019.08.25	120	210,000.00	02003	0.05	顾晓号
00006	2019.08.25	120	300,000.00	02004	0.05	顾晓号
00007	2018.08.10	180	270,000.00	03005	0.05	顾晓号
00008	2019.08.30	60	4,500.00	04001	0.05	顾晓号
00009	2019.08.30	60	4,500.00	04002	0.05	顾晓号
00010	2019.08.30	60	4,500.00	04003	0.05	顾晓号
00011	2019.08.30	60	3,000.00	04004	0.05	顾晓号
合计:(			9,136,500.00			

图 1-116　固定资产卡片录入结果

操作提示

当固定资产为多部门使用时，原值、累计折旧等数据可以在多部门之间按预先设置的比例分摊。

单个资产对应多个使用部门时，卡片上的对应折旧科目不能输入，默认为选择使用部门时设置的折旧科目。

任务清单3-5　薪资管理系统

任务下达

根据沈阳君喜糖果有限公司人事薪资管理需要，进行薪资管理系统初始化设置。

1.根据表1-32设置薪资管理系统参数

表1-32　薪资管理系统参数

控制参数	参数设置
参数设置	单个工资类别;不核算计件工资
扣税设置	从工资代扣个人所得税
口令设置	不扣零
人员编码	与公共平台的人员编码一致

2.添加人员附加信息“身份证号”和“公积金账号”项目

3.从公共平台导入并完善人员档案信息，具体数据见表1-33；银行账号均属中国建设银行

表1-33　人员档案

人员编码	姓名	部门名称	人员类别	银行账号	身份证号	公积金账号
101	顾晓兮	总经办	企业管理人员	6266708683233202323	210106198802079224	620323
102	李靖华	总经办	企业管理人员	6266708683233202422	210102198503057492	620324
201	张鑫鑫	财务部	财务人员	6266708683233202331	210102199005149487	620325
202	闫立	财务部	财务人员	6266708683233202133	210104199403165135	620326
203	项芳	财务部	财务人员	6266708683233202430	210102199005141303	620327
301	周勋	采购部	采购人员	6266708683233202364	210102198503051752	620328
401	丁天	销售部	销售人员	6266708683233202737	210104199005053111	620329
402	陈琳	销售部	销售人员	6266708683233202034	210102199505025528	620330
50101	徐旷达	一车间	车间管理人员	6266708683233202836	210105199008117674	620331
50102	王凯	一车间	生产人员	6266708683233202117	210104199403169136	620332
50103	张宏伟	一车间	生产人员	6266708683233202315	210106198802070502	620333
50201	侯杰	二车间	车间管理人员	6266708683233202356	210102199405148491	620334
50202	占领	二车间	生产人员	6266708683233202661	210105199008113876	620335
50203	雷腾	二车间	生产人员	6266708683233202760	21010419900505611X	620336
50204	杨国富	二车间	生产人员	6266708683233202406	210102199405146875	620337
601	杨雨艺	仓储部	企业管理人员	6266708683233201432	210102199505026520	620338

4.设置工资项目

沈阳君喜糖果有限公司职工工资项目的构成见表1-34，请按要求将【状态】为“增加”的工资项目添加至系统，并设置好各项目对应的类型、长度、小数和增减项等特征。

表1-34　　工资项目及计算

工资项目名称	状态	类型	长度	小数	增减项	计算公式
基本工资	增加	数字	8	2	增项	**工作补贴：** 总经办2 000元/月，其他部门1 200元/月 **缺勤扣款：** 如果缺勤天数<=3，缺勤扣款=基本工资/22*缺勤天数*0.5，否则，缺勤扣款=基本工资/22*缺勤天数 **本月收入：** 基本工资+岗位工资+工作补贴-缺勤扣款 **五险一金计提基数：** 基本工资+岗位工资 **个人社会保险费：** 五险一金计提基数*10.5% **个人住房公积金：** 五险一金计提基数*12% **预缴计税工资：** 累计收入-累计个人社会保险费-累计个人住房公积金-5 000*month() **本月应预缴个税额：** 累计应预缴个税额-月初累计已预缴个税额 **本月扣款：** 个人社会保险费+个人住房公积金+本月应预缴个税额 **实发工资：** 本月收入-本月扣款
岗位工资	增加	数字	8	2	增项	
工作补贴	增加	数字	8	2	增项	
缺勤天数	增加	数字	8	2	其他	
缺勤扣款	增加	数字	8	2	减项	
本月收入	增加	数字	8	2	其他	
累计收入	增加	数字	10	2	其他	
五险一金计提基数	增加	数字	8	2	其他	
个人社会保险费	增加	数字	8	2	减项	
个人住房公积金	增加	数字	8	2	减项	
累计个人社会保险费	增加	数字	8	2	其他	
累计个人住房公积金	增加	数字	8	2	其他	
预缴计税工资	增加	数字	8	2	其他	
子女教育	内置	数字	8	2	其他	
继续教育	内置	数字	8	2	其他	
住房租金	内置	数字	8	2	其他	
老人赡养费	内置	数字	8	2	其他	
住房贷款利息	内置	数字	8	2	其他	
累计子女教育	内置	数字	8	2	其他	
累计继续教育	内置	数字	8	2	其他	
累计老人赡养费	内置	数字	8	2	其他	
累计住房租金	内置	数字	8	2	其他	
累计住房贷款利息	内置	数字	8	2	其他	
代扣税	内置	数字	8	2	其他	
累计应预缴个税额	增加	数字	8	2	其他	
月初累计已预缴个税额	增加	数字	8	2	其他	
本月应预缴个税额	增加	数字	8	2	其他	
本月扣款	增加	数字	8	2	其他	
实发工资	增加	数字	8	2	其他	

5. 根据表1-34设置工资项目的计算公式

6. 进行扣税设置

将个人所得税的扣税依据修改为“预缴计税工资”，按表1-35现行个人所得税税率表进行税率设置，【基数】与【附加费用】均设置为零，选择税款所属期为“当月”。

表1-35　　个人所得税税率表

免征额	5 000元		
级数	全月应纳税所得额	税率	速扣数(元)
1	不超过36 000元的部分	3%	0
2	超过36 000元~144 000元的部分	10%	2 520
3	超过144 000元~300 000元的部分	20%	16 920
4	超过300 000元~420 000元的部分	25%	31 920
5	超过420 000元~660 000元的部分	30%	52 920
6	超过660 000元~960 000元的部分	35%	85 920
9	超过960 000元的部分	45%	181 920

任务解析

在U8系统中，薪资管理系统初始化工作主要从启用工资账套、基础信息管理、工资类别管理三个方面展开。

工资账套与系统管理中的账套不同，工资账套只是针对工资子系统建立起一个薪资管理体系。账套启用后，要对相关的基础信息进行设置：

①做好人员附加信息设置。在用友ERP-U8 V13.0的薪资管理系统中，要求录入员工的身份证号和公积金账号，应先增加这两项附加信息。

②做好部门与人员类别的设置，调用并完善人员档案。员工薪资是按部门进行管理、按人员类别进行分配的，核算前应进行此项设置。

③公式设置。这是最关键的部分，要根据企业薪资管理需要做好工资项目的增加、排序和相应的公式设置。

④扣税依据设置。根据最新的个人所得税相关法律法规选择计税依据，录入最新个税税率。

⑤如果企业存在不同工资分配方案，应分别建立工资类别，并在类别下设置该方案所属的人员档案、工资项目和计算公式，并设置扣税依据。

任务实施

【操作岗位】账套主管A01

【操作流程】

1.启用工资账套

账套主管A01登录企业应用平台，执行【业务工作】|【人力资源】|【薪资管理】，打开【建立工资套-参数设置】对话框，按表1-32内容，遵循系统提示，一步步设置信息，完成工资套的启用。

启用工资账套

2.添加人员附加信息

账套主管A01登录企业应用平台，执行【业务工作】|【人力资源】|【薪资管理】|【设置】|【人员附加信息设置】，打开【人员附加信息设置】对话框。

点击【增加】，在【信息名称】框内直接输入待添加项目名称或从参照栏选择项目，单击【增加】|【确定】，完成操作。按此方法完成“身份证号”和“公积金账号”项目的添加，结果如图1-117所示。

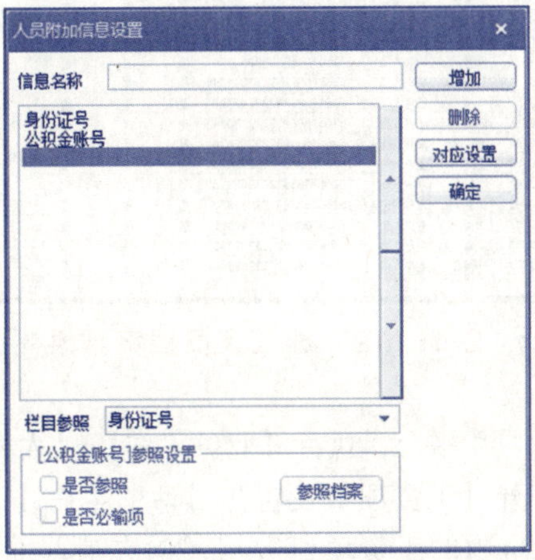

图1-117　人员附加信息设置

3.人员档案信息调用与完善

(1) 账套主管A01登录企业应用平台，执行【业务工作】|【人力资源】|【薪资管理】|【设

置】|【人员档案】，打开【人员档案】窗口，单击【批增】，打开【人员批量增加】对话框，在窗口左侧分别单击选中所有部门，点击【查询】按钮，弹出人员列表，如图1-118所示。单击【确定】，完成导入。

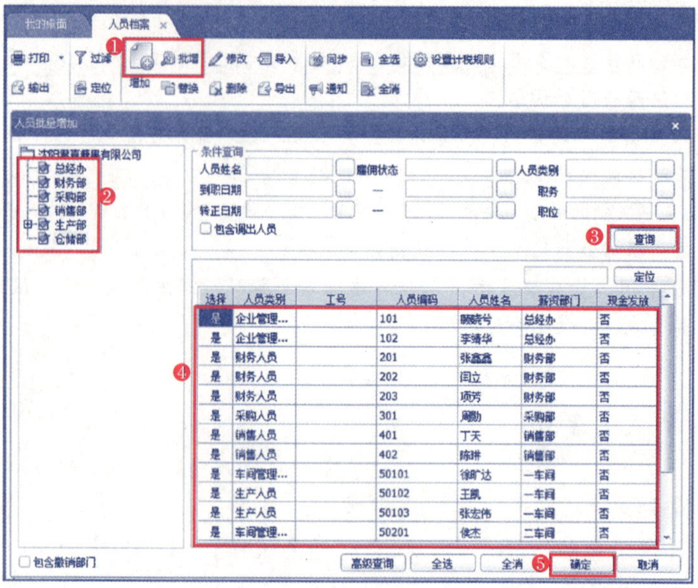

图1-118 人员批增

（2）在【人员档案】窗口，双击“顾晓兮”的档案记录，进入【人员档案明细】窗口，在【基本信息】选项卡中补充录入银行名称和银行账号信息，在【附加信息】选项卡下补录身份证号和公积金账号，点击【确定】，将信息写入该人员档案，并自动进入下一职员的信息页面。采用此方法依次完成全部人员个人信息及银行信息的完善。结果如图1-119所示。

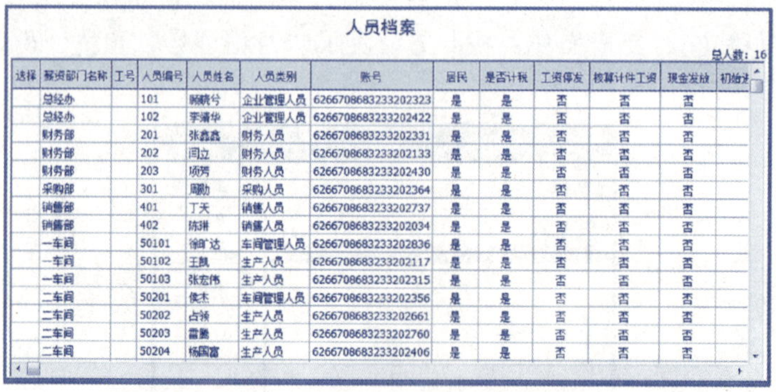
人员档案

总人数：16

选择	薪资部门名称	工号	人员编号	人员姓名	人员类别	账号	居民	是否计税	工资停发	核算计件工资	现金发放	初始…
	总经办		101	顾晓兮	企业管理人员	6266708683233202323	是	是	否	否	否	
	总经办		102	李靖华	企业管理人员	6266708683233202422	是	是	否	否	否	
	财务部		201	张鑫鑫	财务人员	6266708683233202331	是	是	否	否	否	
	财务部		202	闫立	财务人员	6266708683233202133	是	是	否	否	否	
	财务部		203	项芳	财务人员	6266708683233202430	是	是	否	否	否	
	采购部		301	周勋	采购人员	6266708683233202364	是	是	否	否	否	
	销售部		401	丁天	销售人员	6266708683233202737	是	是	否	否	否	
	销售部		402	陈琳	销售人员	6266708683233202034	是	是	否	否	否	
	一车间		50101	徐旷达	车间管理人员	6266708683233202836	是	是	否	否	否	
	一车间		50102	王飘	生产人员	6266708683233202117	是	是	否	否	否	
	一车间		50103	张宏伟	生产人员	6266708683233202315	是	是	否	否	否	
	二车间		50201	侯杰	车间管理人员	6266708683233202356	是	是	否	否	否	
	二车间		50202	占领	生产人员	6266708683233202661	是	是	否	否	否	
	二车间		50203	雷鹏	生产人员	6266708683233202760	是	是	否	否	否	
	二车间		50204	杨国富	生产人员	6266708683233202406	是	是	否	否	否	

图1-119 导入人员档案结果

4. 设置工资项目

账套主管A01登录企业应用平台，执行【业务工作】|【人力资源】|【薪资管理】|【设置】|【工资项目设置】，打开【工资项目设置】对话框。在【工资项目设置】选项卡下单击【增加】按钮，按表1-34中的工资项目数据，依次录入工资项目名称、类型、长度、小数、增减项等内容，再通过右侧“上移”“下移”“置顶”“置底”等按钮调整项目顺序，如图1-120所示。单击【确定】，完成工资项目添加。

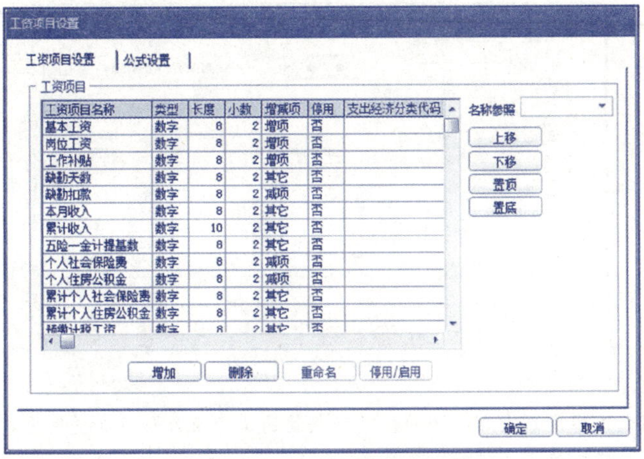

图1-120　工资项目设置

5.设置项目公式

账套主管A01在【工资项目设置】对话框中的【公式设置】选项卡下，单击【增加】按钮，从下拉列表中选择“工作补贴”，同时在右侧公式框中输入公式“IFF(部门="总经办",2000,1200)”，单击【公式确认】，完成该项公式的书写。需要说明的是，公式中涉及的项目和运算符可以从对话框下方相应区域内双击选择输入，也可使用函数向导书写。公式写好后，应先点击【公式确认】，保证无误后，再单击【确定】并退出。

同理输入“缺勤扣款”公式为：IFF(缺勤天数<=3,基本工资/22*缺勤天数*0.5,基本工资/22*缺勤天数)，如图1-121所示。

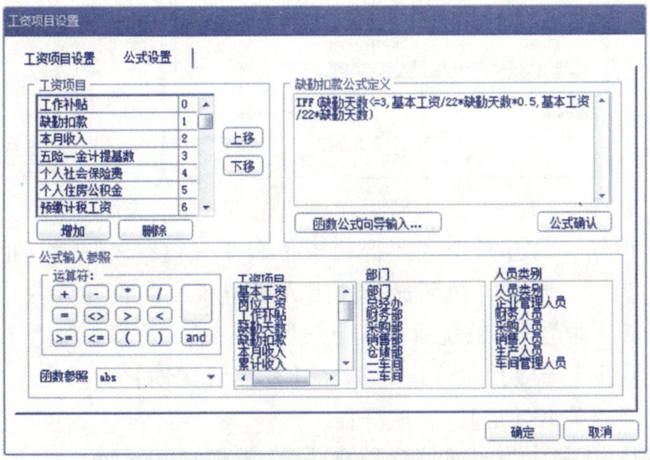

图1-121　缺勤扣款-公式设置结果

缺勤扣款项目公式设置

“本月收入”、“五险一金计提基数”、“个人社会保险费”、“个人住房公积金”、“预缴计税工资”、“本月应预缴个税额”、“本月扣款”和“实发工资”等项目的公式，这里不再赘述。被引用的有公式的项目，应排在引用的项目前面，以保证取数的正确性。预缴计税工资项目公式设置结果如图1-122所示。

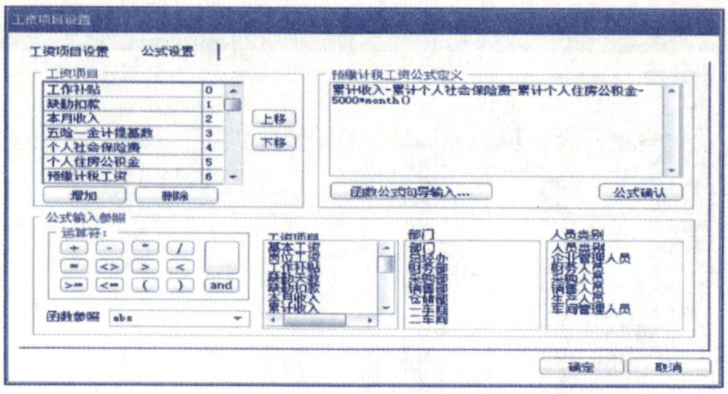

图1-122　预缴计税工资-公式设置结果

操作提示

未设置工资类别或工资类别全部关闭的情况下设置的工资项目对所有类别生效。

系统提供的固定工资项目不能修改、删除。

增加工资项目时，各项目排序即为工资条上各工资项目排序。

工资系统中没有的项目不允许在公式中出现。

被引用的工资项目如果存在计算公式，一定要排在引用该项目的工资项目之前。

6. 扣税依据设置

账套主管A01执行【业务工作】|【人力资源】|【薪资管理】|【设置】|【选项】，单击【编辑】按钮，将【税率设置】左侧计税依据栏设置为"预缴计税工资"，如图1-123所示。

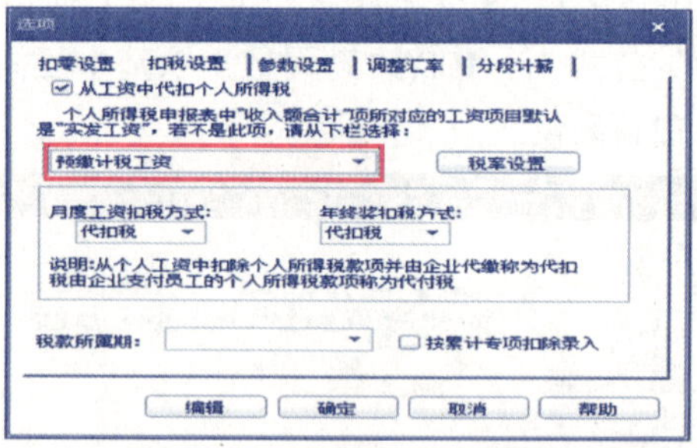

图1-123　个人所得税计税依据设置

单击【税率设置】按钮，打开【个人所得税申报表——税率表】对话框，修改【基数】和【附加费用】均为零。同时，按照最新的个人所得税税率表（见表1-35）检验系统内置的"应纳税所得额下限""应纳税所得额上限""税率""速算扣除数"，如图1-124所示。单击【确定】，返回【选项】对话框，选择【税款所属期】为"当月"，系统提示"一旦确认，将不能更改"，单击【是】，完成操作。

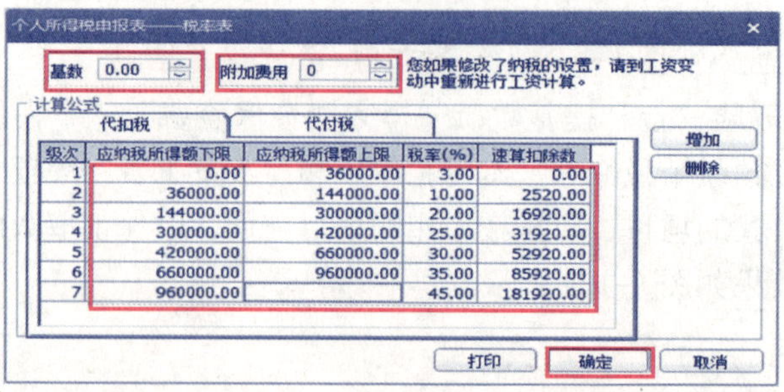

图1-124　个人所得税税率设置

任务清单3-6　总账管理系统

任务下达

2022年1月1日，账套主管对总账管理系统进行初始设置。

1.总账管理系统参数设置

【凭证】选项卡下，取消“现金流量科目必录现金流量项目”；勾选“自动填补凭证断号”；取消“制单序时控制”。

【权限】选项卡下，不允许修改、作废他人填制的凭证；勾选“出纳凭证必须经由出纳签字”。

【其他】选项卡下，设置部门、个人、项目排序方式选择按编码排序；数量小数位为2，单价小数位为2。

2.录入总账期初数据及试算平衡

沈阳君喜糖果有限公司2022年1月总账期初余额见表1-36，辅助账期初余额见表1-37至表1-44，完成期初数据的录入并进行试算平衡及对账。

表1-36　总账管理期初数据　单位：元

科目编码	科目名称	余额方向	金额
1001	库存现金	借	23 315.08
1002	银行存款	借	577 200.00
100201	建行人民币户	借	577 200.00
1121	应收票据	借	135 600.00
112101	银行承兑汇票	借	135 600.00
1122	应收账款	借	140 120.00
1123	预付账款	借	10 000.00
1221	其他应收款	借	50 000.00
122101	保险公司	借	45 000.00
122102	个人	借	5 000.00
1231	坏账准备	贷	700.60
1402	在途物资	借	56 000.00
1403	原材料	借	538 000.00
1405	库存商品	借	1 190 000.00
1406	发出商品	借	9 200.00
1411	周转材料	借	115 000.00
1601	固定资产	借	9 136 500.00
1602	累计折旧	贷	1 491 690.00
2001	短期借款	贷	40 000.00
2201	应付票据	贷	27 120.00
220102	商业承兑汇票	贷	27 120.00
2202	应付账款	贷	75 280.00
220201	暂估应付款	贷	12 000.00

续表

科目编码	科目名称	余额方向	金额
220202	一般应付款	贷	63 280.00
2203	预收账款	贷	10 000.00
2211	应付职工薪酬	贷	122 000.00
221101	工资	贷	81 580.00
221102	职工福利	贷	6 583.40
221103	社会保险	贷	20 376.60
221104	住房公积金	贷	9 600.00
221105	职工教育经费	贷	2 112.00
221106	工会经费	贷	1 748.00
2221	应交税费	贷	60 360.38
222102	未交增值税	贷	53 893.20
222105	应交城市维护建设税	贷	3 772.52
222106	应交教育费附加	贷	1 616.80
222107	应交地方教育附加	贷	1 077.86
4001	实收资本	贷	7 360 000.00
4002	资本公积	贷	473 060.00
4101	盈余公积	贷	45 980.00
410101	法定盈余公积	贷	45 980.00
4104	利润分配	贷	2 274 744.10
410401	未分配利润	贷	2 274 744.10

表 1-37　应付账款——一般应付款（220201）期初余额

日期	供应商名称	摘　要	方向	金额（元）
2021.12.15	北京美乐商贸有限公司	采购部周勋采购椰子糖1000箱，不含税单价56元/箱，发票号：56897632	贷	63280

表 1-38　应付账款——暂估应付款（220202）期初余额

日期	供应商名称	摘　要	方向	金额（元）
2021.12.16	大连富林食品有限公司	采购部周勋采购黄油200千克，不含税单价60元/千克，已入原材料库，采购发票未到，款未付	贷	12000

表 1-39　应付票据——商业承兑汇票（220102）期初余额

日期	供应商名称	摘　要	方向	金额（元）
2021.11.10	大连富林食品有限公司	采购部周勋采购红枣3000千克，不含税单价8元，汇票票号：54386721，到期日为2022年1月10日，票面利率为8%	贷	27120

表 1-40 预付账款（1123）期初余额

日 期	供应商名称	摘 要	方向	金额（元）
2021.12.30	天津青青牧业有限公司	采购部周勋采购纯牛奶5 000千克，不含税单价10元/千克，预付货款10 000元，转账支票支付。票号：69754166	借	10 000

表 1-41 应收账款（1122）期初余额

日 期	客户名称	摘 要	方向	金额（元）
2021/12/5	大连金舵购物广场	销售部丁天销售太妃糖1 000箱，不含税单价70元/箱，增值税税率13%，票号：22337865	借	79 100
2021/12/28	辽宁百盛商城有限公司	销售部陈琳销售椰子糖600箱，不含税单价90元/箱，增值税税率13%，发票号码：76540536，付款条件为“2/10，1/20，n/30”	借	61 020

表 1-42 应收票据——银行承兑汇票（112101）期初余额

日 期	客户名称	摘 要	方向	金额（元）
2021/12/20	北京新世界百货有限公司	销售部丁天销售香酥枣2 000箱，不含税单价60元/箱，承兑汇票号码：36507223，承兑银行：中国建设银行，到期日2022年3月20日	借	135 600

表 1-43 预收账款（2203）期初余额

日 期	客户名称	摘 要	方向	金额（元）
2021/12/20	上海艾格连锁超市有限公司	销售部陈琳销售牛轧糖2 500箱，不含税单价80元/箱，增值税税率13%。预收货款10 000元，转账支票票号：55660309	贷	10 000

表 1-44 其他应收款——个人（122102）期初余额

日 期	部门姓名	摘 要	方向	金额（元）
2021/12/23	采购部周勋	出差借款	借	5 000

3.完成总账与其他模块的对账工作

任务解析

总账初始化就是企业根据其自身行业特性和管理要求，将通用的总账管理系统设置为适合企业自身特点的个性化系统的过程。总账初始设置一般从以下四个方面展开：

1. 总账选项设置

选项设置分别从凭证、账簿、权限、凭证打印、预算控制、其他等方面展开，企业可根据自身管理需要进行个性化设计。

2. 数据权限或金额权限设置

U8系统中的权限包括功能权限、数据权限和金额权限三个方面，前面已经介绍，这里不赘述。如果企业业务量大，内部控制严格，需要更精细的数据权限或金额权限控制，可以由账套主管执行【业务工作】|【财务会计】|【总账】|【设置】|【选项】，在【权限】选项卡下进一步设置。

3. 录入期初数据

企业账套建立后，需要在系统中录入各自的初始数据，以接续手工业务处理进程。年初启用总账的企业只需录入启用月初的余额，此时年初余额与月初余额一致；年中启用总账的企业，除了需要录入月初余额，还需整理录入自本年度开始到启用月止各账户的累计发生数，系统自动据此计算年初余额。

4. 试算平衡

期初数据输入完成后，应进行试算平衡操作，及时发现并修正错误数据。只有期初试算平衡后才能进行本期业务的记账处理。凭证一经记账，期初数据便不可再修改。

任务实施

【操作岗位】账套主管A01

【操作流程】

1. 总账管理系统参数设置

（1）以账套主管A01的身份登录企业应用平台。

（2）执行【业务工作】|【财务会计】|【总账】|【设置】|【选项】，打开【选项】对话框，单击【编辑】按钮。在【凭证】选项卡中，取消勾选“制单序时控制”和“现金流量科目必录现金流量项目”复选框，选中“自动填补凭证断号”复选框。如图1-125所示。

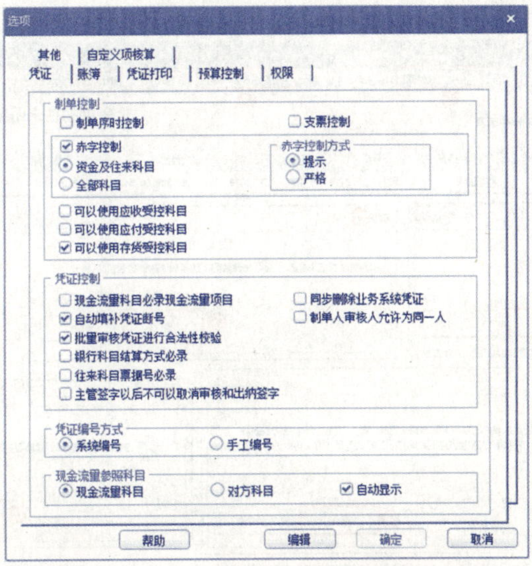

图1-125　总账管理系统选项设置

（3）在【权限】选项卡中，取消勾选“允许修改、作废他人填制的凭证”复选框；在【其他】选项卡下，分别修改【数量小数位】和【单价小数位】为“2”，分别设置【部门排序方式】【个人排序方式】【项目排序方式】为按编码排序，单击【确定】，保存并返回。

2.录入总账期初数据及试算平衡

（1）账套主管A01登录企业应用平台，执行【业务工作】|【财务会计】|【总账】|【设置】|【期初余额】，打开【期初余额录入】窗口。

（2）白色的单元格为末级科目，可以直接输入期初余额，按此种方式录入库存现金、固定资产、累计折旧以及短期借款等科目余额；灰色的单元格为非末级科目，不允许录入期末余额，待下级科目余额录入完成后系统自动汇总填充，按此种方式录入银行存款、应付职工薪酬、应交税费等科目余额。

应付票据-商业承兑汇票科目期初余额录入

（3）黄色的单元格代表本科目设置了辅助核算，不允许直接录入余额，需要在该单元格中双击进入辅助账期初数据录入。

（4）下面以“220102应付票据-商业承兑汇票”为例，说明辅助账期初余额的录入方法：

双击“应付票据-商业承兑汇票”对应的期初余额单元格，进入【辅助期初余额】对话框，单击【往来明细】按钮，打开【期初往来明细】窗口。点击【引入收付期初】，系统提示“确定要引入期初吗?”，单击【是】，弹出“总账”窗口，提示“引入完成并汇总完毕，是否加载数据？如果数据较多的话，费时较长”，选择【是】，系统将在应付款管理系统录入的应付票据信息引入。进一步单击【汇总到辅助明细】，系统弹出【总账】窗口，提示“辅助期初录入表中已存在相应数据，选择‘是’将删除辅助期初余额界面数据，并按照往来明细数据重新进行汇总，选择‘否’将取消本次汇总”，单击【是】，完成汇总，系统提示“完成了往来明细到辅助期初表的汇总”，单击【确定】，再按【退出】按钮，退回到【辅助期初余额】界面，再次点击【退出】，完成余额表中数据填充。具体操作过程如图1-126所示。

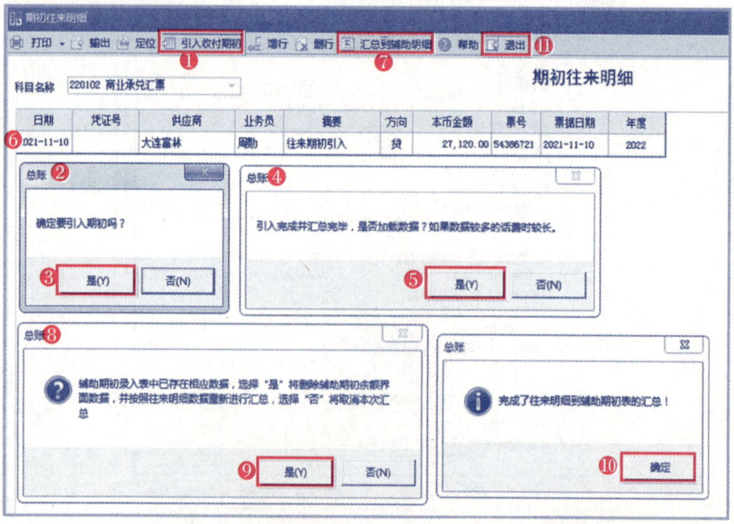

图1-126　应付票据-商业汇票科目余额引入

采用相同方法录入“应收票据-银行承兑汇票”“应收账款”“预付账款”等其他辅助项科目余额。值得一提的是，“其他应收款-个人”和“应付账款-暂估应付款”科目，二者应在【期初往来明细】窗口中执行【增行】操作，手动录入相关的详细往来数据，如图1-127所示。再单击【汇总到辅助明细】按钮，完成操作，退出。

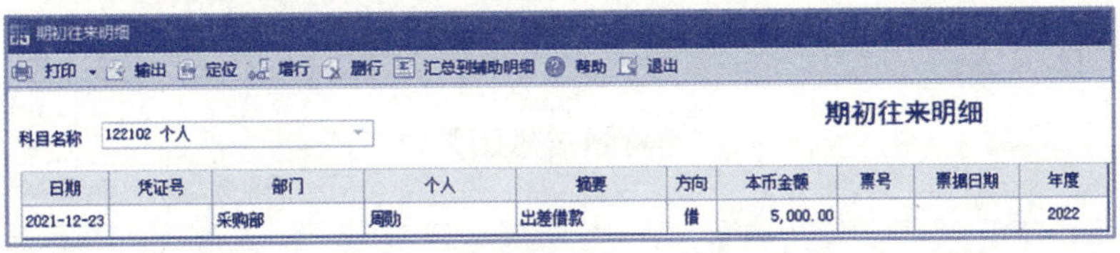

图1-127　其他应收款-个人科目余额引入

操作提示

“其他应收款”科目没有设应收受控科目，因此个人往来期初余额需要在总账中输入。

（5）总账试算平衡及对账。账套主管A01完成全部科目期初余额录入工作后，还应进行期初余额的试算平衡及对账工作。点击【试算】菜单，系统返回试算平衡结果，如图1-128所示。再点击【对账】菜单，系统自动进行对账工作，结果如图1-129所示。

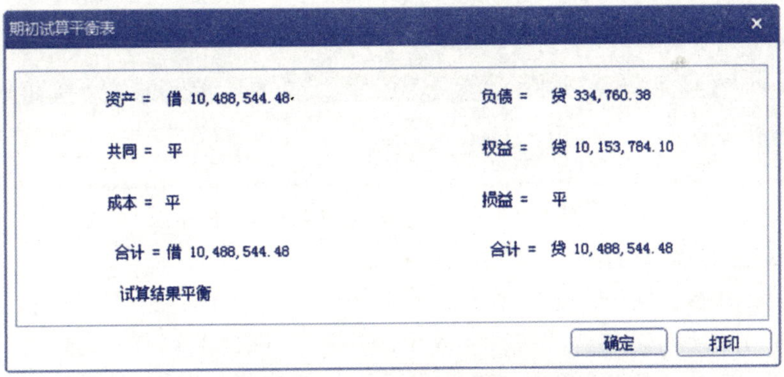

图1-128　总账试算平衡

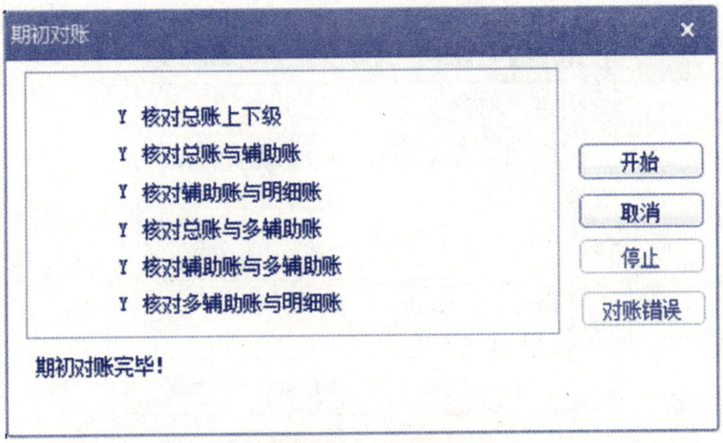

图1-129　总账期初对账

3.总账与其他模块对账

（1）总账与应收、应付款管理。

账套主管A01在应收款管理系统执行【对账】|【与总账对账】，打开如图1-130所示的页面。总账与应收款管理系统差额为零，对账平衡。

同理，将总账与应付款管理系统对账，结果如图1-131所示，无差额，对账平衡。

金额式

与总账对账结果

☐ 对账不平: 2022-01-01至2022-01-31

客户		币种	应收系统		总账系统		差额(应收-总账)			
编号	名称		期初本币	期末本币	期初本币	期末本币	期初本币	借方本币	贷方本币	期末本币
001	北京新世界	人民币	135,600.00	135,600.00	135,600.00	135,600.00				
002	上海艾格连	人民币	-10,000.00	-10,000.00	-10,000.00	-10,000.00				
004	辽宁百盛商	人民币	61,020.00	61,020.00	61,020.00	61,020.00				
005	大连金舵购	人民币	79,100.00	79,100.00	79,100.00	79,100.00				
	合计		265,720.00	265,720.00	265,720.00	265,720.00				

图1-130 总账与应收系统对账

金额式

与总账对账结果

☐ 对账不平: 2022-01-01至2022-01-31

供应商		币种	应付系统		总账系统		差额(应付-总账)			
编号	名称		期初本币	期末本币	期初本币	期末本币	期初本币	借方本币	贷方本币	期末本币
001	北京美乐商	人民币	63,280.00	63,280.00	63,280.00	63,280.00				
002	天津爽洲牧	人民币	-10,000.00	-10,000.00	-10,000.00	-10,000.00				
004	大连富林食	人民币	27,120.00	27,120.00	27,120.00	27,120.00				
	合计		80,400.00	80,400.00	80,400.00	80,400.00				

图1-131 总账与应付系统对账

（2）总账与固定资产管理。

账套主管A01在固定资产管理系统执行【资产对账】|【对账】，打开【对账条件】对话框，如图1-132所示，勾选“1601固定资产”和“1602累计折旧”选项以及“只显示对账不平的记录”和“包含总账系统未记账记录”，单击【确定】，得到对账结果为无不平衡记录，如图1-133所示。

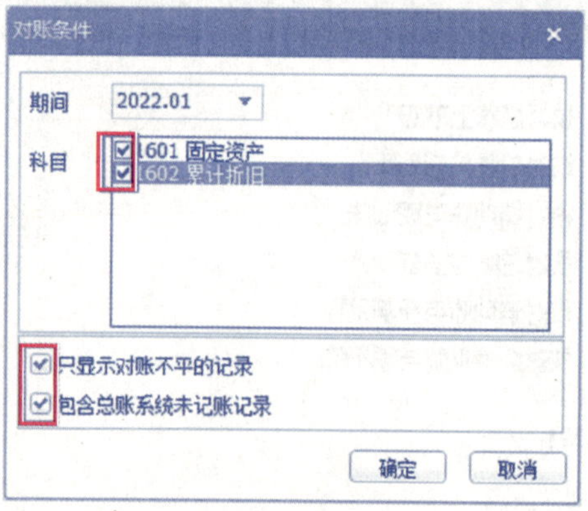

图1-132 总账与固定资产系统对账

与总账对账结果　　□ 对账不平

科目		固定资产		总账		对账差异			
编码	名称	期初余额	期末余额	期初余额	期末余额	期初余额	借方金额	贷方金额	期末余额

图1-133　总账与固定资产系统对账平衡

（3）总账与存货核算。

总账与存货核算对账

账套主管A01在存货核算系统单击【对账】|【存货与总账对账】，打开【查询条件】对话框，修改【包含总账未记账凭证】为“是”，【只显示对账不平的记录】为“否”，单击【确定】，结果如图1-134所示。总账与存货核算系统对账平衡。

存货核算与总账对账

您尚未添加查询方案及快捷条件，请点击“更多>>”进行高级查询！　查询　更多>>

	科目		存货核算系统								总账系统								对账差异						
	编码	名称	期初金额						期末金额	期末数量	期初金额						期末金额	期末数量	期初金额		借方金额		贷方金额		期末金额
1	1403	原材料	538,000.00						538,000.00	19,600.00	538,000.00						538,000.00	19,600.00	0.00		0.00		0.00		0.0
2	1405	库存…	1,190,000.00						1,190,00…	23,000.00	1,190,000.00						1,190,000.…	23,000.00	0.00		0.00		0.00		0.0
3	1411	周转…	115,000.00						115,000.00	13,000.00	115,000.00						115,000.00	0.00	0.00		0.00		0.00		0.0
4	总计		1,843,000.00						1,843,00…	55,600.00	1,843,000.00						1,843,000.…	42,600.00	0.00		0.00		0.00		0.0

图1-134　总账与存货核算系统对账平衡

同理，账套主管A01执行【对账】|【发出商品与总账对账】，查询条件设置同前，科目为“1406”，如图1-135所示，对账结果平衡，如图1-136所示。

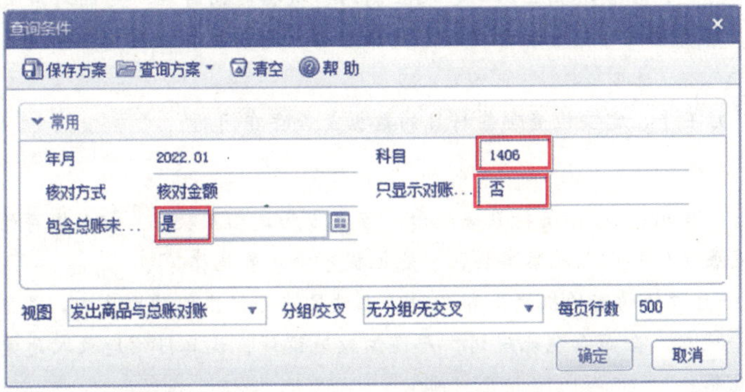

图1-135　总账与发出商品对账查询

发出商品与总账对账

您尚未添加查询方案及快捷条件，请点击“更多>>”进行高级查询！　查询　更多>>

	科目		存货核算系统								总账系统								对账差异						
	编码	名称	期初金额	期初数量	借方金额	借方数量	贷方金额	贷方数量	期末金额	期末数量	期初金额	期初数量	借方金额	借方数量	贷方金额	贷方数量	期末金额	期末数量	期初金额	期初数量	借方金额	借方数量	贷方金额	贷方数量	期末金额
1	1406	发出商品	9,200.00	200.00	0	0	0	0	9,200.00	200.00	9,200.00	0.00	0	0	0	0	9,200.00	0.00	0.00	200.00	0.00	0.00	0.00	0.00	0.00
2	总计		9,200.00	200.00	0	0	0	0	9,200.00	200.00	9,200.00	0.00	0	0	0	0.	9,200.00	0.00	0.00	200.00	0.00	0.00	0.00	0.00	0.00

图1-136　总账与发出商品对账平衡

执行【对账】|【暂估科目与总账对账】，查询条件同前，科目设置为“220202”，对账结果平衡，如图1-137所示。

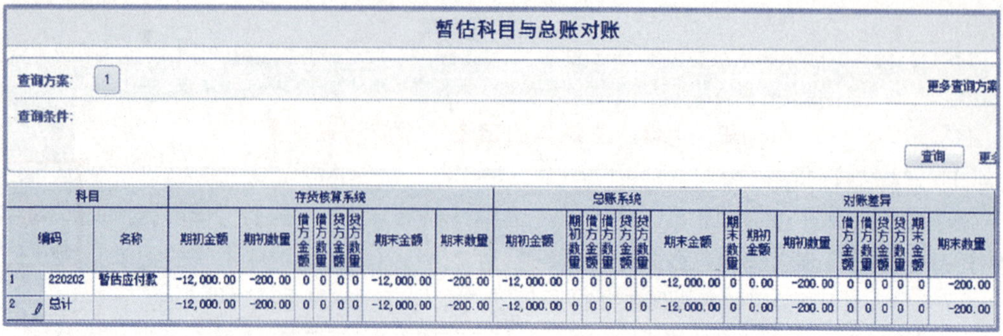

暂估科目与总账对账

查询方案: 1 更多查询方案

查询条件:

查询 更多

科目			存货核算系统								总账系统								对账差异							
	编码	名称	期初金额	期初数量	借方金额	借方数量	贷方金额	贷方数量	期末金额	期末数量	期初金额	期初数量	借方金额	借方数量	贷方金额	贷方数量	期末金额	期末数量	期初金额	期初数量	借方金额	借方数量	贷方金额	贷方数量	期末金额	期末数量
1	220202	暂估应付款	-12,000.00	-200.00	0	0	0	0	-12,000.00	-200.00	-12,000.00	0	0	0	0	0	-12,000.00	0	0.00	-200.00	0	0	0	0	0	-200.00
2	总计		-12,000.00	-200.00	0	0	0	0	-12,000.00	-200.00	-12,000.00	0	0	0	0	0	-12,000.00	0	0.00	-200.00	0	0	0	0	0	-200.00

图 1-137　总账与暂估科目对账平衡

操作提示

只需输入末级科目余额，非末级科目余额由系统自动计算生成。

如果要修改余额方向，可以在未录入余额的情况下，单击【方向】按钮改变方向。

如果录入余额的科目有辅助核算内容，则在录入余额时必须录入辅助核算的明细内容，修改时也应修改明细内容。

如果一科目有数量（外币）核算的要求，则录入余额时还要输入该余额的数量（外币）。

系统只能对月初余额的平衡关系进行试算，而不能对年初余额进行试算。

如果期初余额不平衡，可以填制凭证，但是不允许记账。

职场陪练

1. 系统初始化工作中，各模块相互影响、相互制约，数据之间存在一定的对应关系。请试着梳理采购管理、销售管理、库存管理与应收款管理、应付款管理、存货核算以及总账系统之间存在的数据关联关系。

2. 如果与总账对账不平，需要检查哪些科目的数据是否存在问题？

职场寄语

党的二十大报告中提出：“必须坚持系统观念。万事万物是相互联系、相互依存的。只有用普遍联系的、全面系统的、发展变化的观点观察事物，才能把握事物发展规律。”

如果U8系统是一台设计精密的机器，那么初始化设置就是机器的动力系统，是机器高效运转的基础和根本。万丈高楼平地起。全面系统地规划，严谨细致地设计，认真仔细地录入是完成此项工作应具备的基本职业态度与素养。

良好的开端是成功的一半，从现在起，为养成良好的工作习惯和职业精神而努力。谨记：根深则叶茂，本固则枝荣。

工作过程二　会计核算事项处理

职业能力清单

1. 理解会计原理，掌握凭证填制的原则、方法与流程；熟悉会计、出纳、主管等各岗位工作职责，能够熟练运用会计知识，准确核算总账日常业务，会填制、标错、修改、冲回会计凭证。

2. 掌握凭证审核、签字、记账的原理和方法；理解不同情况下更正错账、更正凭证的思路和方法。

3. 掌握出纳岗位工作职责，能够对会计凭证实施出纳签字、审核、记账操作，会查看相关账簿。

4. 理解编制银行存款余额调节表的意义、原理、方法；能根据企业实际，做好支票管理；能够按系统要求编制并查看银行存款余额调节表。

5. 理解薪资管理相关经济事项的会计处理方法和流程；能够正确计算各项工资、补助以及社保、个税等项目金额；能够正确进行工资费用的计提、下发和税费上缴操作，完成相关的账务处理。

6. 理解固定资产增减、变动、折旧、减值等事项的原理；能够熟练运用固定资产管理系统对固定资产业务进行准确核算。

职业素质培养

1. 理解中庸之道平衡的智慧，面对金钱名利能“以理制欲”，保持平和清正。

2. 养成认真、严谨、细致的工作习惯，善于从单据看业务，挖掘数据背后存在的问题。

内容导图

工作过程二内容导图如图 2-1 所示。

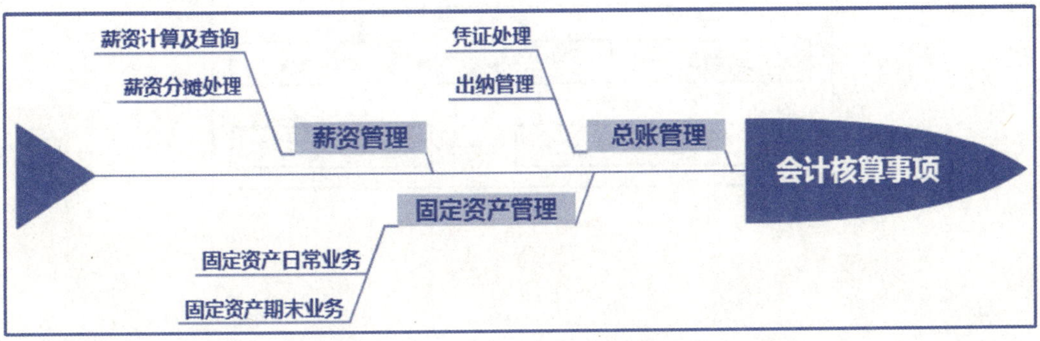

图 2-1　工作过程二内容导图

工作情境引入

2022 年 1 月 1 日，沈阳君喜糖果有限公司业务财务一体化系统已经完成了初始化设置，正式投入运营。财务部经理张鑫鑫、会计闫立、出纳项芳根据各自的职责权限，使用系统对本月发生的会计事项展开了核算。结合企业实际，系统实施了不相容岗位分离：会计闫立负责凭证制单及记账操作；财务经理张鑫鑫负责凭证审核；出纳项芳则执行出纳签字和登记支票登记簿以及编制银行存款余额调节表等任务。

思政主线

平衡　谨慎细致

【实训四】总账管理

总账系统的基本功能就是利用建立的会计科目体系，输入和处理各种记账凭证，完成记账、对账以及结账的工作，输出各种总分类账、日记账、明细账和有关辅助账。总账是U8软件财务会计最核心的一个子系统，是企业财务信息化的起点，也是编制对外财务报告的数据基础。总账日常业务工作流程如图2-2所示。

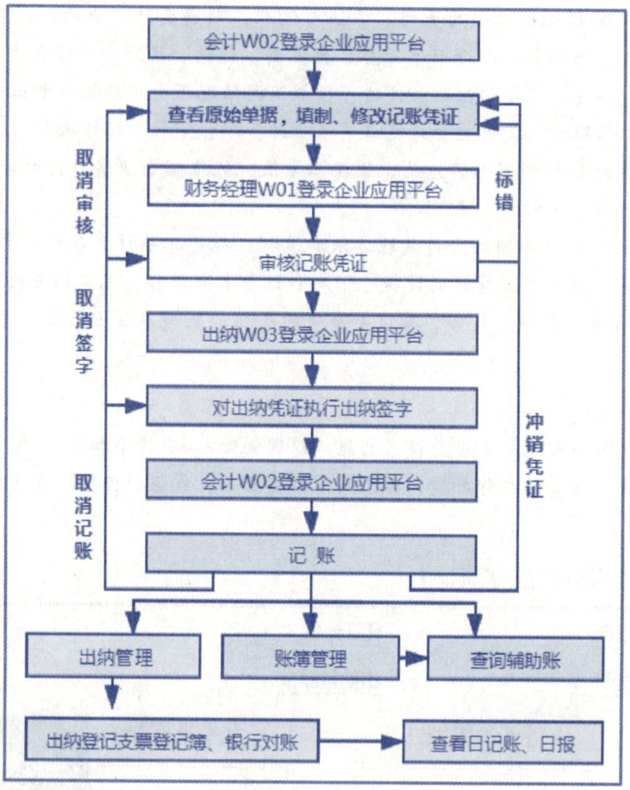

图2-2 总账日常业务工作流程

任务清单4-1　凭证处理

任务下达

1.凭证填制

会计（W02）分析以下发生的经济业务，完成记账凭证填制：

（1）2022年1月1日，总经办李靖华采购一项专利技术30 000元，增值税税率为6%，款项已经支付。该专利技术预计可使用5年，采用直线法摊销。（附：增值税专用发票、转账支票存根83834646）

借：无形资产　30 000

　　应交税费——应交增值税（进项税额）　1 800

　贷：银行存款——建行人民币户　31 800

（2）1月2日，发放上年12月工资（上年未实施信息化系统），其中，应付职工薪酬——工资科目余额为81 580元，应代扣代缴的社会保险费为7 709元、住房公积金为8 810元、个人所得税2 403元。在总账系统中填制相关凭证。从本月开始，工资业务全部在薪资管理系统核算。（附：工资表、付款回单）

借：应付职工薪酬——工资　81 580

　贷：其他应付款——代扣社会保险费　7 709

　　　　　　　　——代扣住房公积金　8 810

　　　应交税费——应交个人所得税　2 403

　　　银行存款——建行人民币户　62 658

（3）上缴全部社会保险费、住房公积金和个人所得税。（附：工资数据、缴税凭证、付款回单）

借：应付职工薪酬——社会保险　20 376.60

　　　　　　　　——住房公积金　9 600.00

　　其他应付款——代扣社会保险费　7 709.00

　　　　　　　——代扣住房公积金　8 810.00

　　应交税费——应交个人所得税　2 403.00

　贷：银行存款——建行人民币户　48 898.60

（4）1月3日，接受外币投资50 000美元作为实收资本，款项已经存入银行（电汇号码：45670987），2022年1月美元的记账汇率为1美元=6.33元人民币，当日即期汇率为1美元=6.3元人民币。（附：进账通知、投资协议）

借：银行存款——建行人民币户　316 500

　贷：实收资本　316 500

（5）1月3日，采购部周勋报销差旅费，此前已预借差旅费5 000元。报销费用单显示：出差人实名往返目的地火车票费用3 815元，餐饮费用1 185元（取得增值税普通发票）。（附：费用报销单、借款单）

借：管理费用——差旅费　5 000

贷：其他应收款——个人（周勋） 5 000

（6）1月6日，收到保险公司上年应赔付款项45 000元，已转入银行（转账支票：32325454）。（附：进账通知）

借：其他应收款——保险公司 45 000

贷：银行存款——建行人民币户 45 000

2.凭证审核

1月6日，W01财务经理对上述已经填制好的凭证进行审核，发现【记字0004】凭证存在错误，标错"借方科目金额出错"，驳回。

3.出纳签字

1月6日，出纳W03对出纳凭证实施签字确认。

4.会计记账

（1）1月6日，会计W02修改上述被标错的【记字0004】会计凭证；

（2）完成上述经济业务的账簿登记工作。

5.凭证更错

1月7日，会计W02发现已经记账的凭证【记字0005】和【记字0006】出现错误，需要进行更正。修改凭证【记字0005】，冲销凭证【记字0006】，再填制正确的凭证。

6.凭证及账表查询

（1）1月7日，对所有修改、重新填制以及冲销生成的凭证执行签字、审核、记账操作。

（2）1月7日，会计W02查询"2022.01.01-2022.01.07"时间段总账发生的所有凭证。

（3）1月7日，会计W02查询"1122应收账款"科目专项资料。

任务解析

一、总账功能概述

（一）凭证管理

凭证是记录企业各项经济业务发生的载体。凭证管理是总账系统的核心功能，主要包括填制凭证、出纳签字、审核凭证、记账、查询、打印凭证等。凭证是总账系统数据的唯一来源，为严把数据源的正确性，总账系统设置了严密的制单控制以保证凭证填制的正确性。另外，总账系统还提供资金赤字控制、支票控制、预算控制、外币折算误差控制、凭证类型控制、制单金额控制等功能，以加强对业务的及时管理和控制。

（二）出纳管理

资金收付的核算与管理是企业的重要日常工作，也是出纳的一项重要工作内容。总账系统中的出纳管理为出纳人员提供了一个集成办公环境，可完成现金日记账、银行存款日记账的查询和打印，随时生成最新资金日报表，进行银行对账并生成银行存款余额调节表。

（三）账簿管理

总账系统提供了强大的账证查询功能，可以查询、打印总账、明细账、日记账、发生额余额表、多栏账、序时账等。总账系统的账证查询功能，不仅可以查询已记账凭证的数据，而且查询的账表中也可以包含未记账凭证的数据，可以轻松实现总账、明细账、日记账和凭证的联查。

总账中的辅助核算，不仅可以使业务得到全面、详细的记录，而且还提供各种维度的辅助信息查询功能，为管理人员提供多方位的管理信息。

二、凭证处理

（一）凭证填制

总账下可由制单人员直接根据经济业务取得或自制的原始凭证填制记账凭证，输入凭证类别、日期、附单据数以及摘要、科目、金额等要素，保存即可。注意填制凭证时调用设置辅助核算的科目，应补充完善相关辅助信息。

（二）凭证复核

为了保证会计事项处理正确和记账凭证填制正确，需要对记账凭证进行复核。凭证复核包括出纳签字、主管签字和审核凭证。

1. 出纳及主管签字

出纳签字即要求出纳对涉及现金、银行存款的凭证进行核对，以加强对企业收支业务的管理。若凭证正确无误，出纳可执行签字，否则必须交由制单人修改。

出纳凭证是否必须由出纳签字取决于系统参数的设置，如果选择了“出纳凭证必须由出纳签字”选项，那么出纳凭证必须经过出纳签字才能够记账。

凭证是否需要经过主管签字才能记账，也取决于系统参数的设置。实务中可根据企业管理要求自行设定。

2. 审核凭证

审核凭证即审核人员对制单员填制的记账凭证的准确性、合理性、合法性进行检查，它是凭证记账前必经的步骤。经审核无误的记账凭证才能记账，否则必须交由制单人进行修改后再重新审核。注意审核人与制单人不能是同一人。

（三）凭证记账

记账凭证经过审核签字后，便可以记账了。在U8系统中，记账是计算机自动进行的。若记账后发现输入的记账凭证有误需修改，则应由账套主管在【实施导航工作台】实施【总账数据修正】功能。可选择“将系统恢复到最后一次记账前状态”、“将系统恢复到月初状态”或“选择凭证范围恢复记账”等方式进行恢复。如果期初余额试算不平衡，则不能记账。如果上月未结账，则本月不能记账。

（四）修改凭证和冲销凭证

在信息化方式下，凭证的修改分为有痕迹修改和无痕迹修改。

1.无痕迹修改

无痕迹修改是指系统内不保存任何修改线索和痕迹。对于尚未审核和签字的凭证可以直接进行修改；对于已经审核或签字的凭证应该先取消审核或签字，然后再修改。

2.有痕迹修改

有痕迹修改是指系统通过保存错误凭证和更正凭证的方式而保留修改痕迹，因而留下审计线索。

对于已经记账的错误凭证，一般应采用有痕迹修改，在系统中执行凭证冲销操作。红字冲销可以采用手工方式，也可以由系统自动进行。如果采用自动冲销，只要告知系统要被冲销的凭证类型及凭证号，系统便会自动生成一张与该凭证相同、只是金额为红字（负数）的凭证。

（五）删除凭证

在U8系统中，没有直接删除凭证的功能，删除凭让应分为两步进行：

（1）作废凭证。对于尚未审核和签字的凭证，如果不需要的话，可以直接将其作废，作废凭证仍保留凭证内容及编号，仅显示“作废”字样。作废凭证不能修改，不能审核，但应参与记账，否则月末无法结账。记账时不对作废凭证进行数据处理。账簿查询时，查不到作废凭证的数据。

（2）整理凭证。与作废凭证相对应，系统也提供对作废凭证的恢复，可将已标识为作废的凭证恢复为正常凭证。如果作废凭证没有保留的必要，则可以通过“整理凭证”彻底将其删除。

（六）凭证汇总

凭证汇总时，可按一定条件对记账凭证进行汇总并生成凭证汇总表。进行凭证汇总的凭证可以是已记账凭证，也可以是未记账凭证。

凭证汇总表可供财务人员随时查询凭证汇总信息，及时了解企业的经营状况及其他财务信息。

（七）设置常用凭证和常用摘要

为提高工作效率，财务人员可将经常出现的凭证或摘要进行预先设置，以便将来填制凭证时随时调用，简化凭证的填制过程，称为设置常用凭证及设置常用摘要。

（八）账证查询

系统提供了强大的查询凭证、查询账表以及查询辅助核算账簿等功能。通过设置查询条件，财务人员可以按科目、摘要、金额、外币、数量、结算方式或各种辅助项进行查询，快捷方便。

任务实施

【操作岗位】会计W02制单、记账；财务经理W01审核凭证；出纳W03出纳签字

【操作流程】

1.凭证填制

（1）购买专利技术。

2022年1月1日，会计W02登录企业应用平台，点击【业务导航】，执行【业务工作】|【财务会计】|【总账】|【凭证】|【填制凭证】，打开【填制凭证】窗口。

购买专利技术凭证填制

单击【增加】按钮，填写摘要为“购买专利技术”，第一行科目填写“1701”，借方金额输入“30000”，回车，依次填写第二行科目“22210101”、借方金额“1800”、第三行科目“100201”，在第三行贷方金额处按“=”，系统自动填充借贷方差额为“31800”。填写附单据数为“2”，单击【保存】，完成操作。结果如图2-3所示。

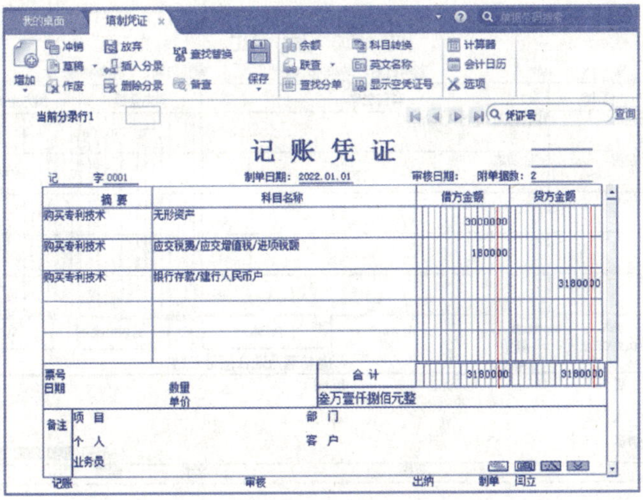

记账凭证

记 字 0001　制单日期：2022.01.01　审核日期：　附单据数：2

摘要	科目名称	借方金额	贷方金额
购买专利技术	无形资产	3000000	
购买专利技术	应交税费/应交增值税/进项税额	180000	
购买专利技术	银行存款/建行人民币户		3180000
票号 日期	数量 单价 合计	3180000	3180000
	叁万壹仟捌佰元整		

备注　项目　部门　个人　客户　业务员

记账　审核　出纳　制单　闫立

图2-3　业务1-采购专利技术

（2）其他经济业务。

采用上述填制凭证方法，会计W02在业务发生当日，将记账凭证录入系统，结果如图2-4至图2-8所示。

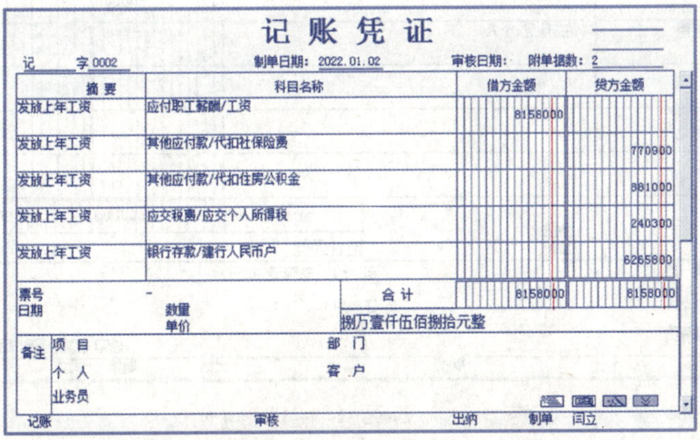

记账凭证

记 字 0002　制单日期：2022.01.02　审核日期：　附单据数：2

摘要	科目名称	借方金额	贷方金额
发放上年工资	应付职工薪酬/工资	8158000	
发放上年工资	其他应付款/代扣社保险费		770900
发放上年工资	其他应付款/代扣住房公积金		881000
发放上年工资	应交税费/应交个人所得税		240300
发放上年工资	银行存款/建行人民币户		6265800
票号 日期	数量 单价 合计	8158000	8158000
	捌万壹仟伍佰捌拾元整		

备注　项目　部门　个人　客户　业务员

记账　审核　出纳　制单　闫立

图2-4　业务2-发放上年12月工资

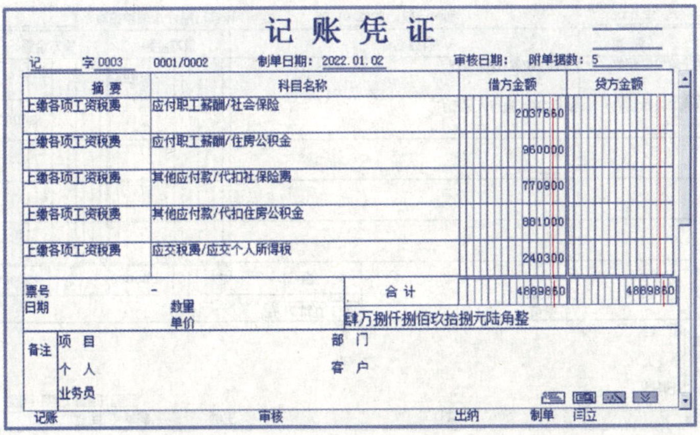

记账凭证

记 字 0003　0001/0002　制单日期：2022.01.02　审核日期：　附单据数：5

摘要	科目名称	借方金额	贷方金额
上缴各项工资税费	应付职工薪酬/社会保险	2037650	
上缴各项工资税费	应付职工薪酬/住房公积金	960000	
上缴各项工资税费	其他应付款/代扣社保险费	770900	
上缴各项工资税费	其他应付款/代扣住房公积金	881000	
上缴各项工资税费	应交税费/应交个人所得税	240300	
票号 日期	数量 单价 合计	4889850	4889850
	肆万捌仟捌佰玖拾捌元陆角整		

备注　项目　部门　个人　客户　业务员

记账　审核　出纳　制单　闫立

图2-5　业务3-上缴工资相关税费

记账凭证

记 字 0004　　制单日期：2022.01.03　　审核日期：　　附单据数：2

摘要	科目名称	借方金额	贷方金额
接受外币投资	银行存款/建行人民币户	31650000	
接受外币投资	实收资本		31650000
票号 电汇 - 45670987 日期 2022.01.03　数量 单价	合计	31650000	31650000
	叁拾壹万陆仟伍佰元整		

备注　项目　　部门
个人　　客户
业务员

记账　　审核　　出纳　　制单 闫立

图2-6　业务4-收到外币投资

记账凭证

记 字 0005　　制单日期：2022.01.03　　审核日期：　　附单据数：2

摘要	科目名称	借方金额	贷方金额
报销差旅费	管理费用/差旅费	500000	
报销差旅费	其他应收款/个人		500000
票号 - 日期　数量 单价	合计	500000	500000
	伍仟元整		

备注　项目　　部门 采购部
个人　　客户
业务员

记账　　审核　　出纳　　制单 闫立

图2-7　业务5-报销差旅费

记账凭证

记 字 0006　　制单日期：2022.01.06　　审核日期：　　附单据数：1

摘要	科目名称	借方金额	贷方金额
收到保险公司赔款	其他应收款/保险公司	4500000	
收到保险公司赔款	银行存款/建行人民币户		4500000
票号 - 日期　数量 单价	合计	4500000	4500000
	肆万伍仟元整		

备注　项目　　部门
个人　　客户
业务员

记账　　审核　　出纳　　制单 闫立

图2-8　业务6-收到保险公司前欠赔款

2.凭证审核

2022年1月6日，财务经理W01登录企业应用平台，点击【业务导航】，执行【业务工作】|【财务会计】|【总账】|【凭证】|【审核凭证】，打开【凭证审核】窗口。单击【确定】，进入凭证审核列表，如图2-9所示，逐一双击打开每项记账凭证，审验凭证记载事项的准确性、完整性及合规性。

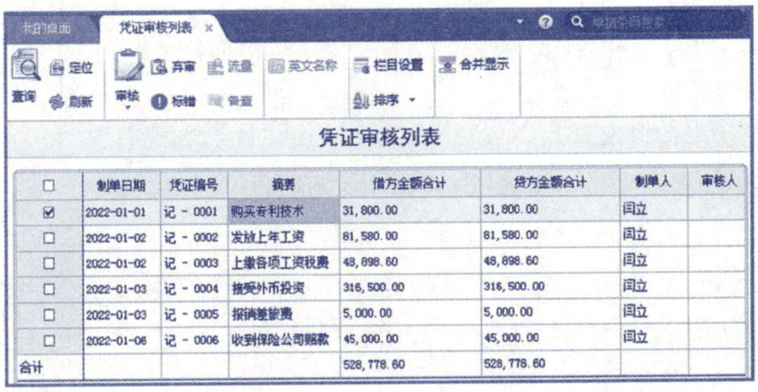

☐	制单日期	凭证编号	摘要	借方金额合计	贷方金额合计	制单人	审核人
☑	2022-01-01	记 - 0001	购买专利技术	31,800.00	31,800.00	闫立	
☐	2022-01-02	记 - 0002	发放上年工资	81,580.00	81,580.00	闫立	
☐	2022-01-02	记 - 0003	上缴各项工资税费	48,898.60	48,898.60	闫立	
☐	2022-01-03	记 - 0004	接受外币投资	316,500.00	316,500.00	闫立	
☐	2022-01-03	记 - 0005	报销差旅费	5,000.00	5,000.00	闫立	
☐	2022-01-06	记 - 0006	收到保险公司赔款	45,000.00	45,000.00	闫立	
合计				528,778.60	528,778.60		

图2-9　凭证审核列表

审核凭证【记-0004】时，发现借方科目错误，单击【标错】，系统返回【填写凭证错误原因】对话框，如图2-10所示。填写错误原因，单击【确定】，系统会在出错的凭证上加盖【有错】字样。

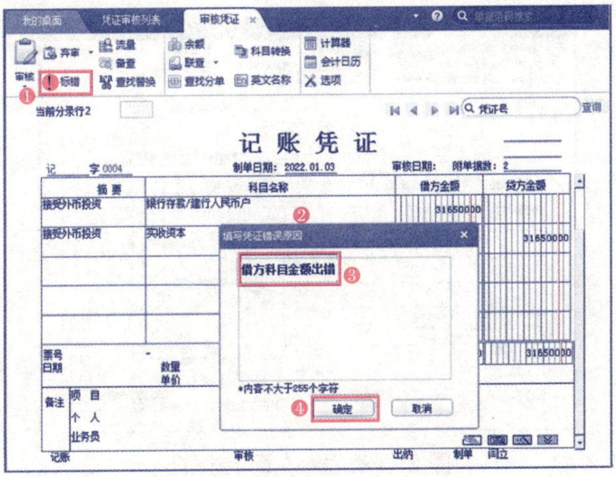

图2-10　凭证标错

凭证审验工作结束后，勾选准确无误的凭证前的复选框，执行【审核】，系统提示本次审核成功的凭证张数，单击【确定】，返回“是否重新刷新凭证列表数据”对话框，点击【是】，完成审核工作。

3.出纳签字

在企业应用平台点击【注销】，以出纳W03身份登录，时间为2022年1月6日，执行【业务导航】|【业务工作】|【财务会计】|【总账】|【凭证】|【出纳签字】，打开【出纳签字】窗口。单击【确定】，进入【出纳签字列表】。如图2-11所示，勾选【记-0004】以外的所有记账凭证，单击【签字】，系统显示本次签字成功凭证4张。

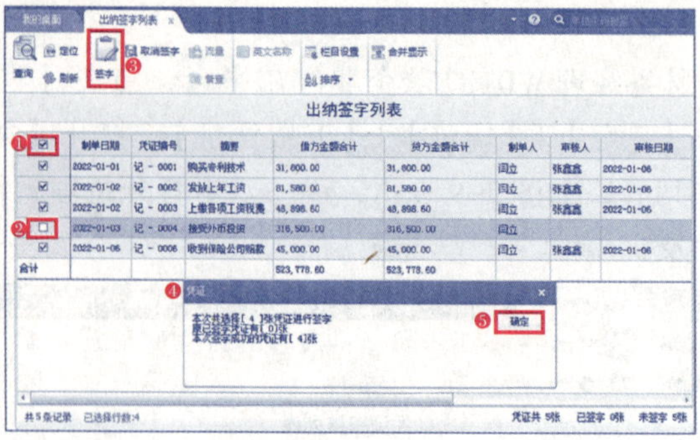

图2-11　出纳签字

4.会计记账

（1）修改标错凭证。

以会计W02的身份登录，时间为2022年1月6日，单击【我的桌面】上的【填制凭证】按钮，打开标错的记账凭证。

直接修改借方科目为“100202”，系统返回【辅助项】对话框，单击【确定】，修改汇率为“6.3”，金额为“315000”，点击【保存】，系统提示“凭证已成功保存！”，同时去除“有错”标识。如图2-12所示。关闭填制凭证窗口。这张凭证修改后，会再次传给出纳员和财务经理，需要重新执行出纳签字和主管审核。

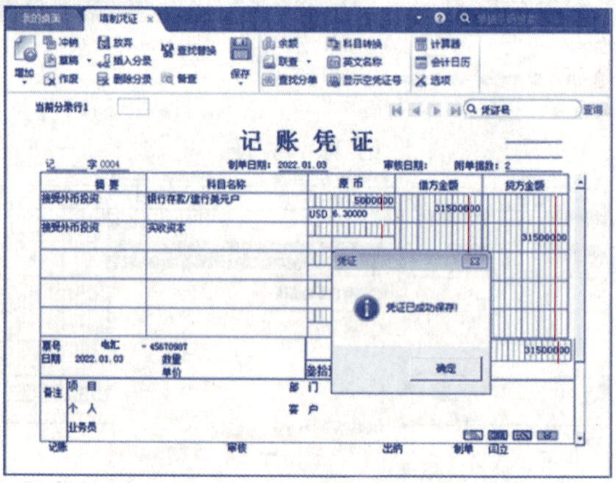

图2-12　修改标错凭证

（2）记账。

会计W02执行【凭证】|【记账】，打开【记账】窗口，如图2-13所示，单击【全选】|【记账】，系统显示【期初试算平衡表】，点击【确定】，开始记账。系统完成记账工作后提示“记账完毕！”，点击【退出】，结束操作。执行【凭证】|【查询凭证】，可以查看当前已经记账的凭证列表，如图2-14所示。

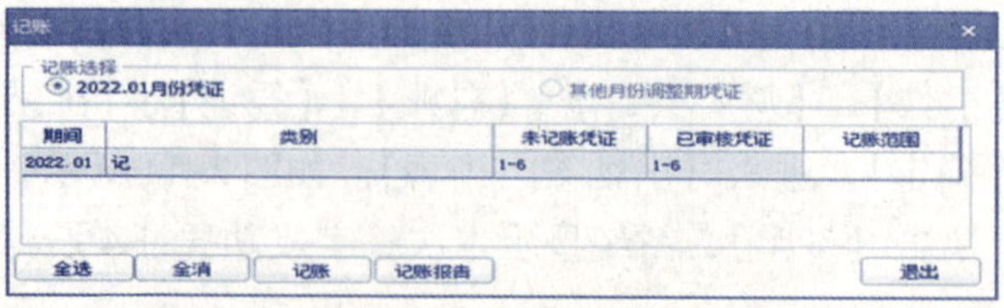

图2-13　记账窗口

查询凭证列表

制单日期	凭证编号	摘要	借方金额合计	贷方金额合计	制单人	审核人	审核日期	记账人	出纳签字人
2022-01-01	记 - 0001	购买专利技术	31,800.00	31,800.00	闫立	张鑫鑫	2022-01-06	闫立	项芳
2022-01-02	记 - 0002	发放上年工资	81,580.00	81,580.00	闫立	张鑫鑫	2022-01-06	闫立	项芳
2022-01-02	记 - 0003	上缴各项工资税费	48,898.60	48,898.60	闫立	张鑫鑫	2022-01-06	闫立	项芳
2022-01-03	记 - 0004	接受外币投资	315,000.00	315,000.00	闫立				
2022-01-03	记 - 0005	报销差旅费	5,000.00	5,000.00	闫立	张鑫鑫	2022-01-06	闫立	
2022-01-06	记 - 0006	收到保险公司赔款	45,000.00	45,000.00	闫立	张鑫鑫	2022-01-06	闫立	项芳
合计			527,278.60	527,278.60					

图2-14　查询凭证列表

操作提示

前述修改的0004号凭证因为还未进行主管审核和出纳签字，所以暂时无法执行记账功能。

5.修改凭证【记字0005】

用友ERP-U8 V13.0版本取消了10.1版本调用反记账功能的快捷键【CRTL+H】，反记账需要通过账套主管在【实施导航工作台】进行。

（1）1月7日，账套主管恢复记账。

在电脑【开始】菜单下，执行【新道U8+】|【所有程序】|【实施导航工作台】，打开【U8+实施导航工作台】窗口，如图2-15所示。单击【实施工具】|【总账数据修正】，系统弹出【总账】对话框，单击【取消】，进入【恢复记账前状态】对话框。

总账反记账操作

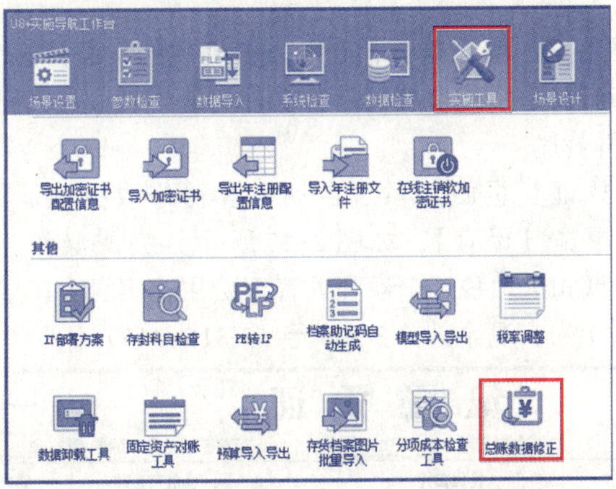

图2-15　凭证审核列表

如图2-16所示，单击选择【选择凭证范围恢复记账】按钮，在【恢复记账范围】栏内输入“5”，其他项目默认，单击【确定】。口令为空，点击【确定】，系统开始恢复记账，结束后提示“恢复记账完毕！”。关闭窗口，退出【实施导航工作台】。

（2）财务经理恢复凭证审核。

财务经理W01登录企业应用平台，单击【我的桌面】上的【审核凭证】按钮，在【凭证审核】对话框点击【确定】，打开【凭证审核列表】，勾选待恢复审核的凭证，执行【弃审】，完成操作。

（3）会计编辑凭证。

如果记账后发现错误的凭证是出纳凭证，账套主管恢复记账且财务经理弃审之后，还需出纳取消之前的签字，然后会计才能执行删除或修改操作。

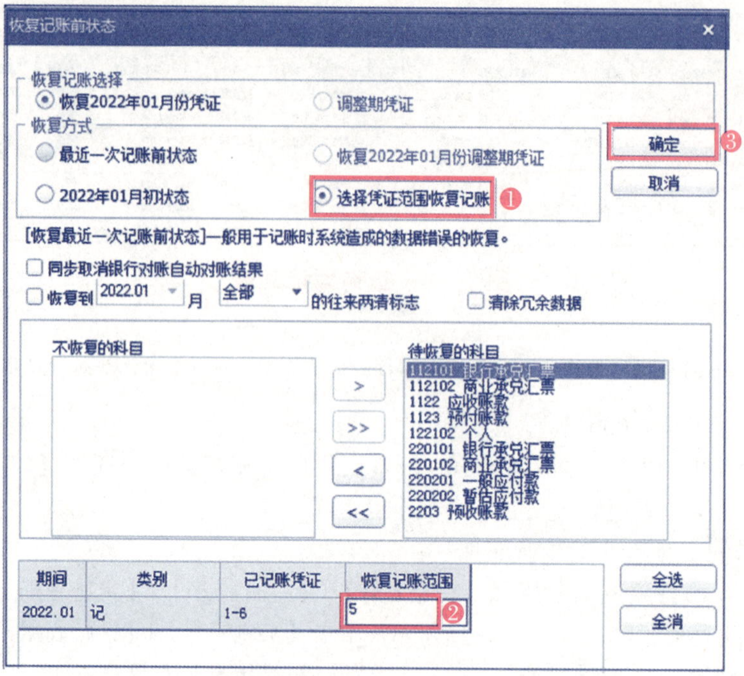

图 2-16　凭证审核列表

取消出纳签字，跟出纳签字的操作路径相同。点击【我的桌面】的【出纳签字】，在【出纳签字】对话框单击【确定】，系统自动显示待恢复凭证列表，选中目标凭证后，执行【取消签字】即可，这里不再赘述。

会计W02进入【填制凭证】页面，系统自动打开待修改凭证。此时该凭证处于可编辑状态，直接修正后单击【保存】，如图2-17所示，完成操作。（注：取得普通发票的餐饮费1 185元不能抵扣进项税，全额计入管理费用；实名火车票费用可抵扣进项税315元（3 815/（1+9%）×9%），剩余部分3 500元（3 815-315）计入管理费用）

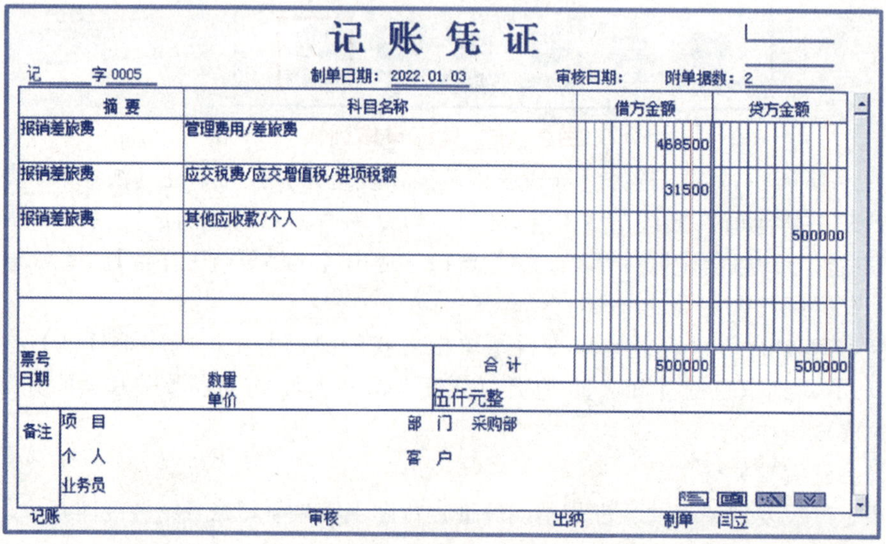

图 2-17　业务 5-凭证修改

凭证恢复到可编辑状态后，也可单击【作废】按钮，将凭证作废，再点击【整理】菜单，系统会列出所有作废凭证，经选择确认后彻底删除所选凭证并提示重新编号，不留痕迹。

6.冲销凭证【记字0006】

已经记账的凭证出现错误，除了一步步取消操作返回到填制状态后修改或删除外，系统还提供了冲销凭证的纠正办法。

2022年1月7日，会计W02单击【我的桌面】上的【填制凭证】按钮，进入【填制凭证】窗口。单击【冲销】，系统弹出“冲销凭证”对话框，凭证号框输入“0006”，单击【确定】，系统自动生成一张与【记字0006】凭证完全相同的红字凭证，用来冲账，如图2-18所示。会计需再填制一张正确的凭证入账即可。正确的记账凭证如图2-19所示。

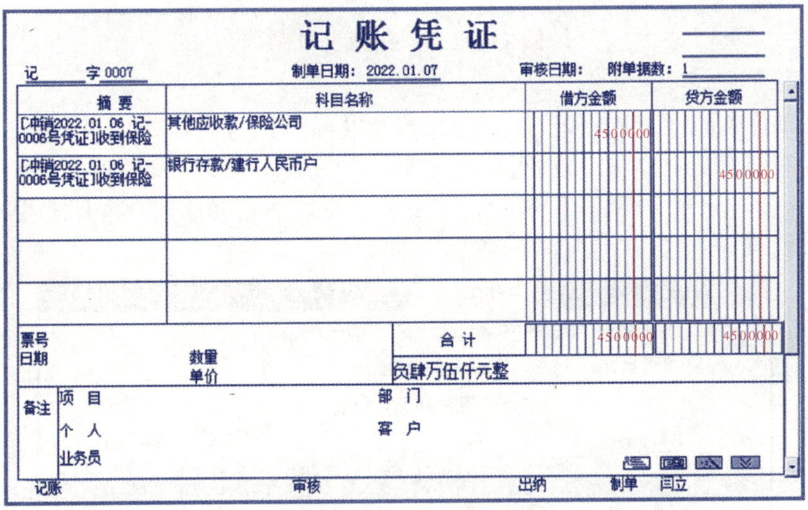

记账凭证

记　字 0007　　制单日期：2022.01.07　　审核日期：　　附单据数：1

摘要	科目名称	借方金额	贷方金额
[冲销2022.01.06 记-0006号凭证]收到保险	其他应收款/保险公司	4500000	
[冲销2022.01.06 记-0006号凭证]收到保险	银行存款/建行人民币户		4500000
票号　日期　数量　单价	合计	4500000	4500000
	负肆万伍仟元整		

备注　项目　部门　个人　客户　业务员

记账　审核　出纳　制单　闫立

图2-18　冲销凭证

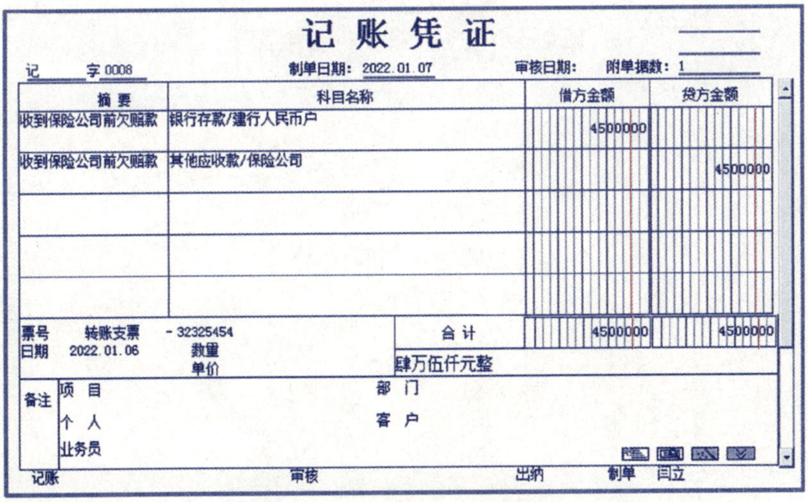

记账凭证

记　字 0008　　制单日期：2022.01.07　　审核日期：　　附单据数：1

摘要	科目名称	借方金额	贷方金额
收到保险公司前欠赔款	银行存款/建行人民币户	4500000	
收到保险公司前欠赔款	其他应收款/保险公司		4500000
票号　转账支票 - 32325454　日期　2022.01.06　数量　单价	合计	4500000	4500000
	肆万伍仟元整		

备注　项目　部门　个人　客户　业务员

记账　审核　出纳　制单　闫立

图2-19　业务6-正确凭证

7.凭证查询

2022年1月7日，各操作员分别对经过修改的凭证（记字0004、记字0005）、冲销生成的凭证（记字0007）以及重新填制的凭证（记字0008）进行【审核】、【出纳签字】及【记账】系列操作，2022年1月7日完成全部凭证的账务处理。

会计W02在总账系统执行【凭证】|【查询凭证】，在【凭证查询】对话框选定时间范围，单击【确定】，系统返回该期间内发生的全部记账凭证，如图2-20所示。

查询凭证列表

制单日期	凭证编号	摘要	借方金额合计	贷方金额合计	制单人	审核人	审核日期	记账人	出纳签字人
2022-01-01	记 - 0001	采购一项专利技术	31,800.00	31,800.00	闫立	张鑫鑫	2022-01-06	闫立	项芳
2022-01-02	记 - 0002	发放上月工资	81,580.00	81,580.00	闫立	张鑫鑫	2022-01-06	闫立	项芳
2022-01-02	记 - 0003	上缴社保公积金等税费	48,898.60	48,898.60	闫立	张鑫鑫	2022-01-06	闫立	项芳
2022-01-03	记 - 0004	接受外币投资	315,000.00	315,000.00	闫立	张鑫鑫	2022-01-07	闫立	项芳
2022-01-03	记 - 0005	报销差旅费	5,000.00	5,000.00	闫立	张鑫鑫	2022-01-07	闫立	
2022-01-06	记 - 0006	收到保险公司赔款	45,000.00	45,000.00	闫立	张鑫鑫	2022-01-06	闫立	项芳
2022-01-07	记 - 0007	[冲销2022.01.06 记-0006号...	-45,000.00	-45,000.00	闫立	张鑫鑫	2022-01-07	闫立	项芳
2022-01-07	记 - 0008	收到保险公司前欠赔款	45,000.00	45,000.00	闫立	张鑫鑫	2022-01-07	闫立	项芳
合计			527,278.60	527,278.60					

图2-20 全部凭证列表

8.余额表查询

2021年1月7日，会计W02在总账系统执行【账表】|【科目账】|【余额表】，在【发生额及余额表】对话框单击【确定】，系统返回本月全部科目的发生额及余额列表。选中“1122应收账款”记录，单击【专项】，可查看各个客户期初余额、本期发生额和期末余额，如图2-21所示。

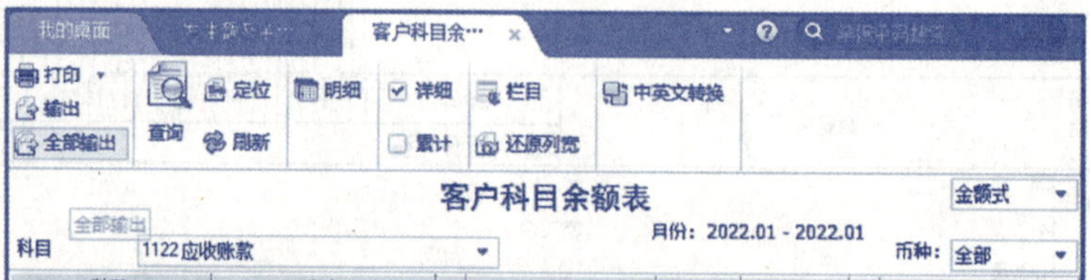

科目		客户		方向	期初	借方	贷方	方向	期末余额
编码	名称	编码	名称		金额	金额	金额		金额
1122	应收账款	004	辽宁百盛	借	61,020.00			借	61,020.00
1122	应收账款	005	大连金舵	借	79,100.00			借	79,100.00
合计				借	140,120.00			借	140,120.00

图2-21 应收账款科目余额表

任务清单4-2　出纳管理

任务下达

1.登记支票登记簿

1月7日，出纳W03将2022年1月1日至1月7日期间领用的支票登记支票登记簿（假设只发生【任务清单4-1】所示的经济业务，忽略其他系统同期发生的业务）。

2.进行银行对账

（1）录入银行对账期初数据，见表2-1。

表2-1　对账单期初未达账项

日期	结算方式	票号	借方金额	贷方金额（元）
2021.12.29	202	23476518		3 000.00

2022年1月1日，单位银行日记账余额为577 200元，银行对账单余额为580 200元。

（2）录入银行对账单并对账。

2022年1月7日，收到银行发来的对账单，请录入对账单数据并就1月1日至1月7日期间发生的银行业务与单位银行日记账进行核对。截至1月7日，银行对账单数据见表2-2。

表2-2　银行对账单

票据日期	票号	结算方式	方向	金额（元）
2021.12.29	23476518	202	贷	3 000.00
2022.01.02		5	借	48 898.60
2022.01.02		5	借	62 658.00

3.查看银行存款余额调节表

任务解析

银行对账是出纳的一项重要工作。企业为了解未达账项的情况，应定期（至少每月一次）将银行存款日记账与银行对账单进行核对，称为银行对账。银行对账要遵循以下程序：

1.银行对账期初录入

首次使用系统中银行对账功能前，应将银行对账启用日的企业方银行日记账的调整前余额与银行方银行对账单的调整前余额以及单位日记账和银行对账单的未达账项录入系统，保证单位日记账与银行对账单调整后余额相等。

银行对账功能不一定和总账同时启用，可以在总账启用之后的任何一个月份开始使用。

2.录入银行对账单

银行对账单是银行记录的企业在银行存取款的明细账，由银行定期提供给企业进行账目核对。在每月对账前，必须将银行提供的银行对账单录入系统，以便与企业银行存款日记账进行对账。

3.银行对账

系统提供了自动对账与手工对账两种方式。自动对账即由计算机根据对账依据将银行日记账与银行对账单进行自动核对、勾销。对账依据通常是“结算方式+结算号+方向+金额”或“方向+金额”。对于已核对上的银行业务，系统将自动在银行日记账和银行对账单标记两清标志，并视为已达账项；否则，视为未达账项。

4.银行存款余额调节表查询

在对银行账进行两清勾对后，计算机自动整理汇总未达账和已达账，生成“银行存款余额调节表”，以检查对账是否正确。该余额调节表为截至对账截止日期的余额调节表，若无对账截止日期，则为最新余额调节表。

5.查询对账勾对情况及核销银行账

对账结束后，可查询勾对情况，了解对账结果。同时，为避免文件过大占用存储空间，可以利用核销银行账功能将已达账项删除。核销银行账不会影响银行日记账的查询和打印。

任务实施

【操作岗位】出纳W03

【操作流程】

1.登记支票登记簿

2022年1月7日，出纳W03执行【业务工作】|【财务会计】|【总账】|【出纳】|【支票登记簿】，打开【银行科目选择】窗口，选择“建行人民币户（100201）”，进入【支票登记簿】。

单击【增行】按钮，录入或选择领用日期为“2021.01.01”，领用部门“总经办”，领用人“李靖华”，支票号“83834646”，预计金额“31800”，用途“购买专利技术”，实际金额“31800”，报销日期为“2022.01.01”，回车，完成操作。结果如图2-22所示。

支票登记簿

科目：建行人民币户(100201)　　　　支票张数：1(其中：已报1 未报0)

领用日期	领用部门	领用人	支票号	预计金额	用途	收款人	对方科目	付款银行名称	银行账号	预计转账日期	报销日期
2022.01.01	总经办	李靖华	83834646	31,800.00	购买专利技术					2022.01.01	2022.01.01

图2-22　支票登记簿

2.进行银行对账

（1）录入银行对账期初数据。

2022年1月7日，出纳W03执行【出纳】|【银行对账】|【银行对账期初录入】命令，打开【银行科目选择】窗口，选择“建行人民币户（100201）”，进入【银行对账期初】对话框。

录入银行对账期初数据

单击【方向】按钮，调整银行对账单的余额方向为贷方，在单位日记账的调整前余额栏录入“577200”，在银行对账单的调整前余额栏录入“580200”，单击【对账单期初未达项】按钮，打开【银行方期初】窗口。点击【增行】，录入日期“2021.12.29”，结算方式“202”，票号“23476518”，贷方金额“3000”。如图2-23所示。

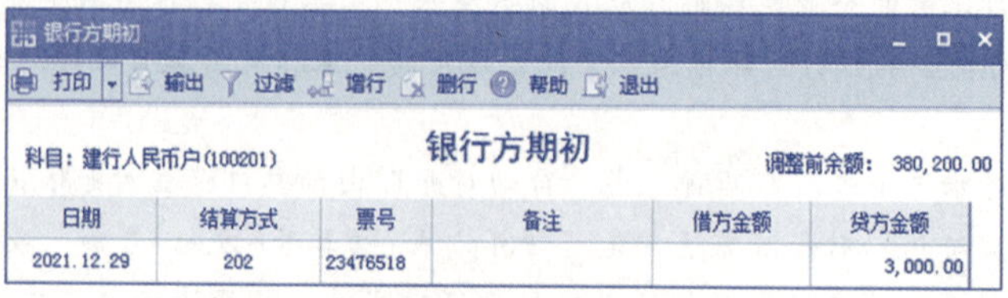

图2-23 银行方期初数据录入

单击【保存】按钮，系统自动计算调整后余额为“580200”，期初单位日记账与银行对账单余额相等，如图2-24所示。单击【退出】按钮，结束本步骤操作。

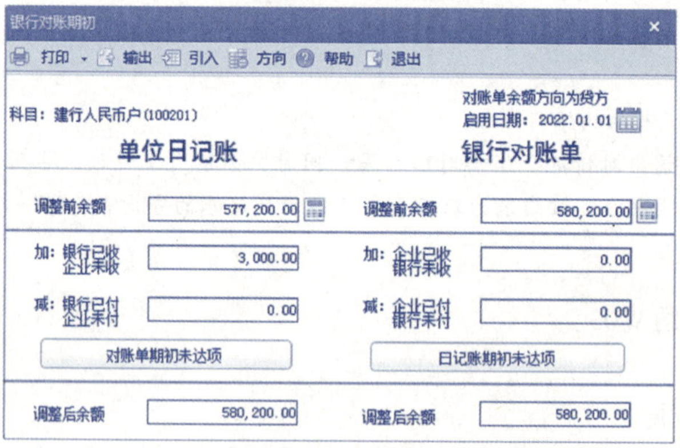

图2-24 期初银行对账

（2）录入银行对账单并对账。

出纳W03执行【出纳】|【银行对账】|【银行对账单】命令，打开【银行科目选择】窗口，选择“建行人民币户（100201）”，进入【银行对账单】窗口。

录入银行对账单并对账

单击【增加】，逐次录入日期、结算方式、票号、借方或贷方金额等项目内容，结果如图2-25所示。关闭窗口退出。

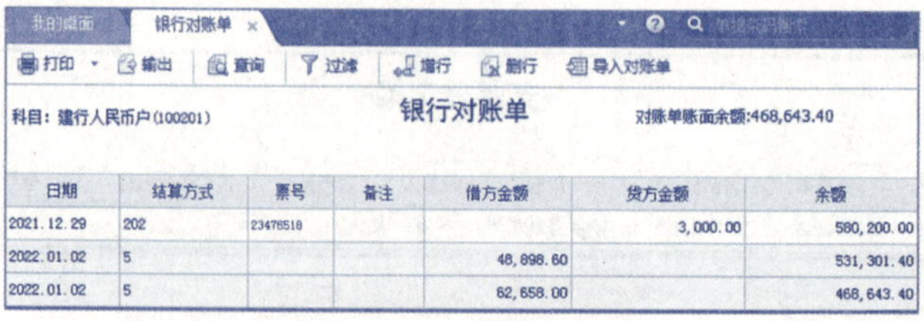

图2-25 银行对账单

出纳W03执行【出纳】|【银行对账】|【银行对账】命令，打开【银行科目选择】窗口，选择“建行人民币户（100201）”，进入【银行对账】窗口。

单击【对账】，打开【自动对账】对话框，如图2-26所示。在【对账条件】下勾选截止日期“2022-01-07”，单击【确定】，系统自动勾选核对相符的记录，如图2-27所示。

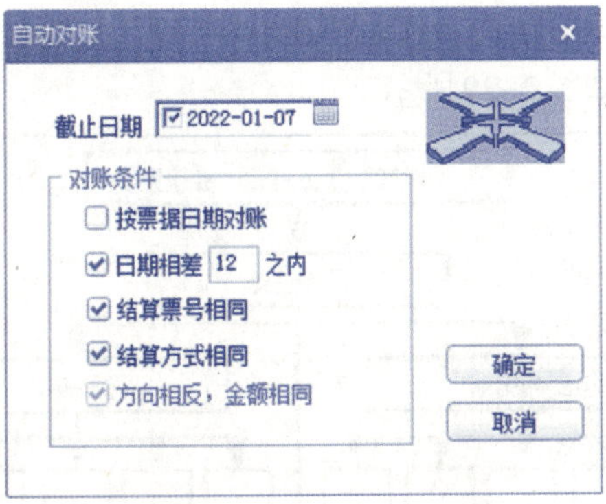

图2-26　自动对账设置

单位日记账

凭证日期	票据日期	结算方式	票号	方向	金额	两清	凭证号数	摘要
2022.01.01	2022.01.01	202	63834646	贷	31,800.00		记-0001	购买专利技术
2022.01.02	2022.01.02	5		贷	62,658.00	○	记-0002	发放上年工资
2022.01.02	2022.01.02	5		贷	48,898.60	○	记-0003	上缴各项工资税费
2022.01.06	2022.01.06	202		贷	45,000.00		记-0006	收到保险公司赔款
2022.01.07	2022.01.06	202		贷	-45,000.00		记-0007	[冲销2022.01.06 记
2022.01.07	2022.01.06	202	32325454	借	45,000.00		记-0008	收到保险公司前欠赔

银行对账单

日期	结算方式	票号	备注	方向	金额	两清	对账序号
2021.12.29	202	23476518		贷	3,000.00		
2022.01.02	5			借	48,898.60	○	2022010700001
2022.01.02	5			借	62,658.00	○	2022010700002

图2-27　对账结果

此时也可以手动对系统没有识别的相同的记录做“√”，再单击【保存】，完成对账，关闭退出。

3.查看银行存款余额调节表

出纳W03执行【出纳】|【银行对账】|【余额调节表查询】命令，打开【银行存款余额调节表】窗口，选择“建行人民币户（100201）”科目，单击【详细】按钮，查看银行存款余额调节表，如图2-28所示。

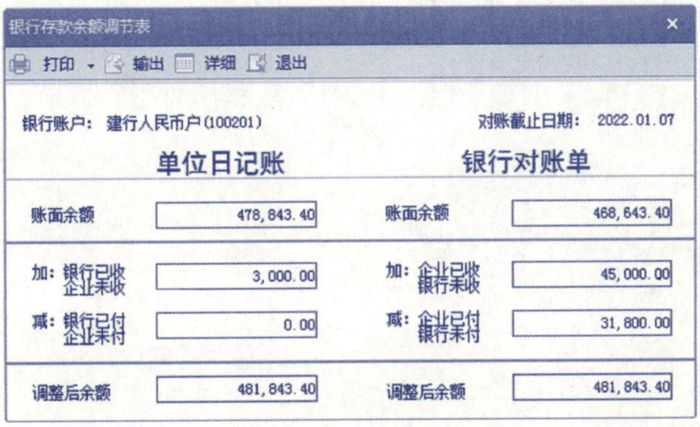

图2-28　银行存款余额调节表

【实训五】固定资产管理

固定资产管理系统具有资产管理、折旧计算、统计分析等功能，包括原始设备的管理、新增资产的管理、资产减少的处理、资产变动的管理等日常工作，以及资产评估、减值、折旧的计算分配等操作，同时输出有关的报表和账簿。固定资产核算系统可以用于固定资产总值、累计折旧数据的动态管理，协助设备管理部门做好固定资产实体的管理与分析工作。其日常工作流程如图2-29所示。

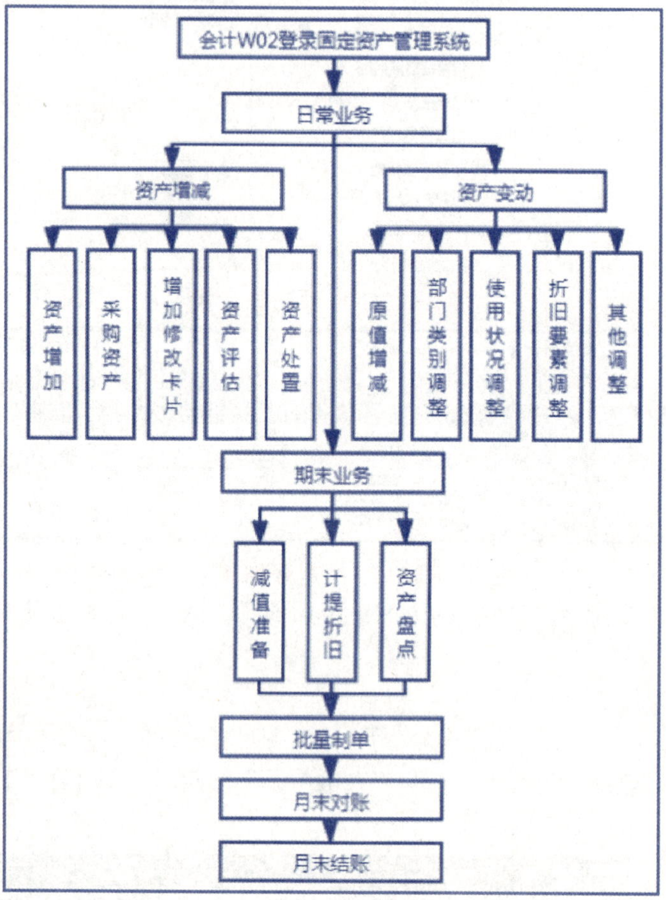

图2-29　固定资产管理工作流程

任务清单5-1　固定资产日常业务

任务下达

1.固定资产增加

2022年1月2日，公司购进电脑3台，取得增值税专用发票。电脑每台5 000元，增值税税率为13%，价税合计共16 950元，预计可使用5年，净残值率为5%，采用“年限平均法（一）”计提折旧。总经办、采购部与财务部各使用一台电脑（附：增值税专用发票、转账支票，票号略）。

2.资产部门转移

2022年1月7日，因管理需要，将财务部的电脑（卡片编号：00010）移交给仓储部使用。

3.折旧年限变更

2022年1月10日，丰田汽车因出现故障，将折旧年限由180月变更为156月。

4.资产原值变动

2022年1月10日，为提高销售部电脑（卡片编号：00009）配置，增加内存条一条，价值200元，以现金支付。

任务解析

固定资产管理系统提供了固定资产日常核算与管理的全部功能，主要包括以下方面：

1.卡片管理

固定资产的卡片管理是指固定资产卡片台账管理。系统提供了卡片管理的功能，主要从制作卡片、变动单及评估单三方面来实现卡片管理，包括卡片录入、卡片修改、卡片删除、卡片打印及资产变动管理等功能。

2.日常处理

固定资产的日常处理主要是当固定资产发生增减变动以及原值变动、部门转移、使用状况变动、使用年限调整和折旧方法调整时，更新固定资产卡片。

3.月末处理

固定资产的月末处理主要指计提减值准备和固定资产折旧、生成固定资产的相关凭证以及进行凭证的修改和删除、进行对账与月末结账。

4.账表管理

固定资产管理系统可提供固定资产总账、明细账以及各种分析表、统计表等。资产管理部门可随时查询各种账表，提高资产管理效率。

需要说明的是，固定资产系统中生成的记账凭证最终会传输到总账系统，在总账系统完成签字审核记账操作，其他系统（薪资管理、应收款管理、应付款管理、存货核算）的情况与固定资产管理系统相似。

任务实施

【操作岗位】会计W02

【操作流程】

资产增加

1.固定资产增加

（1）填写卡片。

2022年1月2日，会计W02登录企业应用平台，点击【业务导航】，执行【业务工作】|【财务会计】|【固定资产】|【卡片】|【资产增加】，打开【固定资产类别档案】窗口。

选中“04办公设备”，单击【确定】按钮，填写卡片信息，录入固定资产名称“电脑”、使用部门“总经办”、增加方式“直接购入”、使用状况“在用”、原值“5000”、增值税“650”，如图2-30所示。

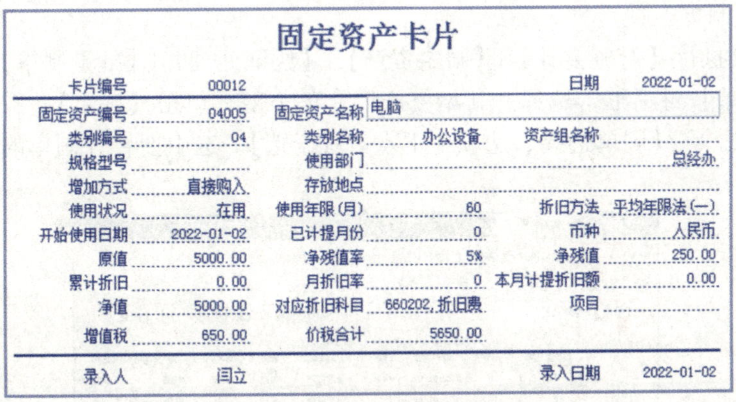

固定资产卡片

卡片编号	00012			日期	2022-01-02
固定资产编号	04005	固定资产名称	电脑		
类别编号	04	类别名称	办公设备	资产组名称	
规格型号		使用部门			总经办
增加方式	直接购入	存放地点			
使用状况	在用	使用年限（月）	60	折旧方法	平均年限法（一）
开始使用日期	2022-01-02	已计提月份	0	币种	人民币
原值	5000.00	净残值率	5%	净残值	250.00
累计折旧	0.00	月折旧率	0	本月计提折旧额	0.00
净值	5000.00	对应折旧科目	660202，折旧费	项目	
增值税	650.00	价税合计	5650.00		
录入人	闫立			录入日期	2022-01-02

图2-30 增加固定资产卡片

单击【保存】，系统自动转到【填制凭证】页面，如图2-31所示，不保存凭证，关闭

【填制凭证】窗口，系统提示“还有1张凭证没保存”，单击【确定】，在弹出的【凭证】对话框中点击【是】，系统关闭【填制凭证】页面，返回【固定资产卡片】窗口。

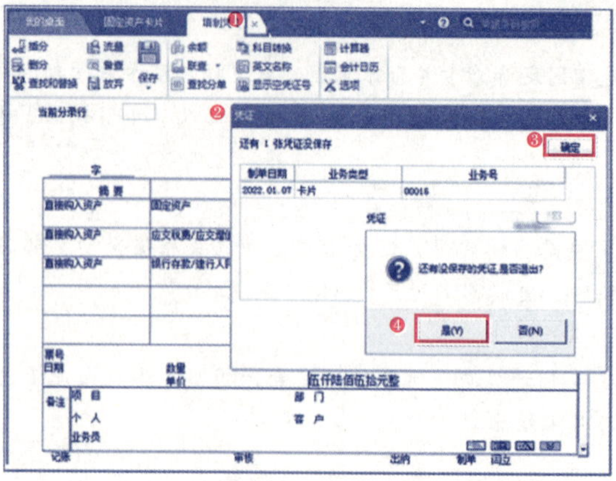

图2-31　系统自动填制固定资产增加凭证

（2）复制并修改卡片。

在【固定资产卡片】窗口点击【复制】，打开【固定资产】对话框，填写起始序号为“006”，复制数量为“2”，如图2-32所示，单击【确定】，将购买的另外两台电脑信息录入系统。在【固定资产卡片】窗口依次点击【下张】箭头，单击【修改】，分别将复制的两张电脑卡片的使用部门改为“财务部”和“采购部”，同样不生成凭证，退出。

卡片复制与修改

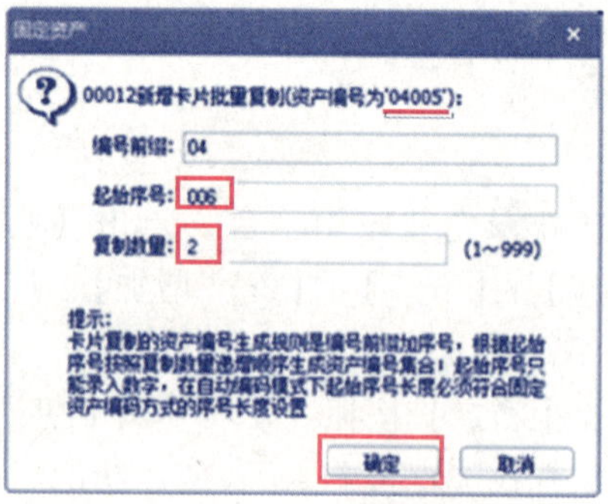

图2-32　复制卡片

（3）批量制单。

会计W02执行【财务会计】|【固定资产】|【凭证处理】|【批量制单】，打开【查询条件-批量制单】对话框，选择“新增资产”业务类型，单击【确定】，系统显示三条购买电脑的记录。在【制单选择】选项卡下点击【全选】，选中要合并制单的三条记录，如图2-33所示。

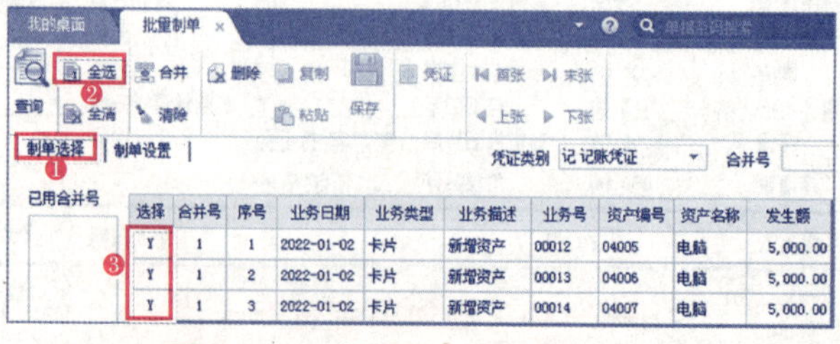

选择	合并号	序号	业务日期	业务类型	业务描述	业务号	资产编号	资产名称	发生额
Y	1	1	2022-01-02	卡片	新增资产	00012	04005	电脑	5,000.00
Y	1	2	2022-01-02	卡片	新增资产	00013	04006	电脑	5,000.00
Y	1	3	2022-01-02	卡片	新增资产	00014	04007	电脑	5,000.00

图2-33　批量制单设置（一）

单击【制单设置】选项卡，点击【凭证】按钮，如图2-34所示，系统自动将购买三台电脑的业务合并填制一张凭证，如图2-35所示。修改附单据数为“2”，添加结算方式为“202”，单击【保存】，完成操作。

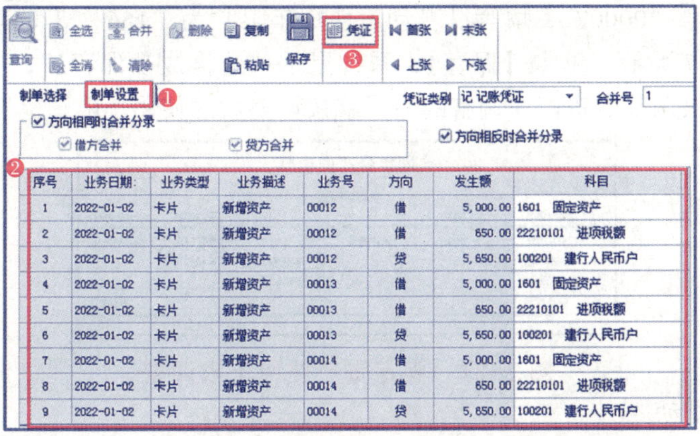

序号	业务日期	业务类型	业务描述	业务号	方向	发生额	科目
1	2022-01-02	卡片	新增资产	00012	借	5,000.00	1601 固定资产
2	2022-01-02	卡片	新增资产	00012	借	650.00	22210101 进项税额
3	2022-01-02	卡片	新增资产	00012	贷	5,650.00	100201 建行人民币户
4	2022-01-02	卡片	新增资产	00013	借	5,000.00	1601 固定资产
5	2022-01-02	卡片	新增资产	00013	借	650.00	22210101 进项税额
6	2022-01-02	卡片	新增资产	00013	贷	5,650.00	100201 建行人民币户
7	2022-01-02	卡片	新增资产	00014	借	5,000.00	1601 固定资产
8	2022-01-02	卡片	新增资产	00014	借	650.00	22210101 进项税额
9	2022-01-02	卡片	新增资产	00014	贷	5,650.00	100201 建行人民币户

图2-34　批量制单设置（二）

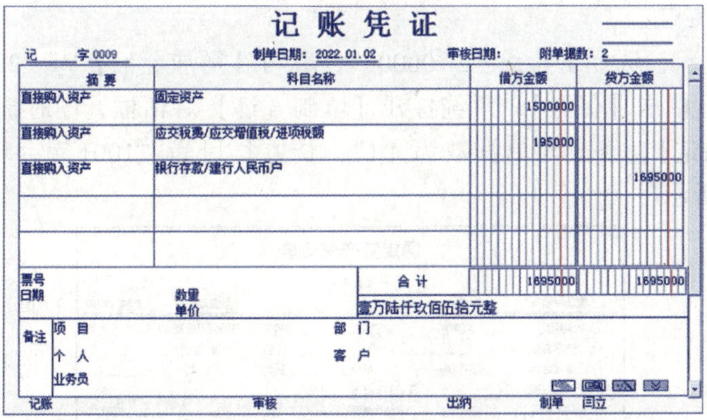

记 账 凭 证

记　字 0009　制单日期：2022.01.02　审核日期：　附单据数：2

摘要	科目名称	借方金额	贷方金额
直接购入资产	固定资产	1500000	
直接购入资产	应交税费/应交增值税/进项税额	195000	
直接购入资产	银行存款/建行人民币户		1695000
票号 日期　数量 单价	合计　壹万陆仟玖佰伍拾元整	1695000	1695000

备注　项目　部门　个人　客户　业务员

记账　审核　出纳　制单 闫立

图2-35　批量制单结果

2.资产部门转移

2022年1月7日，会计W02执行【业务工作】|【财务会计】|【固定资产】|【变动单】|【部门转移】，打开【固定资产变动单】窗口。

选择卡片编号“00010”，填写【变动后部门】为“仓储部”，【变动原因】为“管理需要”，如图2-36所示，单击【保存】，系统提示“数据成功保存!”，单击【确定】，退出。进行部门转移变动的资产在变动当月就按变动后的部门计提折旧。

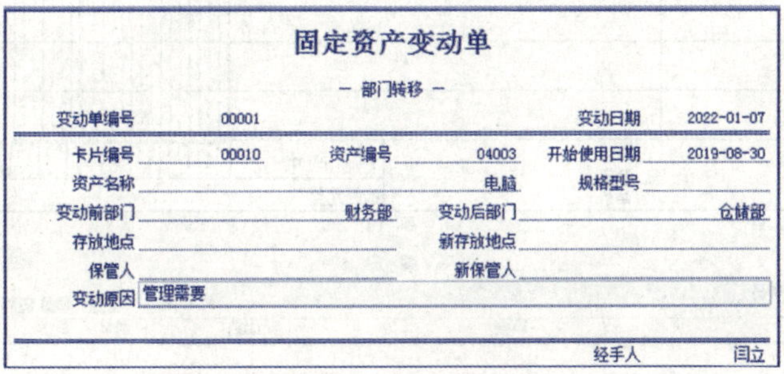

固定资产变动单

－ 部门转移 －

变动单编号 00001　变动日期 2022-01-07

卡片编号 00010　资产编号 04003　开始使用日期 2019-08-30

资产名称 电脑　规格型号

变动前部门 财务部　变动后部门 仓储部

存放地点　新存放地点

保管人　新保管人

变动原因 管理需要

经手人 闫立

图2-36　固定资产部门转移

3.折旧年限变更

2022年1月10日，会计W02执行【业务工作】|【财务会计】|【固定资产】|【变动单】|【使用年限调整】，打开【固定资产变动单】窗口。

选择卡片编号“00007”，填写【变动后使用年限】为“156”，【变动原因】为“出现故障”，如图2-37所示，单击【保存】，系统提示“数据成功保存！”，单击【确定】，退出。进行使用年限调整的资产在调整的当月就按调整后的使用年限计提折旧。

图2-37　固定资产使用年限调整

4.资产原值变动

2022年1月10日，会计W02执行【固定资产】|【变动单】|【原值增加】，打开【固定资产变动单】窗口。

如图2-38所示，选择卡片编号“00009”，填写【增加金额】为“200”，【变动原因】为“提高配置”，单击【保存】，系统打开【填制凭证】对话框，同时提示“数据成功保存！”，单击【确定】，修改附单据数为“1”，贷方科目为“1001库存现金”，单击【保存】。如图2-39所示。

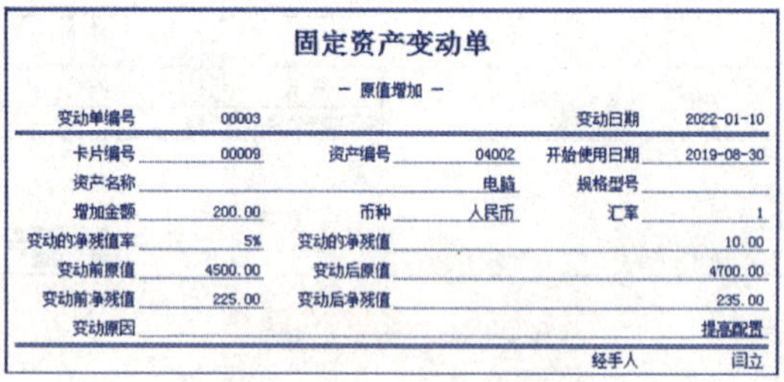

图2-38　固定资产原值增加

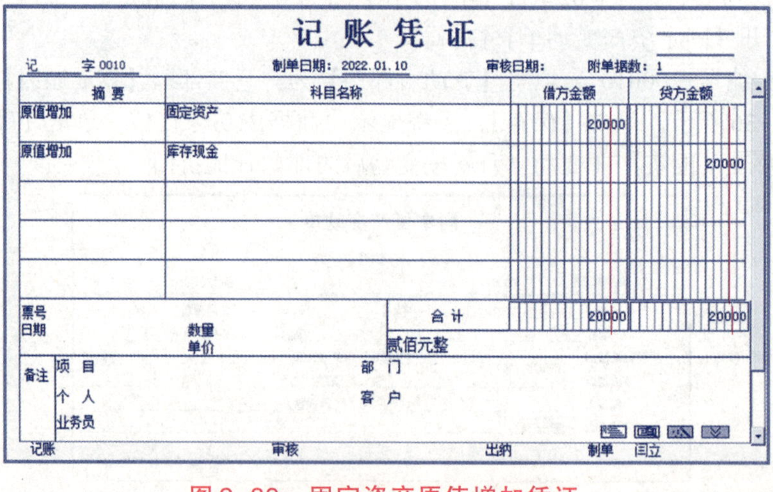

图2-39　固定资产原值增加凭证

任务清单5-2　固定资产期末处理

任务下达

1.计提固定资产减值准备

2022年1月31日，由于技术更新迭代，对卡片编号为00006的固定资产计提减值准备10 000元。

2.计提折旧

2022年1月31日，计提本月固定资产折旧费用。

3.资产处置

2022年1月31日，经批准将不能满足办公需要的打印复印一体机（卡片编号为00011）做报废处理，取得清理收入100元，现金已收，未发生其他清理费用。

4.账表查询

2022年1月31日，会计W02查询固定资产部门折旧计提汇总表，并以“总经办”为例，联查其部门类别明细账和相应的资产卡片。

任务解析

固定资产管理模块的期末处理工作主要包括计提减值准备、计提折旧、对账、月末结账等内容。

计提固定资产减值准备本质上是一种变动处理，系统要求在初始设置时必须随原始卡片输入已计提的减值准备。当本期末固定资产账面价值高于其可回收金额时，应将其差额计提为减值准备。固定资产减值准备一经计提不可转回。

自动计提并分配折旧、编制相关转账凭证是固定资产管理模块的主要功能之一。企业每月月末都要计提固定资产折旧。在U8系统中，计提折旧应遵循以下原则：

一个期间内可多次计提折旧，每次计提折旧后，只是将计提的折旧累加到月初的累计折旧上，不会重复累计；若上次计提折旧已制单并传递到账务处理模块，则必须删除该凭证才能重新计提折旧；计提折旧后又对账套进行了影响折旧计算分配的操作，必须重新计提折旧，否则系统不允许结账；若自定义的折旧方法，月折旧率或月折旧额出现负数，系统自动中止计提。

折旧计提工作完成后，需要进行折旧分配以形成折旧费用。系统除了自动生成折旧清单外，同时还生成折旧分配表，从而完成本期折旧费用登账工作。企业可选择按类别折旧分配或按部门折旧分配。

任务实施

【操作岗位】会计W02

【操作流程】

1. 计提固定资产减值准备

（1）2022年1月31日，会计W02执行【固定资产】|【减值准备】|【计提减值准备】，系统打开【固定资产变动单】窗口。选择卡片编号，输入减值准备金额及变动原因，如图2-40所示。

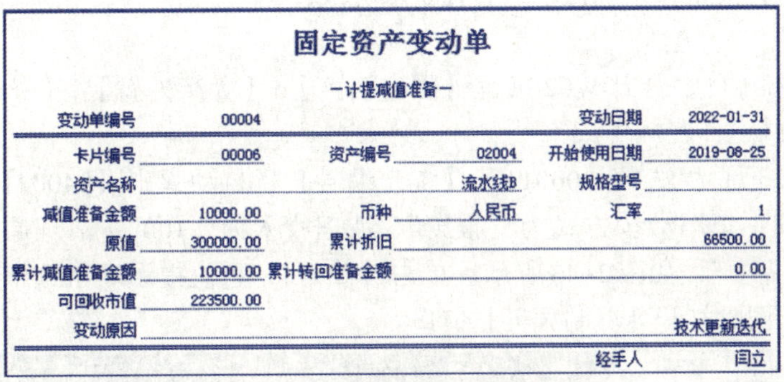

图2-40　固定资产减值设置

（2）单击【保存】，系统打开【填制凭证】窗口，同时提示“数据成功保存!”，单击【确定】，修改附单据数为“1”，修改借方科目为“6701资产减值损失”，单击【保存】。如图2-41所示。

2. 计提折旧

2022年1月31日，会计W02执行【固定资产】|【处理】|【计提本月折旧】，系统弹出【是否要查看折旧清单】窗口，单击【是】，系统提示“本操作将计提本月折旧，并花费一定时间，是否继续?”，单击【是】，打开【折旧清单】窗口，如图2-42所示。

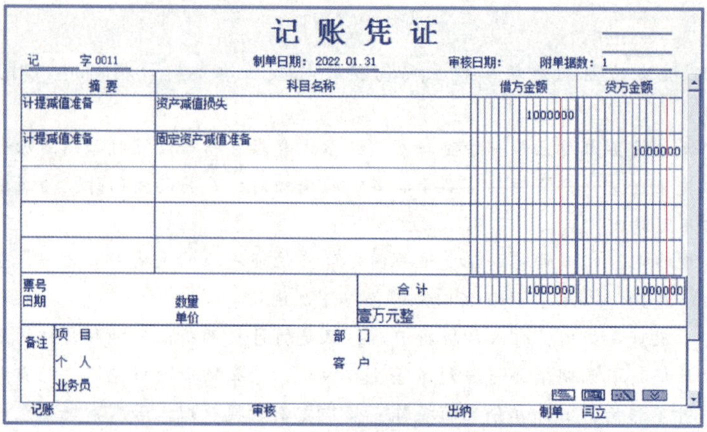

记账凭证

记 字 0011 制单日期：2022.01.31 审核日期： 附单据数：1

摘要	科目名称	借方金额	贷方金额
计提减值准备	资产减值损失	1000000	
计提减值准备	固定资产减值准备		1000000
票号 日期	数量 单价 合计	1000000	1000000
	壹万元整		

备注 项目 部门 个人 客户 业务员

记账 审核 出纳 制单 闫立

图2-41 固定资产计提减值准备凭证

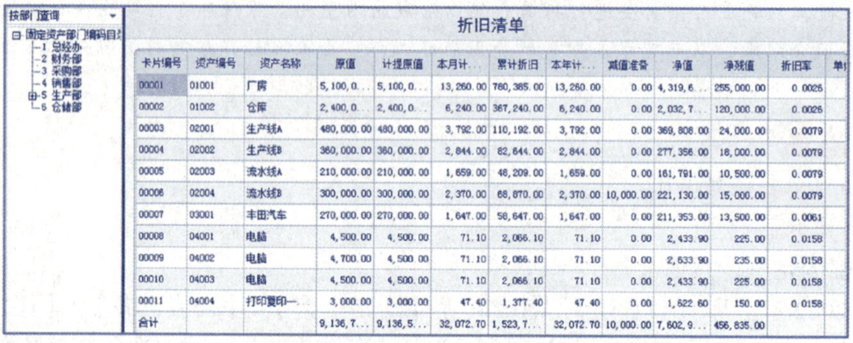

折旧清单

卡片编号	资产编号	资产名称	原值	计提原值	本月计...	累计折旧	本年计...	减值准备	净值	净残值	折旧率
00001	01001	厂房	5,100,0...	5,100,0...	13,260.00	760,385.00	13,260.00	0.00	4,319,6...	255,000.00	0.0026
00002	01002	仓库	2,400,0...	2,400,0...	6,240.00	367,240.00	6,240.00	0.00	2,032,7...	120,000.00	0.0026
00003	02001	生产线A	480,000.00	480,000.00	3,792.00	110,192.00	3,792.00	0.00	369,808.00	24,000.00	0.0079
00004	02002	生产线B	360,000.00	360,000.00	2,844.00	82,644.00	2,844.00	0.00	277,356.00	18,000.00	0.0079
00005	02003	流水线A	210,000.00	210,000.00	1,659.00	48,209.00	1,659.00	0.00	161,791.00	10,500.00	0.0079
00006	02004	流水线B	300,000.00	300,000.00	2,370.00	68,870.00	2,370.00	10,000.00	221,130.00	15,000.00	0.0079
00007	03001	丰田汽车	270,000.00	270,000.00	1,647.00	58,647.00	1,647.00	0.00	211,353.00	13,500.00	0.0061
00008	04001	电脑	4,500.00	4,500.00	71.10	2,066.10	71.10	0.00	2,433.90	225.00	0.0158
00009	04002	电脑	4,700.00	4,500.00	71.10	2,066.10	71.10	0.00	2,633.90	235.00	0.0158
00010	04003	电脑	4,500.00	4,500.00	71.10	2,066.10	71.10	0.00	2,433.90	225.00	0.0158
00011	04004	打印复印一...	3,000.00	3,000.00	47.40	1,377.40	47.40	0.00	1,622.60	150.00	0.0158
合计			9,136,7...	9,136,5...	32,072.70	1,523,7...	32,072.70	10,000.00	7,602,9...	456,835.00	

图2-42 固定资产折旧清单

单击【退出】按钮，系统提示“计提折旧完成!”。

3.资产处置

2022年1月31日，会计W02执行【固定资产】|【资产处置】|【资产减少】，打开【资产减少】窗口。

在【卡片编号】栏选择“00011”，【资产编号】栏自动弹出【04004】，单击【增加】按钮，填写减少方式为“报废”，清理收入为“100”，清理原因为“不能满足办公需要”，如图2-43所示。单击【确定】，系统提示“所选卡片已经减少成功!”，同时打开【填制凭证】窗口。

资产处置

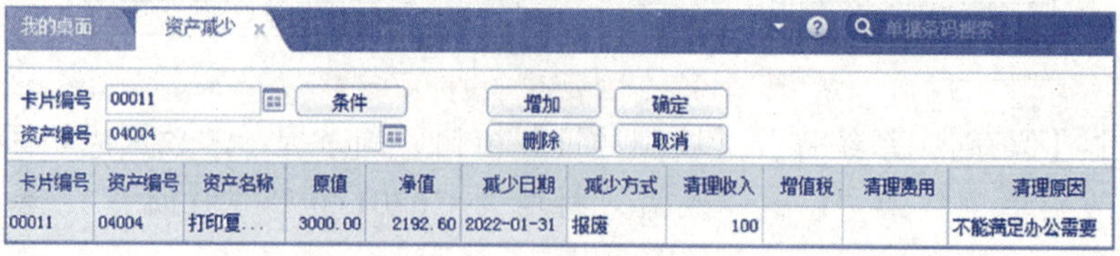

卡片编号	资产编号	资产名称	原值	净值	减少日期	减少方式	清理收入	增值税	清理费用	清理原因
00011	04004	打印复...	3000.00	2192.60	2022-01-31	报废	100			不能满足办公需要

图2-43 固定资产处置

单击【确定】按钮，修改凭证类别为【记账凭证】，选择科目“1001”，单击【保存】按钮，凭证保存成功，如图2-44所示。

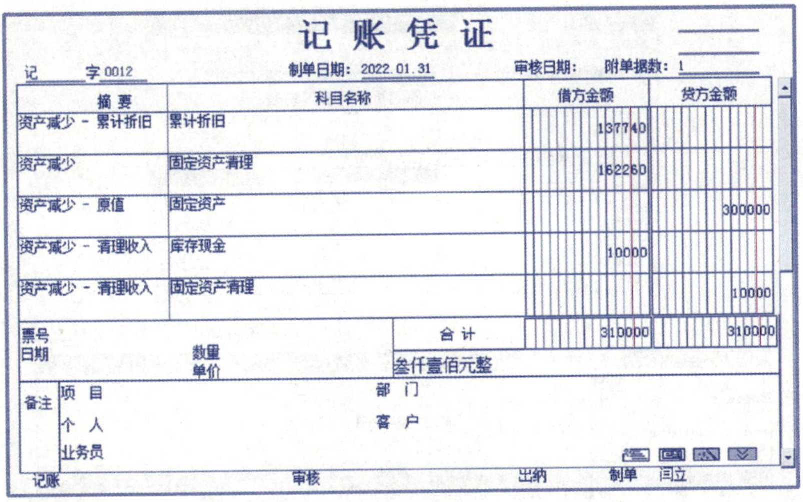

记账凭证

记　字 0012　　制单日期：2022.01.31　　审核日期：　　附单据数：1

摘要	科目名称	借方金额	贷方金额
资产减少－累计折旧	累计折旧	137740	
资产减少	固定资产清理	162260	
资产减少－原值	固定资产		300000
资产减少－清理收入	库存现金	10000	
资产减少－清理收入	固定资产清理		10000
票号 日期	数量 单价	合计 310000	310000

叁仟壹佰元整

备注　项目　部门　个人　客户　业务员

记账　审核　出纳　制单　闫立

图2-44　固定资产处置记账凭证

4.生成折旧凭证

2022年1月31日，会计W02执行【财务会计】|【固定资产】|【凭证处理】|【批量制单】，打开【查询条件-批量制单】对话框，选择“折旧计提”业务类型，单击【确定】。在【制单选择】选项卡下点击【全选】，选中计提折旧的记录。

单击【制单设置】选项卡，点击【凭证】按钮，系统自动填制一张凭证。修改附单据数为“1”，单击【保存】，完成操作，凭证如图2-45所示。

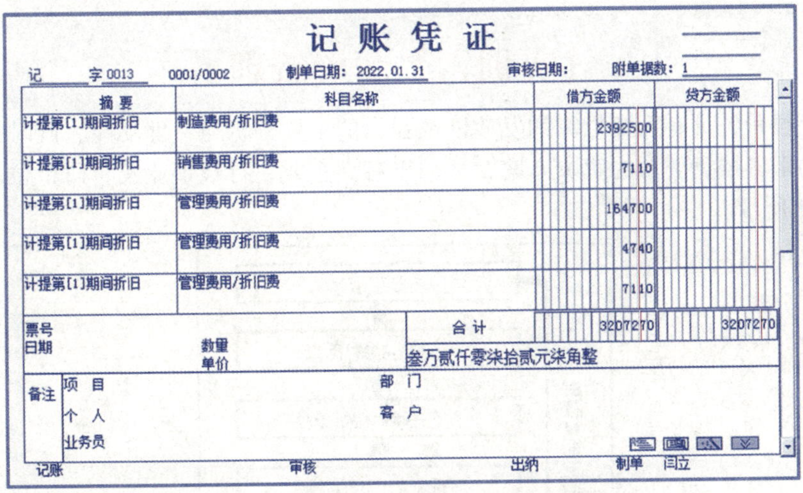

记账凭证

记　字 0013　0001/0002　　制单日期：2022.01.31　　审核日期：　　附单据数：1

摘要	科目名称	借方金额	贷方金额
计提第[1]期间折旧	制造费用/折旧费	2392500	
计提第[1]期间折旧	销售费用/折旧费	7110	
计提第[1]期间折旧	管理费用/折旧费	164700	
计提第[1]期间折旧	管理费用/折旧费	4740	
计提第[1]期间折旧	管理费用/折旧费	7110	
票号 日期	数量 单价	合计 3207270	3207270

叁万贰仟零柒拾贰元柒角整

备注　项目　部门　个人　客户　业务员

记账　审核　出纳　制单　闫立

图2-45　固定资产折旧记账凭证

5.账表查询

2022年1月31日，会计W02在固定资产管理系统执行【账表】|【折旧表】|【部门折旧计提汇总表】，在弹出的条件对话框中单击【确定】，系统返回各部门固定资产折旧计提汇总表，如图2-46所示。选中“总经办”所在行数据，点击【联查】按钮，可查看总经办部门的固定资产明细账，如图2-47所示，进一步点击【联查】，可最终查看数据所对应的资产卡片。

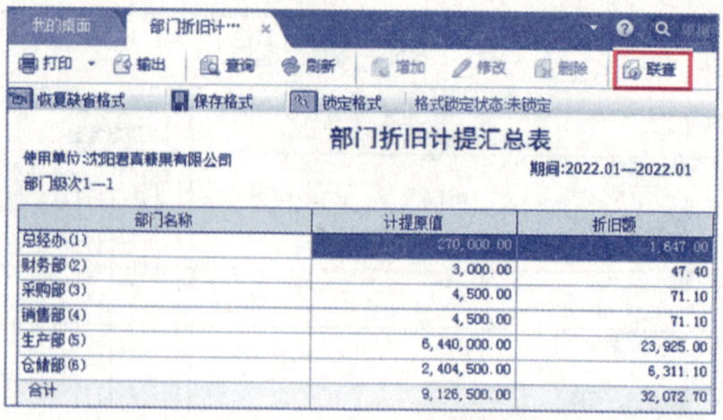

部门折旧计提汇总表

使用单位:沈阳君嘉糖果有限公司

部门级次1—1

期间:2022.01—2022.01

部门名称	计提原值	折旧额
总经办(1)	270,000.00	1,647.00
财务部(2)	3,000.00	47.40
采购部(3)	4,500.00	71.10
销售部(4)	4,500.00	71.10
生产部(5)	6,440,000.00	23,925.00
仓储部(6)	2,404,500.00	6,311.10
合计	9,126,500.00	32,072.70

图2-46　部门折旧计提汇总表

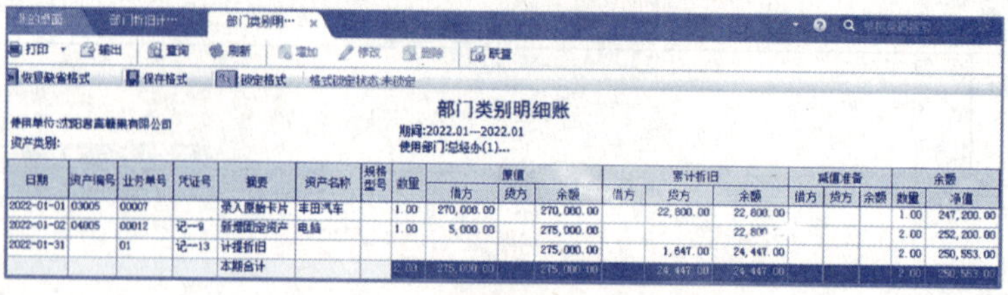

部门类别明细账

使用单位:沈阳君嘉糖果有限公司

资产类别:

期间:2022.01—2022.01

使用部门:总经办(1)...

日期	资产编号	业务单号	凭证号	摘要	资产名称	规格型号	数量	原值			累计折旧			减值准备			余额	
								借方	贷方	余额	借方	贷方	余额	借方	贷方	余额	数量	净值
2022-01-01	03005	00007		录入原始卡片	丰田汽车		1.00	270,000.00		270,000.00		22,800.00	22,800.00				1.00	247,200.00
2022-01-02	04005	00012	记-9	新增固定资产	电脑		1.00	5,000.00		275,000.00			22,800				2.00	252,200.00
2022-01-31		01	记-13	计提折旧						275,000.00		1,647.00	24,447.00				2.00	250,553.00
				本期合计			2.00	275,000.00		275,000.00		24,447.00	24,447.00				2.00	250,553.00

图2-47　总经办折旧明细表

操作提示

只有当资产在当月计提折旧以后，才可以使用资产减少功能，否则减少资产只能通过删除卡片来完成。

在固定资产发生减少时，首先要在卡片管理下将该资产卡片删除（并非立即删除，系统会将删除的卡片从“在役资产”转到“已减少资产”并继续保存5年），然后再进行凭证处理。

与资产减少相关的支付清理费用等业务凭证需要在总账系统填制。

【实训六】薪资管理

薪资管理系统具有工资核算和发放以及强大的工资分析与管理功能，同时提供了同一企业内多种工资核算类型的解决方案，适用于各大企业、行政事业及科研单位。其工作流程如图2-48所示。

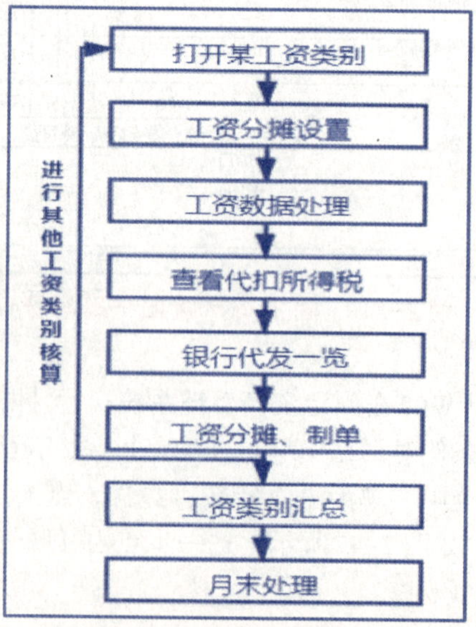

图2-48　薪资管理工作流程

任务清单 6-1　薪资计算及查询

任务下达

1. 薪资计算

2022 年 1 月 31 日，会计录入职工本月工资数据，并进行计算和汇总，相关数据见表 2-3。

表 2-3　　2022 年 1 月工资变动数据　　单位：元

员工姓名	部门名称	基本工资	岗位工资	缺勤天数	子女教育	继续教育	老人赡养费	住房租金	住房贷款利息	需录入的累计项目及算法
顾晓兮	总经办	20 000	5 000		500		2 000			累计收入、累计个人社会保险费、累计个人住房公积金、累计子女教育、累计继续教育、累计老人赡养费、累计住房租金、累计住房贷款利息项目： 上月累计数+本月发生数（替换或 LSSJ）
李靖华	总经办	15 000	4 000	4	500		1 000		1 000	
张鑫鑫	财务部	15 000	4 000	2		400	1 000			
闫立	财务部	10 000	3 000				1 000	1 500		
项芳	财务部	8 000	2 000				500			
周勋	采购部	10 000	4 000				1 000			
丁天	销售部	10 000	4 000		1 000		1 000			
陈琳	销售部	10 000	4 000				1 000			
徐旷达	一车间	12 000	4 000	1	500		1 000			
王凯	一车间	8 000	2 000					1 500		累计应预缴个税额： 等于本月代扣税金额（替换或 LSSJ）
张宏伟	一车间	8 000	2 000				1 000			
侯杰	二车间	10 000	4 000		500				1 000	
占领	二车间	6 000	2 000	1			1 000			月初累计已预缴个税额： 等于上月累计应预缴个税额
雷腾	二车间	6 000	2 000				500			
杨国富	二车间	5 000	2 000							
杨雨艺	仓储部	5 000	2 000				500			

2. 账表查询

2022 年 1 月 31 日，会计 W02 查询个人所得税扣缴申报表；查询银行代发表以及工资发放条。

任务解析

薪资管理系统的核心任务是薪资标准体系的建立，工资数据输入、计算、分配与输出。

薪资管理系统提供处理多个工资类别的功能。可根据不同企业的需要，设计工资项目和计算公式；管理所有人员的工资数据，并对平时发生的工资变动进行调整；自动计算个人所得税，结合工资发放形式进行扣零处理或向代发的银行传输工资数据；自动计算、汇总工资数据；自动完成工资分摊、计提、转账业务。

薪资管理系统可以设置人员的基础信息，并对人员变动进行调整；薪资管理系统可提供多层次、多角度的工资数据查询。

需要说明的是，用友ERP-U8 V13.0的薪资管理系统设置了与税务云平台的接口。实务中，企业可以直接下载专项数据，按最新的个人所得税专项附加扣除办法预扣预缴个人所得税。

我国从2019年开始实施个人所得税专项附加扣除办法，个人所得税采用按月预缴、年度汇算清缴的方式来计算。除了五险一金等专项扣除外，还增加了专项附加扣除项目以及其他扣除项目，大大减轻了纳税者的缴税压力。专项附加扣除项目包括子女教育、继续教育、大病医疗、住房贷款利息、住房租金、赡养老人六个方面，每个项目都有固定的扣除标准。此外，个人所得税按年度累计应纳税所得额计算预缴每月额度，其计算公式为：

$$\text{个人所得税累计应纳税所得额}=\text{累计收入}-\text{累计减除费用（免征额）}-\text{累计专项扣除（五险一金）}-\text{累计专项附加扣除}-\text{累计依法确定的其他扣除}$$

个人所得税应纳税额=累计应纳税所得额×适用税率-速算扣除数-累计已预缴扣税额

教学中未能使用税务云平台，为了正确计算个人所得税，除系统内置的附加扣除项目外，需要人为增加一些“累计”工资项目并按月人工累加，具体操作方法见任务实施过程。

任务实施

【操作岗位】会计W02

【操作流程】

1.录入工资数据

（1）2022年1月31日，会计W02登录企业应用平台，执行【业务工作】|【人力资源】|【薪资管理】|【业务处理】|【工资变动】，打开【工资变动】窗口。

（2）根据工资表中数据录入【基本工资】【岗位工资】【缺勤天数】以及【子女教育】【继续教育】【老人赡养费】【住房租金】【住房贷款利息】等专项附加扣除项目金额，执行【计算】|【汇总】。此时，除了自设公式的项目已经自动计算填充完毕，系统内置的附加扣除项目的累计数也已经计算完成。

（3）利用LSSJ函数或【替换】的方法逐一填充“累计收入”“累计个人社会保险费”“累计个人住房公积金”项目，其金额分别等于“本月收入”项目、“个人社会保险费”项目及“个人住房公积金”项目。

操作提示

利用LSSJ函数或【替换】的方法填充的项目数值不会随着引用的项目数值的变化而变化，因此替换操作应在相关的其他需要录入或定义公式的项目都录入、计算完成之后再执行。

由于在工资项目的计算公式中使用了month（）函数，为确保本月数据计算的准确性，应该确保计算机系统时间是2022年1月份，否则计算结果可能有错误。

下面以“累计收入”项目为例，说明如何进行数据替换。

单击【全选】，选定所有人员记录，执行【替换】，打开【工资项数据替换】对话框，如图2-49所示。【将工资项目】栏选择“累计收入”字段，【替换成】栏中填写“本月收入”，单击【确定】，系统按当前表内“本月收入”字段数据完成替换。需要说明的是，如果后面“本月收入”字段数据发生变化，“累计收入”字段不会自动更新，应再次执行【替换】操作。

累计收入项目替换

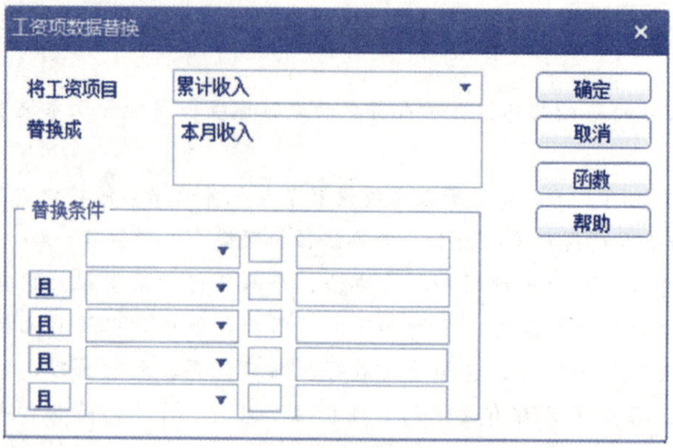

图2-49　工资项数据替换

如果使用LSSJ函数取数，则应执行【全选】|【替换】，在【工资项数据替换】对话框中，单击【函数】，打开【系统函数】对话框，依次选择【结束期间】【工资项目】，单击【确定】，将公式回填到【替换成】，点击【确定】完成操作。其过程如图2-50所示。

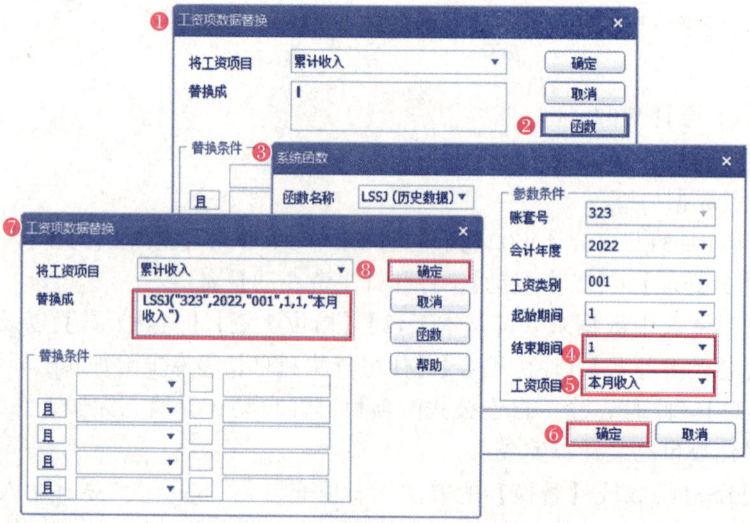

图2-50　LSSJ函数替换工资项数据

(4) 执行【计算】|【汇总】操作，利用【替换】功能，将“累计应预缴个税额”项目金额替换成“代扣税”项目金额，“月初累计已预缴个税额”为零，不填充，系统自动计算“本月应预缴个税额”项目。

(5) 执行【计算】|【汇总】操作，工资数据填充完毕，结果如图2-51至图2-53所示。

(注：若使用用友ERP U8 V10.1版本的软件，图2-51中“预缴计税工资”的合计数应为77 281.82)

工资变动

过滤器 所有项目　□定位器　□录入期初

选择	工号	人员编号	姓名	部门	人员类别	基本工资	岗位工资	工作补贴	缺勤天数	缺勤扣款	本月收入	累计收入	五险一金计提基数	个人社会保险费	个人住房公积金
		101	顾晓号	总经办	企业管理人	20,000.00	5,000.00	2,000.00			27,000.00	27,000.00	25,000.00	2,625.00	3,000.00
		102	李靖华	总经办	企业管理人	15,000.00	4,000.00	2,000.00	4.00	2,727.27	18,272.73	18,272.73	19,000.00	1,995.00	2,280.00
		201	张鑫鑫	财务部	财务人员	15,000.00	4,000.00	1,200.00	2.00	681.82	19,518.18	19,518.18	19,000.00	1,995.00	2,280.00
		202	闫立	财务部	财务人员	10,000.00	3,000.00	1,200.00			14,200.00	14,200.00	13,000.00	1,365.00	1,560.00
		203	项芳	财务部	财务人员	8,000.00	2,000.00	1,200.00			11,200.00	11,200.00	10,000.00	1,050.00	1,200.00
		301	周勋	采购部	采购人员	10,000.00	4,000.00	1,200.00			15,200.00	15,200.00	14,000.00	1,470.00	1,680.00
		401	丁天	销售部	销售人员	10,000.00	4,000.00	1,200.00			15,200.00	15,200.00	14,000.00	1,470.00	1,680.00
		402	陈琳	销售部	销售人员	10,000.00	4,000.00	1,200.00			15,200.00	15,200.00	14,000.00	1,470.00	1,680.00
		50101	徐旷达	一车间	车间管理人	12,000.00	4,000.00	1,200.00	1.00	272.73	16,927.27	16,927.27	16,000.00	1,680.00	1,920.00
		50102	王飘	一车间	生产人员	8,000.00	2,000.00	1,200.00			11,200.00	11,200.00	10,000.00	1,050.00	1,200.00
		50103	张宏伟	一车间	生产人员	8,000.00	2,000.00	1,200.00			11,200.00	11,200.00	10,000.00	1,050.00	1,200.00
		50201	侯杰	二车间	车间管理人	10,000.00	4,000.00	1,200.00			15,200.00	15,200.00	14,000.00	1,470.00	1,680.00
		50202	占领	二车间	生产人员	6,000.00	2,000.00	1,200.00	1.00	136.36	9,063.64	9,063.64	8,000.00	840.00	960.00
		50203	雷鹏	二车间	生产人员	6,000.00	2,000.00	1,200.00			9,200.00	9,200.00	8,000.00	840.00	960.00
		50204	杨国富	二车间	生产人员	5,000.00	2,000.00	1,200.00			8,200.00	8,200.00	7,000.00	735.00	840.00
		601	杨雨艺	仓储部	企业管理人	5,000.00	2,000.00	1,200.00			8,200.00	8,200.00	7,000.00	735.00	840.00
合计						158,000.00	50,000.00	20,800.00	8.00	3,818.18	224,981.82	224,981.82	208,000.00	21,840.00	24,960.00

图2-51　工资变动结果（一）

工资变动

过滤器 所有项目　□定位器　□录入期初

选择	工号	人员编号	姓名	部门	人员类别	累计个人社会保险费	累计个人住房公积金	预缴计税工资	子女教育	继续教育	老人赡养费	住房租金	住房贷款利息	累计子女教育	累计继续教育
		101	顾晓号	总经办	企业管理人	2,625.00	3,000.00	16,375.00	500.00		2,000.00			500.00	
		102	李靖华	总经办	企业管理人	1,995.00	2,280.00	8,997.73	500.00		1,000.00		1,000.00	500.00	
		201	张鑫鑫	财务部	财务人员	1,995.00	2,280.00	10,243.18		400.00	1,000.00				400.00
		202	闫立	财务部	财务人员	1,365.00	1,560.00	6,275.00			1,000.00	1,500.00			
		203	项芳	财务部	财务人员	1,050.00	1,200.00	3,950.00			500.00				
		301	周勋	采购部	采购人员	1,470.00	1,680.00	7,050.00			1,000.00				
		401	丁天	销售部	销售人员	1,470.00	1,680.00	7,050.00	1,000.00		1,000.00			1,000.00	
		402	陈琳	销售部	销售人员	1,470.00	1,680.00	7,050.00			1,000.00				
		50101	徐旷达	一车间	车间管理人	1,680.00	1,920.00	8,327.27	500.00		1,000.00			500.00	
		50102	王飘	一车间	生产人员	1,050.00	1,200.00	3,950.00				1,500.00			
		50103	张宏伟	一车间	生产人员	1,050.00	1,200.00	3,950.00			1,000.00				
		50201	侯杰	二车间	车间管理人	1,470.00	1,680.00	7,050.00	500.00				1,000.00	500.00	
		50202	占领	二车间	生产人员	840.00	960.00	2,263.64			1,000.00				
		50203	雷鹏	二车间	生产人员	840.00	960.00	2,400.00			500.00				
		50204	杨国富	二车间	生产人员	735.00	840.00	1,625.00							
		601	杨雨艺	仓储部	企业管理人	735.00	840.00	1,625.00			500.00				
合计						21,840.00	24,960.00	98,181.82	3,000.00	400.00	12,500.00	3,000.00	2,000.00	3,000.00	400.00

图2-52　工资变动结果（二）

工资变动

过滤器 所有项目　□定位器　□录入期初

选择	工号	人员编号	姓名	部门	人员类别	累计老人赡养费	累计住房租金	累计住房贷款利息	代扣税	累计应预缴个税额	月初累计已预缴个税额	本月应预缴个税额	本月扣款	实发工资
		101	顾晓号	总经办	企业管理人	2,000.00			416.25	416.25		416.25	6,041.25	20,958.75
		102	李靖华	总经办	企业管理人	1,000.00		1,000.00	194.93	194.93		194.93	4,469.93	13,802.80
		201	张鑫鑫	财务部	财务人员	1,000.00			265.30	265.30		265.30	4,540.30	14,977.88
		202	闫立	财务部	财务人员	1,000.00	1,500.00		113.25	113.25		113.25	3,038.25	11,161.75
		203	项芳	财务部	财务人员	500.00			103.50	103.50		103.50	2,353.50	8,846.50
		301	周勋	采购部	采购人员	1,000.00			181.50	181.50		181.50	3,331.50	11,868.50
		401	丁天	销售部	销售人员	1,000.00			151.50	151.50		151.50	3,301.50	11,898.50
		402	陈琳	销售部	销售人员	1,000.00			181.50	181.50		181.50	3,331.50	11,868.50
		50101	徐旷达	一车间	车间管理人	1,000.00			204.82	204.82		204.82	3,804.82	13,122.45
		50102	王飘	一车间	生产人员		1,500.00		73.50	73.50		73.50	2,323.50	8,876.50
		50103	张宏伟	一车间	生产人员	1,000.00			88.50	88.50		88.50	2,338.50	8,861.50
		50201	侯杰	二车间	车间管理人			1,000.00	166.50	166.50		166.50	3,316.50	11,883.50
		50202	占领	二车间	生产人员	1,000.00			37.91	37.91		37.91	1,837.91	7,225.73
		50203	雷鹏	二车间	生产人员	500.00			57.00	57.00		57.00	1,857.00	7,343.00
		50204	杨国富	二车间	生产人员				48.75	48.75		48.75	1,623.75	6,576.25
		601	杨雨艺	仓储部	企业管理人	500.00			33.75	33.75		33.75	1,608.75	6,591.25
合计						12,500.00	3,000.00	2,000.00	2,318.46	2,318.46		2,318.46	49,118.46	175,863.36

图2-53　工资变动结果（三）

2.账表查询

（1）会计W02执行【薪资管理】|【业务处理】|【银行代发】，打开【个人所得税申报模板】，点击【个人所得税扣缴申报表（2019）】，按图2-54所示的操作步骤，可以查看本月个人所得税扣缴申报表，如图2-55所示。

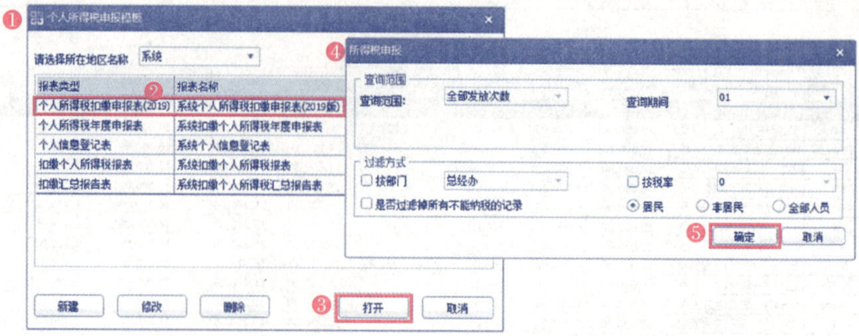

图2-54 查看个人所得税扣缴申报表设置

系统个人所得税扣缴申报表(2019版)

2022年1月

序号	姓名	所得期间	本月收入	..	累计收入额	..	累计子女教育	累计赡养老人	累计住房...	累计住房租金	累计继续教育	累...	应纳税所得额	税...	速算扣...	应纳税额	已扣...	应补（退...	备注
1	顾晓兮	1	27000.00	..	27000.00	..	500.00	2000.00	0.00	0.00	0.00	0.00	13875.00	3	0.00	416.25	0.00	416.25	
2	李靖华	1	21000.00	..	21000.00	..	500.00	1000.00	1000.00	0.00	0.00	0.00	6497.73	3	0.00	194.93	0.00	194.93	
3	张鑫鑫	1	20200.00	..	20200.00	..	0.00	1000.00	0.00	0.00	400.00	0.00	8843.18	3	0.00	265.30	0.00	265.30	
4	闫立	1	14200.00	..	14200.00	..	0.00	1000.00	0.00	1500.00	0.00	0.00	3775.00	3	0.00	113.25	0.00	113.25	
5	项芳	1	11200.00	..	11200.00	..	0.00	500.00	0.00	0.00	0.00	0.00	3450.00	3	0.00	103.50	0.00	103.50	
6	周勋	1	15200.00	..	15200.00	..	0.00	1000.00	0.00	0.00	0.00	0.00	6050.00	3	0.00	181.50	0.00	181.50	
7	丁天	1	15200.00	..	15200.00	..	1000.00	1000.00	0.00	0.00	0.00	0.00	5050.00	3	0.00	151.50	0.00	151.50	
8	陈琳	1	15200.00	..	15200.00	..	0.00	1000.00	0.00	0.00	0.00	0.00	6050.00	3	0.00	181.50	0.00	181.50	
9	徐旷达	1	17200.00	..	17200.00	..	500.00	1000.00	0.00	0.00	0.00	0.00	6827.27	3	0.00	204.82	0.00	204.82	
10	王凯	1	11200.00	..	11200.00	..	0.00	0.00	0.00	1500.00	0.00	0.00	2450.00	3	0.00	73.50	0.00	73.50	
11	张宏伟	1	11200.00	..	11200.00	..	0.00	1000.00	0.00	0.00	0.00	0.00	2950.00	3	0.00	88.50	0.00	88.50	
12	侯杰	1	15200.00	..	15200.00	..	500.00	0.00	1000.00	0.00	0.00	0.00	5550.00	3	0.00	166.50	0.00	166.50	
13	占领	1	9200.00	..	9200.00	..	0.00	1000.00	0.00	0.00	0.00	0.00	1263.64	3	0.00	37.91	0.00	37.91	
14	雷腾	1	9200.00	..	9200.00	..	0.00	500.00	0.00	0.00	0.00	0.00	1900.00	3	0.00	57.00	0.00	57.00	
15	杨国富	1	8200.00	..	8200.00	..	0.00	0.00	0.00	0.00	0.00	0.00	1625.00	3	0.00	48.75	0.00	48.75	
16	杨雨艺	1	8200.00	..	8200.00	..	0.00	500.00	0.00	0.00	0.00	0.00	1125.00	3	0.00	33.75	0.00	33.75	
合计			228800.00	..	228800.00	..	3000.00	12500.00	2000.00	3000.00	400.00	0.00	77281.82		0.00	2318.46	0.00	2318.46	

图2-55 个人所得税扣缴申报表

（2）会计W02执行【薪资管理】|【业务处理】|【银行代发】，系统弹出【选择部门范围】对话框，勾选所有部门，单击【确定】。在打开的【银行文件格式设置】窗口选择【银行模板】为“中国建设银行”，确认格式后，系统返回【银行代发一览表】，如图2-56所示。

银行代发一览表

名称：中国建设银行　　人数：16

单位编号	储蓄卡号	人员姓名	身份证号	公积金账号	工资金额
1111111	567086832332023	顾晓兮	01061988020792	03230000000000	20958.75
1111111	567086832332024	李靖华	01021985030574	03240000000000	13802.80
1111111	567086832332023	张鑫鑫	01021990051494	03250000000000	14977.88
1111111	567086832332021	闫立	01041994031651	03260000000000	11161.75
1111111	567086832332024	项芳	01021990051413	03270000000000	8846.50
1111111	567086832332023	周勋	01021985030517	03280000000000	11868.50
1111111	567086832332027	丁天	01041990050531	03290000000000	11898.50
1111111	567086832332020	陈琳	01021995050255	03300000000000	11868.50
1111111	567086832332028	徐旷达	01051990081176	03310000000000	13122.45
1111111	567086832332021	王凯	01041994031691	03320000000000	8876.50
1111111	567086832332023	张宏伟	01061988020705	03330000000000	8861.50
1111111	567086832332023	侯杰	01021994051484	03340000000000	11883.50
1111111	567086832332026	占领	01051990081138	03350000000000	7225.73
1111111	567086832332027	雷腾	01041990050561	03360000000000	7343.00
1111111	567086832332024	杨国富	01021994051468	03370000000000	6576.25
1111111	567086832332014	杨雨艺	01021995050265	03380000000000	6591.25
合计					175863.36

图2-56 银行代发一览表

（3）会计W02执行【薪资管理】|【账表】|【工资表】，系统弹出【工资表】对话框，选择【工资发放条】，单击【查看】，选择所有部门，单击【确定】，打开【工资发放条】窗口，如图2-57所示。

工资发放条

2022年01月

部门：全部　　会计月份：一月　　人数：16

人员编号	姓名	基本工资	岗位工资	工作补贴	缺勤天数	缺勤扣款	本月收入	累计收入	五险一金计提基数	个人社会保险费	个人住房公积金	累计个人社会保险费	累计个人住房公积金	预缴计税工资	累计应预缴个税额	月初累缴个
101	顾晓兮	20,000.00	5,000.00	2,000.00			27,000.00	27,000.00	25,000.00	2,625.00	3,000.00	2,625.00	3,000.00	16,375.00	416.25	
102	李靖华	15,000.00	4,000.00	2,000.00	4.00	2,727.27	18,272.73	21,000.00	19,000.00	1,995.00	2,280.00	1,995.00	2,280.00	8,997.73	194.93	
201	张鑫鑫	15,000.00	4,000.00	1,200.00	2.00	681.82	19,518.18	20,200.00	19,000.00	1,995.00	2,280.00	1,995.00	2,280.00	10,243.18	265.30	
202	闫立	10,000.00	3,000.00	1,200.00			14,200.00	14,200.00	13,000.00	1,365.00	1,560.00	1,365.00	1,560.00	6,275.00	113.25	
203	项芳	8,000.00	2,000.00	1,200.00			11,200.00	11,200.00	10,000.00	1,050.00	1,200.00	1,050.00	1,200.00	3,950.00	103.50	
301	周勋	10,000.00	4,000.00	1,200.00			15,200.00	15,200.00	14,000.00	1,470.00	1,680.00	1,470.00	1,680.00	7,050.00	181.50	
401	丁天	10,000.00	4,000.00	1,200.00			15,200.00	15,200.00	14,000.00	1,470.00	1,680.00	1,470.00	1,680.00	7,050.00	151.50	
402	陈琳	10,000.00	4,000.00	1,200.00			15,200.00	15,200.00	14,000.00	1,470.00	1,680.00	1,470.00	1,680.00	7,050.00	181.50	
50101	徐旷达	12,000.00	4,000.00	1,200.00	1.00	272.73	16,927.27	17,200.00	16,000.00	1,680.00	1,920.00	1,680.00	1,920.00	8,327.27	204.82	
50102	王飘	8,000.00	2,000.00	1,200.00			11,200.00	11,200.00	10,000.00	1,050.00	1,200.00	1,050.00	1,200.00	3,950.00	73.50	
50103	张宏伟	8,000.00	2,000.00	1,200.00			11,200.00	11,200.00	10,000.00	1,050.00	1,200.00	1,050.00	1,200.00	3,950.00	88.50	
50201	侯杰	10,000.00	4,000.00	1,200.00			15,200.00	15,200.00	14,000.00	1,470.00	1,680.00	1,470.00	1,680.00	7,050.00	166.50	
50202	占锋	6,000.00	2,000.00	1,200.00	1.00	136.36	9,063.64	9,200.00	8,000.00	840.00	960.00	840.00	960.00	2,263.64	37.91	
50203	雷震	6,000.00	2,000.00	1,200.00			9,200.00	9,200.00	8,000.00	840.00	960.00	840.00	960.00	2,400.00	57.00	
50204	杨国富	5,000.00	2,000.00	1,200.00			8,200.00	8,200.00	7,000.00	735.00	840.00	735.00	840.00	1,625.00	48.75	
601	杨雨艺	5,000.00	2,000.00	1,200.00			8,200.00	8,200.00	7,000.00	735.00	840.00	735.00	840.00	1,625.00	33.75	
合计		158,000.00	50,000.00	20,800.00	8.00	3,818.18	224,981.82	228,800.00	208,000.00	21,840.00	24,960.00	21,840.00	24,960.00	98,181.82	2,318.46	

图2-57　工资发放条

任务清单6-2　薪资分摊处理

任务下达

2022年1月31日，会计完成如下分摊设置工作并进行账务处理：

1.计提工资费用分摊设置

（1）计提工资（见表2-4）

表2-4　计提工资分摊设置

分摊构成：计提比例100%				
部门名称	人员类别	计提基数项目	借方科目	贷方科目
总经办、仓储部	企业管理人员	本月收入	660201	221101
财务部	财务人员	本月收入	660201	221101
采购部	采购人员	本月收入	660201	221101
销售部	销售人员	本月收入	660101	221101
一车间、二车间	车间管理人员	本月收入	510101	221101
一车间	生产人员	本月收入	500102（牛轧糖）	221101
二车间	生产人员	本月收入	500102（香酥枣）	221101

（2）计提公司社会保险费和住房公积金（见表2-5）

表2-5　计提公司社会保险费和住房公积金分摊设置

分摊构成：公司社会保险费计提比例25.1%；公司住房公积金计提比例12%					
部门名称	人员类别	计提基数项目	借方科目	公司社会保险费	公司住房公积金
				贷方科目	贷方科目
总经办、仓储部	企业管理人员	五险一金计提基数	660201	221103	221104
财务部	财务人员	五险一金计提基数	660201	221103	221104
采购部	采购人员	五险一金计提基数	660201	221103	221104
销售部	销售人员	五险一金计提基数	660101	221103	221104
一车间、二车间	车间管理人员	五险一金计提基数	510101	221103	221104
一车间	生产人员	五险一金计提基数	500102（牛轧糖）	221103	221104
二车间	生产人员	五险一金计提基数	500102（香酥枣）	221103	221104

（3）计提职工教育经费和工会经费（见表2-6）

表2-6　计提职工教育经费和工会经费分摊设置

分摊构成：职工教育经费计提比例2.5%；工会经费计提比例2%					
部门名称	人员类别	计提基数项目	借方科目	职工教育经费	工会经费
				贷方科目	贷方科目
总经办、仓储部	企业管理人员	本月收入	660201	221105	221106
财务部	财务人员	本月收入	660201	221105	221106
采购部	采购人员	本月收入	660201	221105	221106
销售部	销售人员	本月收入	660101	221105	221106
一车间、二车间	车间管理人员	本月收入	510101	221105	221106
一车间	生产人员	本月收入	500102（牛轧糖）	221105	221106
二车间	生产人员	本月收入	500102（香酥枣）	221105	221106

2.发放工资费用分摊设置

（1）发放工资（见表2-7）

表2-7　发放工资分摊设置

分摊构成：实发工资计提比例100%				
部门名称	人员类别	计提基数项目	借方科目	贷方科目
总经办、仓储部	企业管理人员	实发工资	221101	100201
财务部	财务人员	实发工资	221101	100201
采购部	采购人员	实发工资	221101	100201
销售部	销售人员	实发工资	221101	100201
一车间、二车间	车间管理人员	实发工资	221101	100201
一车间、二车间	生产人员	实发工资	221101	100201

（2）代扣个人社会保险费和住房公积金（见表2-8）

表2-8　代扣个人社会保险费和住房公积金分摊设置

分摊构成：个人社会保险费计提比例10.5%，住房公积金计提比例12%					
部门名称	人员类别	计提基数项目	借方科目	个人社会保险费	个人住房公积金
				贷方科目	贷方科目
总经办、仓储部	企业管理人员	五险一金计提基数	221101	224101	224102
财务部	财务人员	五险一金计提基数	221101	224101	224102
采购部	采购人员	五险一金计提基数	221101	224101	224102
销售部	销售人员	五险一金计提基数	221101	224101	224102
一车间、二车间	车间管理人员	五险一金计提基数	221101	224101	224102
一车间、二车间	生产人员	五险一金计提基数	221101	224101	224102

（3）代扣个税（见表2-9）

表2-9　代扣个税分摊设置

分摊构成：个税计提比例100%				
部门名称	人员类别	计提基数项目	借方科目	贷方科目
总经办、仓储部	企业管理人员	本月应预缴个税额	221101	222104
财务部	财务人员	本月应预缴个税额	221101	222104
采购部	采购人员	本月应预缴个税额	221101	222104
销售部	销售人员	本月应预缴个税额	221101	222104
一车间、二车间	车间管理人员	本月应预缴个税额	221101	222104
一车间、二车间	生产人员	本月应预缴个税额	221101	222104

3.税费上缴分摊设置

（1）上缴公司社会保险费和住房公积金（见表2-10）

表2-10　上缴公司社会保险费和住房公积金分摊设置

分摊构成：公司社会保险费计提比例25.1%；公司住房公积金计提比例12%					
部门名称	人员类别	计提基数项目	公司社会保险费	公司住房公积金	贷方科目
			借方科目	借方科目	
总经办、仓储部	企业管理人员	五险一金计提基数	221103	221104	100201
财务部	财务人员	五险一金计提基数	221103	221104	100201
采购部	采购人员	五险一金计提基数	221103	221104	100201
销售部	销售人员	五险一金计提基数	221103	221104	100201
一车间、二车间	车间管理人员	五险一金计提基数	221103	221104	100201
一车间、二车间	生产人员	五险一金计提基数	221103	221104	100201

（2）上缴个人社会保险费和住房公积金（见表2-11）

表2-11　上缴个人社会保险费和住房公积金分摊设置

分摊构成：个人社会保险费计提比例10.5%，住房公积金计提比例12%					
部门名称	人员类别	计提基数项目	个人社会保险费	个人住房公积金	贷方科目
			借方科目	借方科目	
总经办、仓储部	企业管理人员	五险一金计提基数	224101	224102	100201
财务部	财务人员	五险一金计提基数	224101	224102	100201
采购部	采购人员	五险一金计提基数	224101	224102	100201
销售部	销售人员	五险一金计提基数	224101	224102	100201
一车间、二车间	车间管理人员	五险一金计提基数	224101	224102	100201
一车间、二车间	生产人员	五险一金计提基数	224101	224102	100201

（3）预缴个税（见表2-12）

表2-12　预缴个税分摊设置

分摊构成：个税计提比例100%				
部门名称	人员类别	计提基数项目	借方科目	贷方科目
总经办、仓储部	企业管理人员	本月应预缴个税额	222104	100201
财务部	财务人员	本月应预缴个税额	222104	100201
采购部	采购人员	本月应预缴个税额	222104	100201
销售部	销售人员	本月应预缴个税额	222104	100201
一车间、二车间	车间管理人员	本月应预缴个税额	222104	100201
一车间、二车间	生产人员	本月应预缴个税额	222104	100201

4.工资分摊账务处理

2022年1月31日，会计W02根据工资分摊设置生成工资费用计提、工资发放、各项税费上缴等记账凭证。

任务解析

薪资费用是企业产品成本费用的一个重要组成内容。财务上对薪资的核算主要分为月末计提薪资费用、工资发放以及各项税费上缴三方面内容。在U8系统中，工资的核算可以采用先进行工资分摊设置、再执行凭证生成的方法。一次设置，多次应用，大大提高工作效率。

（1）计提薪资费用时的会计处理为：

借：生产成本/制造费用/管理费用/销售费用等科目

　贷：应付职工薪酬——工资

　　　　　　　　　——社会保险

　　　　　　　　　——住房公积金

　　　　　　　　　——工会经费

　　　　　　　　　——职工教育经费

（2）发放工资时会计处理：

借：应付职工薪酬——工资

　贷：银行存款

　　其他应付款——代扣社会保险费

　　　　　　　——代扣住房公积金

　　应交税费——应交个人所得税

（3）上缴各项税费时应做如下处理：

借：应付职工薪酬——社会保险

　　　　　　　　——住房公积金

　其他应付款——代扣社会保险费

　　　　　　——代扣住房公积金

　　　　　　——应交个人所得税

　贷：银行存款

任务实施

【操作岗位】账套主管A01完成工资分摊设置；会计W02进行工资分摊账务处理

【操作流程】

计提工资费用分摊设置

1.计提工资费用分摊设置

（1）计提工资。

账套主管A01登录企业应用平台，执行【业务工作】|【人力资源】|【薪资管理】|【设置】|【分摊类型设置】，打开【分摊类型设置】窗口，单击【增加】按钮，填写分摊类型名称为“计提工资”，分摊比例为100%，选择凭证类别为记账凭证。

双击人员类别栏，选择“企业管理人员”，参照勾选部门名称为“总经办 仓储部”，工资项目为“本月收入”，输入借方科目“660201”，贷方科目“221101”。

同理，分人员类别逐行录入工资分摊信息，其中，生产人员工资应按项目设置区分两行书写，一车间生产牛轧糖，二车间生产香酥枣。设置结果如图2-58所示。

部门名称	人员类别	工资项目	借方科目	借方项目大类	借方项目	贷方科目
总经办,仓储部	企业管理人员	本月收入	660201			221101
财务部	财务人员	本月收入	660201			221101
采购部	采购人员	本月收入	660201			221101
销售部	销售人员	本月收入	660101			221101
一车间	生产人员	本月收入	500102	生产成本核算	牛轧糖	221101
二车间	生产人员	本月收入	500102	生产成本核算	香酥枣	221101
一车间,二车间	车间管理人员	本月收入	510101			221101

图2-58 计提工资分摊设置

操作提示

工资分摊以人员类别为基准进行，不同部门、相同人员类别，根据科目相同与否可设置一行记录或多行记录；不同部门、相同人员类别，在设置时可以一次选择多个部门。

（2）计提其他工资费用。

除了计提工资外，企业还要计提公司社会保险费和住房公积金、职工教育经费和工会经费。其操作步骤与计提工资相同。根据表2-5和表2-6，逐步录入分摊类型设置，如图2-59至图2-62所示。

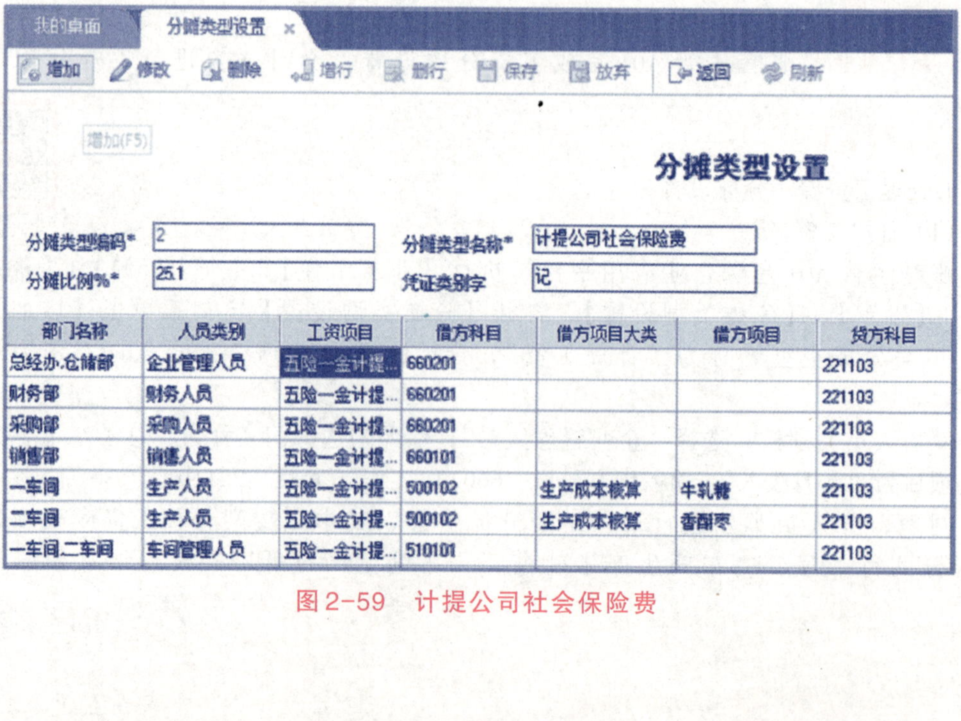

部门名称	人员类别	工资项目	借方科目	借方项目大类	借方项目	贷方科目
总经办,仓储部	企业管理人员	五险一金计提...	660201			221103
财务部	财务人员	五险一金计提...	660201			221103
采购部	采购人员	五险一金计提...	660201			221103
销售部	销售人员	五险一金计提...	660101			221103
一车间	生产人员	五险一金计提...	500102	生产成本核算	牛轧糖	221103
二车间	生产人员	五险一金计提...	500102	生产成本核算	香酥枣	221103
一车间,二车间	车间管理人员	五险一金计提...	510101			221103

图2-59 计提公司社会保险费

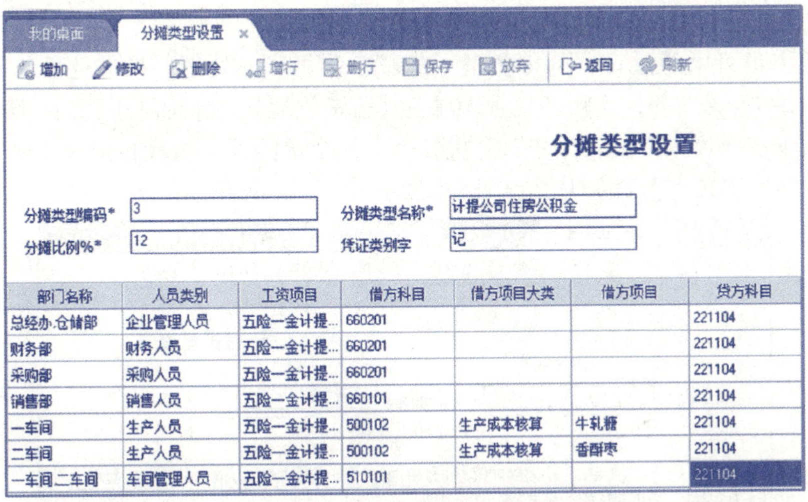

分摊类型设置

分摊类型编码* 3　分摊类型名称* 计提公司住房公积金

分摊比例%* 12　凭证类别字 记

部门名称	人员类别	工资项目	借方科目	借方项目大类	借方项目	贷方科目
总经办,仓储部	企业管理人员	五险一金计提...	660201			221104
财务部	财务人员	五险一金计提...	660201			221104
采购部	采购人员	五险一金计提...	660201			221104
销售部	销售人员	五险一金计提...	660101			221104
一车间	生产人员	五险一金计提...	500102	生产成本核算	牛轧糖	221104
二车间	生产人员	五险一金计提...	500102	生产成本核算	香酥枣	221104
一车间,二车间	车间管理人员	五险一金计提...	510101			221104

图 2-60　计提公司住房公积金

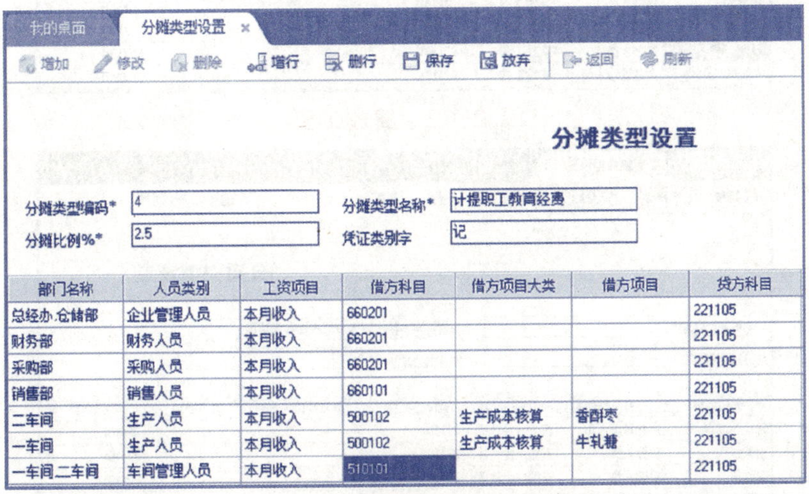

分摊类型设置

分摊类型编码* 4　分摊类型名称* 计提职工教育经费

分摊比例%* 2.5　凭证类别字 记

部门名称	人员类别	工资项目	借方科目	借方项目大类	借方项目	贷方科目
总经办,仓储部	企业管理人员	本月收入	660201			221105
财务部	财务人员	本月收入	660201			221105
采购部	采购人员	本月收入	660201			221105
销售部	销售人员	本月收入	660101			221105
二车间	生产人员	本月收入	500102	生产成本核算	香酥枣	221105
一车间	生产人员	本月收入	500102	生产成本核算	牛轧糖	221105
一车间,二车间	车间管理人员	本月收入	510101			221105

图 2-61　计提职工教育经费

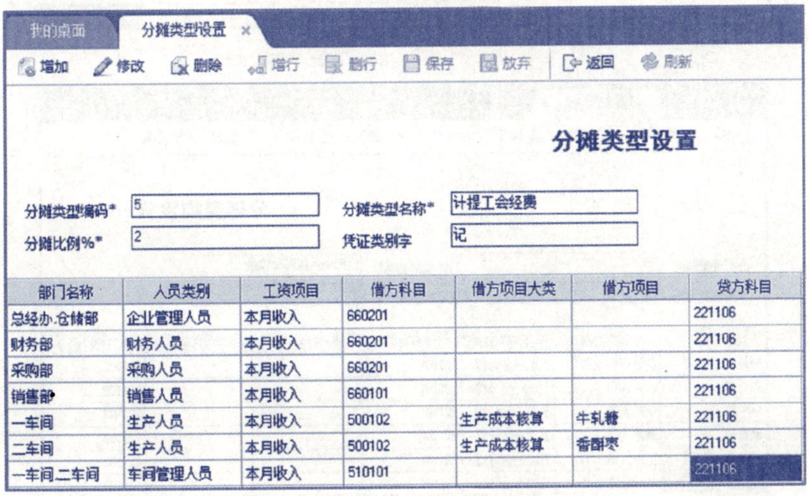

分摊类型设置

分摊类型编码* 5　分摊类型名称* 计提工会经费

分摊比例%* 2　凭证类别字 记

部门名称	人员类别	工资项目	借方科目	借方项目大类	借方项目	贷方科目
总经办,仓储部	企业管理人员	本月收入	660201			221106
财务部	财务人员	本月收入	660201			221106
采购部	采购人员	本月收入	660201			221106
销售部	销售人员	本月收入	660101			221106
一车间	生产人员	本月收入	500102	生产成本核算	牛轧糖	221106
二车间	生产人员	本月收入	500102	生产成本核算	香酥枣	221106
一车间,二车间	车间管理人员	本月收入	510101			221106

图 2-62　计提工会经费

2.发放工资费用分摊设置

发放工资也可以通过设置分摊类型，实现自动化账务处理。操作过程与计提工资相同，依据表2-7至表2-9，由账套主管A01在【薪资管理】|【设置】|【分摊类型设置】中进行。发放工资要设置“发放工资”、“代扣个人社会保险费”、“代扣个人住房公积金”以及“代扣个税”四项目分摊，具体结果如图2-63至图2-66所示。

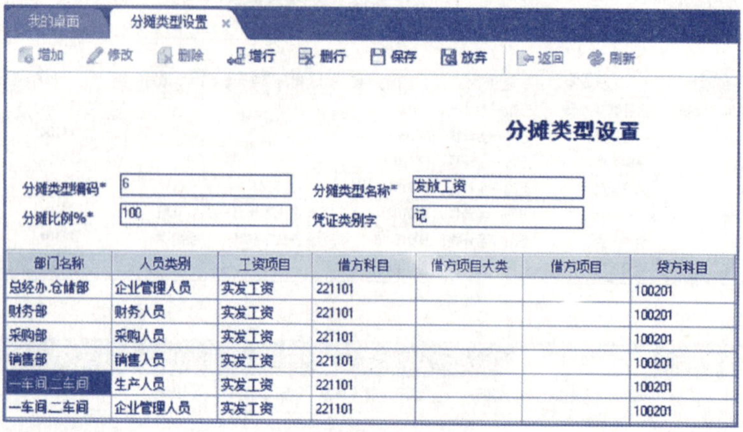

部门名称	人员类别	工资项目	借方科目	借方项目大类	借方项目	贷方科目
总经办,仓储部	企业管理人员	实发工资	221101			100201
财务部	财务人员	实发工资	221101			100201
采购部	采购人员	实发工资	221101			100201
销售部	销售人员	实发工资	221101			100201
一车间,二车间	生产人员	实发工资	221101			100201
一车间,二车间	企业管理人员	实发工资	221101			100201

图2-63　发放工资

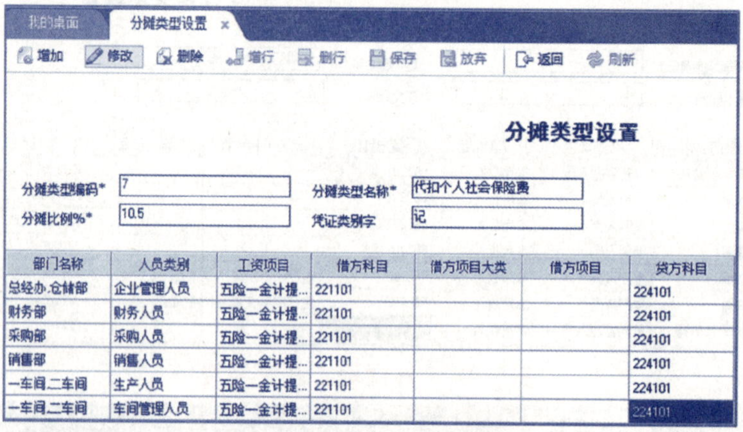

部门名称	人员类别	工资项目	借方科目	借方项目大类	借方项目	贷方科目
总经办,仓储部	企业管理人员	五险一金计提...	221101			224101
财务部	财务人员	五险一金计提...	221101			224101
采购部	采购人员	五险一金计提...	221101			224101
销售部	销售人员	五险一金计提...	221101			224101
一车间,二车间	生产人员	五险一金计提...	221101			224101
一车间,二车间	车间管理人员	五险一金计提...	221101			224101

图2-64　代扣个人社会保险费

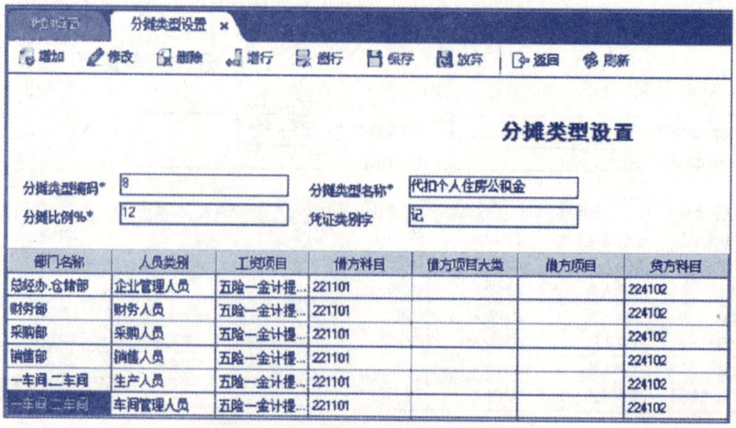

部门名称	人员类别	工资项目	借方科目	借方项目大类	借方项目	贷方科目
总经办,仓储部	企业管理人员	五险一金计提...	221101			224102
财务部	财务人员	五险一金计提...	221101			224102
采购部	采购人员	五险一金计提...	221101			224102
销售部	销售人员	五险一金计提...	221101			224102
一车间,二车间	生产人员	五险一金计提...	221101			224102
一车间,二车间	车间管理人员	五险一金计提...	221101			224102

图2-65　代扣个人住房公积金

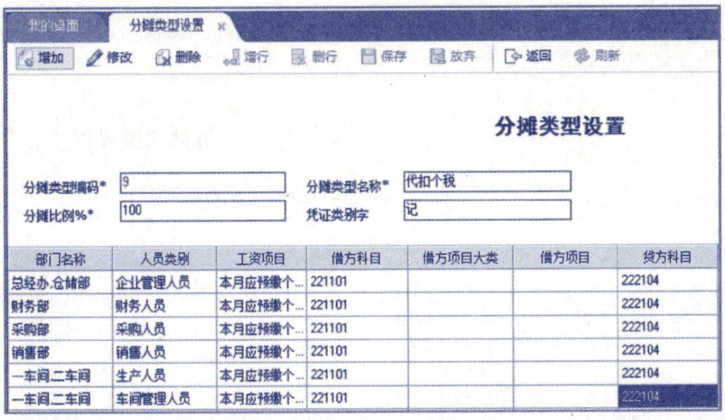

我的桌面　分摊类型设置 ×

增加　修改　删除　增行　删行　保存　放弃　返回　刷新

分摊类型设置

分摊类型编码* 9　分摊类型名称* 代扣个税

分摊比例%* 100　凭证类别字 记

部门名称	人员类别	工资项目	借方科目	借方项目大类	借方项目	贷方科目
总经办,仓储部	企业管理人员	本月应预缴个...	221101			222104
财务部	财务人员	本月应预缴个...	221101			222104
采购部	采购人员	本月应预缴个...	221101			222104
销售部	销售人员	本月应预缴个...	221101			222104
一车间,二车间	生产人员	本月应预缴个...	221101			222104
一车间,二车间	车间管理人员	本月应预缴个...	221101			222104

图 2-66　代扣个人所得税

3. 税费上缴分摊设置

税费上缴主要包括上缴公司社会保险费和住房公积金，代缴个人社会保险费和住房公积金以及代预缴个税几项内容，见表 2-10 至表 2-12，采用上述方法做好分摊设置，如图 2-67 至图 2-71 所示。

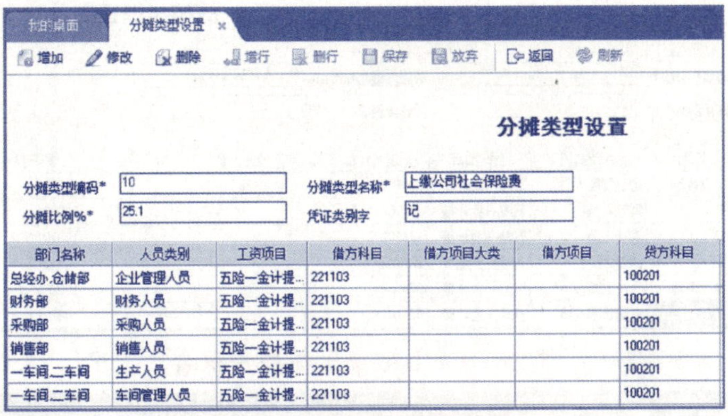

我的桌面　分摊类型设置 ×

增加　修改　删除　增行　删行　保存　放弃　返回　刷新

分摊类型设置

分摊类型编码* 10　分摊类型名称* 上缴公司社会保险费

分摊比例%* 25.1　凭证类别字 记

部门名称	人员类别	工资项目	借方科目	借方项目大类	借方项目	贷方科目
总经办,仓储部	企业管理人员	五险一金计提...	221103			100201
财务部	财务人员	五险一金计提...	221103			100201
采购部	采购人员	五险一金计提...	221103			100201
销售部	销售人员	五险一金计提...	221103			100201
一车间,二车间	生产人员	五险一金计提...	221103			100201
一车间,二车间	车间管理人员	五险一金计提...	221103			100201

图 2-67　上缴公司社会保险费

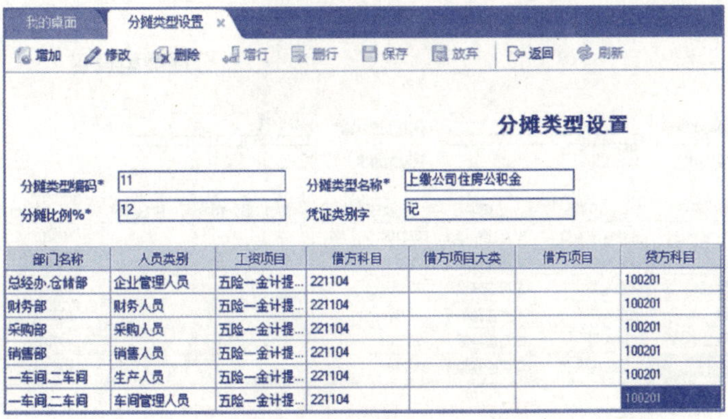

我的桌面　分摊类型设置 ×

增加　修改　删除　增行　删行　保存　放弃　返回　刷新

分摊类型设置

分摊类型编码* 11　分摊类型名称* 上缴公司住房公积金

分摊比例%* 12　凭证类别字 记

部门名称	人员类别	工资项目	借方科目	借方项目大类	借方项目	贷方科目
总经办,仓储部	企业管理人员	五险一金计提...	221104			100201
财务部	财务人员	五险一金计提...	221104			100201
采购部	采购人员	五险一金计提...	221104			100201
销售部	销售人员	五险一金计提...	221104			100201
一车间,二车间	生产人员	五险一金计提...	221104			100201
一车间,二车间	车间管理人员	五险一金计提...	221104			100201

图 2-68　上缴公司住房公积金

部门名称	人员类别	工资项目	借方科目	借方项目大...	借方项目	贷方科目
总经办,仓储部	企业管理人员	五险一金计提基数	224101			100201
财务部	财务人员	五险一金计提基数	224101			100201
采购部	采购人员	五险一金计提基数	224101			100201
销售部	销售人员	五险一金计提基数	224101			100201
一车间,二车间	生产人员	五险一金计提基数	224101			100201
一车间,二车间	车间管理人员	五险一金计提基数	224101			100201

图 2-69　上缴个人社会保险费

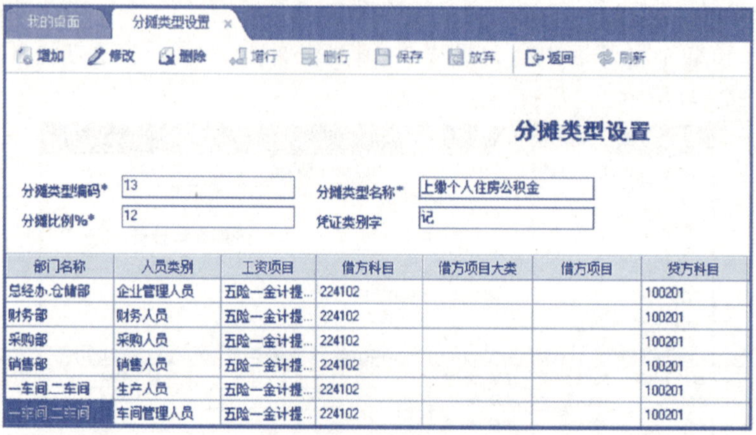

部门名称	人员类别	工资项目	借方科目	借方项目大类	借方项目	贷方科目
总经办,仓储部	企业管理人员	五险一金计提...	224102			100201
财务部	财务人员	五险一金计提...	224102			100201
采购部	采购人员	五险一金计提...	224102			100201
销售部	销售人员	五险一金计提...	224102			100201
一车间,二车间	生产人员	五险一金计提...	224102			100201
一车间,二车间	车间管理人员	五险一金计提...	224102			100201

图 2-70　上缴个人住房公积金

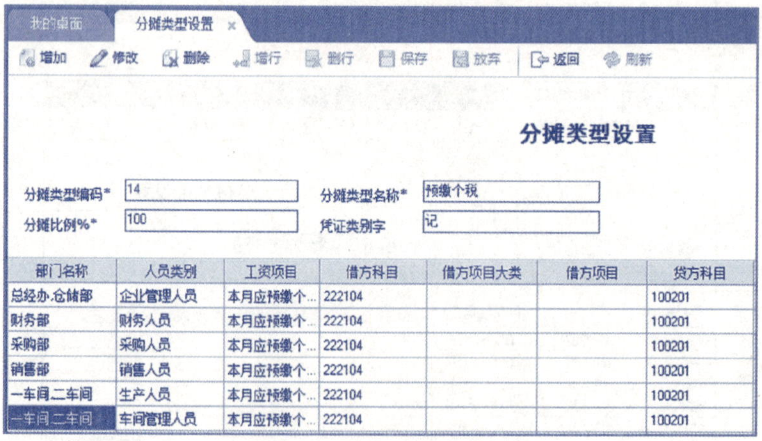

部门名称	人员类别	工资项目	借方科目	借方项目大类	借方项目	贷方科目
总经办,仓储部	企业管理人员	本月应预缴个...	222104			100201
财务部	财务人员	本月应预缴个...	222104			100201
采购部	采购人员	本月应预缴个...	222104			100201
销售部	销售人员	本月应预缴个...	222104			100201
一车间,二车间	生产人员	本月应预缴个...	222104			100201
一车间,二车间	车间管理人员	本月应预缴个...	222104			100201

图 2-71　预缴个人所得税

操作提示

发放工资和上缴各项税费的会计凭证，可以在薪资管理系统中通过工资分摊设置完成，也可以直接在总账中填制会计凭证完成。

4.工资分摊账务处理

（1）会计W02登录企业应用平台，执行【业务工作】|【人力资源】|【薪资管理】|【业务处理】|【工资分摊】，打开【工资分摊】对话框。勾选计提费用类型【计提工资】【计提公司社会保险费】【计提公司住房公积金】【计提职工教育经费】【计提工会经费】，全选核算部门，勾选【明细到工资项目】及【按项目核算】前的复选框，如图2-72所示，单击【确定】。

批量生成工资分摊凭证

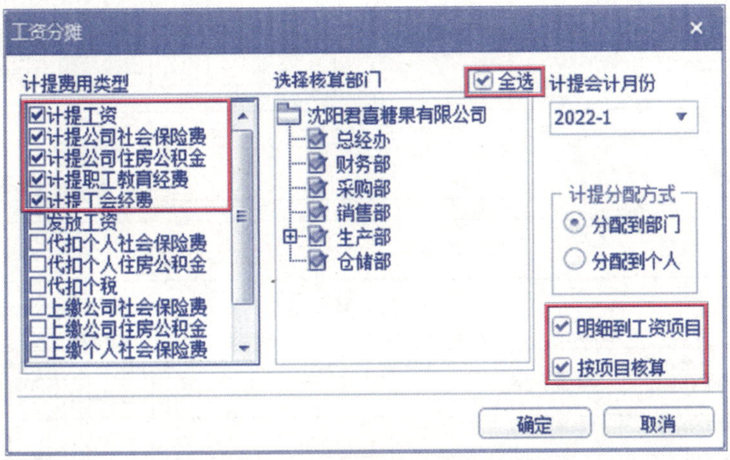

图2-72　工资变动结果（三）

（2）系统呈现【计提工资一览表】，逐次在类型下拉表中选择计提项目，同时勾选【合并科目相同、辅助项相同的分录】复选框，做好凭证生成前的设置。

（3）点击【批制】按钮，系统将前面已经选定的五项工资费用计提事项的记账凭证自动生成，并打开【填制凭证】页面。

（4）通过单击凭证右上角的右箭头按钮，逐一查看凭证并保存，完成操作。计提工资凭证如图2-73所示。

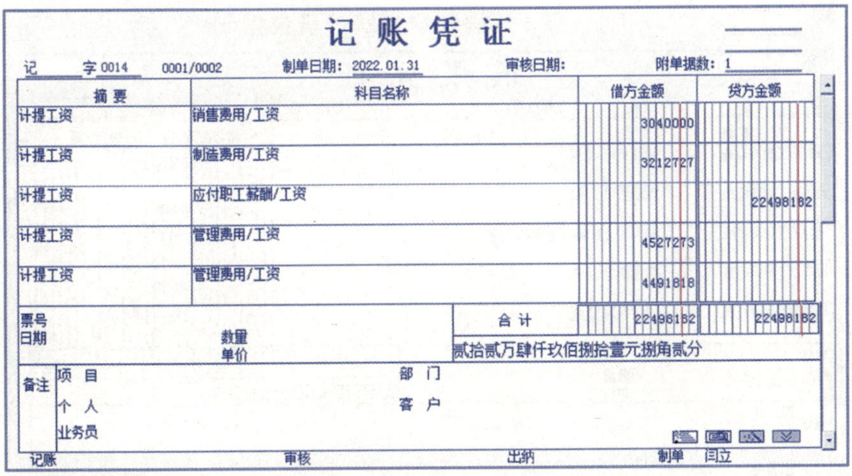

记 账 凭 证

记　字 0014　0001/0002　制单日期：2022.01.31　审核日期：　附单据数：1

摘要	科目名称	借方金额	贷方金额
计提工资	销售费用/工资	3040000	
计提工资	制造费用/工资	3212727	
计提工资	应付职工薪酬/工资		22498182
计提工资	管理费用/工资	4527273	
计提工资	管理费用/工资	4491818	
票号 日期　数量 单价	合计	22498182	22498182
	贰拾贰万肆仟玖佰捌拾壹元捌角贰分		

备注　项目　部门
个人　客户
业务员

记账　审核　出纳　制单　闫立

图2-73　计提工资凭证

（5）采用同样方法，生成工资发放与各项税费上缴的凭证，如图2-74至图2-86所示。

记账凭证

记 字 0015 0001/0002 制单日期：2022.01.31 审核日期： 附单据数：1

摘要	科目名称	借方金额	贷方金额
计提公司社会保险费	销售费用/工资	702800	
计提公司社会保险费	制造费用/工资	753000	
计提公司社会保险费	应付职工薪酬/社会保险		5220800
计提公司社会保险费	管理费用/工资	1104400	
计提公司社会保险费	管理费用/工资	1054200	
票号 日期	数量 单价	合计 5220800	5220800
		伍万贰仟贰佰零捌元整	

备注 项目 部门

个人 客户

业务员

记账 审核 出纳 制单 闫立

图 2-74 计提公司社会保险费凭证

记账凭证

记 字 0016 0001/0002 制单日期：2022.01.31 审核日期： 附单据数：1

摘要	科目名称	借方金额	贷方金额
计提公司住房公积金	销售费用/工资	336000	
计提公司住房公积金	制造费用/工资	360000	
计提公司住房公积金	应付职工薪酬/住房公积金		2496000
计提公司住房公积金	管理费用/工资	528000	
计提公司住房公积金	管理费用/工资	504000	
票号 日期	数量 单价	合计 2496000	2496000
		贰万肆仟玖佰陆拾元整	

备注 项目 部门

个人 客户

业务员

记账 审核 出纳 制单 闫立

图 2-75 计提公司住房公积金凭证

记账凭证

记 字 0017 0001/0002 制单日期：2022.01.31 审核日期： 附单据数：1

摘要	科目名称	借方金额	贷方金额
计提职工教育经费	销售费用/工资	76000	
计提职工教育经费	制造费用/工资	80318	
计提职工教育经费	应付职工薪酬/职工教育经费		562454
计提职工教育经费	管理费用/工资	113182	
计提职工教育经费	管理费用/工资	112295	
票号 日期	数量 单价	合计 562454	562454
		伍仟陆佰贰拾肆元伍角肆分	

备注 项目 部门

个人 客户

业务员

记账 审核 出纳 制单 闫立

图 2-76 计提职工教育经费凭证

记 账 凭 证

记　字 0018　0001/0002　制单日期：2022.01.31　审核日期：　附单据数：1

摘要	科目名称	借方金额	贷方金额
计提工会经费	制造费用/工资	64255	
计提工会经费	销售费用/工资	60800	
计提工会经费	管理费用/工资	90545	
计提工会经费	管理费用/工资	89836	
计提工会经费	管理费用/工资	30400	
票号 日期　数量 单价	合计	449963	449963
	肆仟肆佰玖拾玖元陆角叁分		

备注　项目　部门
个人　客户
业务员

记账　审核　出纳　制单　闫立

图 2-77　计提工会经费凭证

记 账 凭 证

记　字 0019　制单日期：2022.01.31　审核日期：　附单据数：1

摘要	科目名称	借方金额	贷方金额
发放工资	应付职工薪酬/工资	17586336	
发放工资	银行存款/建行人民币户		17586336
票号 日期　数量 单价	合计	17586336	17586336
	壹拾柒万伍仟捌佰陆拾叁元叁角陆分		

备注　项目　部门
个人　客户
业务员

记账　审核　出纳　制单　闫立

图 2-78　发放工资凭证

记 账 凭 证

记　字 0020　制单日期：2022.01.31　审核日期：　附单据数：1

摘要	科目名称	借方金额	贷方金额
代扣个人社会保险费	应付职工薪酬/工资	2184000	
代扣个人社会保险费	其他应付款/代扣社会保险费		2184000
票号 日期　数量 单价	合计	2184000	2184000
	贰万壹仟捌佰肆拾元整		

备注　项目　部门
个人　客户
业务员

记账　审核　出纳　制单　闫立

图 2-79　代扣个人社会保险费凭证

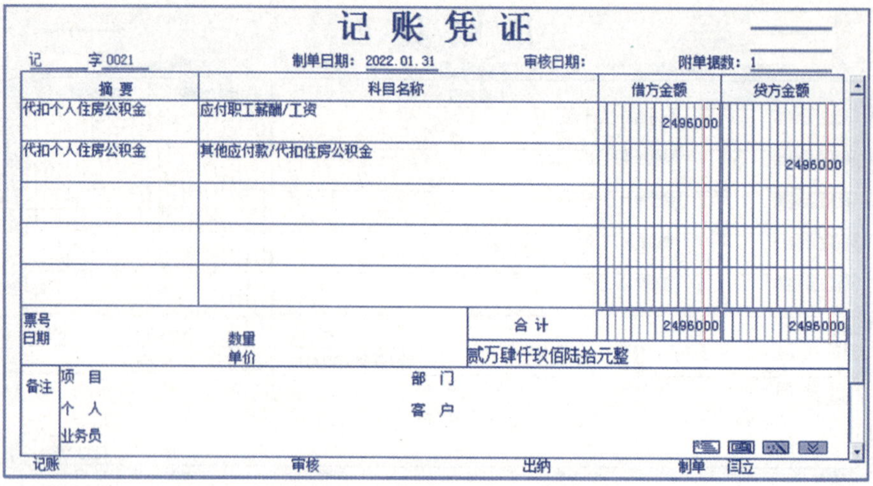

记账凭证

记 字 0021　　制单日期：2022.01.31　　审核日期：　　附单据数：1

摘要	科目名称	借方金额	贷方金额
代扣个人住房公积金	应付职工薪酬/工资	2496000	
代扣个人住房公积金	其他应付款/代扣住房公积金		2496000
票号 日期　数量 单价	合计 贰万肆仟玖佰陆拾元整	2496000	2496000

备注　项目　部门
个人　客户
业务员

记账　审核　出纳　制单　闫立

图 2-80　代扣个人住房公积金凭证

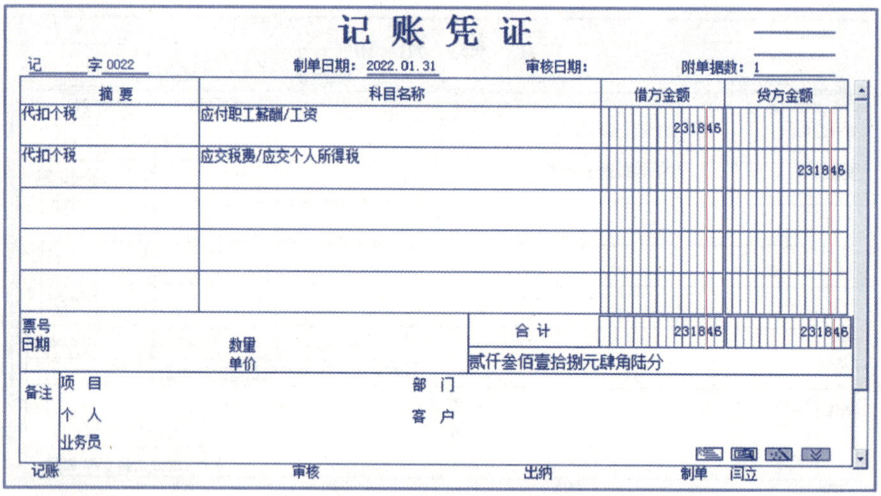

记账凭证

记 字 0022　　制单日期：2022.01.31　　审核日期：　　附单据数：1

摘要	科目名称	借方金额	贷方金额
代扣个税	应付职工薪酬/工资	231846	
代扣个税	应交税费/应交个人所得税		231846
票号 日期　数量 单价	合计 贰仟叁佰壹拾捌元肆角陆分	231846	231846

备注　项目　部门
个人　客户
业务员

记账　审核　出纳　制单　闫立

图 2-81　代扣个税凭证

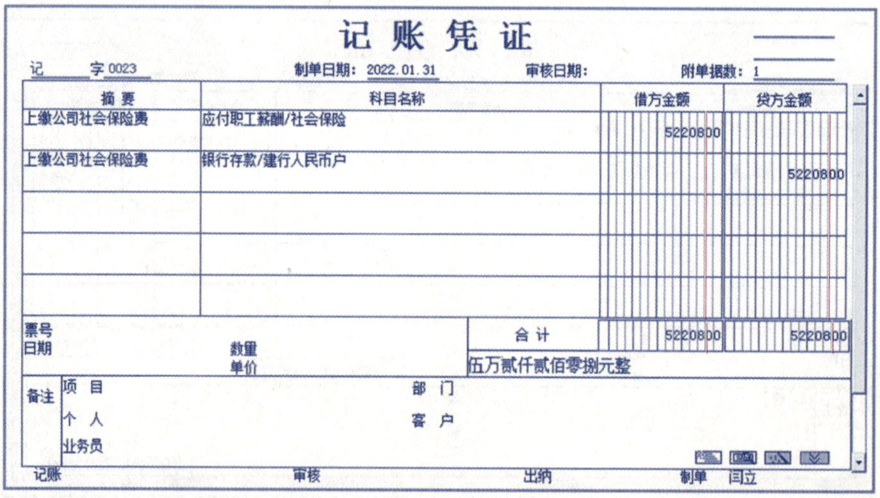

记账凭证

记 字 0023　　制单日期：2022.01.31　　审核日期：　　附单据数：1

摘要	科目名称	借方金额	贷方金额
上缴公司社会保险费	应付职工薪酬/社会保险	5220800	
上缴公司社会保险费	银行存款/建行人民币户		5220800
票号 日期　数量 单价	合计 伍万贰仟贰佰零捌元整	5220800	5220800

备注　项目　部门
个人　客户
业务员

记账　审核　出纳　制单　闫立

图 2-82　上缴公司社会保险费凭证

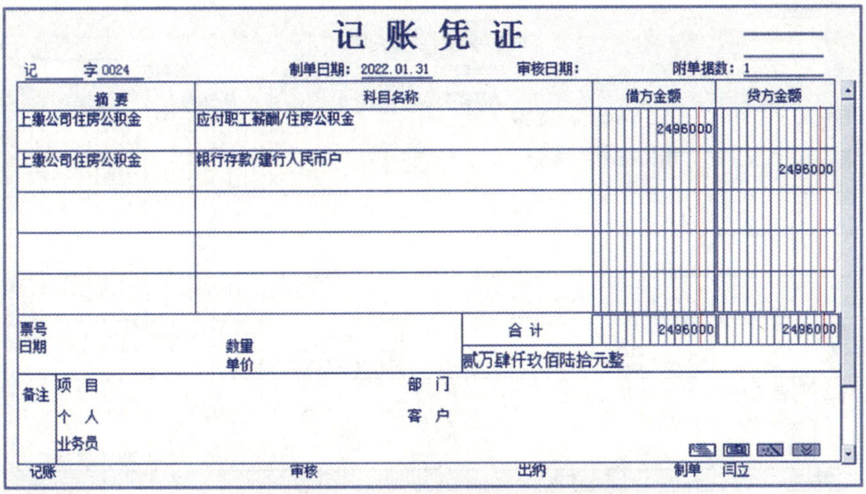

记账凭证

记　字 0024　　制单日期：2022.01.31　　审核日期：　　附单据数：1

摘要	科目名称	借方金额	贷方金额
上缴公司住房公积金	应付职工薪酬/住房公积金	2496000	
上缴公司住房公积金	银行存款/建行人民币户		2496000
票号 日期　数量 单价	合计	2496000	2496000
	贰万肆仟玖佰陆拾元整		

备注　项目　部门
个人　客户
业务员

记账　审核　出纳　制单　闫立

图2-83　上缴公司住房公积金凭证

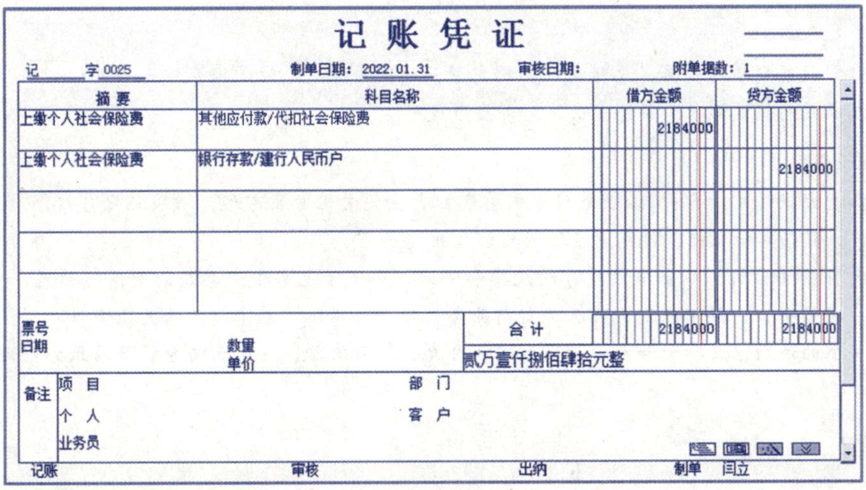

记账凭证

记　字 0025　　制单日期：2022.01.31　　审核日期：　　附单据数：1

摘要	科目名称	借方金额	贷方金额
上缴个人社会保险费	其他应付款/代扣社会保险费	2184000	
上缴个人社会保险费	银行存款/建行人民币户		2184000
票号 日期　数量 单价	合计	2184000	2184000
	贰万壹仟捌佰肆拾元整		

备注　项目　部门
个人　客户
业务员

记账　审核　出纳　制单　闫立

图2-84　上缴个人社会保险费凭证

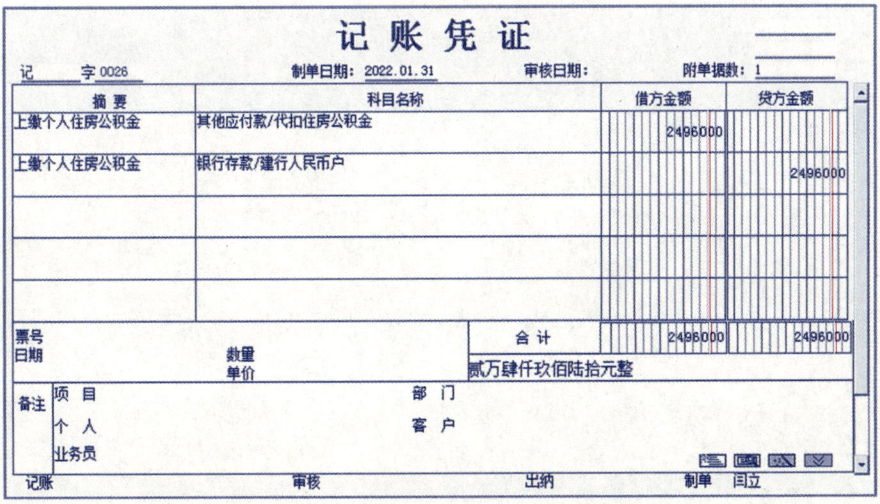

记账凭证

记　字 0026　　制单日期：2022.01.31　　审核日期：　　附单据数：1

摘要	科目名称	借方金额	贷方金额
上缴个人住房公积金	其他应付款/代扣住房公积金	2496000	
上缴个人住房公积金	银行存款/建行人民币户		2496000
票号 日期　数量 单价	合计	2496000	2496000
	贰万肆仟玖佰陆拾元整		

备注　项目　部门
个人　客户
业务员

记账　审核　出纳　制单　闫立

图2-85　上缴个人住房公积金凭证

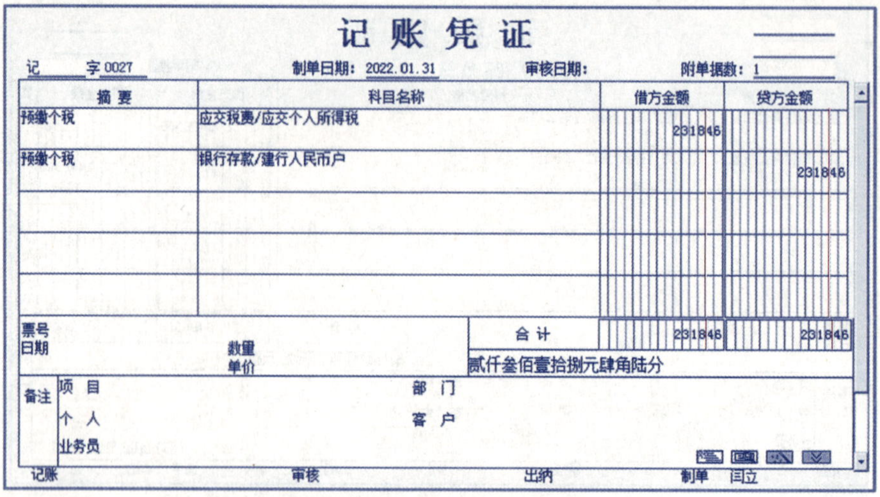

记账凭证

记 字 0027　　制单日期：2022.01.31　　审核日期：　　附单据数：1

摘要	科目名称	借方金额	贷方金额
预缴个税	应交税费/应交个人所得税	231846	
预缴个税	银行存款/建行人民币户		231846
票号 日期	数量 单价	合计 231846	231846

贰仟叁佰壹拾捌元肆角陆分

备注　项目　　部门

个人　　客户

业务员

记账　　审核　　出纳　　制单 闫立

图2-86　预缴个税凭证

职场陪练

对于日常财务事项的核算，总账系统与固定资产管理系统、薪资管理系统是如何划分的？系统做了怎样的设置以避免重复记账？实务中应注意哪些事项？

职场寄语

党的二十大报告中指出：“必须坚持中国特色社会主义文化发展道路，增强文化自信”“发展社会主义先进文化，弘扬革命文化，传承中华优秀传统文化”。

平衡是存在于自然、社会中最神奇的规律和法则，体现了道家中庸思想的智慧与精髓。有出有入、借贷平衡，有始有止、循环往复，经济运行与业务处理无时不昭示着平衡的意义。会计人在执业过程中也要遵守平衡的法则，在计量和评价时做到客观公允，不做假账；在名利与金钱面前做到以理制欲、清正平和。

工作过程三　业财融合事项处理

职业能力清单

1.理解各种类型的采购业务流程；掌握物流、资金流与信息流流转情况，能够根据实际业务类型、流程与进度，正确核算相关的采购与应付款业务。

2.理解先票后货及先货后票业务流程，能够根据实际类型、流程与进度，正确核算相关的销售与应收款业务。

3.熟悉采购、销售、存货出入库等经济业务的会计处理方法，能够对各种类型的出入库业务实施正确的业务与财务处理。

4.理解不同发出存货计价方法下的成本计算特点；掌握产成品成本计算的步骤与方法，能够正确计算产品成本。

职业素质培养

1.从产业结构调整、商业模式变革的背景引入课程，厚植学生经世济民、学以致用、奉献社会的情怀。

2.将业务规律与财务规则相结合，引导学生思考流程精简，培育创新能力。

3.分工合作，各司其职，理解实务工作中岗位间的合作与监督，培养学生团队意识和协作精神。

内容导图

工作过程三内容导图如图 3-1 所示。

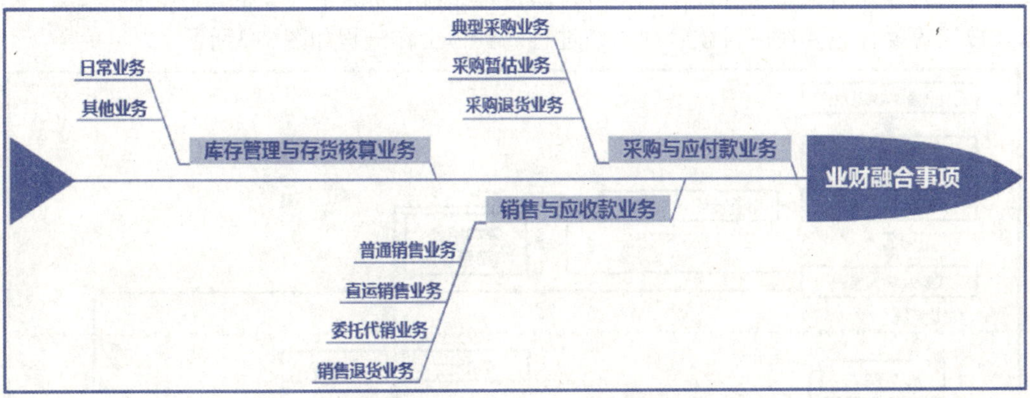

图 3-1　工作过程三内容导图

工作情境引入

用友 EPR-U8 V13.0 软件除了进行单一的财务核算与管理外，还启用了采购管理、销售管理、库存管理和存货核算等供应链管理模块，能够实现企业经济业务和财务的一体化管理，达到资金流、物流和信息流的统一。

各模块之间的关系如图 3-2 所示。

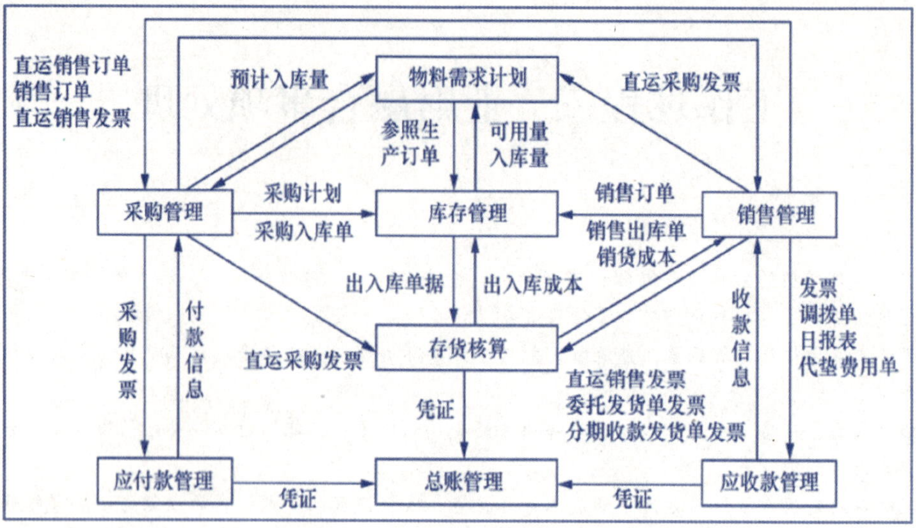

图3-2 业财一体模块关系图

思政主线

经世济民　学以致用　团结协作　创新思维

【实训七】采购与应付款业务

在系统中，采购业务的处理需要多个模块共同完成。采购管理系统负责请购、订货、到货、开票及结算处理，库存管理系统负责入库业务办理、登记库存台账，存货核算系统负责存货入库业务记账与凭证生成，应付款管理系统负责采购发票的审核、制单，后期付款及核销等操作也要在应付款管理系统进行。具体工作流程如图3-3所示。

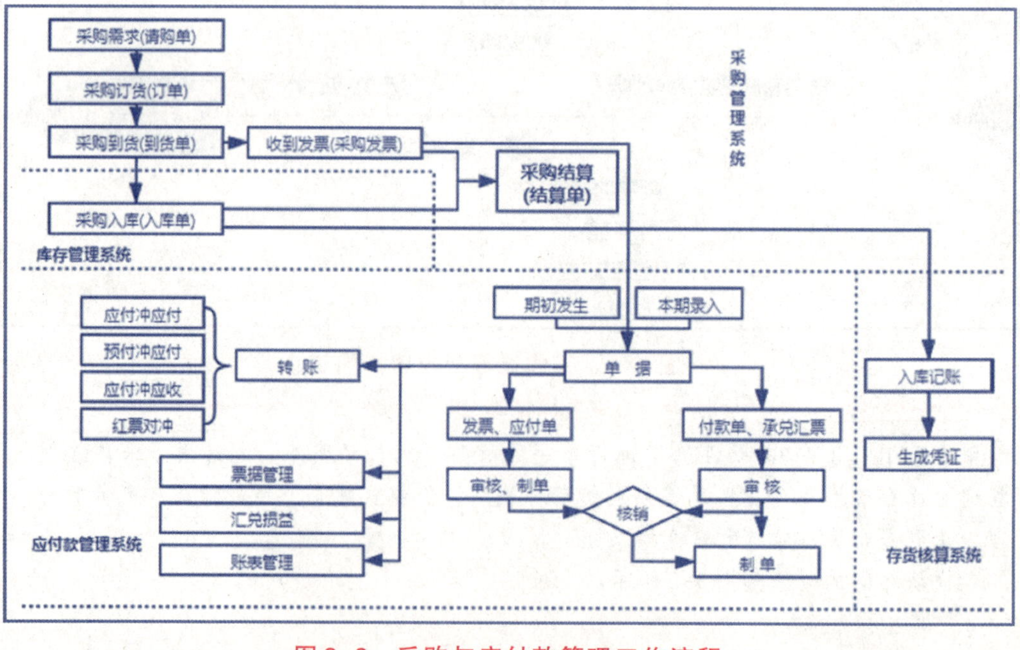

图3-3 采购与应付款管理工作流程

任务清单7-1　典型采购业务

任务下达

1.2022年1月1日，采购员周勋与大连富林食品有限公司签订合同（CG20220101）购买黄油200千克，单价为60元/千克，增值税税率为13%。合同约定付款条件为“2/10，1/20，n/30”。当天到货并验收入库，取得增值税专用发票（票号：12389656，价税合计13 560元）。

2022年1月2日，开出转账支票一张用于支付大连富林食品有限公司货款，金额13 320元，票号：45289714。

2.2022年1月3日，采购员周勋与北京美乐商贸有限公司签订采购合同（CG20220102），购买太妃糖和椰子糖各500箱，单价分别为42元/箱和56元/箱，增值税税率均为13%。合同规定，货物由沈阳顺通物流公司负责承运，分太妃糖和椰子糖两个批次，运费由买方负担，销售方代垫。同日，太妃糖到货，全部验收合格入库。

2022年1月5日，椰子糖到货并取得北京美乐商贸有限公司增值税专用发票（票号：85982461，价税合计55 370元）和沈阳顺通物流公司运费专用发票（票号：35467820，数量1次，不含税金额5 000元，增值税税率9%，价税合计5 450元）。当天以电汇方式支付货款55 370元（票号：58796023），其他款项下月支付。

3.2022年1月6日，上月周勋与天津青青牧业有限公司签订合同采购的纯牛奶5 000千克到货，验收入库数量为4 995千克，损耗5千克，经查实为运输途中合理损耗。同日，收到增值税专用发票。发票数量为纯牛奶5 000千克，不含税单价为10元/千克，价税合计56 500元；发票票号：65783895。

2022年1月7日，以转账支票方式结清尾款。支票金额46 500元，票号：23789615。

4.2022年1月8日，开具为期两个月的无息银行承兑汇票偿还北京美乐商贸有限公司上月15日所欠货款63 280元。出票日期为2022年1月8日；票据号码：62158934；承兑银行：中国建设银行经济技术开发区支行。

5.2022年1月8日，采购员周勋与大连富林食品有限公司签订合同（CG20220103）购买坚果800千克，单价为25元/千克，增值税税率为13%。当天到货，取得增值税专用发票（票号：96732647，价税合计22 600元）。同时，开具转账支票支付全部货款（票号：34756688）。

6.2022年1月9日，采购部周勋与辽宁秋云丝印有限公司签订合同（CG20220104），购买包装箱1 000个，单价为2元/个，增值税税率为13%。货物于同日到达并验收入库。尚未收到增值税专用发票，未付款。

7.2022年1月10日，对大连富林食品有限公司的商业承兑汇票到期，计息并结算。

任务解析

一、采购业务

采购管理系统能够根据实务流程和环节对采购业务进行全方位的管理，并提供各种采购账簿和统计分析数据。业务类型涉及普通采购、代管采购、受托代销及直运业务等。其中工业企业无法执行受托代销业务。

（一）普通采购业务流程及系统实现

普通采购是绝大多数企业经常发生的业务，一般要经过请购、订货、到货、入库、收取采购发票、进行采购结算以及财务处理等业财一体化操作，其流程如图3-4所示。采购管理系统必须与库存管理、存货核算以及应付款管理等系统配合才能完成采购业务的核算。

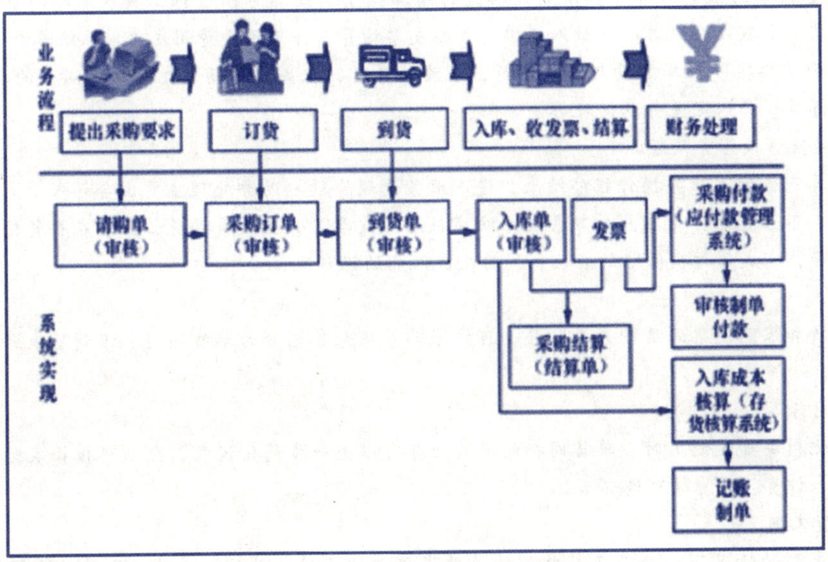

图3-4　普通采购业务流程

1.采购请购

采购请购是指采购部门汇总企业内部各部门的采购需求而填制请购单的业务过程。请购是采购业务的非必要起点，实务中可省略。

2.采购订货

采购订货是指企业与供应商签订采购合同或采购协议的过程。供应商根据采购订单组织货源，企业依据采购订单进行验收。本步骤应由采购员在系统中录入或参照请购单生成采购订单。实务中也可以不签订合同。

3.采购到货

采购到货是采购订货和采购入库的中间环节，一般由采购业务员根据供方通知或送货单填写到货单，确定对方所送货物的数量、价格等信息，并传递到仓库作为保管员收货的依据。本环节也可以省略。

4.采购入库

采购入库是指对供应商提供的物料进行检验合格（也可以免检）后存入指定仓库的业务。在采购业务流程中，入库处理是必需的。仓管员需在库存管理系统直接填制入库单，或参照采购订单（到货单）生成入库单，但入库数量必须根据实际签收数量填写或修改。

5.采购发票

采购发票是供应商开出的销售货物的凭证，采购系统根据采购发票确定采购成本，并据以登记应付账款。采购发票按业务性质可分为蓝字发票和红字发票；按发票类型可分为增值税专用发票、增值税普通发票。

采购发票既可以由采购员在采购管理直接填制，也可以从“采购订单”、“采购入库单”或其他的“采购发票”复制生成。

6.采购结算

采购结算也称采购报账。在手工业务中，采购结算的过程是采购业务员持经主管领导审批过的采购发票和仓库确定的入库单到财务部门，由财务人员确定采购成本。在采购系统中，采购结算根据采购入库单和采购发票确定采购成本。采购结算的结果是生成采购结算单，它是记载采购入库单与采购发票对应关系的结算对照表。

采购结算分为自动结算和手工结算两种方式。自动结算是由计算机系统自动将相同供货单位的、存货相同且数量相等的采购入库单和采购发票进行结算。手工结算可以进行正数入库单与负数入库单结算、正数发票与负数发票结算、正数入库单与正数发票结算，并可用于费用发票单独结算。

如果采购货物实际入库数量与发票不符，采购结算时，应查明货物发生短缺或溢余的数量与原因，如实填写结算单，并选定差异的处理办法。

7.财务处理（或账务处理）

采购结算完成后，业务操作程序结束，进入财务处理阶段。财务处理主要由会计人员完成，工作分两部分进行，不分先后：①在应付款管理系统审核采购发票，并生成采购凭证；②在存货核算系统将采购入库单记账，完成库存明细账的登记，同时生成入库的记账凭证。

（二）业务分类及处理方式

根据货物和采购发票到达的先后顺序，可将采购入库业务划分为单货同行、单到货未到、货到单未到三种类型。

1.单货同行

在一体化模块集成使用时，单货同行的采购业务可以进一步简化流程，企业可根据实际管理需要选择省略请购、订货、到货等可选环节。

2.单到货未到

单到货未到的情况下，企业可将收到的采购发票做“压单”处理，等货物到达后再填写采购入库单、采购发票并办理采购结算；也可以直接输入采购发票并进行审核与填制采购凭证的操作，形成当期的在途物资，加强存货管理。

3.货到单未到

如果货物先到，而采购发票到月底仍未收到，那么财务上应将采购入库单做暂估处理，这部分内容在任务清单7-2中介绍。

二、应付款管理业务

（一）基本功能

应付款管理用于应付款项业务的处理，主要包括应付处理、付款处理、票据管理、核销处理、转账处理以及账表管理等内容。

应付单据包括采购发票和应付单，是确认应付账款的主要依据。应付处理可实现对应付单的录入、审核和查询操作，以及实现采购发票的审核与查询。

付款处理主要进行付款单据的录入、审核及查询。需要说明的是，付款用的商业汇票也视同付款单，在付款处理下执行审核操作。

票据管理主要是对银行承兑汇票和商业承兑汇票进行管理。票据管理可以提供票据登记簿，记录票据的利息、贴现、背书、结算和转出等信息。

单据核销的主要作用是实现付款业务与应付业务在单据上的一一对应。建立付款与应付款的核销记录，可加强往来款项的管理。

转账处理用来处理经营中常见的应付冲应收、应付冲应付、预付冲应付及红票对冲的业务处理。

账表管理提供业务总账、业务余额表、业务明细账等业务账表和欠款分析、付款预测的统计分析，以及科目账查询等功能。

（二）采购付款业务

采购业务根据付款时间不同，可以分成预付采购、现付采购及应付采购业务。如果付款业务发生在取得采购发票之后，则在审核发票时形成了应付账款。企业应在付款日由出纳填制付款单据，并经由会计审核单据后，执行核销操作，将付款单及其所对应的发票核销掉，同时生成付款凭证。

如果尚未取得供应商开具的增值税专用发票便支付了货款，财务上称为预付，则应由出纳在付款日填制一张付款单，并经会计审核制单，形成一项预付账款。待日后取得该项业务采购发票、确认应付账款时，执行转账处理，将预付账款与应付账款对冲。

若付款与采购发票同时发生，则为现付采购，可由采购员在采购发票上执行【现付】操作，录入付款信息，发票审核制单时减少企业银行存款。由于现付已经实现了付款与应付的对应，不需额外执行核销处理。

任务实施

【操作岗位】采购员G01完成采购订单、到货单及采购发票的填制，执行采购结算；仓管员C01完成采购入库单的填制；会计W02进行发票审核、制单，入库单记账、生成凭证，付款单的审核、制单，核销等；出纳W03填制付款单、商业汇票等

【操作流程】

1.业务1操作流程

（1）采购订单（G01）。

2022年1月1日，采购员G01登录企业应用平台，点击【业务导航】，执行【业务工作】|【供应链】|【采购管理】|【采购订货】|【采购订单】，打开【采购订单】窗口。

点击【增加】按钮，依次填写或参照填写订单编号、采购类型、供应商、部门、业务员、付款条件等表头项目以及数量、原币单价、计划到货日期等表体项目，单击【保存】|【审核】，如图3-5所示。

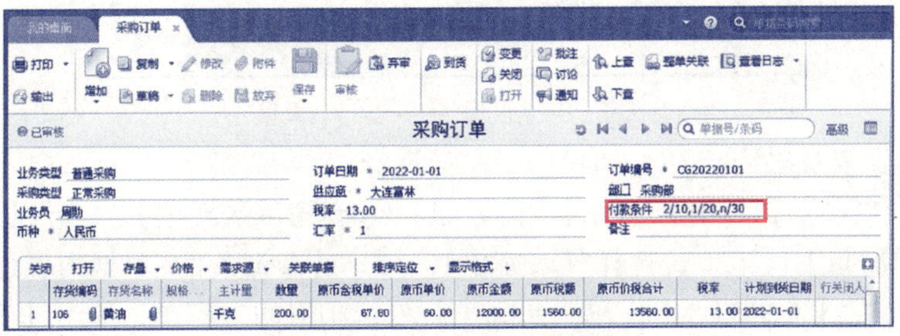

图3-5　业务1-采购订单

（2）到货单（G01）。

单击【到货】按钮，系统自动填写完成并打开【到货单】窗口，如图3-6所示，执行【保存】|【审核】，结束到货单的填制。

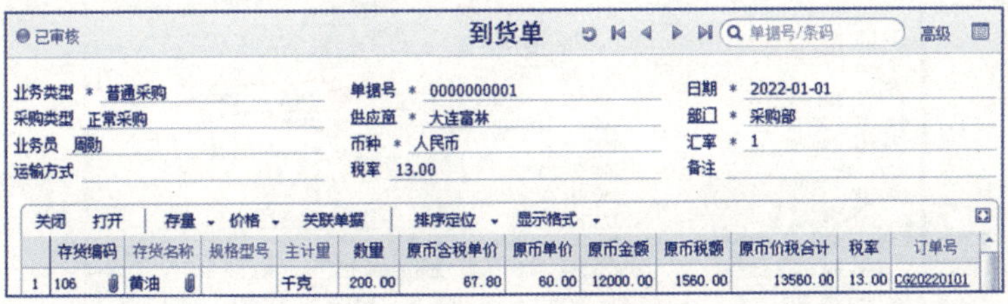

图3-6　业务1-采购到货单

（3）采购入库单（C01）。

仓管员C01登录企业应用平台，点击【业务导航】，执行【业务工作】|【供应链】|【库存管理】|【采购入库】|【采购入库单】，打开【采购入库单】窗口。点击【增加】下拉菜单，选择【采购】|【采购到货单】，系统打开【查询条件-采购到货单列表】对话框，单击【确定】。

在【到货单生单列表】窗口，勾选对应的到货单，如图3-7所示，单击【确定】，系统自动生成采购入库单，参照填写入库日期和仓库，执行【保存】|【审核】，完成入库单操作，如图3-8所示。

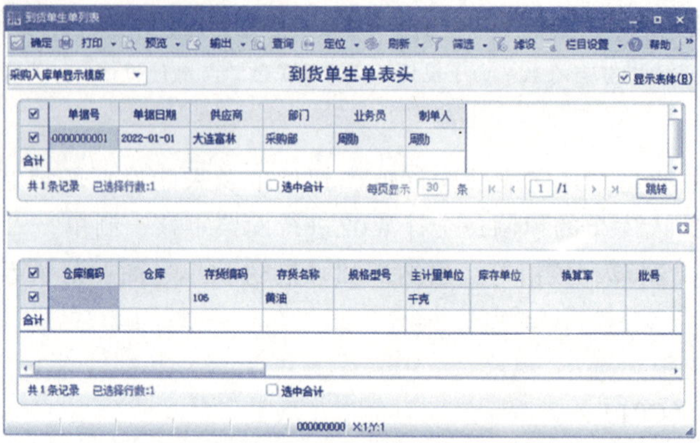

图3-7　业务1-到货单参照

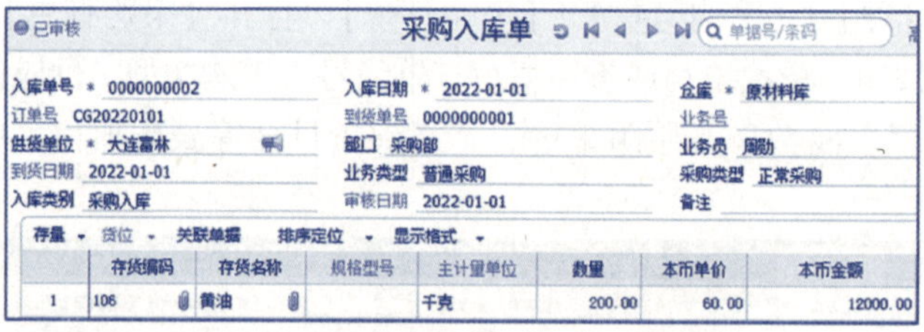

图3-8　业务1-采购入库单

（4）采购发票及采购结算（G01）。

采购员G01执行【采购管理】|【采购发票】|【专用采购发票】，打开【采购发票】窗口。点击【增加】下拉菜单，选择【入库单】，打开【查询条件-单据列表过滤】对话框，单击【确定】。在【发票勾选入库单表头列表】勾选相应的入库单，单击【确定】，系统自动生成专用发票，填写发票号，执行【保存】|【复核】，完成发票填制；单击【结算】，系统自动完成结算工作，并在发票加盖“已结算”字样，如图3-9所示。

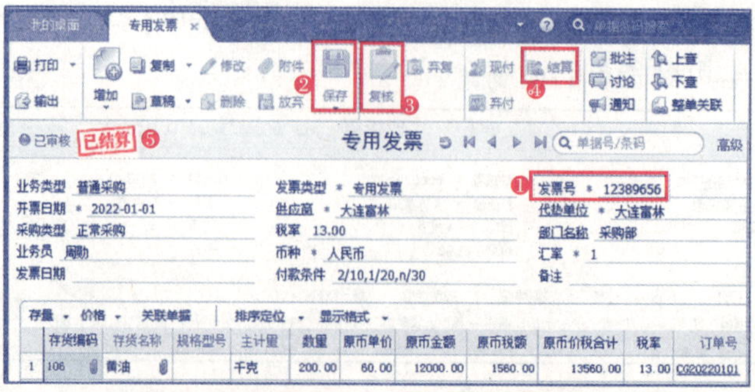

图3-9　业务1-采购专用发票

操作提示

到货单是非必选流程，也可以不填制到货单直接填写采购入库单。

采购入库单是在库存管理系统中生成的，但是在采购管理系统中可以查询。

采购入库单保存或审核后增加存货现存量。

采购发票可以参照采购订单或入库单输入，也可以手工输入，为了提高输入的效率，一般选择参照输入。

采购发票是确认采购成本的重要单据，一般需要等所有与采购有关的发票到齐以后，采购结算才能确认采购入库的最终成本。

系统中的发票号要根据真实发票的发票编号输入，从而建立系统单据与实务单据的对应关系。一般不能采用系统自动编号。

采购入库单和采购发票一一对应时，可以选择自动结算或手工结算；非一一对应时，只能选择手工结算。

（5）发票审核及制单（W02）。

2022年1月1日，会计W02登录企业应用平台，执行【业务工作】|【财务会计】|【应付款管理】|【应付处理】|【采购发票】|【采购发票审核】，打开【采购发票审核】窗口。

点击左下角的【查询】按钮，系统检索符合条件的发票记录显示在右侧列表区域。勾选相应的发票，单击【审核】，系统提示本次审核完成情况，如图3-10所示。单击【确定】，关闭退出。

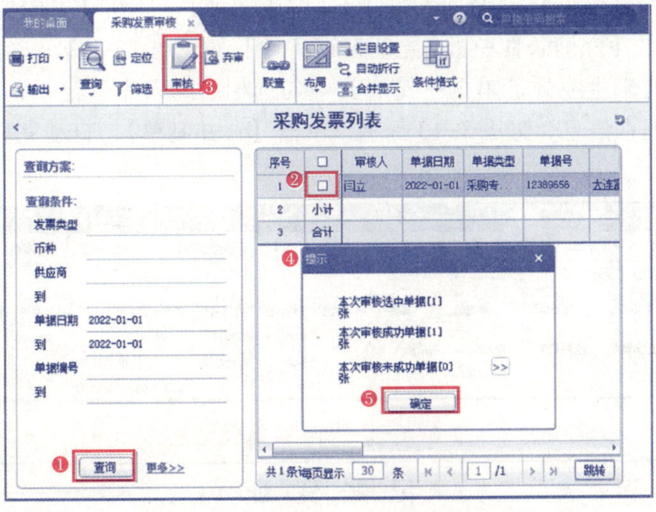

图3-10　业务1-采购发票审核

会计执行【应付款管理】|【凭证处理】|【凭证生成】，系统打开【制单查询】对话框，勾选【发票】，单击【确定】，系统打开【生成凭证】窗口，如图3-11所示。单击【全选】|【制单】，系统自动完成采购业务的记账凭证，如图3-12所示。

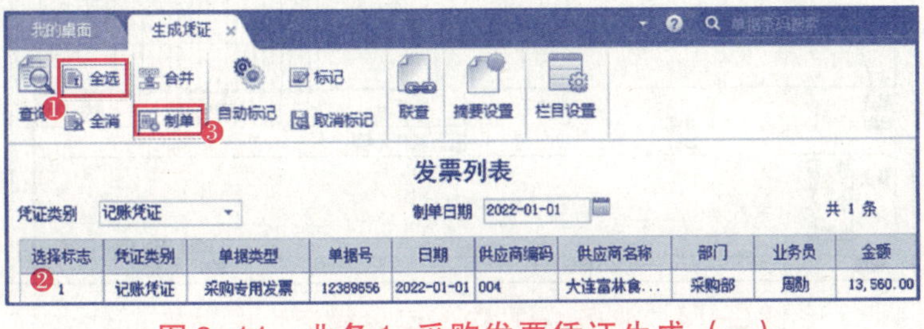

图3-11　业务1-采购发票凭证生成（一）

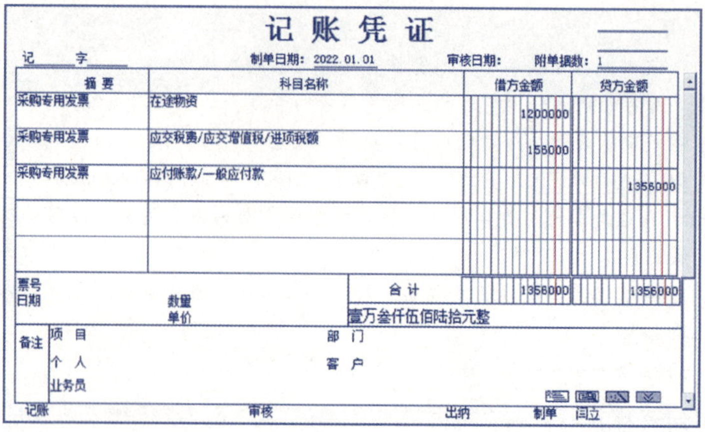

记账凭证

记 字　制单日期：2022.01.01　审核日期：　附单据数：1

摘要	科目名称	借方金额	贷方金额
采购专用发票	在途物资	1200000	
采购专用发票	应交税费/应交增值税/进项税额	156000	
采购专用发票	应付账款/一般应付款		1356000
票号 日期 数量 单价	合计	1356000	1356000
	壹万叁仟伍佰陆拾元整		

备注　项目　部门　个人　客户　业务员

记账　审核　出纳　制单　闫立

图3-12　业务1-采购发票凭证生成（二）

（6）入库单记账及生单（W02）。

2022年1月1日，会计W02执行【业务工作】|【供应链】|【存货核算】|【记账】|【正常单据记账】，打开【未记账单据一览表】窗口。在窗口左侧设置查询条件，在右侧显示的入库单列表中勾选相应记录，单击【记账】，系统提示"记账成功!"。

继续执行【存货核算】|【凭证处理】|【生成凭证】，打开【生成凭证】窗口，单击【选单】，系统弹出【查询条件-生成凭证查询条件】对话框，单击【确定】，打开【选择单据】页面。在【未生成凭证单据一览表】中勾选相应的入库单记录，单击【确定】，系统展示凭证生成基本信息，如图3-13所示，单击【合并制单】，自动完成入库业务记账凭证，如图3-14所示。

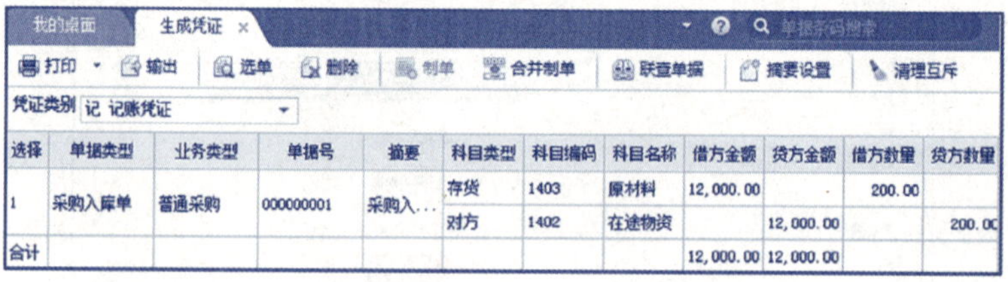

我的桌面　生成凭证

打印　输出　选单　删除　制单　合并制单　联查单据　摘要设置　清理互斥

凭证类别 记 记账凭证

选择	单据类型	业务类型	单据号	摘要	科目类型	科目编码	科目名称	借方金额	贷方金额	借方数量	贷方数量
1	采购入库单	普通采购	000000001	采购入…	存货	1403	原材料	12,000.00		200.00	
					对方	1402	在途物资		12,000.00		200.00
合计								12,000.00	12,000.00		

图3-13　业务1-采购入库单凭证生成（一）

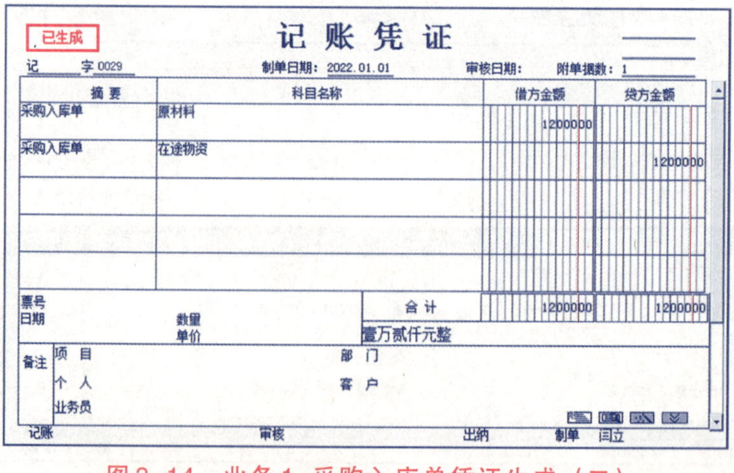

已生成

记账凭证

记 字0029　制单日期：2022.01.01　审核日期：　附单据数：1

摘要	科目名称	借方金额	贷方金额
采购入库单	原材料	1200000	
采购入库单	在途物资		1200000
票号 日期 数量 单价	合计	1200000	1200000
	壹万贰仟元整		

备注　项目　部门　个人　客户　业务员

记账　审核　出纳　制单　闫立

图3-14　业务1-采购入库单凭证生成（二）

操作提示

如果采购入库单未与采购发票结算就进行单据记账，记账的入库成本为暂估成本。

（7）付款单录入（W03）。

2022年1月2日，出纳W03登录企业应用平台，执行【业务工作】|【财务会计】|【应付款管理】|【付款处理】|【付款单据录入】，打开【付款单据录入】窗口。单击【增加】，依次填写或参照填写日期、供应商、结算方式、金额、票据号、部门、业务员等表头信息，选择表体【款项类型】为“应付款”，单击【保存】，完成付款单据的录入，如图3-15所示。

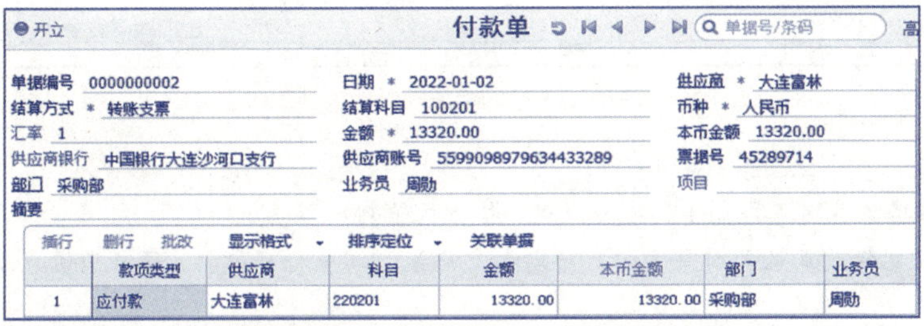

图3-15　业务1-付款单生成

（8）付款单审核（W02）。

2022年1月2日，会计W02登录企业应用平台，执行【业务工作】|【财务会计】|【应付款管理】|【付款处理】|【付款单据审核】，打开【付款单据审核】窗口。

单击左侧【查询】按钮，勾选相应的付款单，点击【审核】，系统提示审核完成信息，单击【确定】，关闭退出。

（9）核销及制单。

会计W02登录企业应用平台，执行【业务工作】|【财务会计】|【应付款管理】|【核销处理】|【手工核销】，在【核销条件】窗口选择供应商为“004”，单击【确定】，系统打开【手工核销】对话框，如图3-16所示。在下方采购专用发票中【本次结算】栏内输入“13320”，系统自动填充【本次折扣】数据及合计栏内数据，单击【确认】，完成核销。

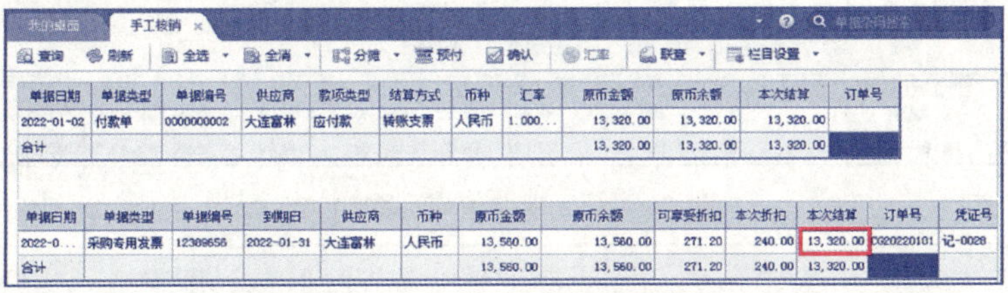

图3-16　业务1-手工核销设置

会计W02执行【业务工作】|【财务会计】|【应付款管理】|【凭证处理】|【生成凭证】，在【制单查询】对话框勾选“收付款单”和“核销”，单击【确定】，打开【生成凭证】窗口，执行【全选】|【合并】|【制单】，系统生成付款的记账凭证，修改“财务费用”科目为借方红字发生额，如图3-17所示，单击【保存】，退出操作。

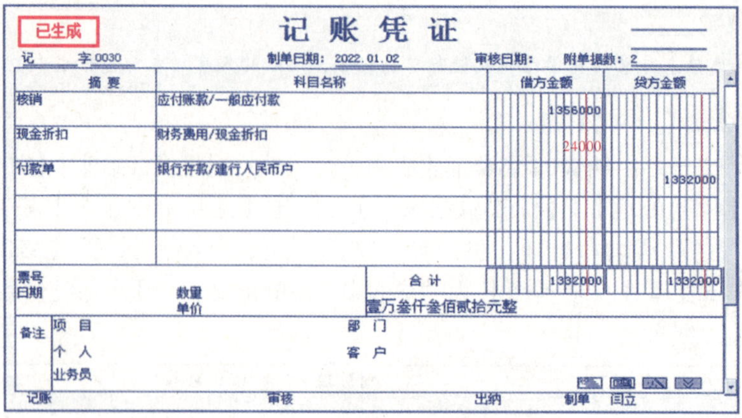

图 3-17 业务 1-付款与核销制单

操作提示

可以选择业务发生时立即制单，也可以统一执行批量制单。

制单时如果想修改默认的科目方向，可以按空格键，调整科目方向；再按负号，调整红蓝字金额切换。

2. 业务2操作流程

（1）按照上述业务1的操作方法，2022年1月3日，采购员G01填制采购订单并参照生成到货单。订单中存货为太妃糖和椰子糖两种，到货日期分别为2022年1月3日和2022年1月5日；到货单存货为太妃糖500箱；单据填制完成后要立即执行【保存】|【审核】。结果如图3-18、图3-19所示。

采购业务 2

图 3-18 业务 2-采购订单

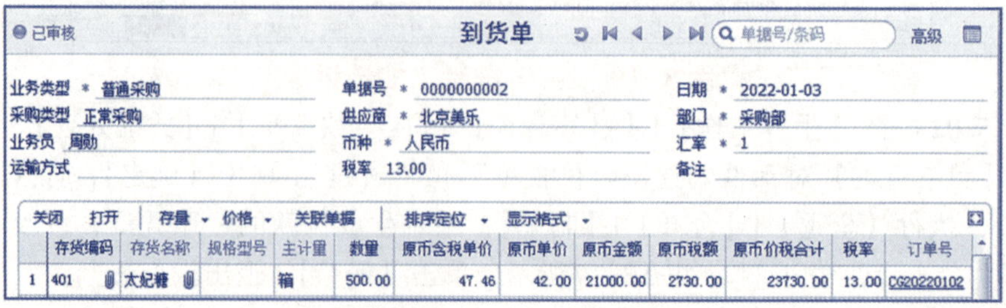

图 3-19 业务 2-太妃糖到货单

2022年1月3日，仓管员C01参照到货单生成太妃糖的采购入库单，如图3-20所示。

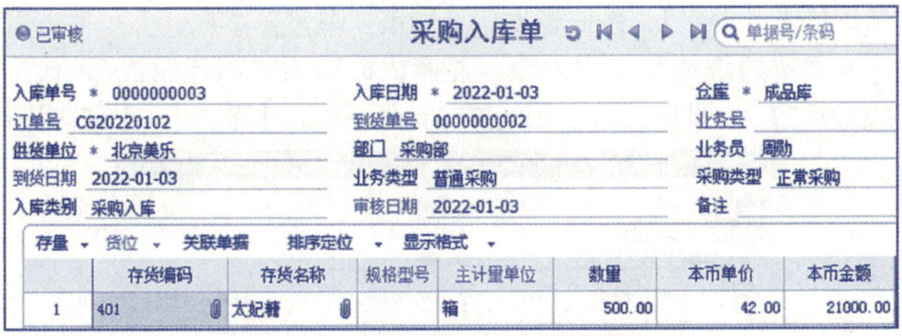

图 3-20　业务 2-太妃糖采购入库单

2022年1月5日，采购员G01参照订单生成椰子糖的到货单，如图3-21所示。

图 3-21　业务 2-椰子糖到货单

2022 年 1 月 5 日，仓管员 C01 参照到货单生成椰子糖的采购入库单，如图 3-22 所示。

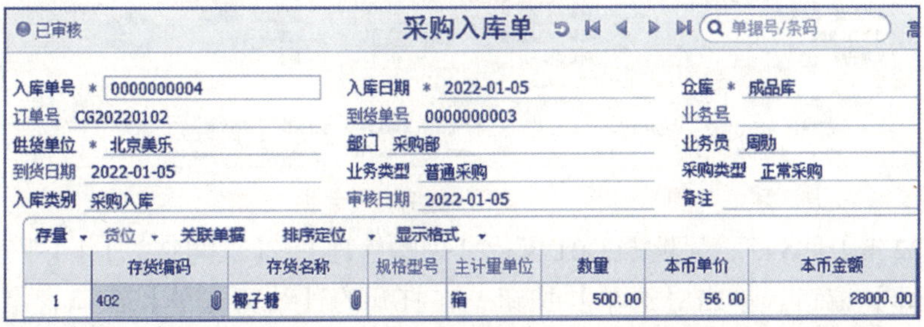

图 3-22　业务 2-椰子糖入库单

（2）2022年1月5日，采购员G01参照太妃糖和椰子糖的采购入库单生成增值税专用发票，执行【保存】|【复核】，如图3-23所示。

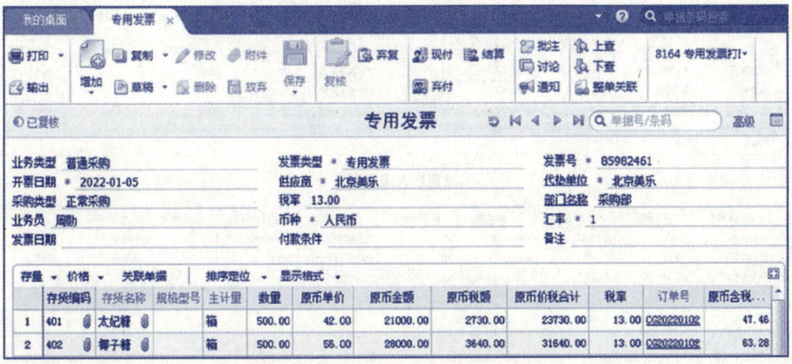

图 3-23　业务 2-采购发票

单击【现付】按钮，打开【采购现付】对话框，输入结算方式、结算金额、票据号，如图3-24所示，单击【确定】，系统在发票上加盖“现付”字样。

同理，录入运费的增值税专用发票。注意供应商为“顺通物流”，代垫单位为“北京美乐”，税率为“9”（即9%），如图3-25所示，单击【保存】|【复核】，关闭退出。

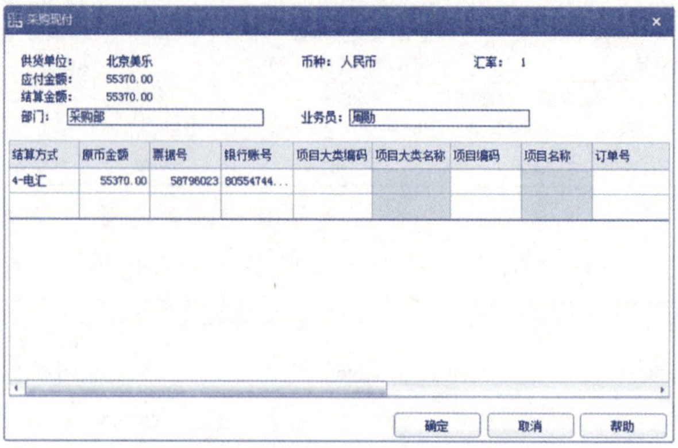

图3-24　业务2-采购现付

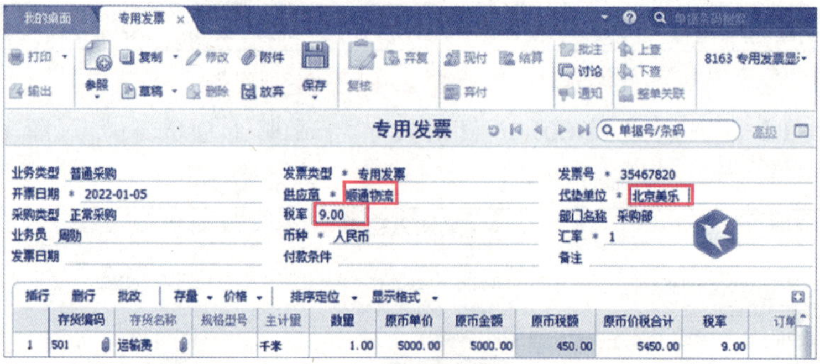

图3-25　业务2-运输费专用发票

（3）2022年1月5日，采购员G01执行【采购管理】|【采购结算】|【手工结算】，打开【手工结算】窗口。单击【选单】按钮，在打开的【结算选单】窗口，点击【查询】，系统展示相关的发票列表和入库单列表，如图3-26所示。勾选要进行结算的发票记录和对应的入库单记录，单击【确定】按钮。

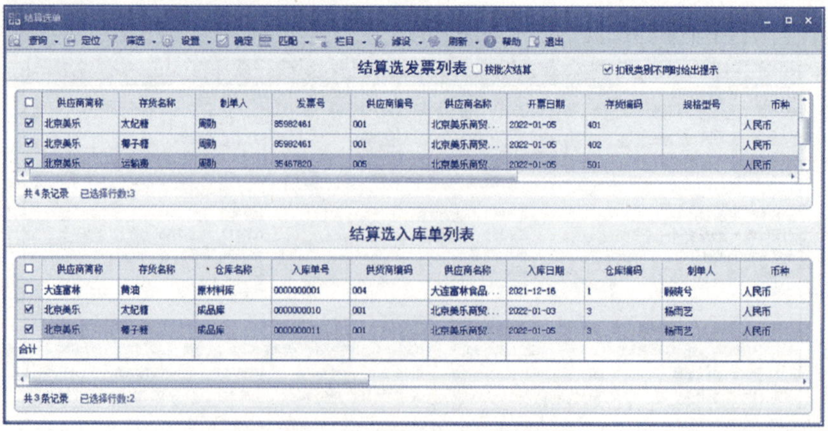

图3-26　业务2-手工结算选单

在【手工结算】窗口，【选择费用分摊方式】为“按数量”，单击【分摊】，系统提示

“选择按数量分摊，是否开始计算?”，单击【是】按钮，在弹出的提示框中单击【确定】，系统完成分摊工作并将结果填充到【分摊费用】列，如图3-27所示。单击【结算】，系统提示“完成结算!”

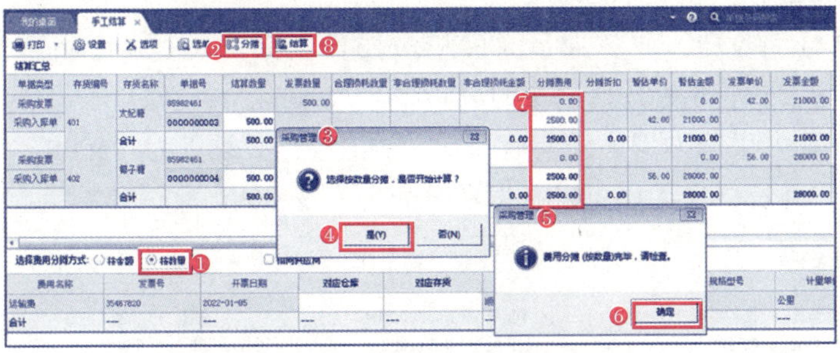

图3-27　业务2-手工结算过程

（4）2022年1月5日，会计W02审核该笔采购发票及运费发票，并填制凭证。在【制单查询】对话框，应同时勾选“发票”和“现结”选项，对两张发票实施合并制单，结果如图3-28所示。

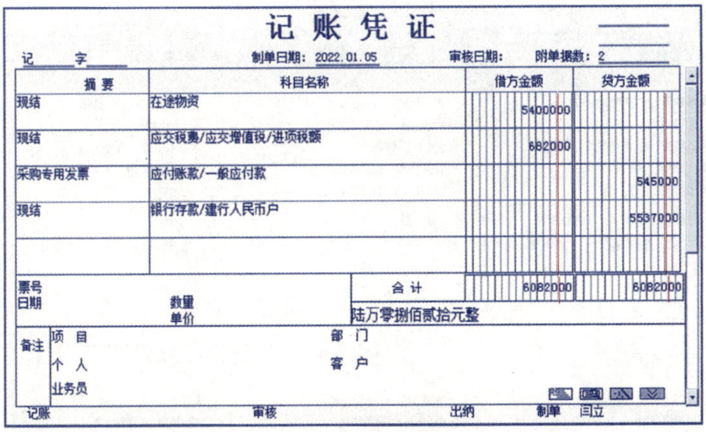

记账凭证

记　字　　制单日期：2022.01.05　　审核日期：　　附单据数：2

摘要	科目名称	借方金额	贷方金额
现结	在途物资	5400000	
现结	应交税费/应交增值税/进项税额	682000	
采购专用发票	应付账款/一般应付款		545000
现结	银行存款/建行人民币户		5537000
票号 日期　数量 单价	合计 陆万零捌佰贰拾元整	6082000	6082000

备注　项　目　　部　门
个　人　　客　户
业务员

记账　　审核　　出纳　　制单　闫立

图3-28　业务2-采购发票记账凭证

2022年1月5日，会计W02将该笔业务的两张采购入库单（2022年1月3日与2022年1月5日）记账，并合并制单，如图3-29所示。

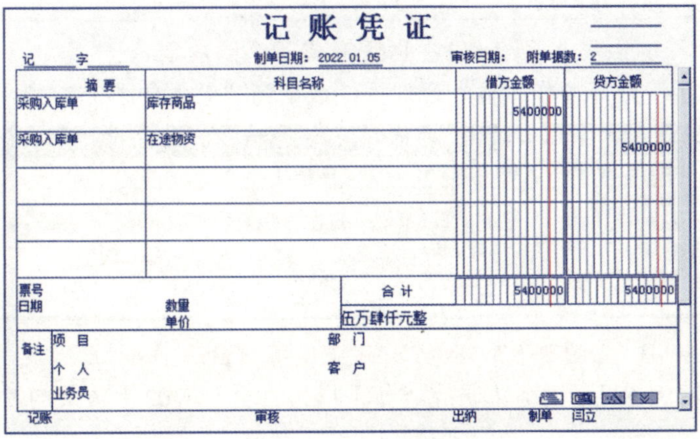

记账凭证

记　字　　制单日期：2022.01.05　　审核日期：　　附单据数：2

摘要	科目名称	借方金额	贷方金额
采购入库单	库存商品	5400000	
采购入库单	在途物资		5400000
票号 日期　数量 单价	合计 伍万肆仟元整	5400000	5400000

备注　项　目　　部　门
个　人　　客　户
业务员

记账　　审核　　出纳　　制单　闫立

图3-29　业务2-入库单记账凭证

操作提示

现付、转账处理操作，视同已做核销，发票现结和转账处理后不必再执行核销处理。

3.业务3操作流程

（1）2022年1月6日，业务人员完成相应操作：采购员G01填制到货单，数量为4 995千克；仓管员C01填制参照到货单生成采购入库单。

采购业务3

采购员G01录入采购发票，填写存货为“纯牛奶”，数量为“5000”，不含税单价为“10”。到货单、入库单以及发票分别如图3-30至图3-32所示。

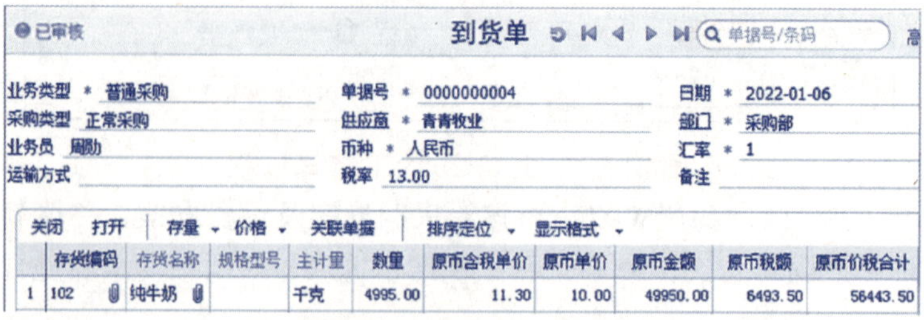
到货单

已审核

业务类型 * 普通采购　单据号 * 0000000004　日期 * 2022-01-06
采购类型 正常采购　供应商 * 青青牧业　部门 * 采购部
业务员 周勋　币种 * 人民币　汇率 * 1
运输方式　税率 13.00　备注

	存货编码	存货名称	规格型号	主计量	数量	原币含税单价	原币单价	原币金额	原币税额	原币价税合计
1	102	纯牛奶		千克	4995.00	11.30	10.00	49950.00	6493.50	56443.50

图3-30　业务3-到货单

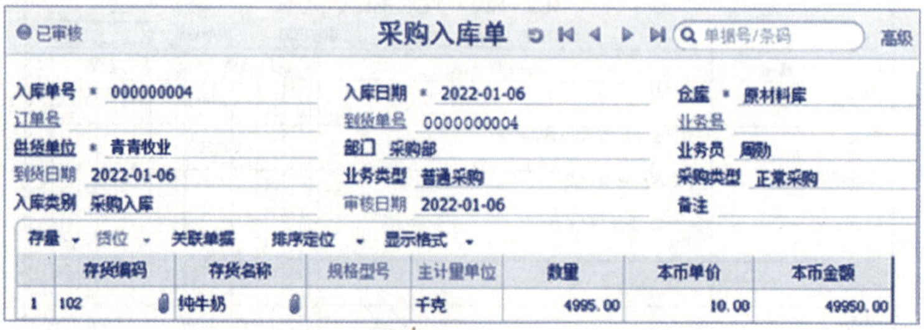
采购入库单

已审核

入库单号 * 000000004　入库日期 * 2022-01-06　仓库 * 原材料库
订单号　到货单号 0000000004　业务号
供货单位 * 青青牧业　部门 采购部　业务员 周勋
到货日期 2022-01-06　业务类型 普通采购　采购类型 正常采购
入库类别 采购入库　审核日期 2022-01-06　备注

	存货编码	存货名称	规格型号	主计量单位	数量	本币单价	本币金额
1	102	纯牛奶		千克	4995.00	10.00	49950.00

图3-31　业务3-采购入库单

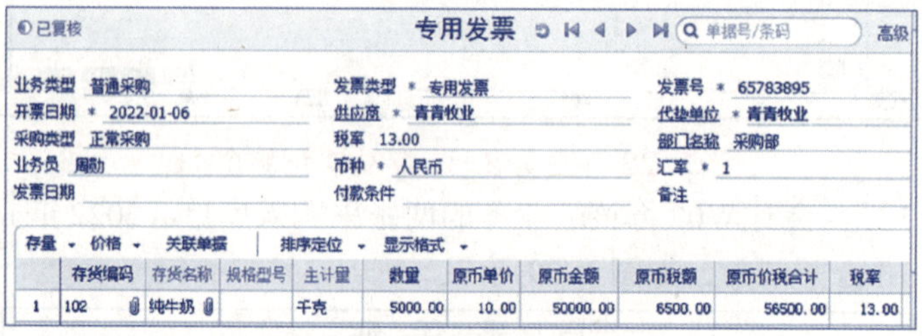
专用发票

已复核

业务类型 普通采购　发票类型 * 专用发票　发票号 * 65783895
开票日期 * 2022-01-06　供应商 * 青青牧业　代垫单位 * 青青牧业
采购类型 正常采购　税率 13.00　部门名称 采购部
业务员 周勋　币种 * 人民币　汇率 * 1
发票日期　付款条件　备注

	存货编码	存货名称	规格型号	主计量	数量	原币单价	原币金额	原币税额	原币价税合计	税率
1	102	纯牛奶		千克	5000.00	10.00	50000.00	6500.00	56500.00	13.00

图3-32　业务3-专用采购发票

采购员执行手工结算操作，输入合理损耗数量为“5”，如图3-33所示。

手工结算

结算汇总

单据类型	存货编号	存货名称	单据号	结算数量	发票数量	合理损耗数量	非合理损耗数量
采购发票	102	纯牛奶	65783895		5000.00	5.00	
采购入库单			000000004	4995.00			
		合计		4995.00	5000.00	5.00	0.00

图3-33　业务3-手工结算（合理损耗）

（2）2022年1月6日，财务人员完成如下操作：会计W02审核采购发票并制单，凭证如图3-34所示。

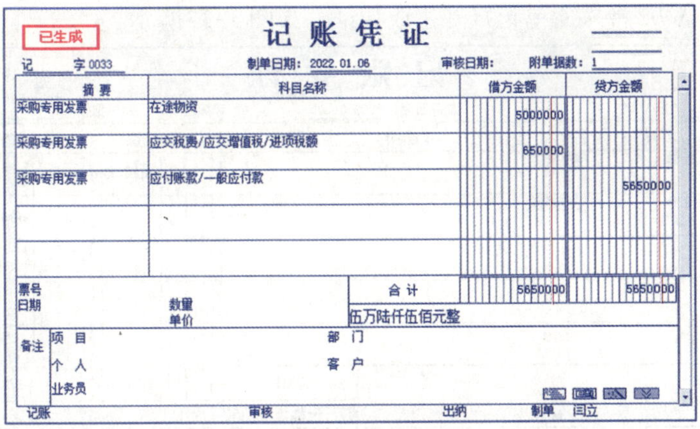

图3-34　业务3-采购发票记账凭证

会计W02执行【应付款管理】|【转账】|【预付冲应付】，打开【预付冲应付】窗口。在【预付款】页签下，选择供应商为“002”，单击【过滤】，系统滤出与该供应商发生的预付记录，如图3-35所示。双击【转账金额】空白栏，系统自动填充合计行转账金额为“10000”。

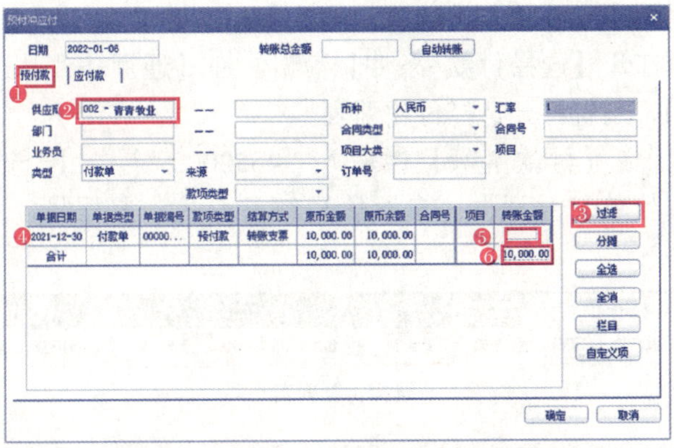

图3-35　业务3-预付冲应付设置

同理，在【应付款】选项卡下点击【过滤】，滤出与该供应商发生的应付记录，并双击填写转账金额为“10000”，单击【确定】，系统提示“是否立即制单”，点击【是】，生成转账凭证，如图3-36所示。

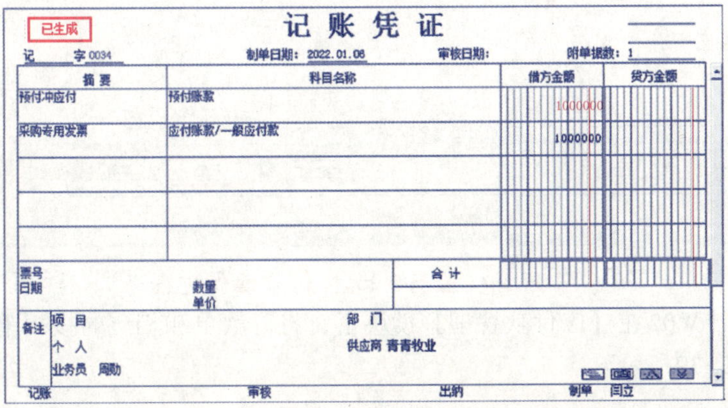

图3-36　业务3-预付冲应付记账凭证

同日，会计W02将入库单记账并生成凭证，如图3-37所示。

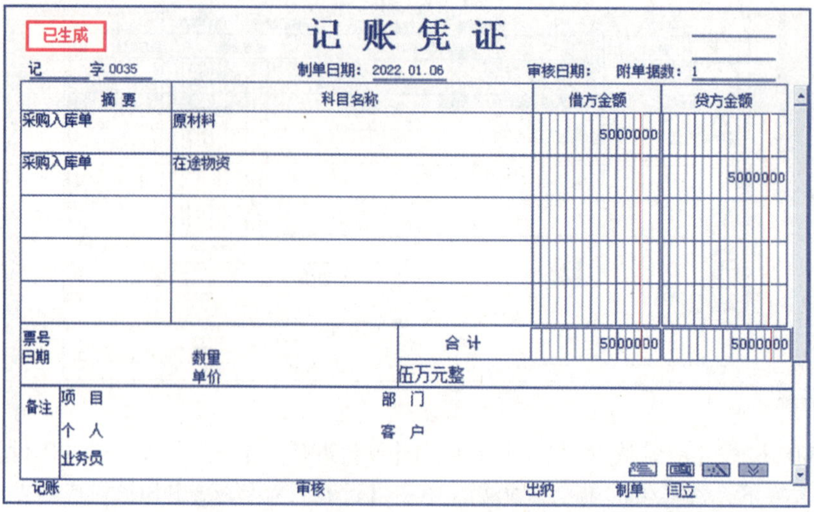

图3-37　业务3-入库单记账凭证

（3）2022年1月7日，财务人员结清款项。出纳W03执行【应付款管理】|【付款处理】|【选择付款】，打开【选择付款-条件】窗口。在【通用条件】选项卡下选择供应商“002”，单击【确定】，系统打开选择付款列表。

如图3-38所示，在【付款金额】栏输入“46500”，点击【全选】|【确认】，系统弹出【选择付款-付款单】对话框。参照填写结算方式、票据号，单击【确定】，完成付款操作。

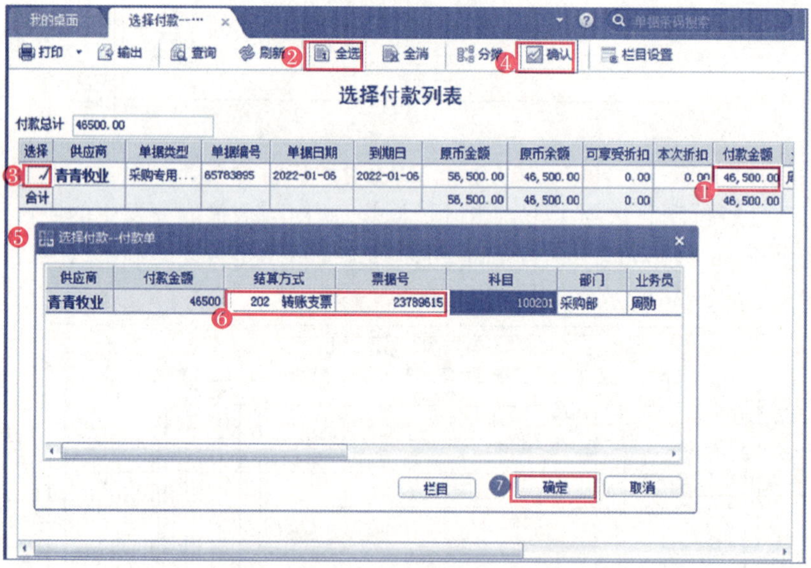

图3-38　业务3-选择付款操作过程

同日，会计W02在【应付款管理】模块下，将付款单和相应的核销单据合并生成付款凭证，如图3-39所示。

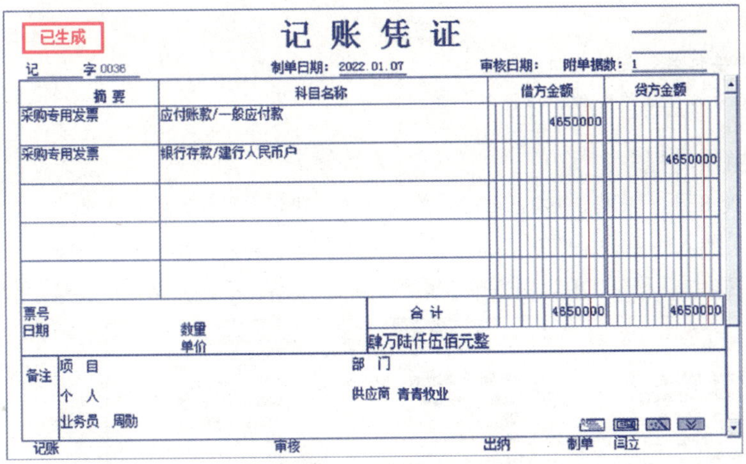

图 3-39　业务 3-选择付款记账凭证

4.业务4操作流程

2022年1月8日，出纳W03执行【应付款管理】|【票据管理】|【票据录入】，录入用于偿付北京美乐商贸有限公司货款的银行承兑汇票，结果如图3-40所示。

采购业务4

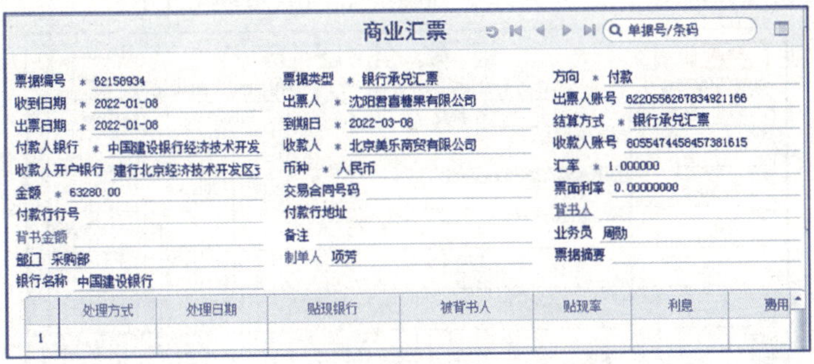

图 3-40　业务 4-银行承兑汇票录入

同日，会计W02点击【应付款管理】|【付款处理】|【付款单据审核】，查询并审核该张汇票，同时，生成记账凭证。如图3-41所示。

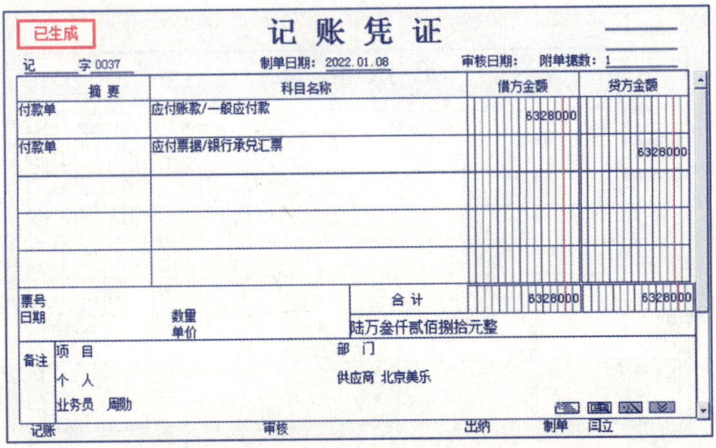

图 3-41　业务 4-汇票支付前欠货款记账凭证

> **操作提示**
>
> 单位信息中单位名称是必录项。
>
> 单位名称要录入企业的全称，以便打印发票时使用。

5.业务5操作流程

2022年1月8日，采购员G01录入采购订单并参照生成到货单；仓管员C01参照到货单生成采购入库单；采购员G01参照入库单生成采购发票，执行【复核】、【结算】和【现付】操作。采购订单、到货单、采购入库单从略，采购发票如图3-42所示。

采购业务5

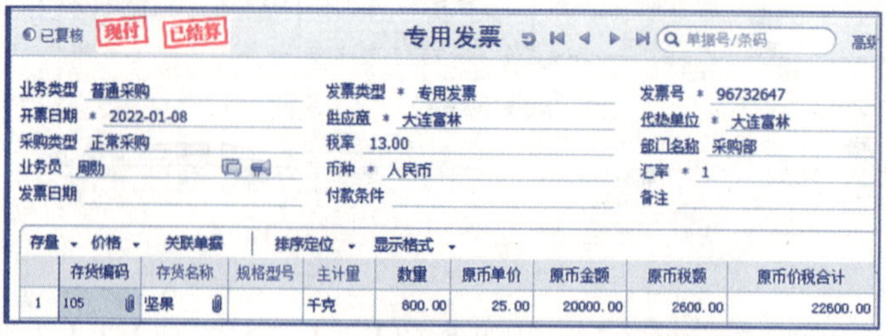

图3-42 业务5-采购发票

2022年1月8日，会计W02审核上述已现付采购发票，并生成记账凭证，如图3-43所示；同时，将入库单记账并生成入库记账凭证，如图3-44所示。

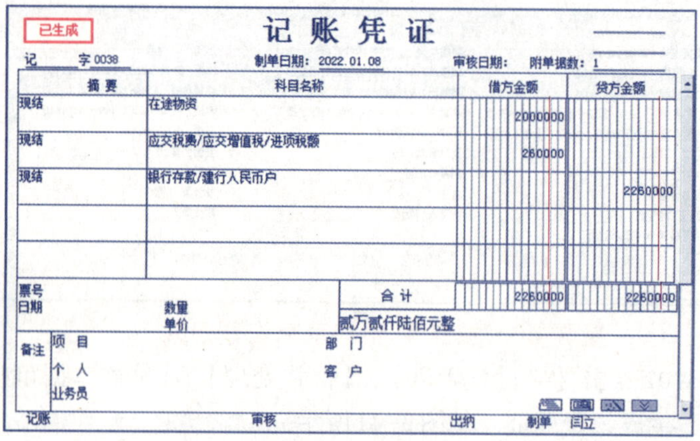

图3-43 业务5-采购发票记账凭证

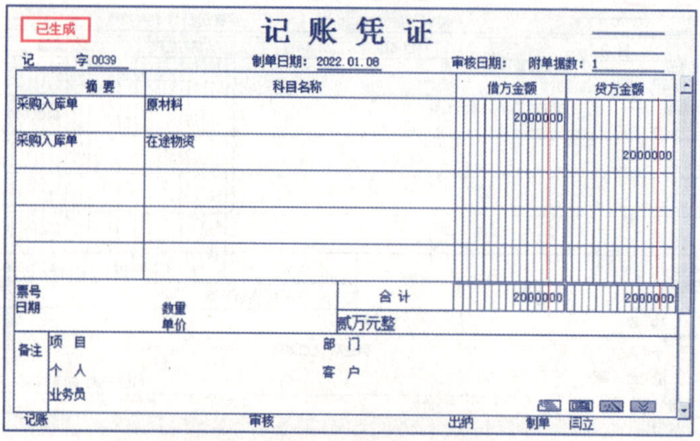

图3-44 业务5-入库记账凭证

6.业务6操作流程

采购业务6

2022年1月9日，采购员G01录入采购订单并参照生成到货单；仓管员C01参照到货单生成采购入库单。暂时无需进行其他操作。采购入库单填制结果如图3-45所示，其他从略。

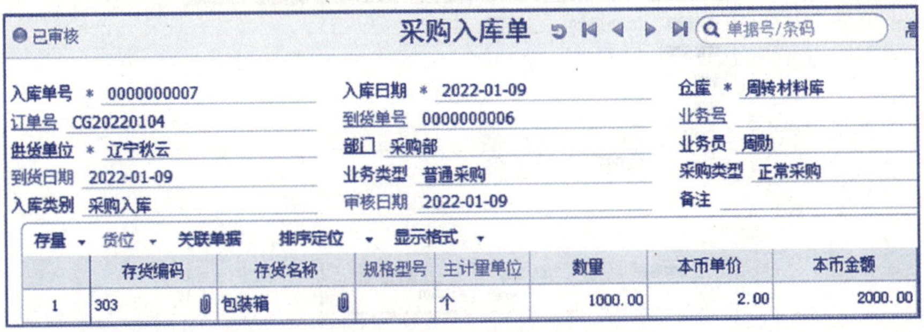
已审核　采购入库单　单据号/条码

入库单号 * 0000000007　入库日期 * 2022-01-09　仓库 * 周转材料库
订单号 CG20220104　到货单号 0000000006　业务号
供货单位 * 辽宁秋云　部门 采购部　业务员 周勋
到货日期 2022-01-09　业务类型 普通采购　采购类型 正常采购
入库类别 采购入库　审核日期 2022-01-09　备注

存量　货位　关联单据　排序定位　显示格式

	存货编码	存货名称	规格型号	主计量单位	数量	本币单价	本币金额
1	303	包装箱		个	1000.00	2.00	2000.00

图3-45　业务6-采购入库单

7.业务7操作流程

采购业务7

2022年1月10日，会计W02执行【应付款管理】|【票据管理】|【票据列表】，查询并勾选待处理票据，点击【计息】，系统弹出【票据计息】对话框，如图3-46所示。单击【确定】并选择立即制单，系统完成计息操作，如图3-47所示。

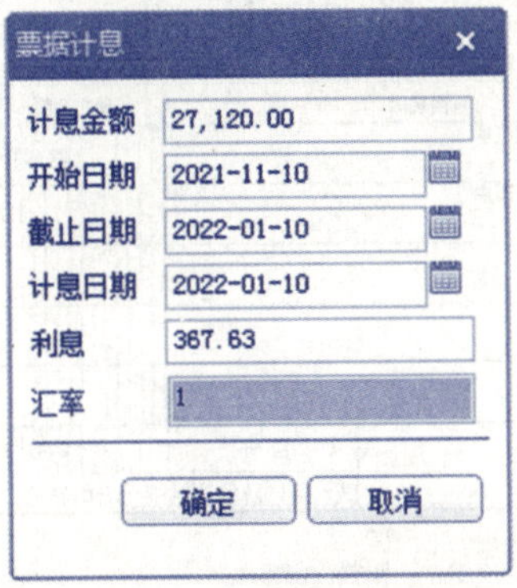
票据计息

计息金额 27,120.00
开始日期 2021-11-10
截止日期 2022-01-10
计息日期 2022-01-10
利息 367.63
汇率 1

确定　取消

图3-46　业务7-票据计息

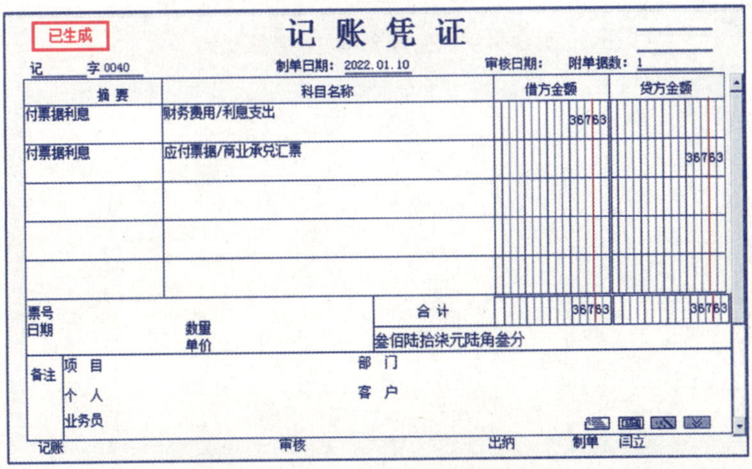
已生成　记账凭证

记 字 0040　制单日期：2022.01.10　审核日期：　附单据数：1

摘要	科目名称	借方金额	贷方金额
付票据利息	财务费用/利息支出	36763	
付票据利息	应付票据/商业承兑汇票		36763
票号 日期　数量 单价	合计 叁佰陆拾柒元陆角叁分	36763	36763

备注　项目　部门
个人　客户
业务员

记账　审核　出纳　制单　闫立

图3-47　业务7-票据计息凭证

在【应付票据列表】窗口勾选票据并执行【结算】，系统返回【票据结算】对话框，如图3-48所示，填写结算科目为“100201”，单击【确定】并立即制单，结果如图3-49所示。

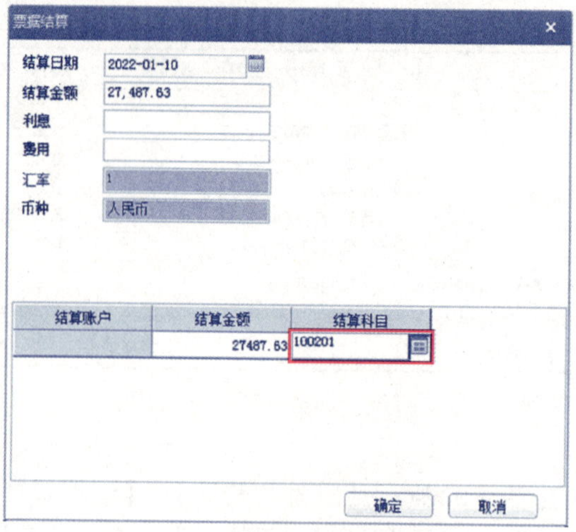

图3-48　业务7-票据结算设置

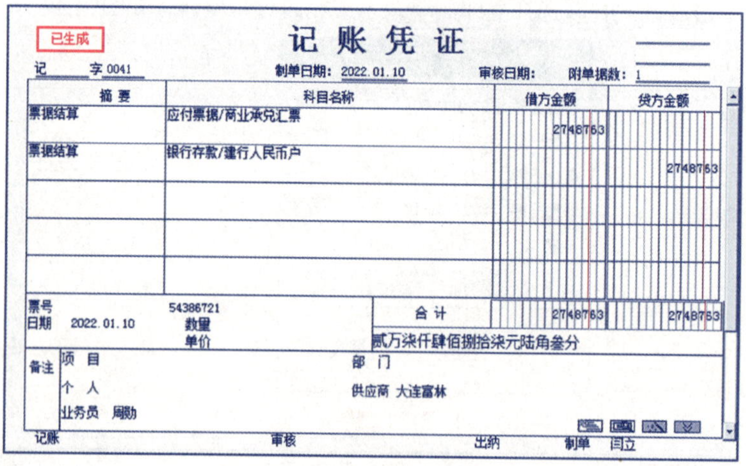

图3-49　业务7-票据结算凭证

任务清单 7-2 采购暂估业务

任务下达

1. 收到上期采购业务发票

2022年1月11日，收到2021年12月16日自大连富林食品有限公司采购黄油的发票。票号为：87941022，数量为200千克，不含税单价为60元/千克，价税合计13 560元。款项未付。

2. 月末暂估

至2022年1月11日（假定的月末日期），尚未收到2022年1月9日向辽宁秋云丝印有限公司采购的包装箱的发票，做月末暂估处理。

任务解析

在采购实务中，常常会出现货物已到，但发票始终未到的情形。如果月中发生此类事项，可暂时将采购入库单做“压单”处理，不予操作；但如果月末发票仍然未到，便需要进行存货暂估处理。

所谓存货暂估是外购入库的货物发票未到，在无法确定实际的采购成本时，财务人员月末暂时按估计价格入账，后续再按照选择的暂估处理方式进行回冲或者补差处理。

1.月末暂估

月末暂估，即月末对发票未到的采购入库单执行估价操作，再记账，生成入库凭证，按暂估价增加存货，形成暂估应付款。相关操作由会计在存货核算系统中执行。

2.暂估冲回处理

存货核算系统里设置了“月初回冲”、“单到回冲”以及“单到补差”三种暂估处理方式，用来解决存货由暂估价转为实际价的问题。

月初回冲法指下月初系统自动生成红字回冲单冲抵月末暂估成本，待收到发票后，再录入发票，完成采购结算与财务处理。此方法较为烦琐，尤其当发票等待期跨越多个会计期间，每个期末期初都要执行暂估和回冲，特别麻烦。

单到回冲法较为简单，易于理解。该方式下，只在取得采购发票收到后，统一解决回冲和存货准确入账的问题。实务中经常采用此种方法，沈阳君喜糖果有限公司也是采用该方法。

单到补差法也是下月初不做处理，待采购发票收到后，通过补充或抵减暂估价与实际价之间的差额的办法，调整相关单据和凭证。单到补差法通常会在存货核算系统生成调整单，做法虽然简单，但不易理解。

任务实施

【操作岗位】采购员G01完成采购发票；会计W02完成采购暂估相关账务处理

【操作流程】

1.取得暂估存货发票

2022年1月11日，采购员G01参照2021年12月16日的入库单生成采购专用发票，复核并结算。如图3-50所示。

单到回冲

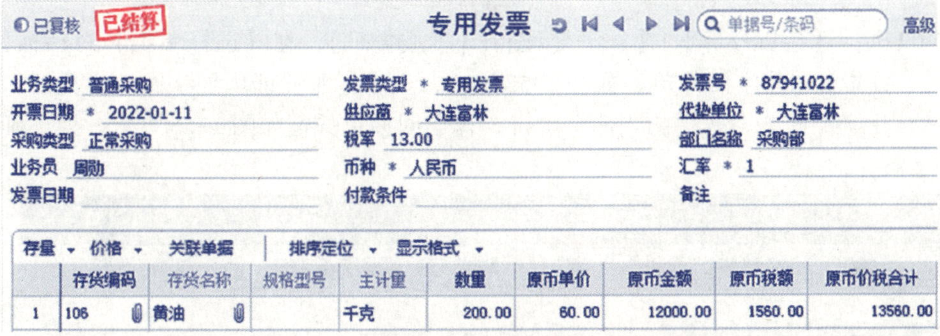
已复核 已结算 专用发票 单据号/条码 高级

业务类型 普通采购　发票类型 * 专用发票　发票号 * 87941022
开票日期 * 2022-01-11　供应商 * 大连富林　代垫单位 * 大连富林
采购类型 正常采购　税率 13.00　部门名称 采购部
业务员 周勋　币种 * 人民币　汇率 * 1
发票日期　付款条件　备注

存量 价格 关联单据 排序定位 显示格式

	存货编码	存货名称	规格型号	主计量	数量	原币单价	原币金额	原币税额	原币价税合计
1	106	黄油		千克	200.00	60.00	12000.00	1560.00	13560.00

图3-50 业务1-专用发票

2022年1月11日，会计W02在【应付款管理】模块审核发票并制单，结果如图3-51所示；同日，会计W02执行【存货核算】|【记账】|【结算成本处理】，打开【结算成本处理】对话框。

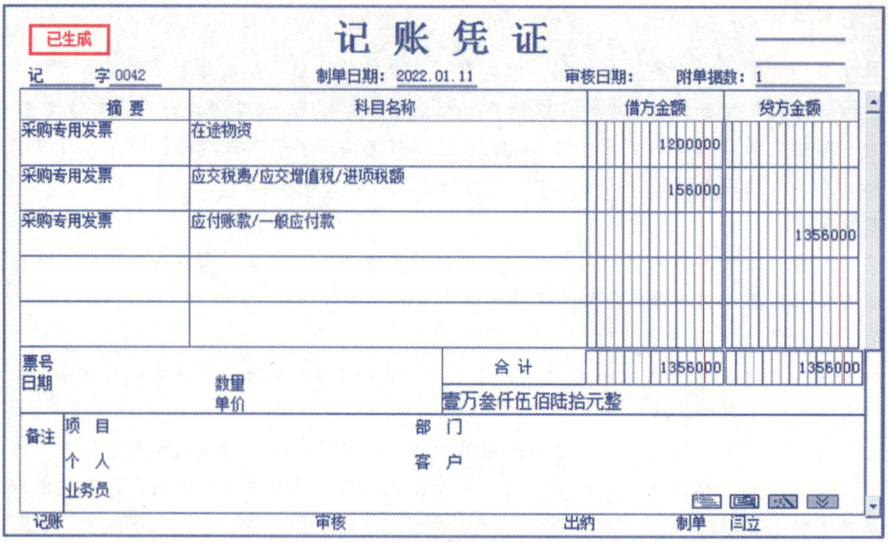

图 3-51　业务 1-采购记账凭证

【全选】所有仓库，单击【确定】，系统显示上月16日暂估的入库单记录，如图3-52所示，勾选该记录，点击【结算处理】按钮，系统提示结算成本处理完成。

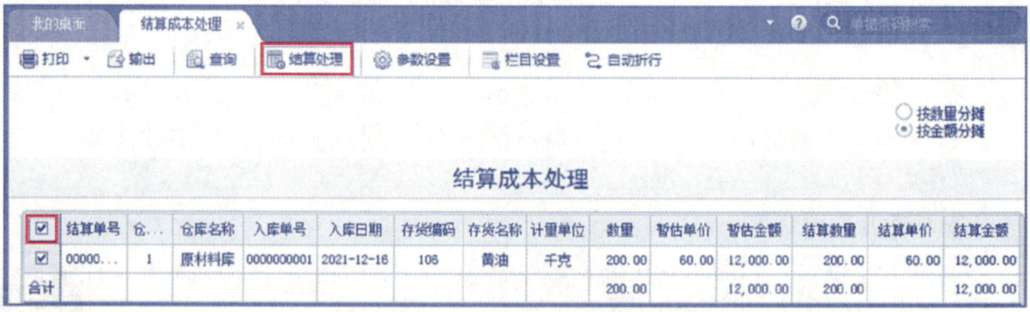

☑	结算单号	仓...	仓库名称	入库单号	入库日期	存货编码	存货名称	计量单位	数量	暂估单价	暂估金额	结算数量	结算单价	结算金额
☑	00000...	1	原材料库	0000000001	2021-12-16	106	黄油	千克	200.00	60.00	12,000.00	200.00	60.00	12,000.00
合计									200.00		12,000.00	200.00		12,000.00

图 3-52　业务 1-结算成本处理

会计W02执行【存货核算】|【凭证处理】|【生成凭证】，在【选择单据】对话框，分别选择红字回冲单和蓝字回冲单，如图3-53所示，生成记账凭证。红字回冲单凭证如图3-54所示，用来冲回上月暂估的入库单凭证；蓝字回冲单凭证如图3-55所示，为正确的入库凭证。

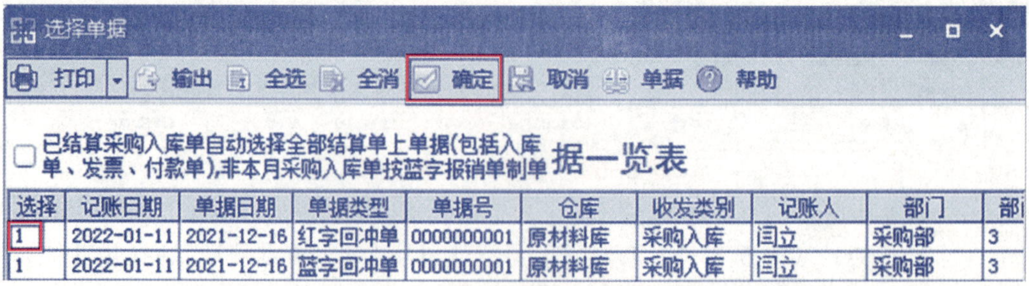

选择	记账日期	单据日期	单据类型	单据号	仓库	收发类别	记账人	部门	部门
1	2022-01-11	2021-12-16	红字回冲单	0000000001	原材料库	采购入库	闫立	采购部	3
1	2022-01-11	2021-12-16	蓝字回冲单	0000000001	原材料库	采购入库	闫立	采购部	3

图 3-53　业务 1-选择红蓝回冲单

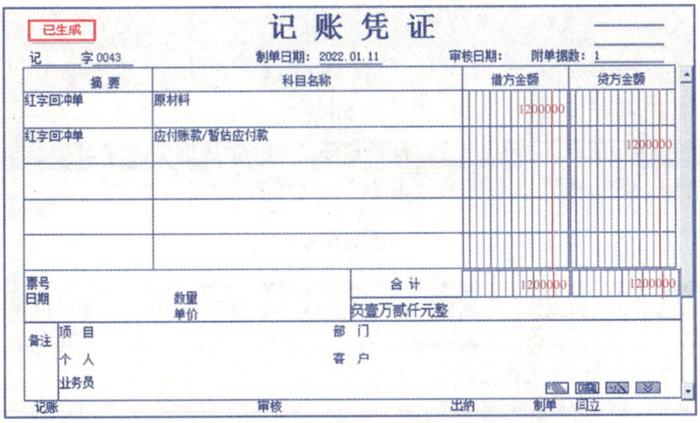

图 3-54　业务 1-红字回冲单生成凭证

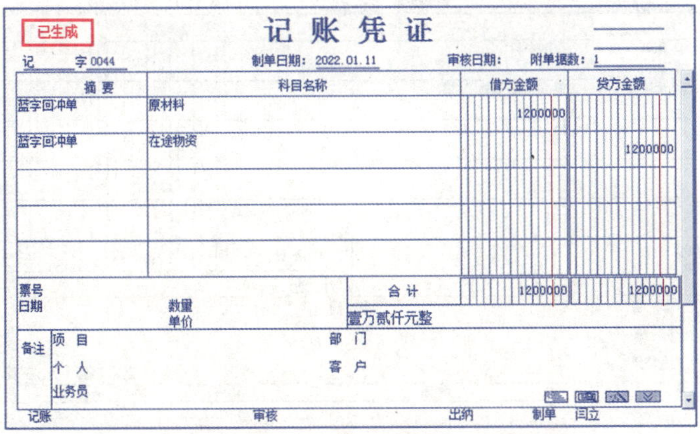

图 3-55　业务 1-蓝字回冲单生成凭证

2. 月末暂估业务

会计W02在2022年1月11日（假定的月末日期）登录企业应用平台，执行【存货核算】|【记账】|【暂估成本录入】，点击查询条件右侧的【更多>>】按钮，查询条件设置如图3-56所示，单击【确定】。

采购月末暂估

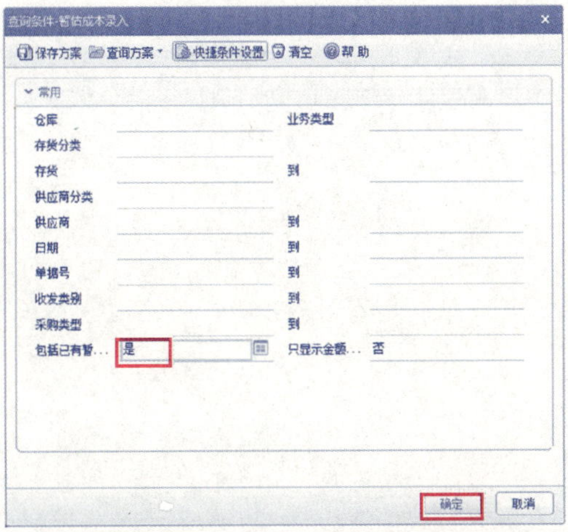

图 3-56　业务 2-暂估成本录入查询

在检索出的入库单记录中，修改确认单价为“2”，如图3-57所示，单击【保存】，系统提示保存成功，完成估价。会计W02继续执行【记账】及【生成凭证】操作，将估价完成的入库单记账并填制凭证。结果如图3-58所示。

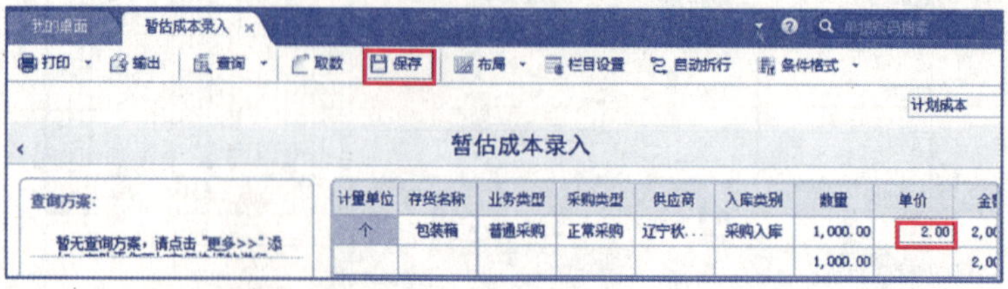

图3-57　业务2-暂估成本录入

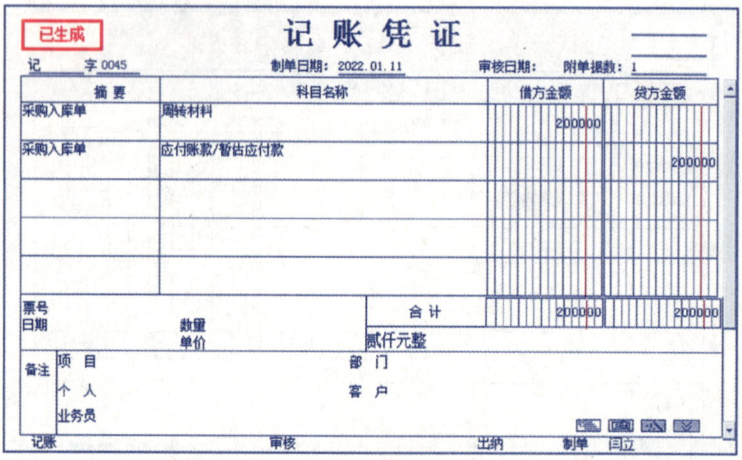

图3-58　业务2-暂估入库记账凭证

任务清单 7-3　采购退货业务

任务下达

2022年1月12日，发现2022年1月8日向大连富林食品有限公司采购的坚果有100千克存在质量问题，经双方协商全额退款，存在质量问题的存货已经发出。

当日，收到供货方提供的红字增值税发票一张（数量为-100千克，不含税金额为-2 500元，增值税税率为13%，票号：85659877）以及电汇收款凭证一张（票号：43120086，金额2 825元）。

任务解析

由于采购存货质量不合格或企业转产等原因，企业可能发生退货业务。在采购系统中，退货业务流程与采购业务流程相同。原采购业务的执行进度影响着退货业务的操作。具体情形如下：

1. 存货未入库时退货

未入库的存货，如果也没有录入到货单，可以直接将预退货物返还，不必进行系统操作；如果已经填制了到货单，退还货物的同时还要在系统填制退货单并审核。

2. 存货入库后退货

此时若已取得发票但尚未录入系统，则应退回发票并据实修改或删除采购入库单；若发票已录入未结算，则修改或删除采购入库单及采购发票；若发票已经结算但未付款，应先取消采购结算，再修改或删除入库单和采购发票；若发票已经录入且已经结算并付款，则执行退货流程，录入退货单，具体操作如图3-59所示。

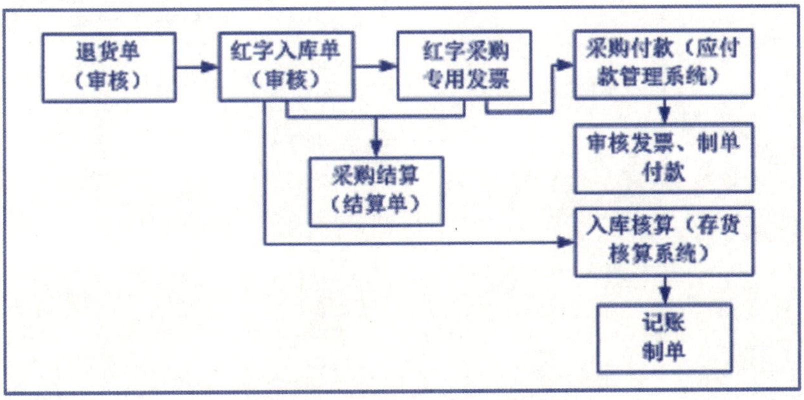

图3-59　退货业务工作流程

◇ 任务实施

【操作岗位】采购员 G01 完成退货单及红字采购发票的填制，执行采购结算；仓管员 C01 完成采购入库单（红字）；会计 W02 进行发票审核、制单，入库单记账、生成凭证，付款单（红字）的审核、制单，核销等；出纳 W03 填制付款单（红字）

【操作流程】

1. 采购退货单

2022 年 1 月 12 日，采购员 G01 执行【采购管理】|【采购到货】|【采购退货单】，打开【采购退货单】窗口，参照 2022 年 1 月 8 日的到货单生成采购退货单，修改数量为“-100”，其他不变，单击【保存】|【审核】，结果如图 3-60 所示。

采购退货

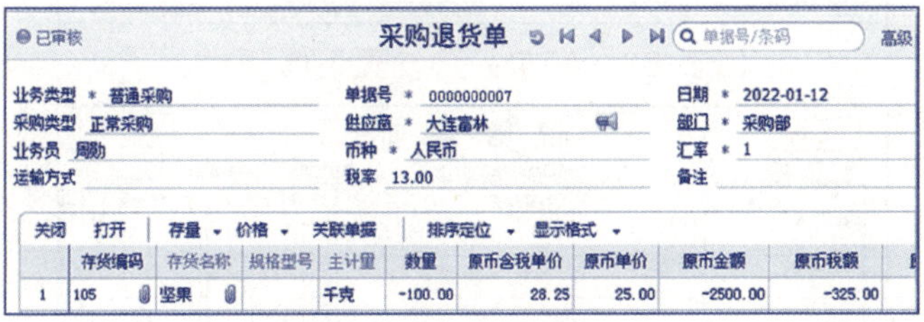
已审核　采购退货单　单据号/条码　高级

业务类型 * 普通采购　单据号 * 0000000007　日期 * 2022-01-12
采购类型 正常采购　供应商 * 大连富林　部门 * 采购部
业务员 周勋　币种 * 人民币　汇率 * 1
运输方式　税率 13.00　备注

关闭　打开　存量　价格　关联单据　排序定位　显示格式

	存货编码	存货名称	规格型号	主计量	数量	原币含税单价	原币单价	原币金额	原币税额
1	105	坚果		千克	-100.00	28.25	25.00	-2500.00	-325.00

图 3-60　采购退货单

2. 采购入库单（红字）

2022 年 1 月 12 日，仓管员 C01 参照采购到货单（红字）生成采购入库单（红字），如图 3-61 所示。

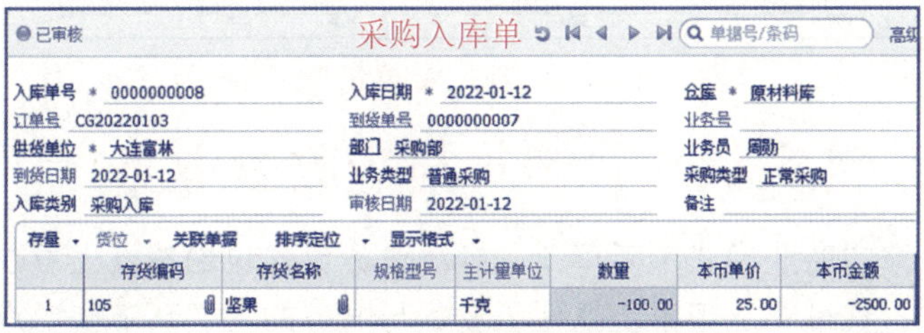
已审核　采购入库单　单据号/条码　高级

入库单号 * 0000000008　入库日期 * 2022-01-12　仓库 * 原材料库
订单号 CG20220103　到货单号 0000000007　业务号
供货单位 * 大连富林　部门 采购部　业务员 周勋
到货日期 2022-01-12　业务类型 普通采购　采购类型 正常采购
入库类别 采购入库　审核日期 2022-01-12　备注

存量　货位　关联单据　排序定位　显示格式

	存货编码	存货名称	规格型号	主计量单位	数量	本币单价	本币金额
1	105	坚果		千克	-100.00	25.00	-2500.00

图 3-61　红字采购入库单

3. 红字专用采购发票

2022 年 1 月 12 日，采购员 G01 执行【采购管理】|【采购发票】|【红字专用采购发票】，参照采购入库单（红字）生成红字专用发票并实施【复核】、【结算】与【现付】操作，结果如图 3-62 所示。

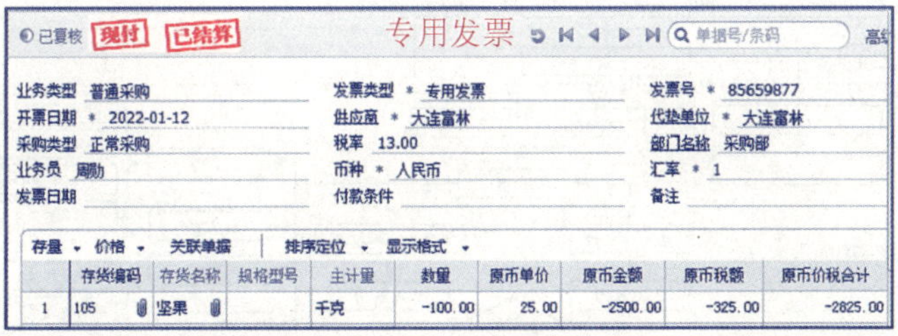
已复核　现付　已结算　专用发票　单据号/条码　高级

业务类型 普通采购　发票类型 * 专用发票　发票号 * 85659877
开票日期 * 2022-01-12　供应商 * 大连富林　代垫单位 * 大连富林
采购类型 正常采购　税率 13.00　部门名称 采购部
业务员 周勋　币种 * 人民币　汇率 * 1
发票日期　付款条件　备注

存量　价格　关联单据　排序定位　显示格式

	存货编码	存货名称	规格型号	主计量	数量	原币单价	原币金额	原币税额	原币价税合计
1	105	坚果		千克	-100.00	25.00	-2500.00	-325.00	-2825.00

图 3-62　红字采购发票

4. 发票及入库单会计处理

2022 年 1 月 12 日，会计 W02 审核前述红字专用发票并制单，结果如图 3-63 所示。同时，在【存货核算】将红字入库单记账、生成凭证。结果如图3-64所示。

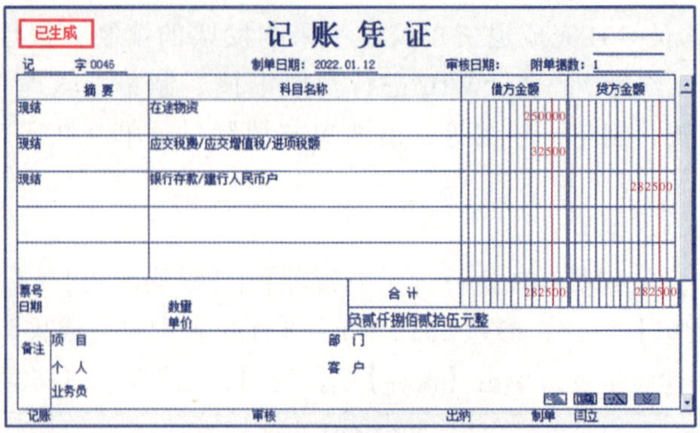
已生成

记 账 凭 证

记 字 0046　制单日期：2022.01.12　审核日期：　附单据数：1

摘要	科目名称	借方金额	贷方金额
现结	在途物资	250000	
现结	应交税费/应交增值税/进项税额	32500	
现结	银行存款/建行人民币户		282500
票号 日期 数量 单价	合计	282500	282500
	负贰仟捌佰贰拾伍元整		

备注　项目　部门　个人　客户　业务员

记账　审核　出纳　制单　同立

图3-63　红字采购发票记账凭证

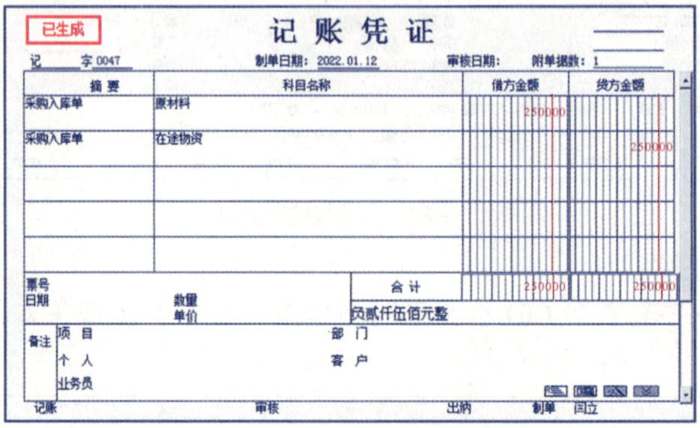
已生成

记 账 凭 证

记 字 0047　制单日期：2022.01.12　审核日期：　附单据数：1

摘要	科目名称	借方金额	贷方金额
采购入库单	原材料	250000	
采购入库单	在途物资		250000
票号 日期 数量 单价	合计	250000	250000
	负贰仟伍佰元整		

备注　项目　部门　个人　客户　业务员

记账　审核　出纳　制单　同立

图3-64　红字入库单记账凭证

【实训八】销售与应收款业务

随着新技术支撑的商业模式不断革新，经济业务形式也悄然发生着改变。会计信息化作为先进管理手段，其设计从根本上抓住了业务与财务的关键环节和要点。沈阳君喜糖果有限公司销售业务类型丰富，从普通销售（先货后票和先票后货）、直运销售到分期收款销售、委托代销等业务都有涉及。虽然处理形式有所差异，但本质相同，均应遵循实际业务流程和软件设计规律。销售与应收款管理系统工作流程如图3-65所示。

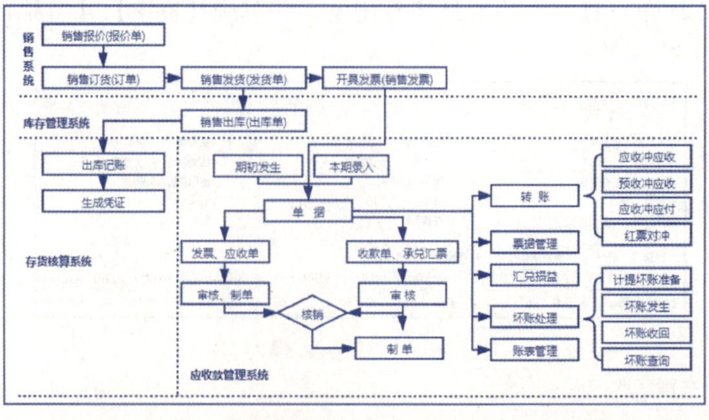

图3-65　销售与应收款管理系统工作流程

任务清单8-1　普通销售业务

任务下达

1.2022年1月13日，销售部丁天与辽宁百盛商城有限公司签订合同（XS20220101），销售牛轧糖5 000箱，单价为100元/箱，增值税税率为13%。当天发货并开具增值税专用发票（票号：69854326，价税合计565 000元）。

2022年1月14日，收到辽宁百盛商城有限公司付款转账支票一张，金额565 000元，票号：25678934。

2.2022年1月14日，销售部丁天与沈阳鑫鑫副食集团签订销售合同（XS20220102），销售香酥枣100箱，单价为90元/箱，增值税税率为13%。当日开出增值税专用发票（票号：67542890，价税合计10 170元），采购方凭发票自提货物，同时以转账支票（票号：55663377）支付全部货款。

3.2022年1月15日，收到辽宁百盛商城有限公司上月28日的货款（付款条件“2/10，1/20，n/30”），业务员：陈琳，支票票号：78864237，金额为60 480元。（填制收款单）

4.由于大连金舵购物广场近期出现资金周转困难，预计上年12月5日确认的应收账款79 100元不能收回，因此，2022年1月15日，将该预计不能收回的应收账款确认为坏账。

5.2022年1月15日，上月20日已预收上海艾格连锁超市有限公司10 000元货款的货物按合同要求发出，开具增值税专用发票，牛轧糖2 500箱，不含税单价为80元/箱，增值税税率为13%。业务员为陈琳，票号：44557608。

2022年1月16日，收到上海艾格连锁超市有限公司邮寄的无息银行承兑汇票，用以结清货款。票面金额为216 000元，票号：24567903。出票日期：2022年1月16日，到期日：2022年4月16日。

6.2022年1月16日，将北京新世界百货有限公司2022年3月20日到期的银行承兑汇票进行贴现，贴现率为6%。

7.2022年1月16日，销售部陈琳与北京新世界百货有限公司签订合同（XS20220103），销售香酥枣3 000箱，单价为100元/箱，增值税税率为13%。合同约定货物由沈阳顺通物流公司承运，金额1 500元，增值税税率为9%，运费由买方负担，销货方垫付。当天发货并开具增值税专用发票（票号：11668542，价税合计339 000元）。同时以电汇方式垫付运费及增值税共1 635元（票号：33556699）。

8.2022年1月17日，收到大连金舵购物广场转账支票（票号：55960027，金额79 100元），据悉其周转问题已经完全解除，当前计提的坏账准备全部冲回。（填制收款单）

任务解析

一、销售业务

销售管理系统用来进行普通销售、委托代销、直运销售、分期收款销售、销售调拨及零售业务等类型的经济业务的处理并提供各种销售明细账、明细表及统计表、分析表的查询应用。

（一）普通销售业务

普通销售业务大多要经历销售报价、销售订货、销售发货、销售开票、销售出库、出库成本确定、应收款确定及收款处理等操作环节，一般可分为“先货后票”及“先票后货”两种业务形式。

1.先货后票业务

（1）销售报价

销售报价即企业向客户提供存货、规格、价格、结算方式等信息，双方达成协议后，销售报价单可以转为有效力的销售合同或销售订单。企业可以针对不同客户、不同存货、不同批量提出不同的报价、折扣率。在销售业务流程中，销售报价环节是可省略的。

（2）销售订货、销售发货

销售订货是指企业与客户签订销售合同，销售员在销售管理系统填制销售订单的过程。订单可参照报价单生成。

合同成立后，销售方应按合同约定发货，即由销售员参照订单生成发货单。除了根据销售订单发货外，销售管理系统也有直接发货的功能，即无须事先录入销售订单，随时可以将产品发给客户。在销售业务流程中，销售发货处理是必需的。

（3）销售开票及销售出库

销售开票是销售中企业给客户开具销售发票及其所附清单的过程。它是销售收入确定、销售成本计算、应交销售税金确定和应收账款确定的依据，是销售业务的必要环节。

销售发票既可以直接填制，也可以参照销售订单或销售发货单生成。参照发货单开票时，多张发货单可以汇总开票，一张发货单也可拆单生成多张销售发票。

销售出库也是销售业务处理的必要环节，在库存管理系统中用于存货出库数量核算，在存货核算系统中用于存货出库成本核算（如果存货核算系统中销售成本的核算选择依据销售出库单）。

根据参数设置的不同，销售出库单可在销售系统生成，也可在库存系统生成。如果由销售管理系统生成出库单，只能一次销售全部出库；而由库存管理系统生成销售出库单，可实现一次销售分次出库。

（4）销售财务处理

与采购业务类似，销售业务的财务处理也分为两部分，在应收款管理系统审核发票并制单，在存货核算系统记账及生成出库记账凭证。

需要说明的是，生成出库记账凭证前应计算出库成本。对于用先进先出、移动平均、个别计价这三种计价方式计价的存货，在存货核算系统执行单据记账时，系统自动完成出库成本计算；而用全月平均、计划价/售价计价的存货需月末通过期末处理功能计算出出库成本后再执行制单操作。

先货后票业务的工作流程如图3-66所示。

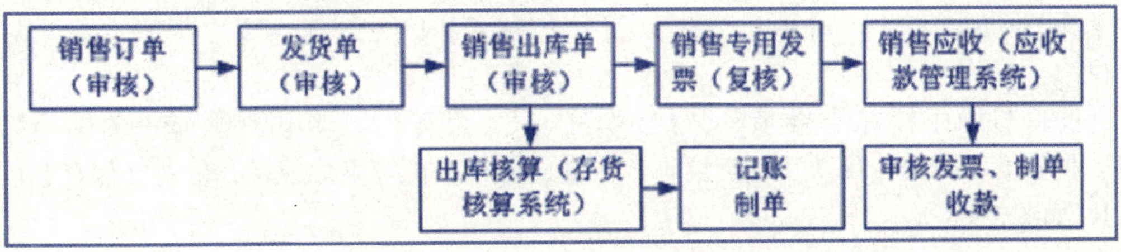

图3-66　先货后票业务流程

2.先票后货业务

先票后货是指销售时开票直接发货的业务模式，一般适用于需要开发票的零售业务。该模式下，发货单由销售发票自动生成，发货单只做浏览，不能进行修改、删除、弃审等操作，但可以关闭、打开；销售出库单根据自动生成的发货单生成。

开票直接发货模式中发货单参照订单发货时，一张订单可多次发货，多张订单也可一次发货。如果不设置“超订量发货控制”，可以超销售订单数量发货。先票后货业务流程如图3-67所示。

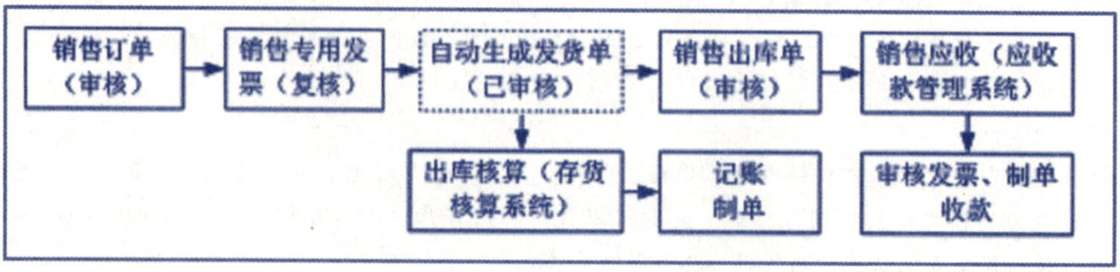

图3-67　先票后货业务流程

（二）其他说明

1.销售类型说明

与采购业务相似，根据收款时间可以将销售业务区分为预收款销售、现结销售及应收款销售业务，其处理方法也与相应的采购业务一致。

2.代垫费用说明

代垫费用是指随货物销售所发生的（如运杂费、保险费等）暂时代垫、将来需向对方单位收取的费用项目。代垫费用实际上形成了用户对客户的应收款，一般可由销售员在开票时填写代垫费用单。代垫费用单形成其他应收单，在应收款管理系统进行审核制单，销售系统仅对代垫费用的发生情况进行登记。

二、应收款管理系统

应收款管理系统包括应收处理、收款处理、票据管理、转账处理和坏账处理等内容。其中，应收处理、收款处理、票据管理及转账处理操作与应付款管理系统中对应功能相似，这里不进一步展开说明。

坏账处理是应收款管理系统独特的功能，用于实施坏账计提、坏账发生、坏账收回等操作，强化坏账监控管理。

◇ 任务实施

【操作岗位】销售员X01完成销售订单、发货单及销售发票的填制、审核（复核）；仓管员C01完成销售出库单的填制；会计W02进行发票审核、制单，出库单记账、生成凭证，收款单的审核、制单，核销等；出纳W03填制收款单

【操作流程】

1.业务1操作流程

（1）销售订单与发货单（X01）。

2022年1月13日，销售员X01登录企业应用平台，点击【业务导航】，执行【业务工作】|【供应链】|【销售管理】|【销售订货】|【销售订单】，打开【销售订单】窗口。

点击【增加】按钮，依次填写或参照填写订单号、业务类型、销售类型、客户简称、销售部门、业务员等表头项目以及存货编码、数量、无税单价等表体项目，单击【保存】|【审核】，如图3-68所示。

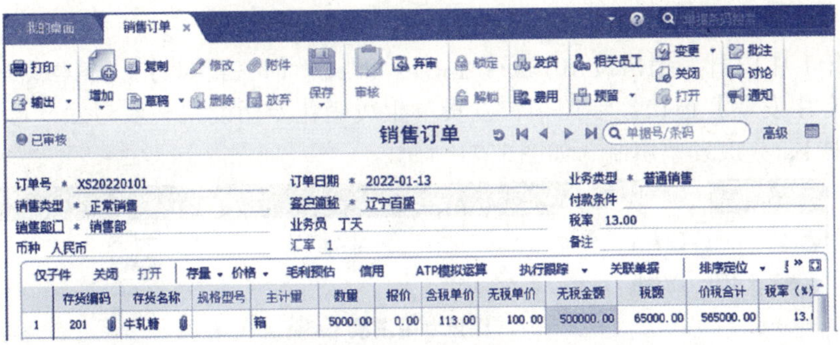

图3-68　业务1-销售订单

单击【发货】按钮，系统自动生成销售发货单，修改仓库为“成品库”，单击【保存】|【审核】，完成发货单填制，如图3-69所示。

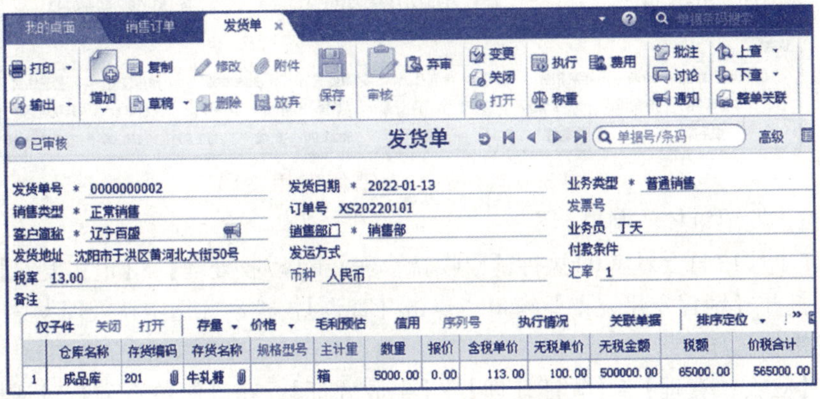

图3-69　业务1-销售发货单

> **操作提示**
>
> 如果销售业务先填制发货单，则发货单既可通知出库，也可通知开票。因此该单据既能生成出库单，也能生成发票。

（2）销售出库单（C01）。

2022年1月13日，仓管员C01执行【库存管理】|【销售出库】|【销售出库单】，打开【销售出库单】窗口。参照销售发货单生成销售出库单，单击【保存】|【审核】，如图3-70所示。

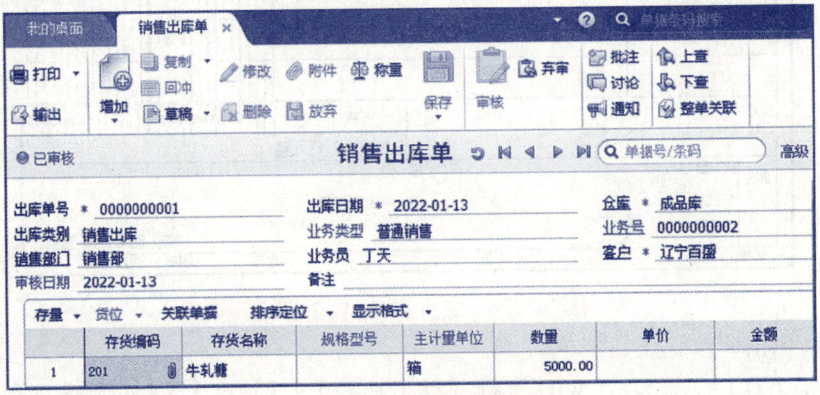

图3-70　业务1-销售出库单

（3）销售专用发票（X01）。

2022年1月13日，销售员X01执行【销售管理】|【销售开票】|【销售专用发票】，打开【销售专用发票】窗口。参照销售发货单生成销售专用发票，填写发票号，执行【保存】|【复核】，完成发票填制，如图3-71所示。

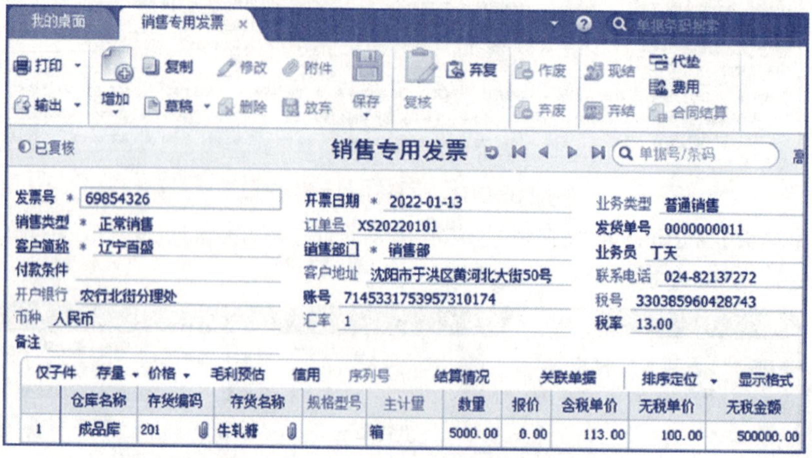

图3-71　业务1-销售专用发票

（4）销售发票审核、制单。

2022年1月13日会计W02执行【应收款管理】|【应收处理】|【销售发票】|【销售发票审核】，打开【销售专用发票】窗口。点击【查询】，检索并选中待处理发票，单击【审核】，完成审核工作。

执行【应收款管理】|【凭证处理】|【生成凭证】，在【制单查询】对话框勾选【发票】复选框，单击【确定】，系统打开【生成凭证】窗口，选中相应的发票记录，点击【制单】，系统生成销售发票的记账凭证，如图3-72所示。

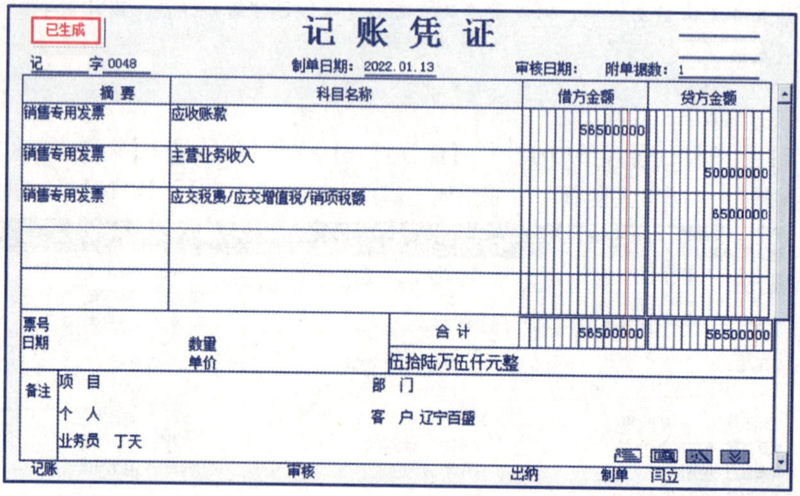

图3-72　业务1-销售发票制单

（5）销售出库单记账、制单。

2022年1月13日，会计W02执行【存货核算】|【记账】|【正常单据记账】，打开【未记账单据一览表】窗口。点击【查询】，检索并选中待处理出库单，单击【记账】，完

成记账工作。

会计W02执行【存货核算】|【凭证处理】|【生成凭证】，在【生成凭证】窗口点击【选单】，系统打开【查询条件-生成凭证查询条件】对话框，单击【确定】。在【选择单据】页面勾选待处理的销售发票，点击【确定】，系统列出凭证具体信息，如图3-73所示。单击【合并制单】按钮，生成凭证如图3-74所示。

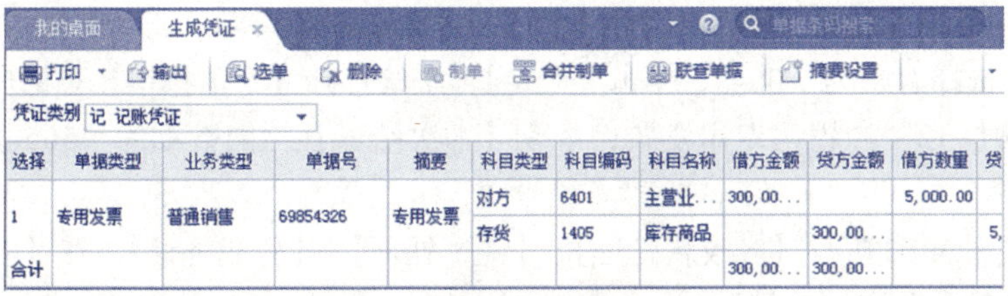

图3-73　业务1-出库制单（一）

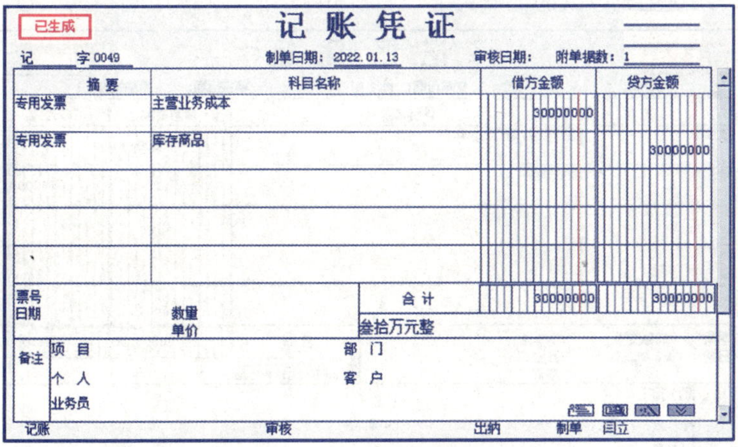

图3-74　业务1-出库制单（二）

（6）收款单填制（W03）。

2022年1月14日，出纳W03执行【应收款管理】|【收款处理】|【收款单据录入】，打开【收款单据录入】窗口。单击【增加】，依次填写或参照填写日期、客户、结算方式、金额、票据号、部门和业务员等表头信息，选择表体【款项类型】为“应收款”，单击【保存】，完成收款单的录入，如图3-75所示。

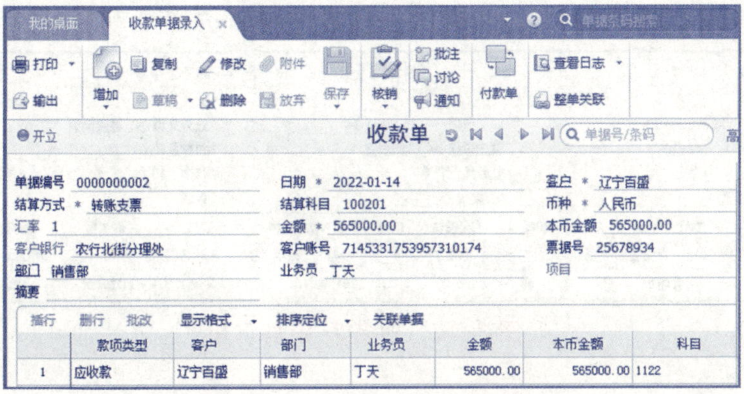

图3-75　业务1-收款单填制

（7）收款单审核（W02）。

2022年1月14日，会计W02执行【应收款管理】|【收款处理】|【收款单据审核】，打开【收款单据审核】窗口。单击左侧【查询】按钮，勾选相应的收款单，点击【审核】，系统提示审核完成信息，单击【确定】，关闭退出。

（8）核销及制单。

2022年1月14日，会计W02执行【应收款管理】|【核销处理】|【手工核销】，在【核销条件】窗口选择客户为“004”，单击【确定】，系统打开【手工核销】对话框。选择单据日期为“2022-01-13”的销售专用发票，修改【本次结算】栏内数据为“565000”，单击【确认】，完成核销。

同时，会计W02执行【应收款管理】|【凭证处理】|【生成凭证】，在【制单查询】对话框勾选“收付款单”和“核销”，单击【确定】，打开【生成凭证】窗口，执行【全选】|【合并】|【制单】，系统生成收款的记账凭证，如图3-76所示，单击【保存】，退出操作。

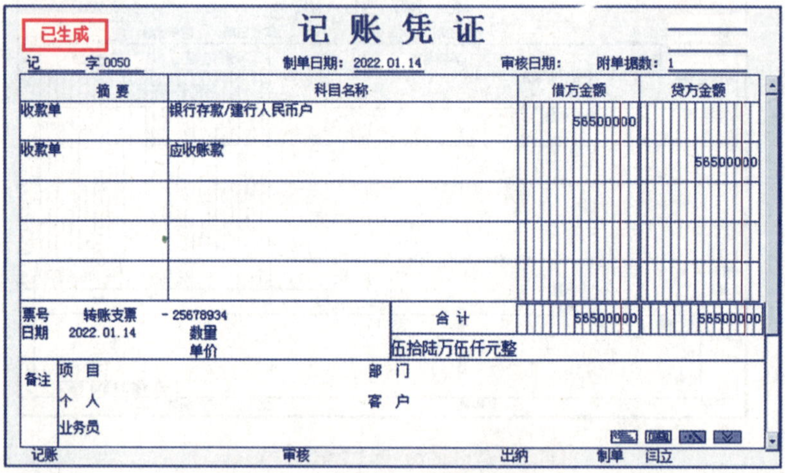

图3-76　业务1-收款记账凭证

2.业务2操作流程

（1）2022年1月14日，销售员X01填制销售订单，结果如图3-77所示；同时，参照销售订单开具销售专用发票，点击【保存】并执行【现结】操作，录入转账支票信息，单击【复核】，如图3-78所示。此时，系统自动生成已审核的销售发货单，执行【销售管理】|【销售发货】|【销售订单】|【发货单】，点击右箭头可以查看，如图3-79所示。

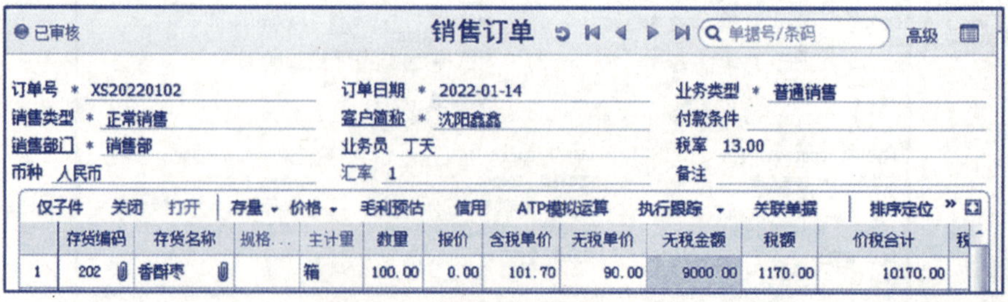

图3-77　业务2-销售订单

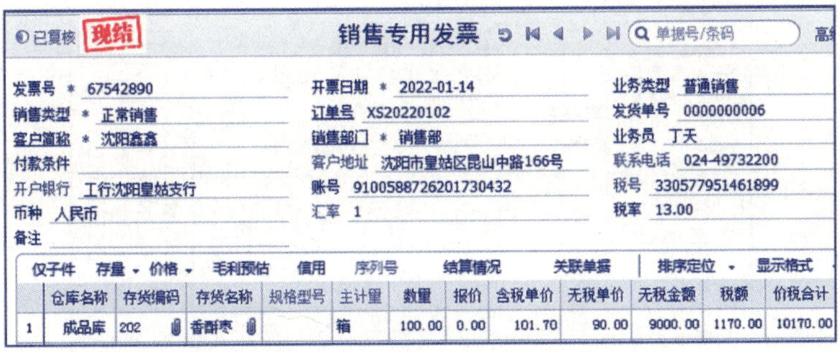

已复核 现结 销售专用发票

发票号 * 67542890　开票日期 * 2022-01-14　业务类型 普通销售
销售类型 * 正常销售　订单号 XS20220102　发货单号 0000000006
客户简称 * 沈阳鑫鑫　销售部门 * 销售部　业务员 丁天
付款条件　客户地址 沈阳市皇姑区昆山中路166号　联系电话 024-49732200
开户银行 工行沈阳皇姑支行　账号 9100588726201730432　税号 330577951461899
币种 人民币　汇率 1　税率 13.00
备注

	仓库名称	存货编码	存货名称	规格型号	主计量	数量	报价	含税单价	无税单价	无税金额	税额	价税合计
1	成品库	202	香酥枣		箱	100.00	0.00	101.70	90.00	9000.00	1170.00	10170.00

图 3-78　业务 2-专用发票

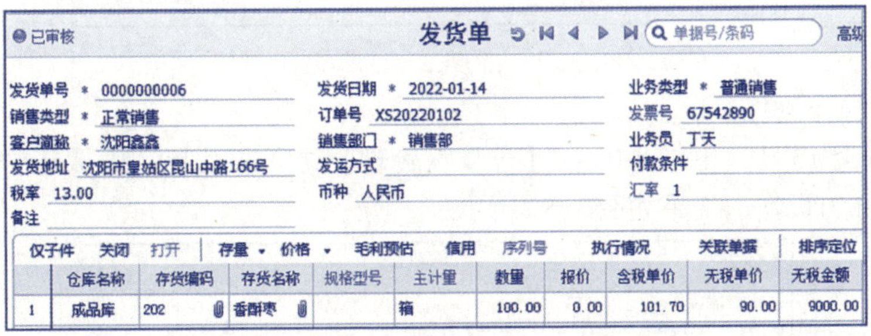

已审核 发货单

发货单号 * 0000000006　发货日期 * 2022-01-14　业务类型 * 普通销售
销售类型 * 正常销售　订单号 XS20220102　发票号 67542890
客户简称 * 沈阳鑫鑫　销售部门 * 销售部　业务员 丁天
发货地址 沈阳市皇姑区昆山中路166号　发运方式　付款条件
税率 13.00　币种 人民币　汇率 1
备注

	仓库名称	存货编码	存货名称	规格型号	主计量	数量	报价	含税单价	无税单价	无税金额
1	成品库	202	香酥枣		箱	100.00	0.00	101.70	90.00	9000.00

图 3-79　业务 2-发货单

（2）2022年1月14日，仓管员C01参照销售发货单填制销售出库单，结果如图3-80所示。

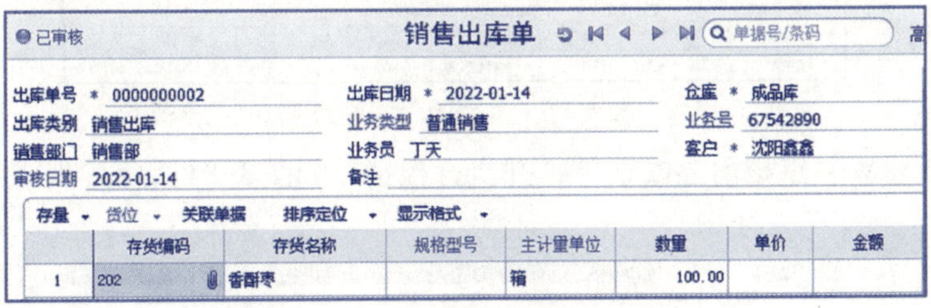

已审核 销售出库单

出库单号 * 0000000002　出库日期 * 2022-01-14　仓库 * 成品库
出库类别 销售出库　业务类型 普通销售　业务号 67542890
销售部门 销售部　业务员 丁天　客户 * 沈阳鑫鑫
审核日期 2022-01-14　备注

	存货编码	存货名称	规格型号	主计量单位	数量	单价	金额
1	202	香酥枣		箱	100.00		

图 3-80　业务 2-销售出库单

（3）2022年1月14日，会计W02审核销售专用发票并制单，结果如图3-81所示；同时，针对销售发票执行出库业务记账和凭证填制工作，结果如图3-82所示。

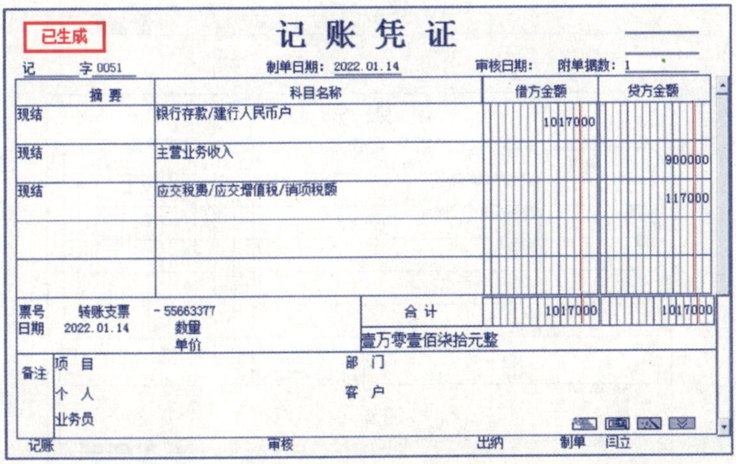

已生成　记账凭证

记 字 0051　制单日期：2022.01.14　审核日期：　附单据数：1

摘要	科目名称	借方金额	贷方金额
现结	银行存款/建行人民币户	1017000	
现结	主营业务收入		900000
现结	应交税费/应交增值税/销项税额		117000
票号 转账支票 - 55663377 日期 2022.01.14 数量 单价	合计	1017000	1017000
	壹万零壹佰柒拾元整		

备注 项目　部门
个人　客户
业务员

记账　审核　出纳　制单　回立

图 3-81　业务 2-销售记账凭证

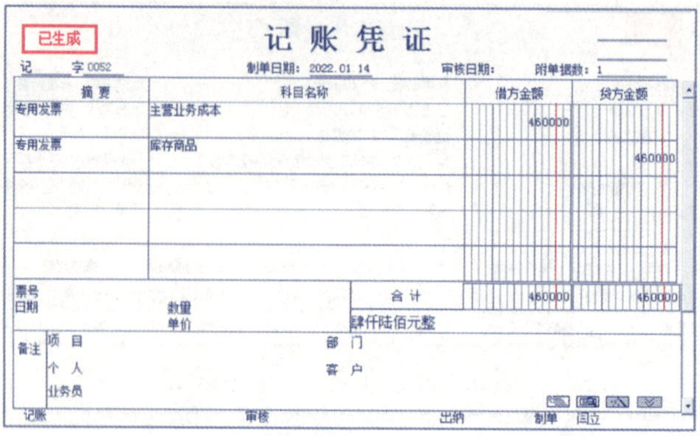

图 3-82 业务 2-出库记账凭证

3. 业务 3 操作流程

2022 年 1 月 15 日，出纳 W03 在【应收款管理】录入收款单，收取辽宁百盛商城有限公司上月 28 日的货款，结果如图 3-83 所示。

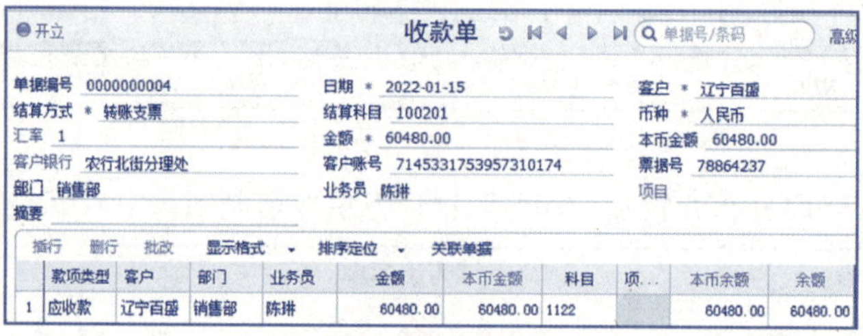

图 3-83 业务 3-收款单

同日，会计 W02 审核前述收款单，并执行核销，如图 3-84 所示，生成收款记账凭证，如图 3-85 所示。

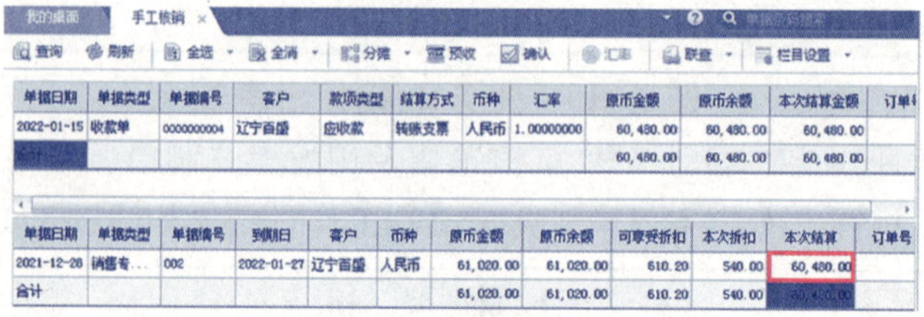

图 3-84 业务 3-手工核销

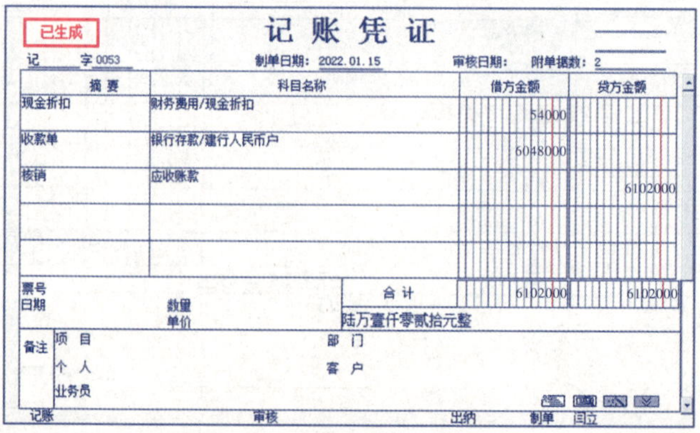

图 3-85 业务 3-收款制单

销售业务4

4.业务4操作流程

2022年1月15日，会计W02执行【应收款管理】|【坏账处理】|【坏账发生】，打开【坏账发生】对话框，如图3-86所示，录入客户为“005”，部门为“销售部”，业务员为“丁天”，单击【确定】，结果如图3-87所示。输入本次发生坏账金额为“79100”，单击【确认】，系统提示立即制单，得到确认坏账凭证，如图3-88所示。

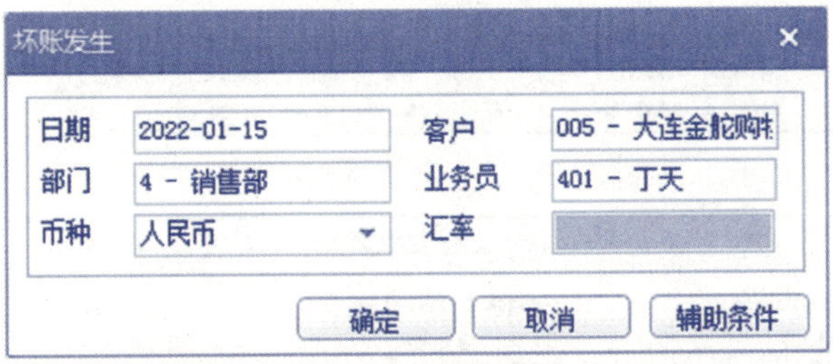

图3-86　业务4-坏账发生查询

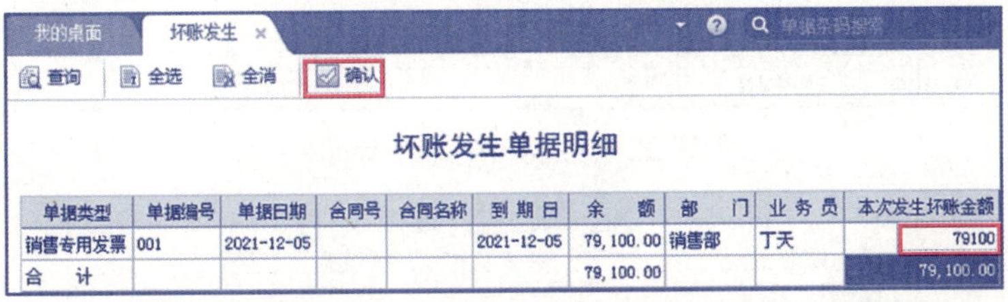

图3-87　业务4-坏账发生确认

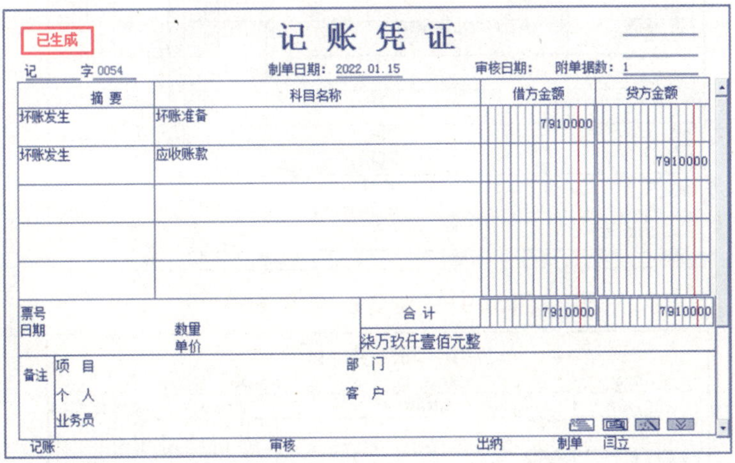

图3-88　业务4-发生坏账制单

5.业务5操作提示

2022年1月15日，销售员X01填制销售专用发票并复核，如图3-89所示，系统自动生成销售发货单；仓管员根据销售发货单发货并生成销售出库单，如图3-90所示。同日，会计W02进行销售发票的审核与制单，凭证如图3-91所示；执行【转账】|【预收冲应收】，将预收的10 000元冲抵对上海艾格连锁超市有限公司的应收账款，并生成转账的记账凭证，如图3-92所示；同时W02还应完成销售出库业务的记账与凭证生成，相关记账凭证如图3-93所示。

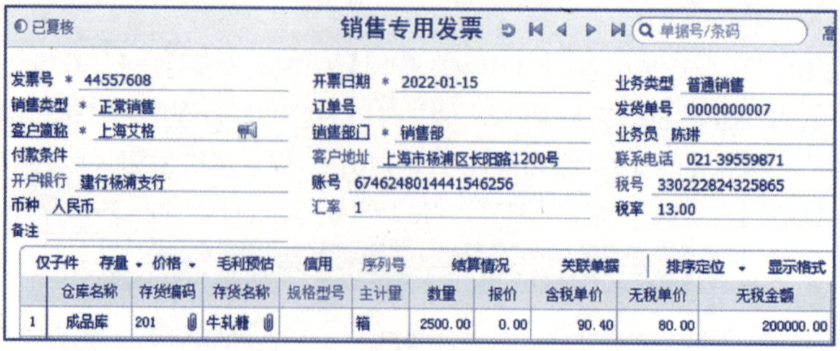

已复核　　销售专用发票

发票号 * 44557608　　开票日期 * 2022-01-15　　业务类型 普通销售
销售类型 * 正常销售　　订单号　　发货单号 0000000007
客户简称 * 上海艾格　　销售部门 * 销售部　　业务员 陈琳
付款条件　　客户地址 上海市杨浦区长阳路1200号　　联系电话 021-39559871
开户银行 建行杨浦支行　　账号 6746248014441546256　　税号 330222824325865
币种 人民币　　汇率 1　　税率 13.00
备注

	仓库名称	存货编码	存货名称	规格型号	主计量	数量	报价	含税单价	无税单价	无税金额
1	成品库	201	牛轧糖		箱	2500.00	0.00	90.40	80.00	200000.00

图 3-89　业务 5-销售发票

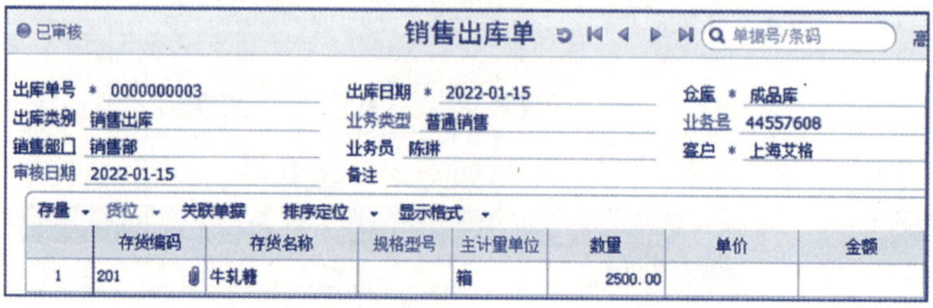

已审核　　销售出库单

出库单号 * 0000000003　　出库日期 * 2022-01-15　　仓库 * 成品库
出库类别 销售出库　　业务类型 普通销售　　业务号 44557608
销售部门 销售部　　业务员 陈琳　　客户 * 上海艾格
审核日期 2022-01-15　　备注

	存货编码	存货名称	规格型号	主计量单位	数量	单价	金额
1	201	牛轧糖		箱	2500.00		

图 3-90　业务 5-销售出库单

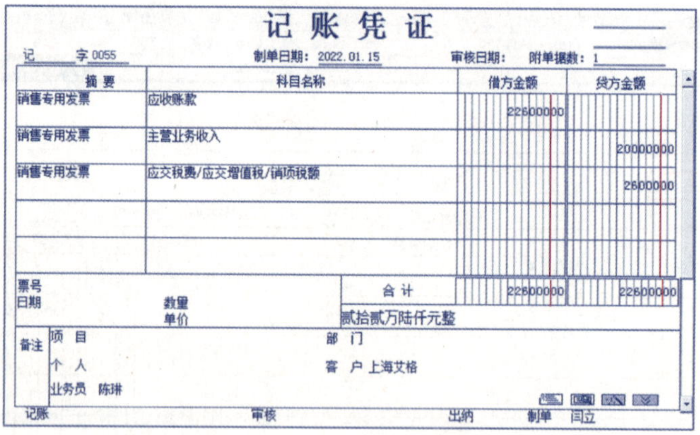

记账凭证

记 字 0055　　制单日期：2022.01.15　　审核日期：　　附单据数：1

摘要	科目名称	借方金额	贷方金额
销售专用发票	应收账款	22600000	
销售专用发票	主营业务收入		20000000
销售专用发票	应交税费/应交增值税/销项税额		2600000
票号 日期　数量 单价	合计	22600000	22600000

贰拾贰万陆仟元整

备注　项目　部门
个人　客户 上海艾格
业务员 陈琳

记账　审核　出纳　制单 闫立

图 3-91　业务 5-销售制单

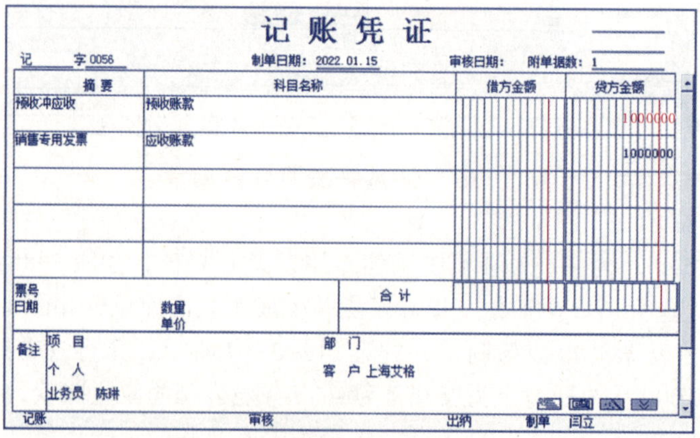

记账凭证

记 字 0056　　制单日期：2022.01.15　　审核日期：　　附单据数：1

摘要	科目名称	借方金额	贷方金额
预收冲应收	预收账款		1000000
销售专用发票	应收账款		1000000
票号 日期　数量 单价	合计		

备注　项目　部门
个人　客户 上海艾格
业务员 陈琳

记账　审核　出纳　制单 闫立

图 3-92　业务 5-预收冲应收制单

已生成

记 账 凭 证

记　字 0057　　制单日期：2022.01.15　　审核日期：　　附单据数：1

摘要	科目名称	借方金额	贷方金额
专用发票	主营业务成本	15000000	
专用发票	库存商品		15000000
票号 日期	数量 单价	合计 15000000	15000000
		壹拾伍万元整	

备注　项　目　　部　门
　　　个　人　　客　户
　　　业务员

记账　审核　出纳　制单　闫立

图 3-93　业务 5-销售出库制单

2022年1月16日，出纳W03将收到的银行承兑汇票录入系统，如图3-94所示；会计W02审核该张银行承兑汇票（在U8系统中银行承兑汇票相当于一张收款单），并执行核销，同时生成记账凭证，结果如图3-95所示。

商业汇票　单据号/条码

票据编号 * 24567903	票据类型 * 银行承兑汇票	方向 * 收款
收到日期 * 2022-01-16	出票人 * 上海艾格连锁超市有限公司	出票人账号 6746248014441546256
出票日期 * 2022-01-16	到期日 * 2022-04-16	结算方式 * 银行承兑汇票
付款人银行 * 建行杨浦支行	收款人 * 沈阳君喜糖果有限公司	收款人账号 6220556267834921166
收款人开户银行 中国建设银行经济技术开发	币种 * 人民币	汇率 * 1.000000
金额 * 216000.00	交易合同号码	票面利率 0.00000000
付款行行号	付款行地址	背书人
背书金额	备注	业务员 陈琳
部门 销售部	制单人 项芳	票据摘要
银行名称		

图 3-94　业务 5-银行承兑汇票

已生成

记 账 凭 证

记　字 0058　　制单日期：2022.01.16　　审核日期：　　附单据数：1

摘要	科目名称	借方金额	贷方金额
收款单	应收票据/银行承兑汇票	21600000	
收款单	应收账款		21600000
票号 24567903 日期 2022.01.16	数量 单价	合计 21600000	21600000
		贰拾壹万陆仟元整	

备注　项　目　　部　门
　　　个　人　　客　户 上海艾格
　　　业务员 陈琳

记账　审核　出纳　制单　闫立

图 3-95　业务 5-商业汇票付款制单

6.业务6操作流程

2022年1月16日，会计W02执行【应收款管理】|【票据管理】|【票据列表】，通过【查询】按钮筛选出相关票据列表，选中收到日期为“2021-12-20”的票据，执行【贴现】，打开【票据贴现】对话框，如图3-96所示，选择“异地”按钮，录入贴现率为“6%”，结算科目为“100201”，单击【确定】并立即

销售业务6

制单，结果如图3-97所示。

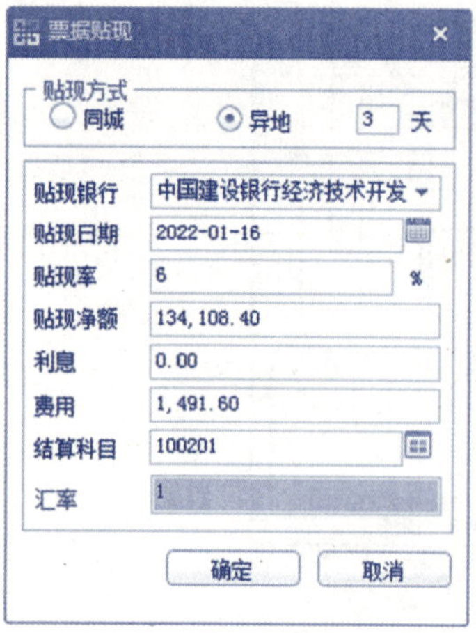

图3-96　业务6-票据贴现

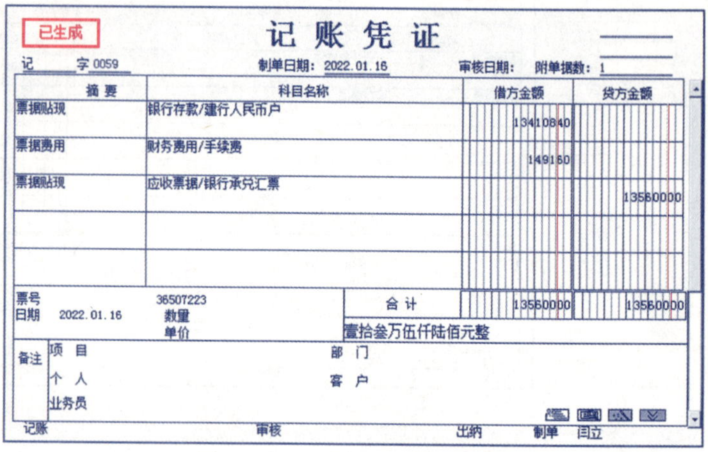

图3-97　业务6-贴现制单

7.业务7操作流程

（1）2022年1月16日，销售员X01填制销售订单，同时参照订单生成销售发货单，同日，仓管员C01根据销售发货单生成销售出库单，具体单据从略。

销售业务7

（2）2022年1月16日，销售员X01参照销售发货单生成销售专用发票，如图3-98所示；单击【代垫】按钮，打开【代垫费用单】窗口，输入费用项目、代垫金额、货物编码等信息，如图3-99所示，单击【保存】|【审核】，关闭退出。

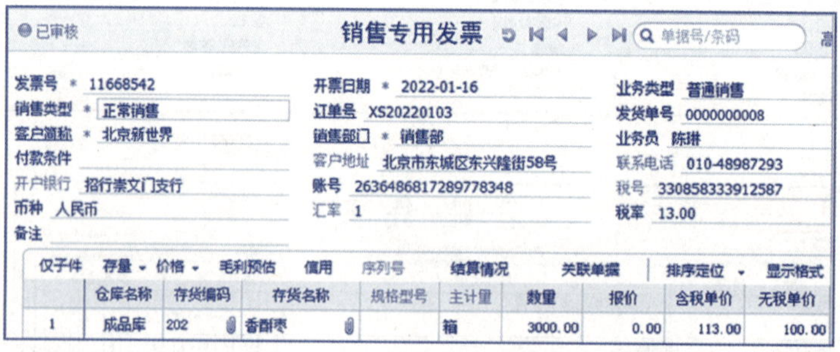

图3-98　业务7-销售发票

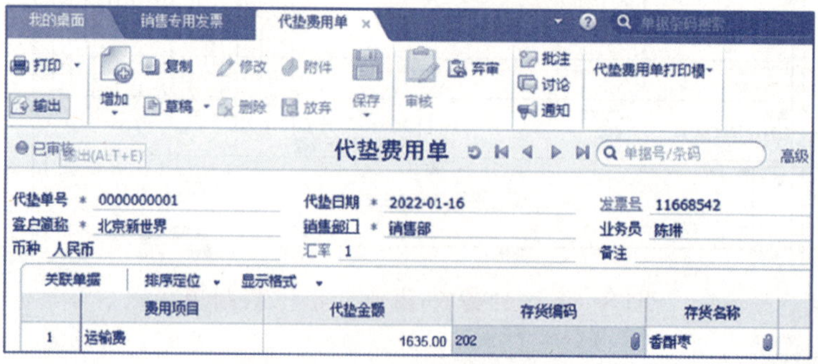

图3-99　业务7-代垫费用单

（3）2022年1月16日，会计W02在【应收款管理】执行销售发票的审核与制单，如图3-100所示；同时执行【应收处理】|【应收单】|【应收单审核】，查询相关的其他应收单（代垫运费），选中并执行【审核】，再在【凭证处理】下生成凭证，如图3-101所示。

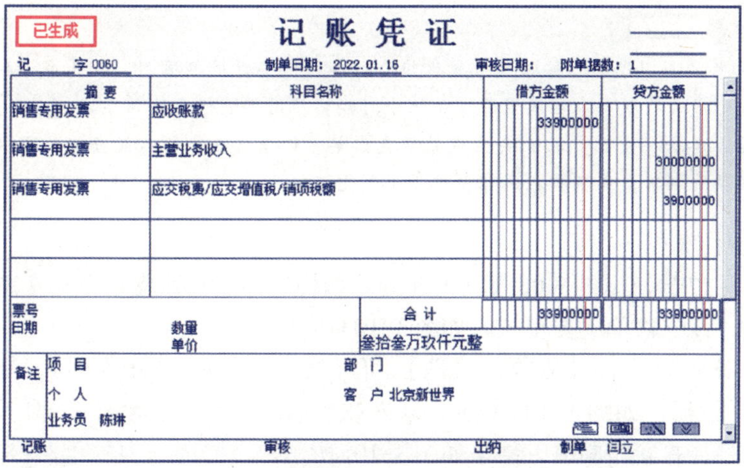

图3-100　业务7-销售制单

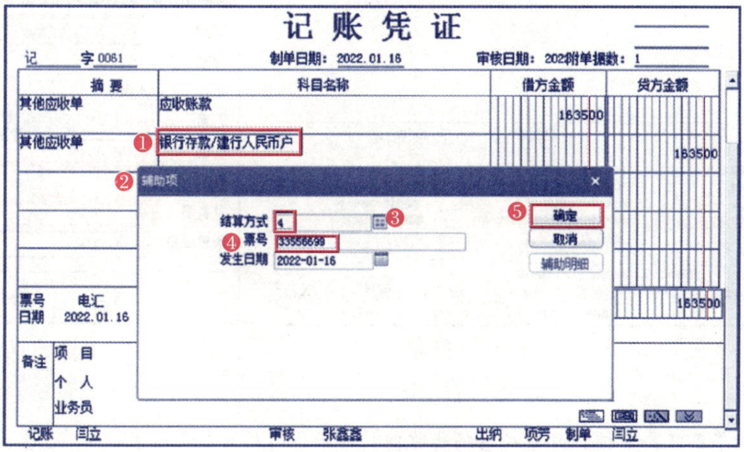

图3-101　业务7-录入结算方式信息

同日，会计W02在【存货核算】模块执行记账和生成凭证操作，完成销售出库业务的账务处理，结果如图3-102所示。

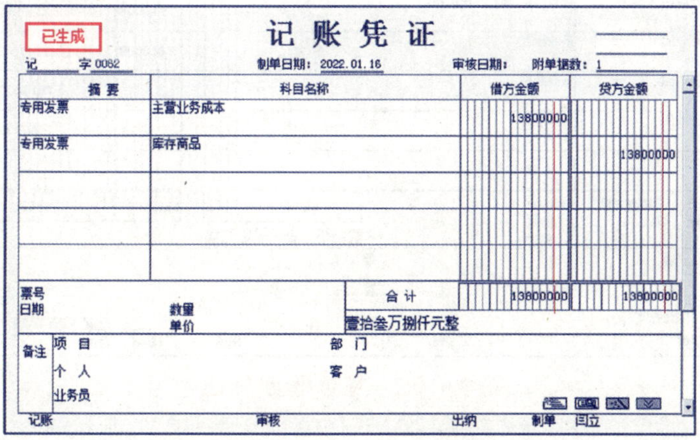

图3-102　业务7-结转销售成本

操作提示

在销售发票上单击“代垫”按钮可生成代垫费用单。代垫费用单填制完成并审核后可以传递到应收款管理系统，形成应收款。在应收款管理系统中对代垫费用单进行审核制单。

在销售发票上单击“支出”按钮会生成销售支出单，但销售支出单只能查询，可以设计单据流向转到应付款管理系统制单，或直接在总账系统下填制凭证。

8.业务8操作流程

销售业务8

2022年1月17日，出纳W03收到大连金舵购物广场的转账支票后，在系统中录入收款单，该收款单不要审核，如图3-103所示。

同日，会计W02执行【应收款管理】|【坏账处理】|【坏账收回】，打开【坏账收回】对话框，如图3-104所示，录入或参照录入客户、金额、部门、业务员以及收款单号等信息，并立即制单，结果如图3-105所示。

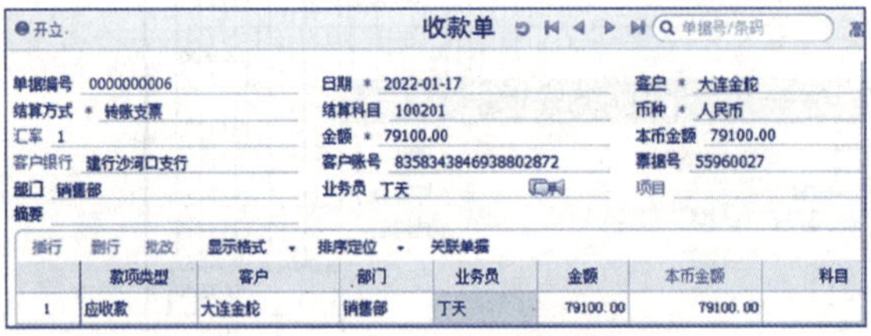

图3-103 业务8-收款单

图3-104 坏账收回

操作提示

录入的收款单不需要审核，直接在【坏账收回】对话框引用收款单号。

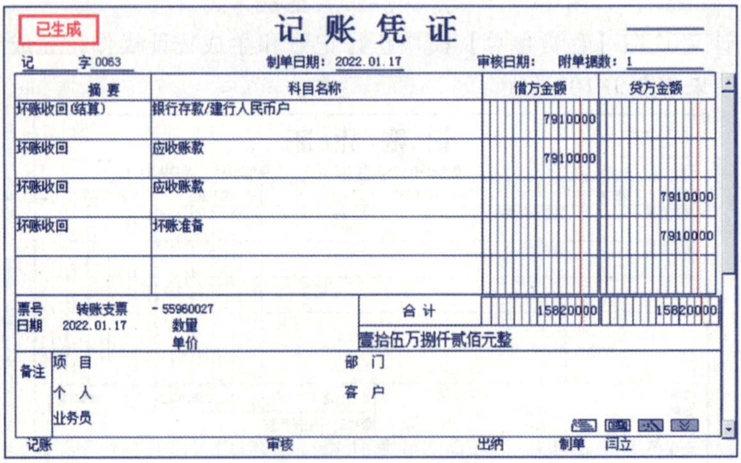

图3-105 坏账收回凭证

任务清单8-2　直运销售业务

任务下达

2022年1月18日，销售员陈琳与辽宁百盛商城有限公司签订合同（编号：ZY0001），销售太妃糖2 000箱，不含税单价为75元/箱，增值税税率为13%。合同约定2022年1月19日交货，并于下月末前结清款项。

2022年1月18日，采购部周勋与北京美乐商贸有限公司签订直运采购合同（编号：ZC0001），采购太妃糖2 000箱，不含税采购价格为42元/箱，增值税税率为13%。合同约定2022年1月19日交货，并于下月末前结清货款。2022年1月18日，收到北京美乐商贸有限公司开具的增值税专用发票一张，票号：43081695。

2022年1月19日，太妃糖已经运达辽宁百盛商城有限公司并办理好收货手续，同时开具销售增值税专用发票（票号：56921728）送至辽宁百盛商城有限公司。

任务解析

直运业务是标的商品无须入库即可完成的购销业务，由供应商直接将商品发给企业的客户，企业分别与购销双方结算，赚取购销间差价。直运业务流程如图3-106所示。

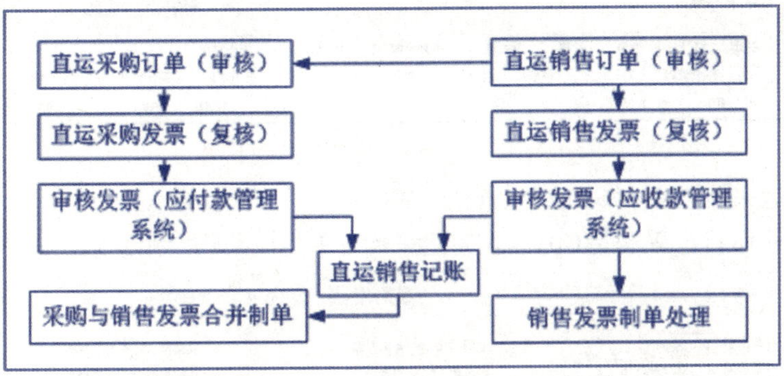

图3-106 直运业务流程

直运业务包括直运销售和直运采购两部分。直运业务没有实物出入企业仓库，货物流向是从供应商直接到客户，财务结算通过直运销售发票、直运采购发票解决。如果所使用的软件没有设置相应的直运业务功能，可以通过设置一个虚拟的直运仓库的方式，利用普通采购和普通销售通过直运仓库的采购入库和销售出库来完成业务核算。

直运销售业务分普通直运销售业务（非必有订单）和必有订单直运销售业务两种模式。前者只开发票，不开订单；后者先有订单再开发票。无论采用哪种模式，直运业务选项均在销售管理系统设置，本案例采用后者进行核算。

任务实施

【操作岗位】销售员X01完成销售订单、销售发票；G01完成采购订单、采购发票；会计W02完成相关账务处理

【操作流程】

1.直运销售订单（X01）

2022年1月18日，销售员X01录入销售订单，业务类型选择“直运销售”，其他项目与普通采购相同，结果如图3-107所示。

直运销售

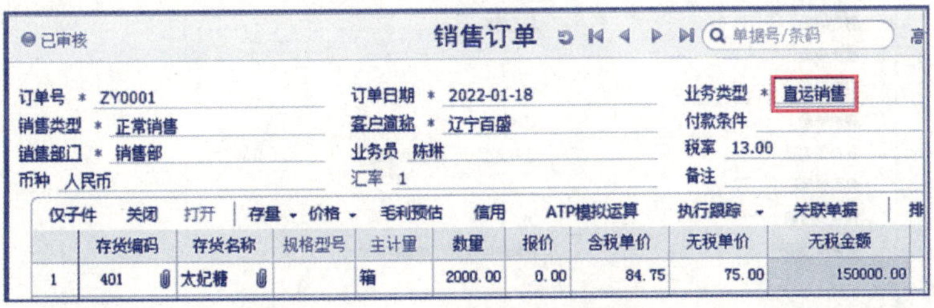

图3-107 直运业务-销售订单

2.直运采购订单（G01）

2022年1月18日，采购员G01参照直运销售订单生成与北京美乐商贸有限公司的直运采购订单，如图3-108所示。

图 3-108　直运业务-采购订单

3. 生成直运采购发票（G01）并审核（W02）

2022年1月18日，采购员G01参照直运采购订单生成采购专用发票，如图3-109所示。

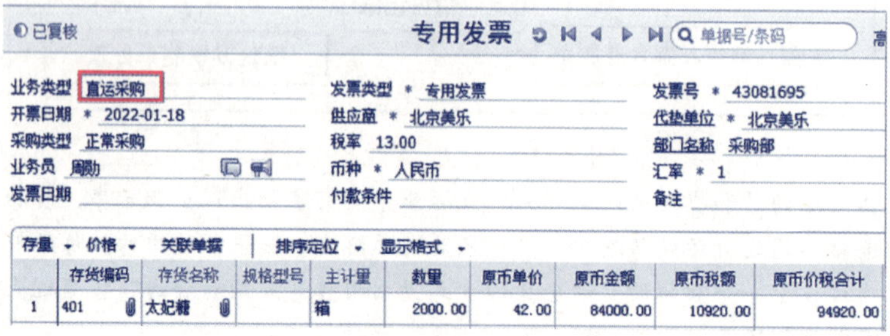

图 3-109　直运业务-采购发票

同日，会计W02登录企业应用平台，在应付款管理系统执行【应付处理】|【采购发票】|【采购发票审核】，设置条件检索并审核该张采购发票。

4. 开具销售专用发票（X01）

2022年1月19日，销售员X01参照销售订单生成销售专用发票。单击【我的桌面】上的【销售专用发票】按钮，打开【销售专用发票】窗口，点击【增加】下拉菜单，选择“订单”，系统弹出【查询条件-参照订单】对话框，修改业务类型为“直运销售”，如图3-110所示。

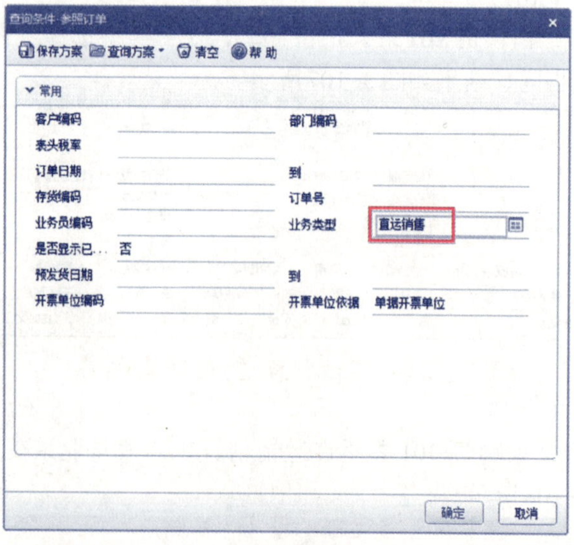

图 3-110　直运业务-销售发票参照查询

单击【确定】，检索出符合条件的直运销售订单。勾选相应单据，单击【确定】，录入发票号，生成销售专用发票，如图3-111所示。注意：直运销售发票中仓库名称为空。

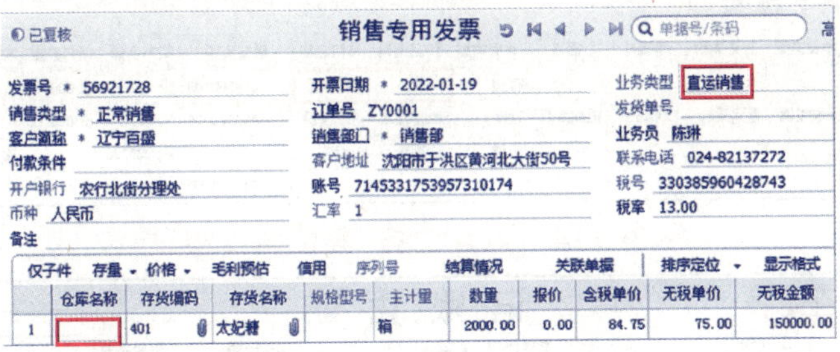

图3-111　直运业务-销售发票

5.直运销售账务处理（W02）

（1）销售发票审核与制单。

2022年1月19日，会计W02在应收款管理系统执行【应收处理】|【销售发票】|【销售发票审核】，审核该直运销售发票并填制记账凭证，结果如图3-112所示。

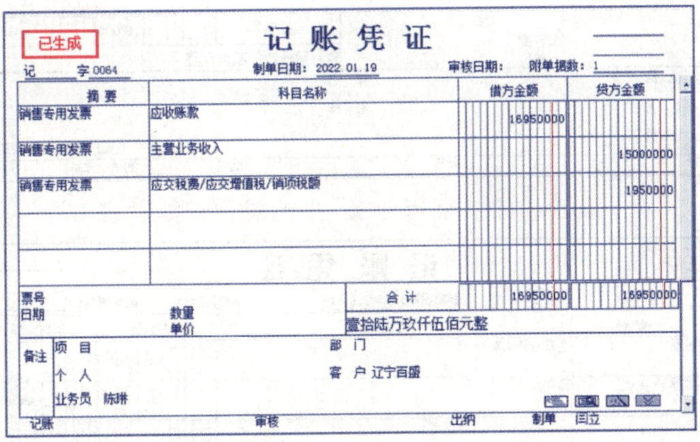

图3-112　直运业务-销售发票记账凭证

（2）存货核算。

2022年1月19日，会计W02执行【存货核算】|【记账】|【直运销售记账】，系统弹出【直运采购发票核算查询条件】对话框，单击【确定】，系统打开【未记账单据一览表】，如图3-113所示，勾选两张发票记录，执行【记账】，系统提示“记账成功!”，关闭退出。

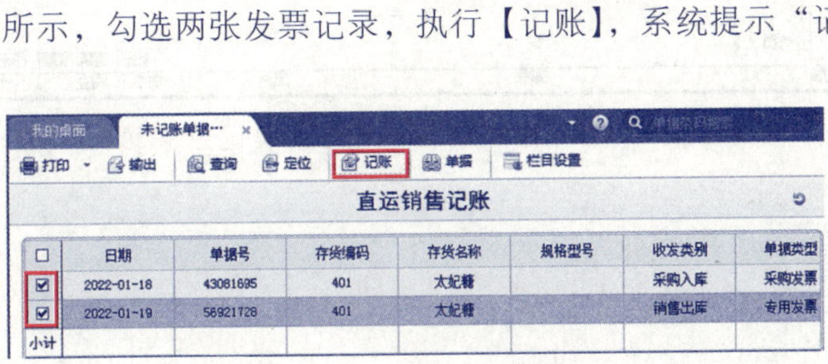

图3-113　直运业务-发票记账

会计W02继续执行【凭证处理】|【生成凭证】，选中直运采购发票，确认其存货科目编码为“1405”，如图3-114所示，执行【合并制单】，生成记账凭证，如图3-115所示。同理，将直运销售发票生成凭证，如图3-116所示。

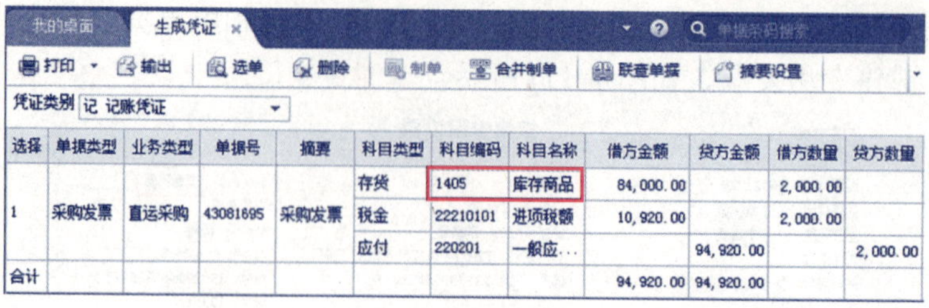

选择	单据类型	业务类型	单据号	摘要	科目类型	科目编码	科目名称	借方金额	贷方金额	借方数量	贷方数量
1	采购发票	直运采购	43081695	采购发票	存货	1405	库存商品	84,000.00		2,000.00	
					税金	22210101	进项税额	10,920.00		2,000.00	
					应付	220201	一般应…		94,920.00		2,000.00
合计								94,920.00	94,920.00		

图 3-114　直运业务-凭证科目修改

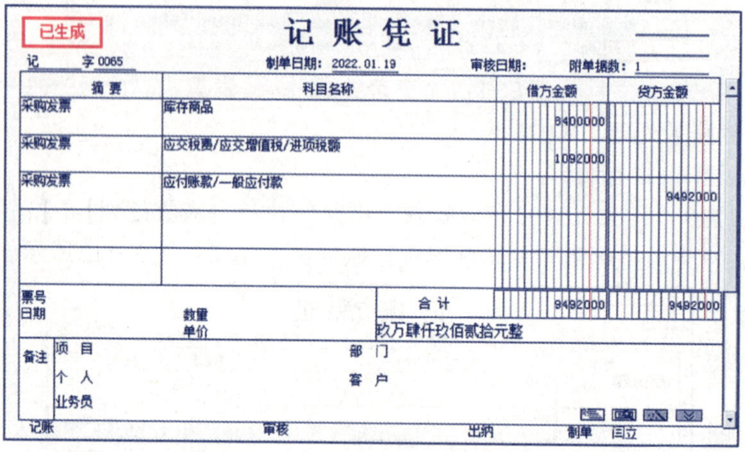

图 3-115　直运业务-采购发票记账凭证

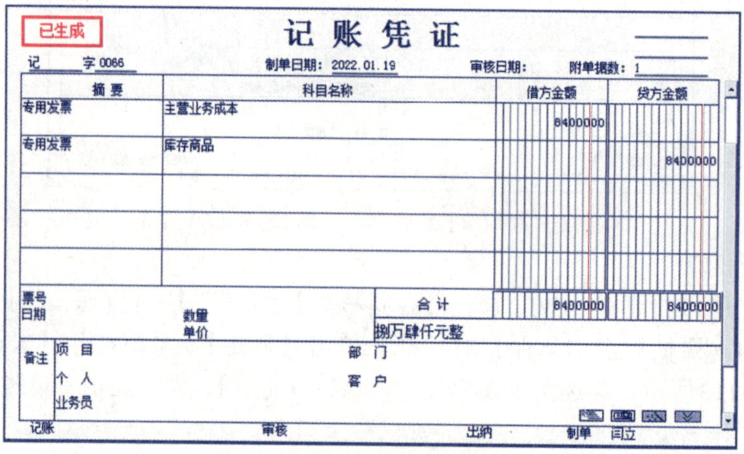

图 3-116　直运业务-销售发票记账凭证

任务清单8-3　委托代销业务

任务下达

2022年1月19日，销售员陈琳与上海艾格连锁超市有限公司签订委托销售合同（编号：WT0001），销售香酥枣1 000箱，不含税单价为80元/箱，增值税税率为13%，货物从成品库发出。代销方式：视同买断。合同约定，委托方在收到代销清单时开具增值税专用发票。

2022年1月20日，收到上海艾格连锁超市有限公司委托代销清单一张，结算香酥枣500箱，售价为80元/箱，当即开出增值税专用发票（票号：37649912），该部分款项尚未结清。

任务解析

委托代销业务指企业将商品委托他人进行销售但商品所有权仍归本企业的销售方式。委托代销商品销售后，受托方与企业进行结算，并开具正式的销售发票，形成销售收入。委托代销有两种结算方式：视同买断和支付手续费。

如果委托方和受托方之间约定，受托方在取得代销商品后可自行定价出售，且售出与否与委托方无关，则二者之间的代销交易与委托方直接销售商品给受托方无实质区别，为视同买断；若委托方和受托方之间的协议约定，受托方应按委托方的定价出售代销品，到期未售出的商品有权退回，受托方只按售出部分收取一定的手续费，则为后一种代销形式。

在U8系统中，委托代销业务分代销商品发出与代销结算两步骤处理，不同的代销方式下财务核算略有差异，具体流程如图3-117所示。本企业采用视同买断方式核算委托代销业务。

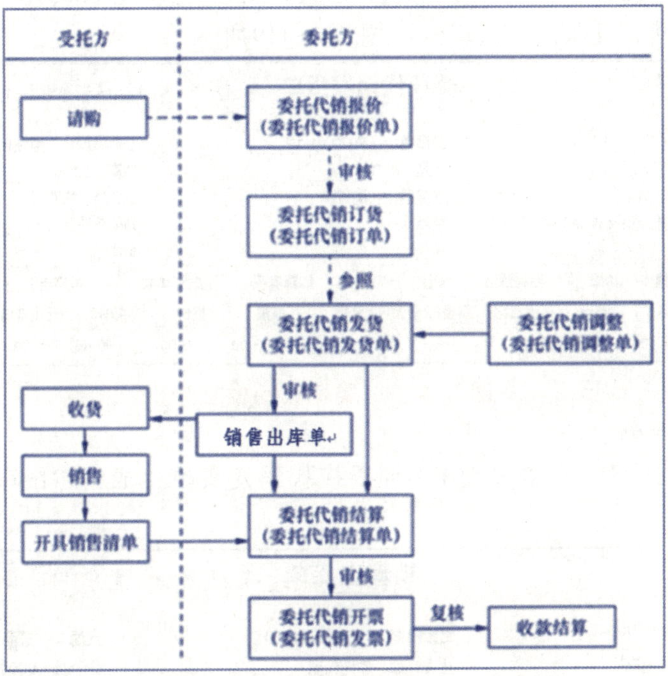

图3-117　委托代销业务流程

任务实施

【操作岗位】销售员X01完成委托代销订单、委托代销发货单、委托代销结算单及销售专用发票的填制生成、审核（复核）；仓管员C01完成销售出库单；会计W02进行相关账务处理

【操作流程】

1.委托代销发货业务

（1）委托代销订单。

委托代销发货

2022年1月19日，销售员X01填制委托代销订单。点击【我的桌面】上的【销售订单】按钮，打开【销售订单】对话框，选择业务类型为“委托代销”，销售类型为“委托销售”，依次完成各个表头及表体项目的填写，执行【保存】|【审核】，如图3-118所示。

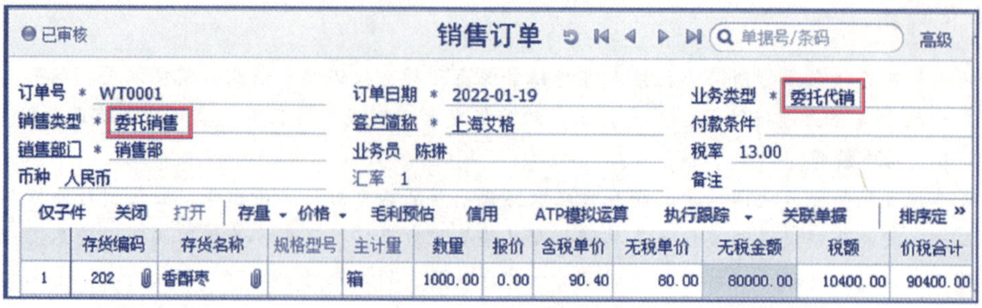

图 3-118 委托代销订单

（2）委托代销发货单。

在委托代销订单窗口，执行【发货】，系统参照订单自动生成委托代销发货单，选择表体仓库名称，执行【保存】|【审核】，如图 3-119 所示。

图 3-119 委托代销发货单

（3）销售出库单。

2022 年 1 月 19 日，仓管员 C01 参照委托代销发货单生成销售出库单，如图 3-120 所示。

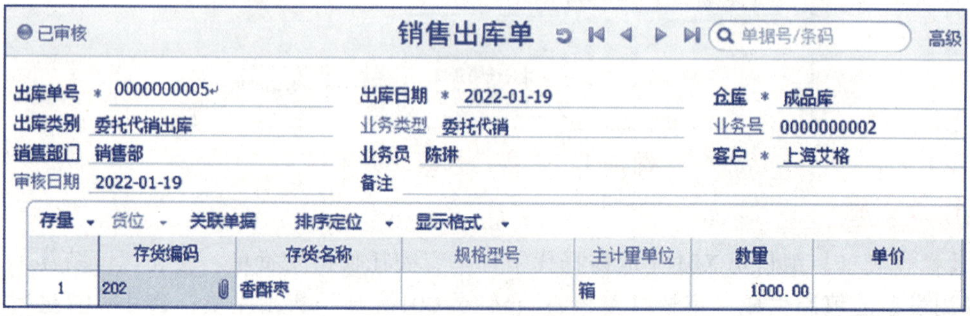

图 3-120 销售出库单

（4）存货核算。

2022 年 1 月 19 日，会计 W02 执行【存货核算】|【记账】|【发出商品记账】，查询并选定相应的发出商品记录，点击【记账】，系统提示记账成功。

同日，会计 W02 执行【凭证处理】|【生成凭证】，选择“委托代销发货单”，修改发出商品科目编码为“1406”，执行【合并制单】，系统生成凭证如图 3-121 所示。

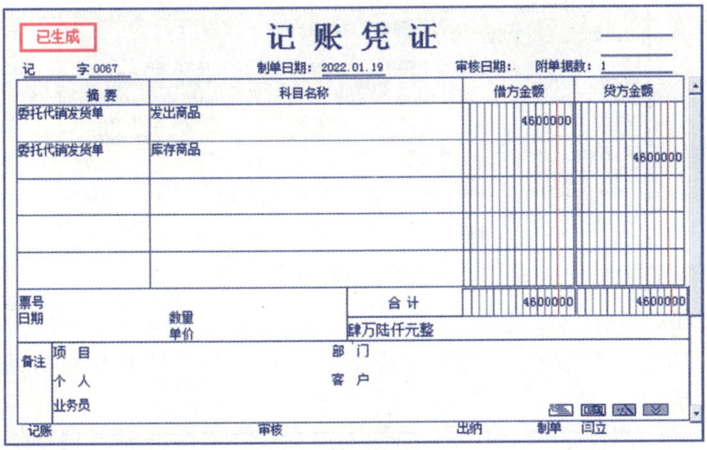

图3-121　发出商品制单

2.收到代销清单

（1）代销结算与发票的生成、复核。

2022年1月20日，销售员X01登录企业应用平台，执行【销售管理】|【委托代销】|【委托代销结算单】，打开【委托代销结算单】窗口。单击【增加】，系统自动弹出【查询条件-委托结算参照发货单】对话框，单击【确定】，进入【参照生单】窗口。

勾选相应的委托代销发货单记录，单击【确定】，生成委托代销结算单。如图3-122所示，填写发票号为“37649912”，修改表体中数量为“500”，单价不变，执行【保存】|【审核】，系统弹出【请选择发票类型】对话框，选择“专用发票”，单击【确定】，完成委托代销结算单的填制与审核。

委托代销结算

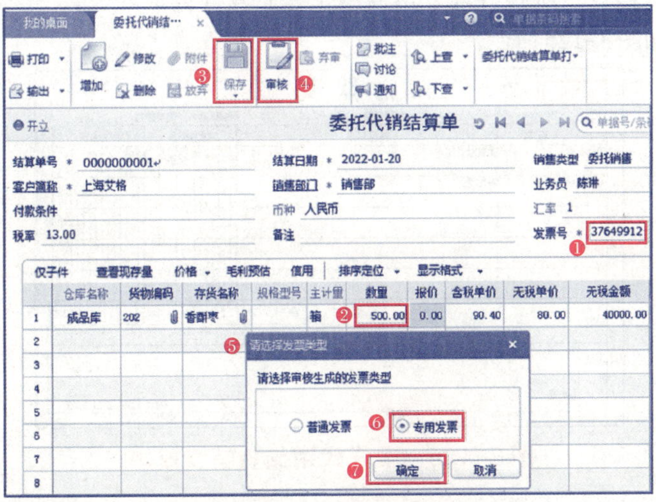

图3-122　委托代销结算

此时，系统已经自动开具相应的销售专用发票。销售员X01点击【我的桌面】上的【销售专用发票】按钮，进入【销售专用发票】窗口，找到该张发票，执行【复核】操作，结果如图3-123所示。

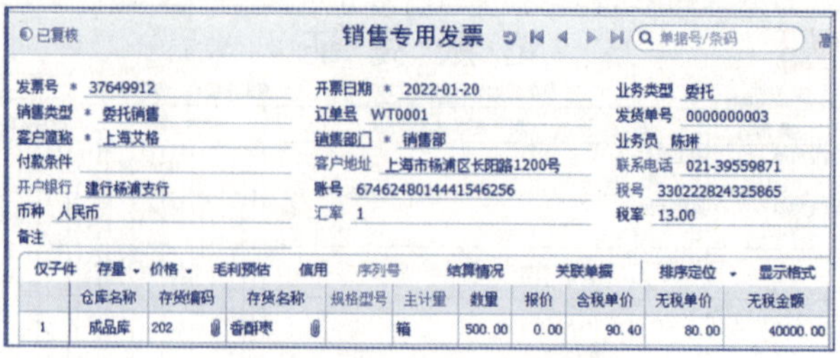

图 3-123 委托代销发票

（2）账务处理。

2022年1月20日，W02在应收款管理系统审核发票并执行凭证处理，生成记账凭证，如图3-124所示。

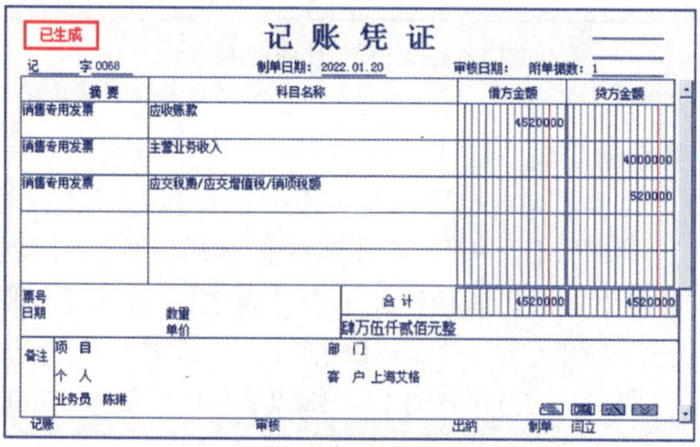

图 3-124 委托代销确认收入

同时，在存货核算系统执行【发出商品记账】及【凭证处理】，生成委托代销出库业务的记账凭证，如图3-125所示。

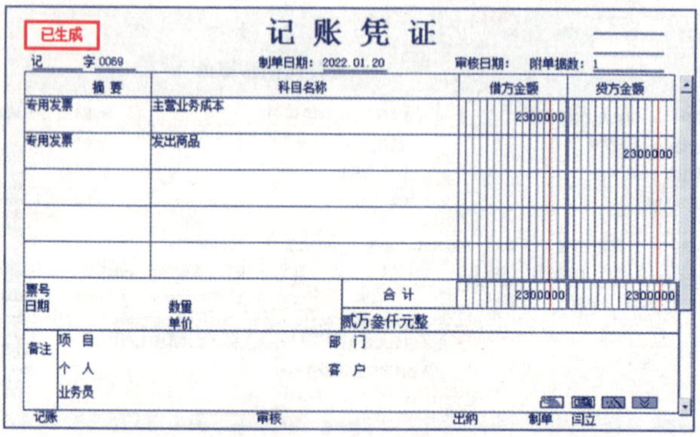

图 3-125 委托代销结转销售成本

操作提示

委托代销发票和其他正常的发票一样，需要由应收系统对其进行审核和制单。

委托代销出库单或委托代销发票生成后，必须根据存货参数对出库单或销售发票进行单据记账，然后再生成凭证。本公司是按销售发票结转成本，因此单据记账的对象是委托代销发票。

委托代销成本结转方式取决于存货核算参数设置。本企业委托代销成本结转采用“按发出商品”核算，因此对发票进行记账时，应当按发出商品进行记账处理。

任务清单8-4　销售退货业务

任务下达

2022年1月20日，辽宁百盛商城有限公司向本公司反馈此前采购的牛轧糖存在质量问题，经协商，本公司同意退货退款。当日开具红字增值税专用发票，注明数量为−50箱，不含税单价为100元/箱，发票号：23659837。货物已于当日收到，同时开出转账支票支付退货款，支票票号：10369405，金额：−5 650元。

任务解析

销售退货是指客户因质量、品种、数量不符合规定要求而将已购货物退回的业务。在先发货后开票销售业务模式下，已经完成全部销售流程并且收款的销售退货，应遵循以下处理流程：销售员参照销售订单生成退货单并审核，仓管员根据退货单生成红字销售出库单，销售员开具红字销售发票，会计在应收款管理系统进行红字销售发票的审核、制单，在存货核算系统执行正常单据记账和凭证生成，同时出纳在应收款管理系统录入红字收款单，会计对收款单执行审核并制单。具体处理流程如图3-126所示。

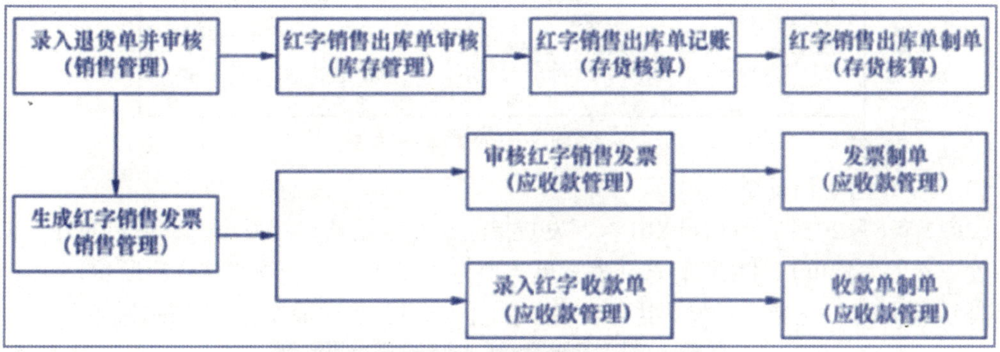

图3-126 销售退货流程

开票后直接发货销售模式下的退货流程为：销售员填制并审核红字销售发票，审核后的红字销售发票自动生成相应的退货单、红字销售出库单及红字应收单，并传递到库存管理系统和应收款管理系统。

任务实施

【操作岗位】销售员X01完成销售退货单、红字销售发票的填制、审核（复核）；仓管员C01完成销售出库单（红字）；会计W02进行相关账务处理

【操作流程】

1.销售退货单

2022年1月20日，销售员X01在销售管理系统执行【销售发货】|【退货单】，打开【退货单】窗口。参照按照2022年1月13日的销售订单生成退货单，修改仓库名称为“成品库”，数量为“-50”，单击【保存】|【审核】，结果如图3-127所示。

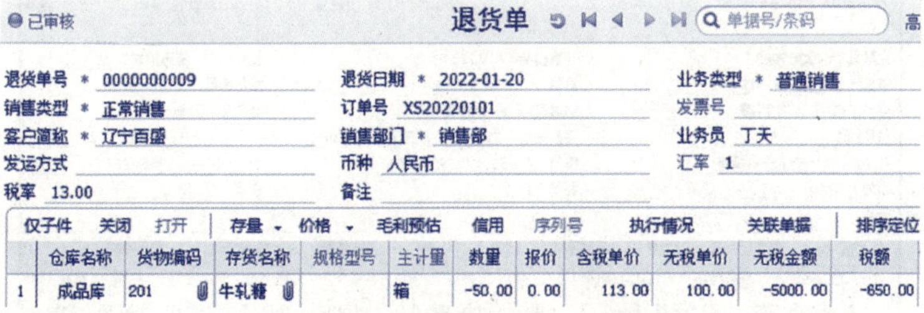
已审核 退货单 单据号/条码

退货单号 * 0000000009　退货日期 * 2022-01-20　业务类型 * 普通销售
销售类型 * 正常销售　订单号 XS20220101　发票号
客户简称 * 辽宁百盛　销售部门 * 销售部　业务员 丁天
发运方式　币种 人民币　汇率 1
税率 13.00　备注

仅子件 关闭 打开 存量 价格 毛利预估 信用 序列号 执行情况 关联单据 排序定位

	仓库名称	货物编码	存货名称	规格型号	主计量	数量	报价	含税单价	无税单价	无税金额	税额
1	成品库	201	牛轧糖		箱	-50.00	0.00	113.00	100.00	-5000.00	-650.00

图3-127 销售退货单

操作提示

退货单上的数量应该是负数。

退货单可以参照生成，也可以手工录入生成。

如果销售选项中设置了销售生成出库单，则发货单审核时自动生成“销售出库单”，退货单审核时自动生成“红字销售出库单”。

2.销售出库单

2022年1月20日，仓管员C01在库存管理系统参照销售发货单生成销售出库单，结果如图3-128所示。

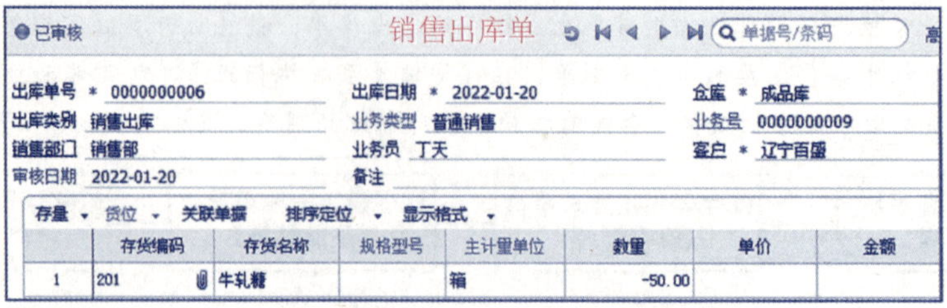

图3-128 红字销售出库单

3.红字销售专用发票

2022年1月20日，销售员X01参照发货单生成红字销售专用发票。在弹出的【查询条件-发票参照发货单】对话框，选择发货单类型为“红字记录”（如图3-129所示），才能检索到相应的红字发货单。对发票执行【现结】|【复核】，完成操作，如图3-130所示。

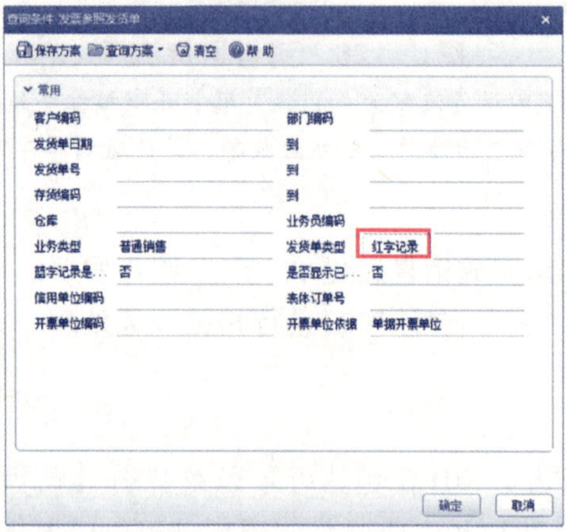

图3-129 红字销售发票参照设置

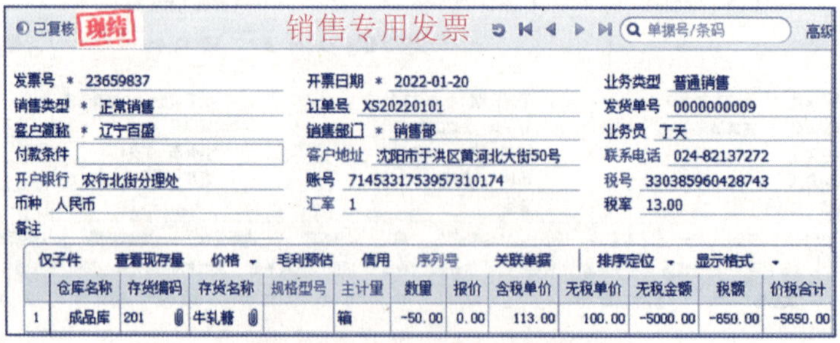

图3-130 红字销售发票

操作提示

销售退货执行现结时，原币金额应输入负数，否则系统会提示错误。

4.账务处理

2022年1月20日，W02在应收款管理系统审核发票并执行凭证处理，生成记账凭证如图3-131所示。同时，在存货核算系统执行【正常单据记账】及【凭证处理】，生成退货出库业务的记账凭证，如图3-132所示。

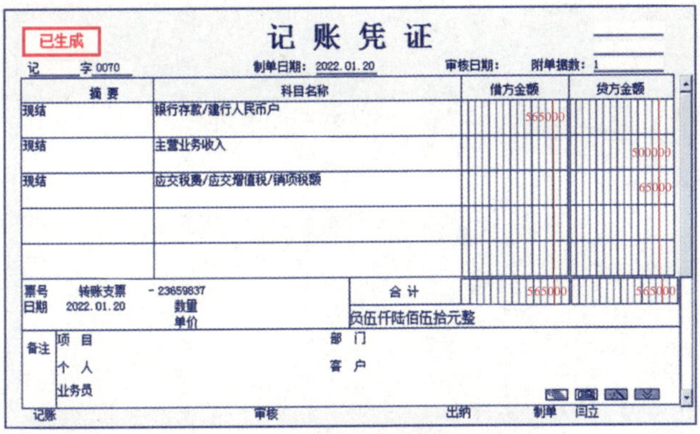

图3-131　销售退货记账凭证

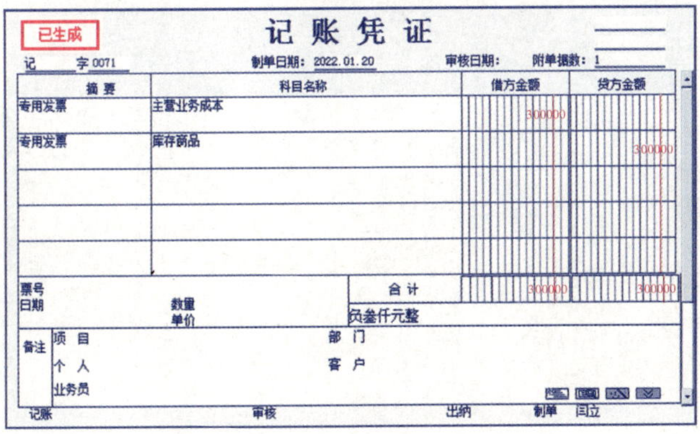

图3-132　销售退货出库凭证

【实训九】库存管理与存货核算业务

库存管理和存货核算在系统中密不可分，分别从业务和财务两方面跟踪管理企业存货的增减及出入库。存货核算除了对各种出入库单进行记账和生成凭证操作外，还可以分配产品成本，进行期末处理，实现特殊存货业务的处理。库存管理与存货核算系统的工作流程如图3-133所示。

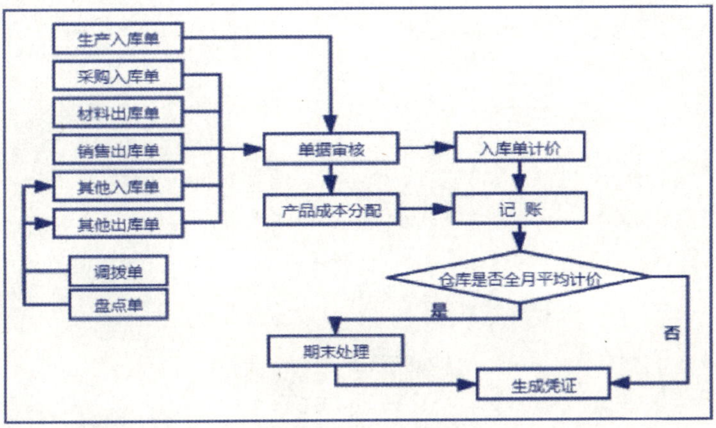

图3-133　库存管理与存货核算系统的工作流程

任务清单9-1　日常业务

任务下达

1. 生产领料业务

假定2022年1月21日生产车间生产牛轧糖领用原材料和周转材料数据见表3-1、表3-2。进行相关的业务与财务处理。

表3-1　领料清单

领料部门：一车间					
存货编码	存货名称	所属仓库	计量单位	请购数量	实发数量
101	奶粉	原材料库	千克	225	225
102	纯牛奶	原材料库	千克	1 200	1 200
104	白砂糖	原材料库	千克	4 209	4 209
105	坚果	原材料库	千克	520	520
106	黄油	原材料库	千克	120	120
301	包装纸	周转材料库	盒	200	200
302	包装袋	周转材料库	箱	20	20
303	包装箱	周转材料库	个	3 000	3 000

表3-2　领料清单

领料部门：二车间					
存货编码	存货名称	所属仓库	计量单位	请购数量	实发数量
103	红枣	原材料库	千克	4 300	4 300
104	白砂糖	原材料库	千克	1 522	1 522
105	坚果	原材料库	千克	150	150
106	黄油	原材料库	千克	100	100
301	包装纸	周转材料库	盒	200	200
302	包装袋	周转材料库	箱	20	20
303	包装箱	周转材料库	个	3 000	3 000

2. 产品完工业务

假定2022年1月22日生产车间完工产品经验收合格入成品库。其中，一车间完工牛轧糖3 000箱，入库单号：WR0001；二车间完工香酥枣3 000箱，入库单号：WK0002。

实务中，产成品完工入库的账务处理应在本期所有出入库单已经全部记账且月末产品成本计算完成之后方可进行。本例为了保证库存管理与存货核算业务的连贯性，先按给定数据进行相关业务、财务处理。

已知完工的3 000箱牛轧糖发生的总成本为180 005元，其中，直接材料114 863元，直接人工30 828元，制造费用34 314元；完工的3 000箱香酥枣的总成本为138 005.5元，其中，直接材料67 504元，直接人工36 187.5元，制造费用34 314元。

具体制造费用分配及产成品成本计算过程参见“任务清单10-2”。

任务解析

一、库存管理

（一）库存管理主要功能

库存管理系统的主要功能是对采购管理系统、销售管理系统及库存管理系统填制的各种出入库单据进行审核，并对存货的出入库数量进行管理。

除管理采购业务、销售业务形成的入库和出库业务外，库存管理系统还可以处理仓库间的调拨业务、盘点业务、组装拆卸业务、形态转换业务等。

库存管理系统支持批次跟踪、保质期管理、委托代销商品管理、不合格品管理、现存量（可用量）管理、安全库存管理，对超储、短缺、呆滞积压、超额领料等情况进行报警。

此外，库存管理还可提供多种库存账簿及统计分析的查询。

（二）库存业务要点

1.采购入库与销售出库

采购部门采购的物品到货后，仓管员对其所购存货进行验收，填制采购入库单并审核，代表存货已经入库。

在销售管理系统中填制的销售发票、发货单、销售调拨单、零售日报，经复核后均可以参照生成销售出库单。根据选项设置，销售出库单可以在库存管理系统中填制生成，也可以在销售管理系统生成后传递到库存管理系统，再由库存管理系统进行审核。

2.完工入库与材料出库

工业企业对原材料及半成品进行加工后，形成可销售的商品，然后实施入库操作。只有工业企业才有产成品入库单，商业企业没有此类单据。一般产品入库时是无法确定其总成本和单位成本的，所填制的产成品入库单只有数量，没有单价和金额。

材料出库单是工业企业领用材料时所填制的出库单据，是进行日常业务处理的主要原始单据之一。与完工入库单相同，材料出库单也只有工业企业才需填制。

二、存货核算

（一）主要功能

存货核算是从资金的角度管理存货的出入库业务，核算企业的入库成本、出库成本和结余成本，反映和监督存货的收发、领退和保管情况，及时准确地把各类存货成本归集到各成本项目和成本对象上，为企业的成本核算提供基础数据，及时掌控存货资金的占用情况，提高资金的使用效率。

日常业务处理主要完成存货核算业务数据的录入和成本核算。与供应链其他系统集成使用情况下，可以针对出入库单据的单价进行调整，对出入库成本进行调整，进行结算成本处理、产成品成本分配、存货跌价准备核算，完成出入库业务相关凭证的生成。

存货核算月末要计算全月平均法核算的存货的全月平均单价及本月出库成本，计算存货的差异率或差价率，完成月末结账。同时，系统提供了丰富的统计分析数据，方便管理者查询使用。

（二）操作要点

1.单据单价或金额修改

从其他系统传到存货核算系统的出入库单，可以在存货核算系统修改金额，但数量修改只能在该单据填制的系统中进行。

产成品入库单在填制时一般只填写数量，单价与金额既可在本期产品成本计算完成后，通过修改产成品入库单价直接填入，也可经由产成品成本分配功能自动计算填入。

2.单据记账

单据记账是将所输入的各种出入库单据记入存货明细账、差异明细账、受托代销商品明细账等。

各个仓库的单据应该按照时间顺序记账；一般无单价的入库单据不能记账，记账前应对暂估入库的成本、产成品入库单的成本进行确认或修改。

已记账单据不能修改和删除。如果发现已记账单据有错误，在本月未结账状态下可以取消记账；如果已记账单据已生成凭证，就不能取消记账，除非先删除相关凭证。

3.调整业务

记账后发现单据金额录入错误，可采用修改方式进行调整。如果遇到由于暂估入库后发生零出库业务等原因所造成的出库成本不准确或库存数量为零而仍有库存金额的情况，也需要利用调整单据进行调整。调整单据包括入库调整单和出库调整单。它们都只针对当月存货的出入库成本进行调整，并且只调整存货的金额，不调整存货的数量。

出入库调整单保存即记账，因此已保存的调整单据不可修改、删除。

4.暂估处理

存货核算系统对采购暂估入库业务提供了月初回冲、单到回冲、单到补差三种处理方式。暂估处理方式一旦选择，则不可修改。无论采用哪种方式，都要遵循以下步骤：待采购发票到达后，在采购管理系统填制发票并进行采购结算，然后在存货核算系统中完成暂估入库业务成本处理。

5.财务核算

在存货核算系统中，可以将各种出入库单据中涉及存货增减和价值变动的单据生成凭证并传递到总账。对比较规范的业务，在存货核算系统的初始设置中可以事先设置好凭证上的存货科目和对方科目，系统将自动采用这些科目生成相应的出入库凭证，并传递到总账。

生成凭证操作一般由在总账中有填制凭证权限的操作员来完成。

任务实施

【操作岗位】仓管员C01完成材料出库单等单据的填制、审核；会计W02进行相关账务处理

【操作流程】

1. 生产领料业务

（1）材料出库单填制。

2022年1月21日，仓管员C01在库存管理系统执行【材料出库】|【材料出库单】，打开【材料出库单】窗口。点击【增加】，选择仓库为“原材料库”，出库类别为“材料出库”，部门为“一车间”，同时选择表体材料名称为“奶粉”、“纯牛奶”、“白砂糖”、“坚果”和“黄油”，数量分别为表3-1所示的对应数量，单击【保存】|【审核】，完成操作，如图3-134所示。

已审核

材料出库单

出库单号 * 0000000001　出库日期 * 2022-01-21　仓库 * 原材料库

订单号　产品编码　产量 0.00

生产批号　业务类型 领料　业务号

出库类别 材料出库　部门 一车间　委外商

审核日期 2022-01-21　备注

	材料编码	材料名称	规格型号	主计量单位	数量	单价	金额
1	101	奶粉		千克	225.00		
2	102	纯牛奶		千克	1200.00		
3	104	白砂糖		千克	4209.00		
4	105	坚果		千克	520.00		
5	106	黄油		千克	120.00		

图3-134　原材料出库单（一车间）

同理，填制一车间周转材料出库单、二车间原材料出库单及二车间周转材料出库单如图3-135至图3-137所示。

已审核　材料出库单　单据号/条码

出库单号 * 0000000002　出库日期 * 2022-01-21　仓库 * 周转材料库
订单号　产品编码　产量 0.00
生产批号　业务类型 领料　业务号
出库类别 材料出库　部门 一车间　委外商
审核日期 2022-01-21　备注

存量　货位　关联单据　排序定位　显示格式

	材料编码	材料名称	规格型号	主计量单位	数量	单价	金额
1	301	包装纸		张	200.00		
2	302	包装袋		箱	20.00		
3	303	包装箱		个	3000.00		

图3-135　周转材料出库单（一车间）

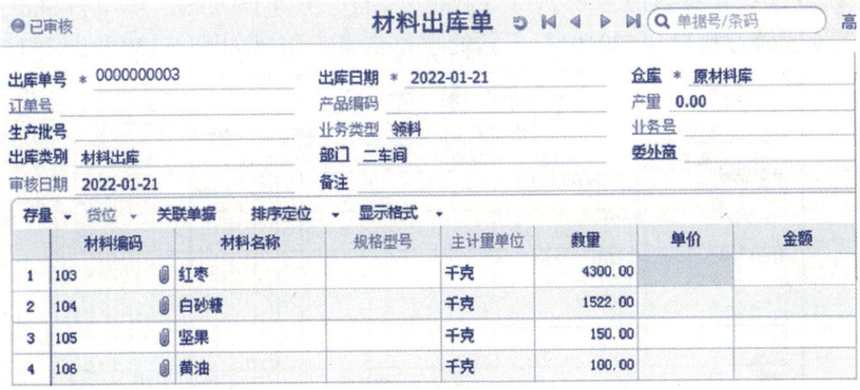

已审核　材料出库单　单据号/条码

出库单号 * 0000000003　出库日期 * 2022-01-21　仓库 * 原材料库
订单号　产品编码　产量 0.00
生产批号　业务类型 领料　业务号
出库类别 材料出库　部门 二车间　委外商
审核日期 2022-01-21　备注

存量　货位　关联单据　排序定位　显示格式

	材料编码	材料名称	规格型号	主计量单位	数量	单价	金额
1	103	红枣		千克	4300.00		
2	104	白砂糖		千克	1522.00		
3	105	坚果		千克	150.00		
4	106	黄油		千克	100.00		

图3-136　原材料出库单（二车间）

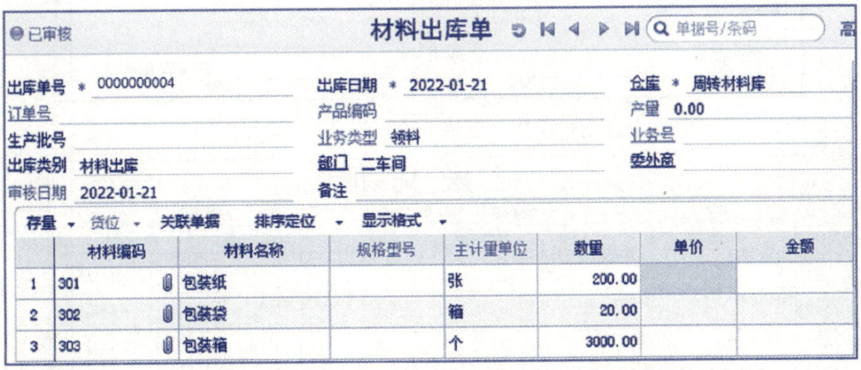

已审核　材料出库单　单据号/条码

出库单号 * 0000000004　出库日期 * 2022-01-21　仓库 * 周转材料库
订单号　产品编码　产量 0.00
生产批号　业务类型 领料　业务号
出库类别 材料出库　部门 二车间　委外商
审核日期 2022-01-21　备注

存量　货位　关联单据　排序定位　显示格式

	材料编码	材料名称	规格型号	主计量单位	数量	单价	金额
1	301	包装纸		张	200.00		
2	302	包装袋		箱	20.00		
3	303	包装箱		个	3000.00		

图3-137　周转材料出库单（二车间）

（2）账务处理。

2022年1月21日，会计W02在存货核算系统执行【记账】|【正常单据记账】，查询并勾选相应的出库记录，点击【记账】按钮，如图3-138所示，完成记账工作。

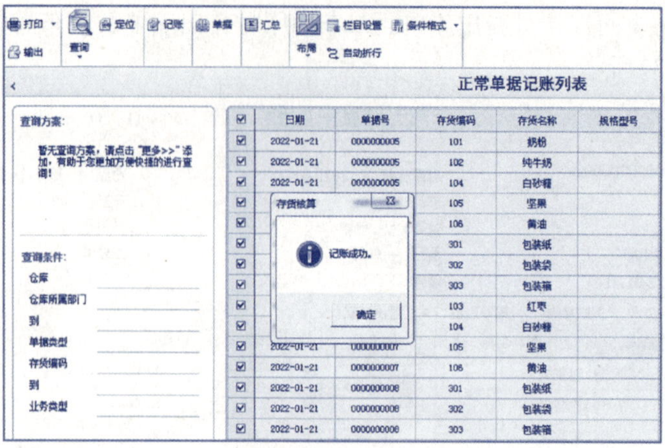

图 3-138　出库单记账

同时，继续在存货核算系统执行【凭证处理】，分车间勾选入库单，单击【合并制单】。注意设置借方科目"500101"所属的项目信息，结果如图3-139及图3-140所示。

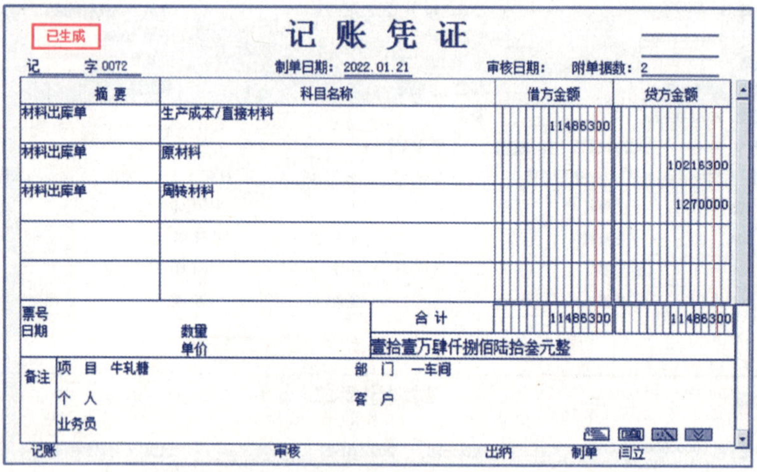

图 3-139　出库单凭证（一车间）

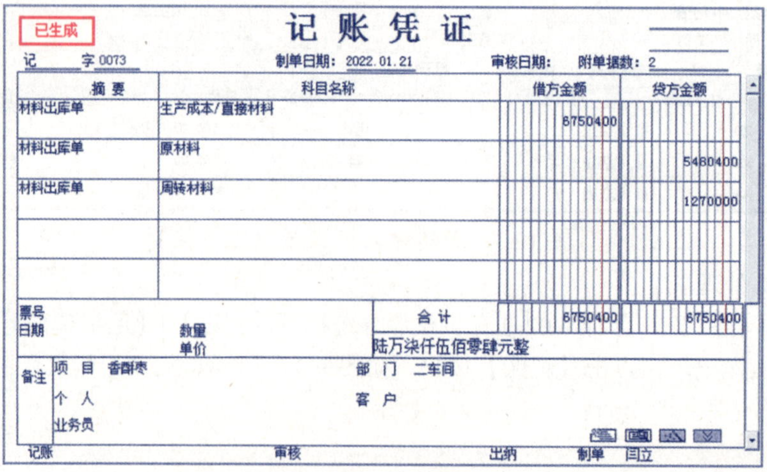

图 3-140　出库单凭证（二车间）

2.产成品入库业务

（1）生产入库单录入。

2022年1月22日，仓管员C01在库存管理系统执行【生产入库】|【产成品入库单】，打开【产成品入库单】窗口。点击【增加】，修改入库单号为“WR0001”，仓库为“成品库”，部门为“一车间”，入库类别为“产成品入库”，表体中选择产品编码为“201”，单击【保存】|【审核】，完成牛轧糖的入库单操作，如图3-141所示。同理完成香酥枣的入库单操作，如图3-142所示。

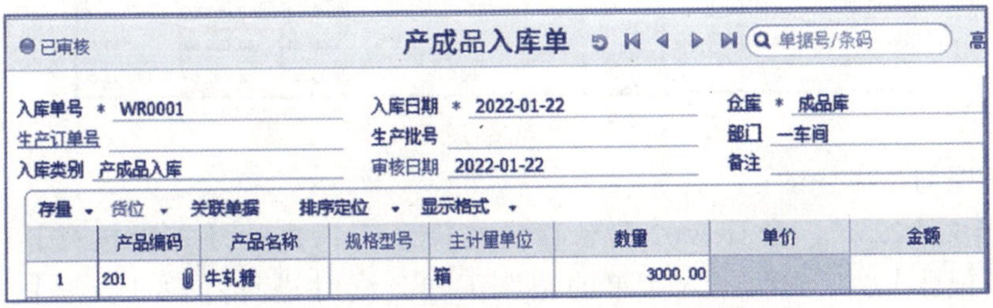

图3-141 产成品入库单（一车间）

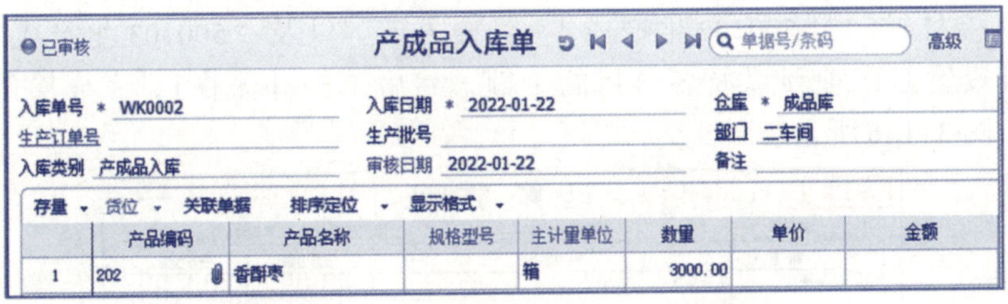

图3-142 产成品入库单（二车间）

（2）产品成本分配。

2022年1月22日，会计W02在存货核算系统执行【存货核算】|【记账】|【产品成本分配】，打开【产成品成本分配】窗口，点击【查询】，系统打开【产成品成本分配表查询】对话框，如图3-143所示，勾选【成品库】，点击【确定】。

产品成本分配

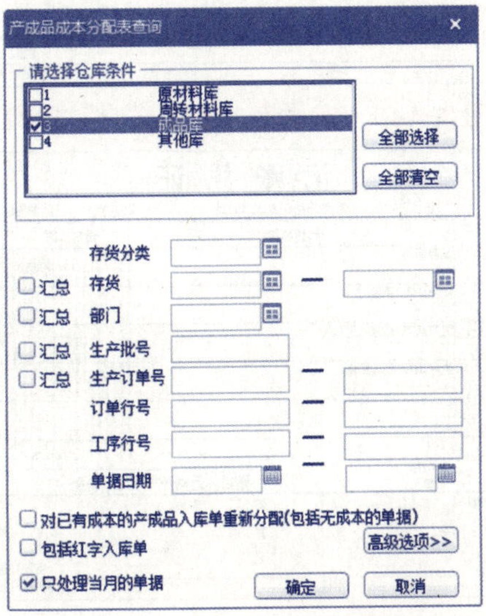

图3-143 产成品成本分配-查询

在【产成品成本分配】窗口填写牛轧糖的总成本为“180005”，香酥枣的总成本为“138005.5”，点击【分配】，如图3-144所示，系统提示“分配操作顺利完成”。

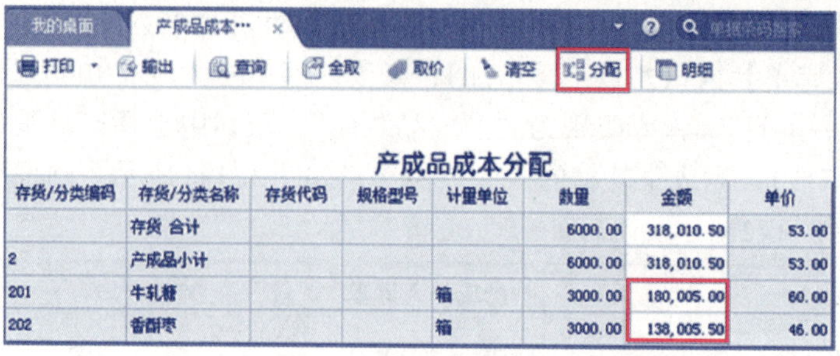
我的桌面 产成品成本··· ×

打印 输出 查询 全取 取价 清空 分配 明细

产成品成本分配

存货/分类编码	存货/分类名称	存货代码	规格型号	计量单位	数量	金额	单价
	存货 合计				6000.00	318,010.50	53.00
2	产成品小计				6000.00	318,010.50	53.00
201	牛轧糖			箱	3000.00	180,005.00	60.00
202	香酥枣			箱	3000.00	138,005.50	46.00

图3-144　产成品成本分配-分配

（3）记账与生成凭证。

2022年1月22日，会计W02登录存货核算系统，执行【存货核算】|【记账】|【正常单据记账】，完成两张入库单的记账工作。同时进行【凭证处理】，分车间勾选出库单，执行【合并制单】。生成的记账凭证需修改贷方科目名称为“500101生产成本-直接材料”，“500102生产成本-直接人工”以及“500103生产成本-制造费用”，同时设置对应项目以及各科目的金额，然后单击【保存】，完成操作。结果如图3-145、图3-146所示。

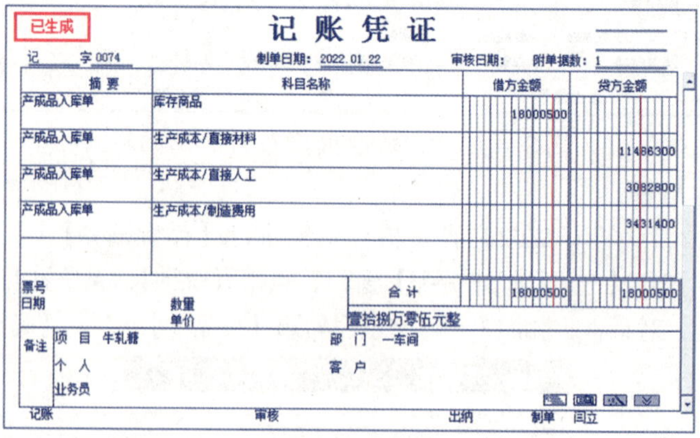
已生成

记账凭证

记 字0074　制单日期：2022.01.22　审核日期：　附单据数：1

摘要	科目名称	借方金额	贷方金额
产成品入库单	库存商品	18000500	
产成品入库单	生产成本/直接材料		11486300
产成品入库单	生产成本/直接人工		3082800
产成品入库单	生产成本/制造费用		3431400
票号 日期　数量 单价	合计	18000500	18000500
	壹拾捌万零伍元整		

备注　项目 牛轧糖　部门 一车间

个人　客户

业务员

记账　审核　出纳　制单 闫立

图3-145　产成品入库凭证（一车间）

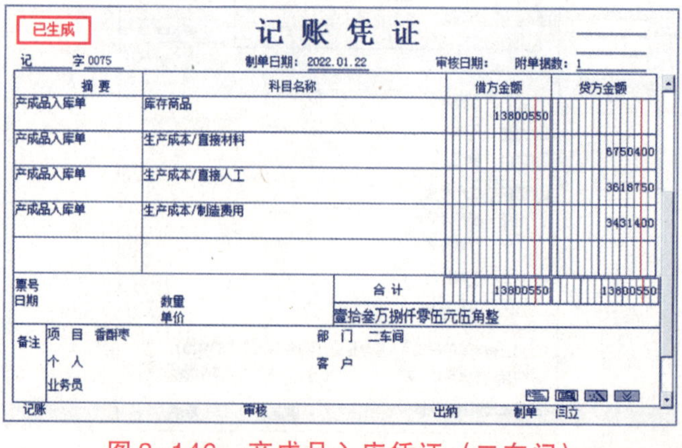
已生成

记账凭证

记 字0075　制单日期：2022.01.22　审核日期：　附单据数：1

摘要	科目名称	借方金额	贷方金额
产成品入库单	库存商品	13800550	
产成品入库单	生产成本/直接材料		6750400
产成品入库单	生产成本/直接人工		3618750
产成品入库单	生产成本/制造费用		3431400
票号 日期　数量 单价	合计	13800550	13800550
	壹拾叁万捌仟零伍元伍角整		

备注　项目 香酥枣　部门 二车间

个人　客户

业务员

记账　审核　出纳　制单 闫立

图3-146　产成品入库凭证（二车间）

任务清单9-2　其他业务

任务下达

1.接受投资入库业务

2022年1月22日，沈阳君喜糖果有限公司接受某奶粉企业投资，合同约定投资方投入奶粉1 000千克，价值180 000元。假定不考虑增值税影响。当日奶粉已经入库。

2.调拨业务

2022年1月22日，根据公司整体安排，从成品库调拨一批存货到其他仓库暂存，以备对外捐赠使用。具体资料见表3-3。

表3-3　存货调拨

转出仓库	转入仓库	存货编码	存货名称	主计量单位	数量
成品库	其他库	401	太妃糖	箱	100

3.对外捐赠出库业务

2022年1月23日，通过非营利机构将120箱太妃糖无偿赠送给儿童福利院作为孩子们的春节礼物。假定不考虑增值税影响。当日糖果已经全部出库。

4.盘点业务

2022年1月24日（假定期末），对周转材料库和其他库进行盘点，盘点结果见表3-4，进行盈亏处理。

表3-4　存货盘点报告表

仓库	存货编码	存货名称	计量单位	账存数量	实存数量	盈余数量	亏缺数量	盈亏原因
周转材料库	301	包装纸	箱	1600	1600			无
	302	包装袋	箱	960	956		-4	待查
	303	包装箱	个	5000	5013	13		待查
其他库	401	太妃糖	箱	30	25		-5	待查

5.期末处理

2022年1月24日，进行存货系统期末处理，完成其他库相关的凭证填制。

任务解析

一、其他库存业务

除了采购入库、产成品入库、销售出库、材料出库等基本出入库业务外，企业还可能发生大量其他业务，如调拨业务、盘点业务、组装拆卸业务、形态转换业务等。

（一）调拨业务

库存管理系统提供了调拨单，用于处理仓库之间存货的转库业务或部门之间的存货调拨业务。若调拨单上的转出部门和转入部门不同，则为部门之间的调拨业务；若转出部门和转入部门相同，但转出仓库和转入仓库不同，则为仓库之间的转库业务。

（二）盘点业务

仓库要定期进行存货盘点。存货盘点报告表，是证明企业存货盘盈、盘亏和毁损并据以调整存货实存数的书面凭证，经企业领导批准后，可作为原始凭证入账。系统提供了“按仓库盘点”和“按批次盘点”两种方式，可根据需要对各仓库或批次中的全部或部分存货进行盘点。

此外，系统还提供组装拆卸、形态转换等其他库存业务的处理方法。

需要注意的是，调拨业务、盘点业务、组装拆卸业务及形态转换业务等均可自动生成相应的出入库单，仓管员应对这类单据执行审核确认。除此之外的其他出入库单由用户在库存管理系统填制并审核，如接受投资、对外捐赠等。

二、存货期末处理

期末，存货核算系统应自动计算全月平均单价及本会计月出库成本，自动计算差异率（差价率）及本会计月的分摊差异／差价，并对已完成日常业务的仓库／部门做处理标志。

同时，当存货核算系统期末处理已经完成且采购管理、销售管理、库存管理系统全部结账后，存货核算系统要进行月末结账。

任务实施

【操作岗位】仓管员C01完成业务单据的填制、生成与审核；会计W02进行相关账务处理

【操作流程】

1.接受投资入库业务

（1）其他入库单填制（C01）。

2022年1月22日，仓管员C01在库存管理系统执行【其他入库】|【其他入库单】，打开【其他入库单】窗口。点击【增加】，选择仓库为“原材料库”，入库类别为“其他入库”，同时选择表体存货编码为“101”，数量为“1000”，单击【保存】|【审核】，完成操作，如图3-147所示。

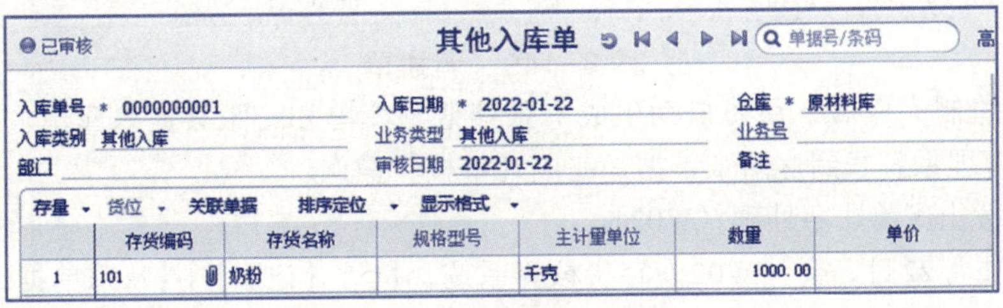

图3-147 接受投资入库单

（2）确认投资入库存货单价（W02）。

2022年1月22日，会计W02登录存货核算系统，执行【入库单】|【其他入库单】，打开前述接受投资的存货入库单，单击【修改】，输入单价为“180”，单击

【保存】，退出。

（3）记账并生成凭证（W02）。

2022年1月22日，会计W02登录存货核算系统，执行【记账】|【正常单据记账】，查询并勾选相应的单据，完成记账工作。同时，执行【凭证处理】操作，生成前述入库单的记账凭证，如图3-148所示。

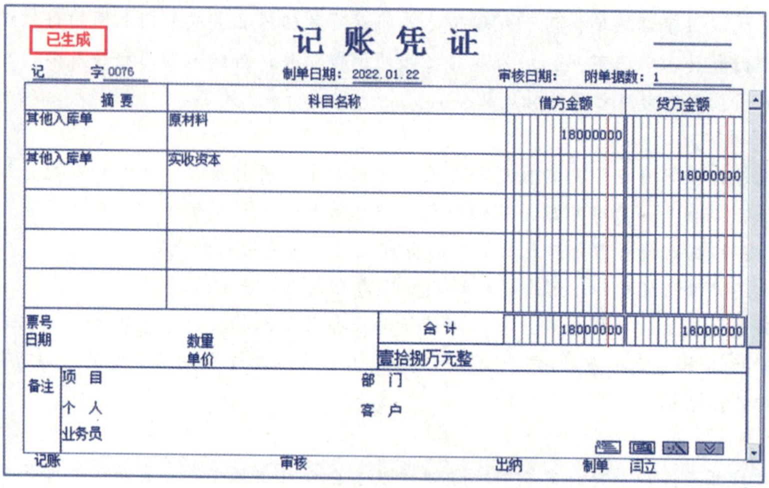

图3-148 接受投资入库凭证

2. 调拨业务

（1）调拨单填制。

2022年1月22日，C01在库存管理系统执行【调拨业务】|【调拨单】，打开【调拨单】窗口。点击【增加】，录入转出仓库为“成品库”，转入仓库为“其他库”，出库类别为“其他出库”，入库类别为“其他入库”，存货编码为“401”，数量为“100”。单击【保存】|【审核】，完成调拨单的填制，如图3-149所示。

调拨业务

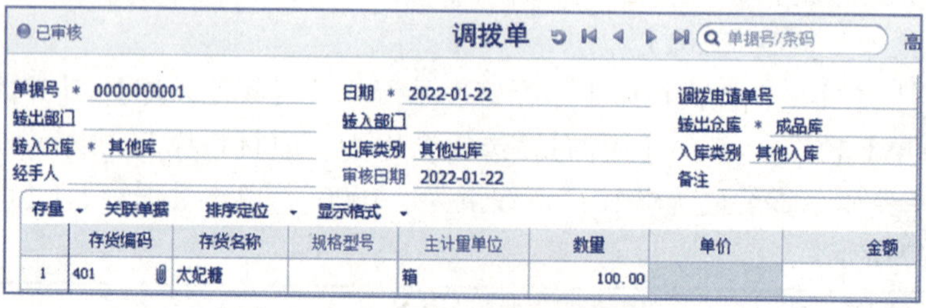

图3-149 调拨单

调拨单填制完成后，系统自动生成一张其他出库单和一张其他入库单。当天仓管员C01在库存管理系统找到这两张单据并完成【审核】操作。

（2）调拨出库单账务处理（W02）。

2022年1月22日，会计W02在存货核算系统，执行【记账】|【特殊单据记账】，打开【特殊单据记账条件】对话框，如图3-150所示，单击【确定】，系统打开【未记账单据一览表】窗口，如图3-151所示，勾选相应的调拨单据记录，执行【记账】，完成操作。

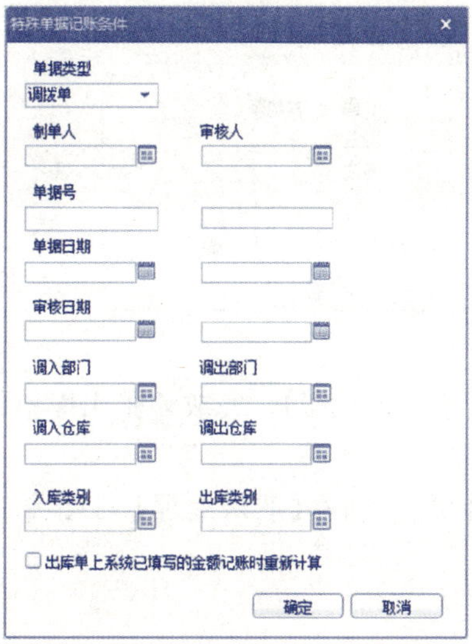

图 3-150　特殊单据记账-查询

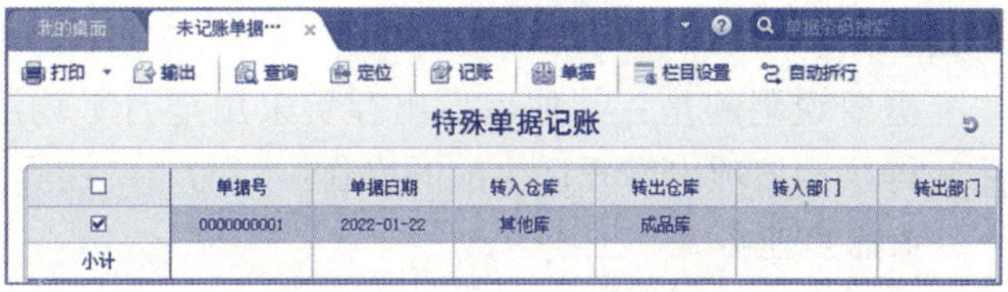

图 3-151　特殊单据记账

操作提示

调拨单和盘点单可以执行【特殊单据记账】，也可以根据其生成的其他出入库单执行【正常单据记账】。

存货系统进行单据记账时，入库单必须有入库单价，出库单的单价可根据存货计价方法自动计算出来。

同日，会计W02点击【我的桌面】上的【生成凭证】按钮，打开【生成凭证】对话框，全选调拨生成的出入库单，单击【确定】，修改贷方科目编码为“1405”，执行【合并制单】，完成凭证生成，如图3-152所示。

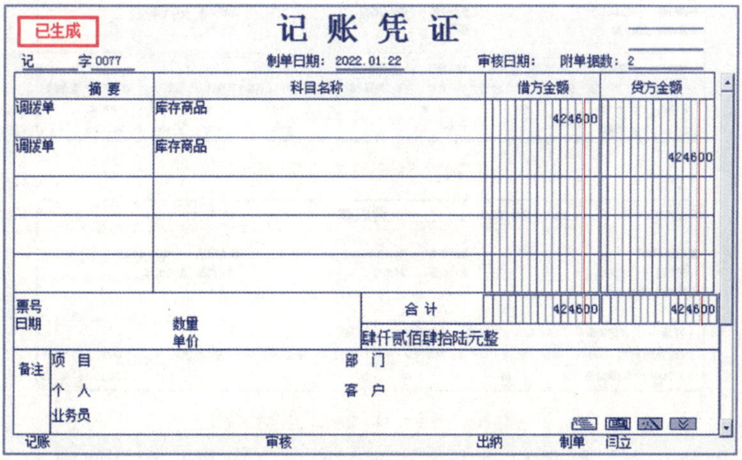

图 3-152　调拨单凭证

3.对外捐赠出库业务

2022年1月23日，仓管员C01在库存管理系统执行【其他出库】|【其他出库单】，打开【其他出库单】窗口。点击【增加】，选择仓库为“其他库”，出库类别为“其他出库”，同时选择表体存货编码为“401”，数量为“120”，单击【保存】|【审核】，完成操作，如图3-153所示。

图 3-153　对外捐赠出库单

同日，会计W02在存货核算系统执行【记账】|【正常单据记账】，完成该张出库单的记账工作。

需要说明的是：其他库发出存货采用全月平均法计价，应在【期末处理】工作结束后，再执行该项出库凭证生成的操作。

4.盘点业务

（1）盘点单填制。

2022年1月24日（假定期末），仓管员C01在库存管理系统执行【盘点业务】|【盘点单】，打开【盘点单】窗口。点击【增加】，选择盘点仓库为“周转材料库”，出库类别为“盘亏出库”，入库类别为“盘盈入库”，这里只选择存在差异的存货填制盘点单，存货编码为“302”和“303”，填写其对应的盘点数量为“956”和“5013”，单击【保存】|【审核】，完成操作，结果如图3-154所示。同理填制其他库的盘点单，如图3-155所示。

盘点业务

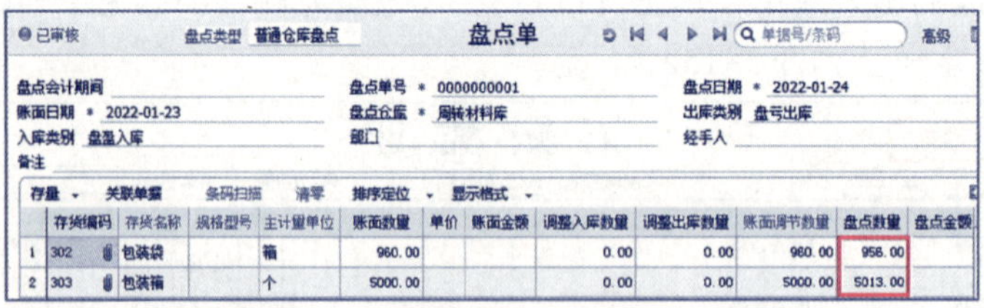

图 3-154　周转材料库盘点单

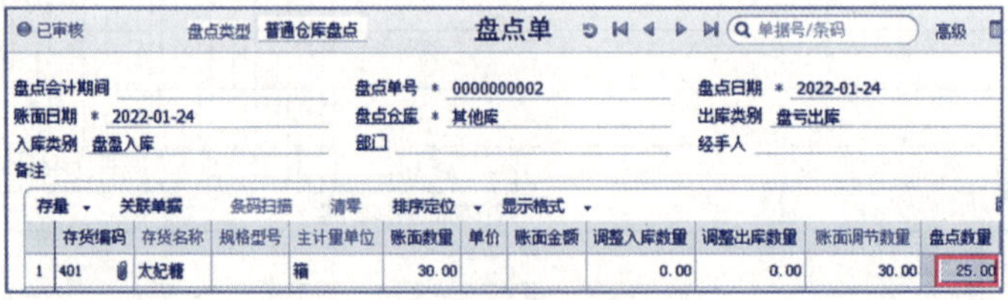

图 3-155　其他库盘点单

系统根据盘盈和盘亏结果自动生成其他入库单（盘盈）和其他出库单（盘亏）。同时，仓管员C01在库存管理系统对该盘点生成的其他出入库单进行审核。

（2）账务处理。

2022年1月24日，会计W02在存货核算系统，执行【入库单】|【其他入库单】，打开盘盈存货入库单，单击【修改】，输入单价为“2”，单击【保存】，结果如图3-156所示，关闭退出。

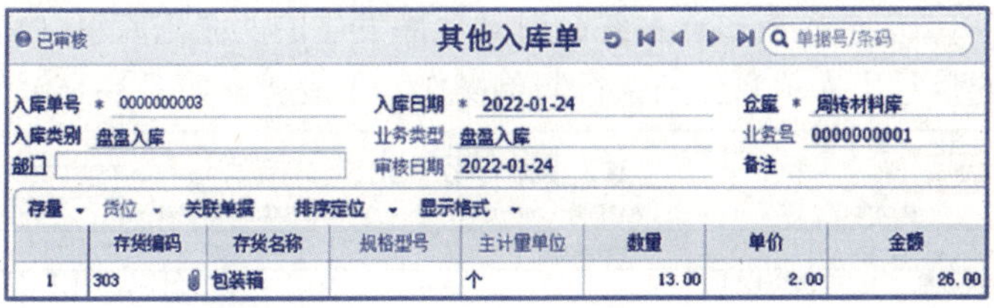

图 3-156　盘盈入库单

执行【记账】|【正常单据记账】，勾选盘亏生成的两张其他出库单以及盘盈生成的一张其他入库单，完成记账工作。同时，对周转材料库的两张单据执行合并制单处理，生成凭证如图 3-157 所示。

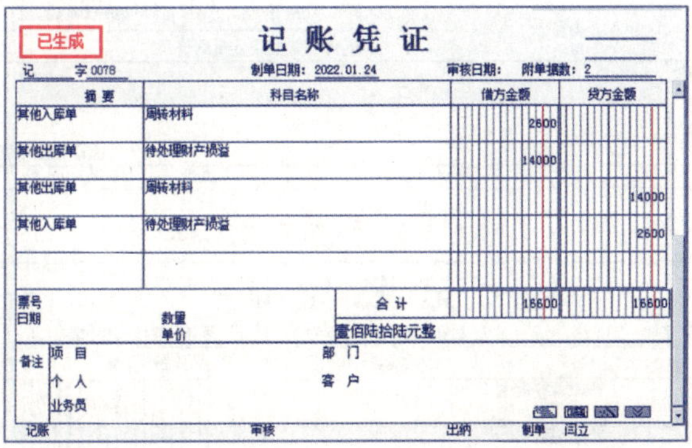

图 3-157　周转材料库盘点结果合并制单

5. 期末处理

1 月 24 日，会计 W02 登录存货核算系统，执行【记账】|【期末处理】，打开【期末处理-1 月】对话框，如图 3-158 所示，点击【处理】，系统打开【月平均单价计算表】，如图 3-159 所示，单击【确定】，系统提示“期末处理完毕!”，关闭退出。

存货核算期末处理

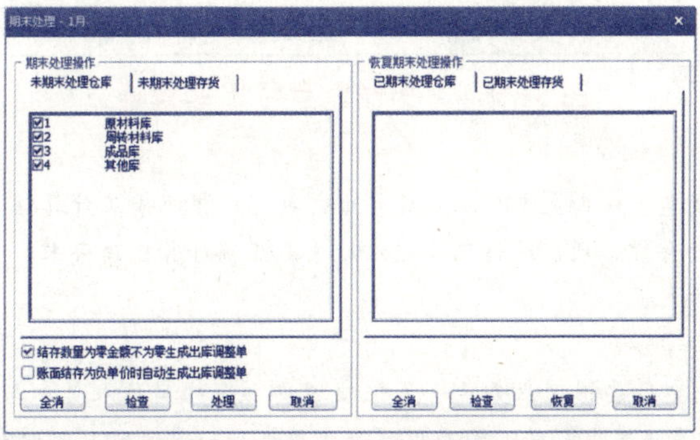

图 3-158　存货期末处理（一）

图 3-159　存货期末处理（二）

同日，会计W02登录存货核算系统，对其他库发生的两张出库单（1月23日的捐赠出库单和1月24日的盘亏出库单）分别执行制单操作，生成凭证如图3-160、图3-161所示。

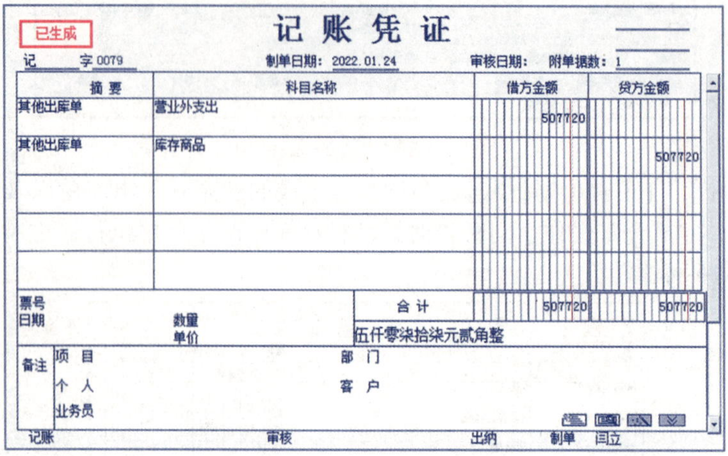

图3-160 捐赠出库凭证

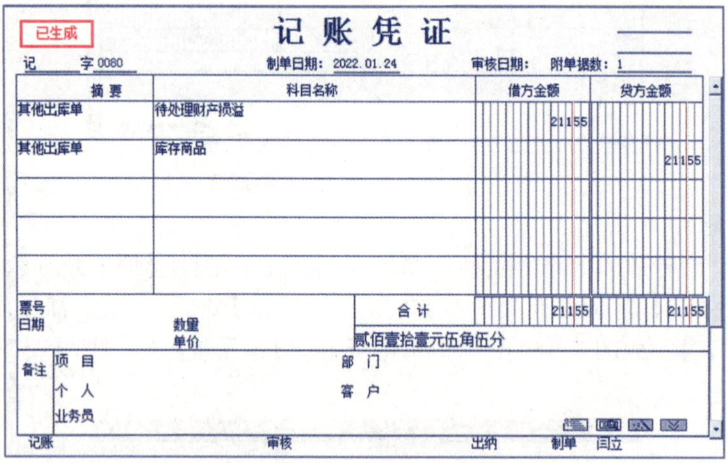

图3-161 其他库盘亏出库凭证

操作提示

产品入库单的单位成本可以由成本分配以后得出，也可以根据手工计算结果直接输入。

全月一次平均法下的存货必须经过月末处理以后才能正确计算出库成本。

职场陪练

1. 普通采购业务和先货后票销售业务的一体化处理要由哪些岗位人员参与，经过哪些步骤和环节？其中的物流、资金流、信息流是怎样传递的？用到哪些单据，如何体现内部控制？

2. 存货核算系统是怎样兼顾产品成本计算方法、发出存货计价方法来核算存货出入库业务的？

职场寄语

业务核算要经过多个模块互相作用、多个岗位互相配合才能达成目标，在实际工作中要发挥时时团队合作精神，聚沙成塔，聚木成林。同时，深入理解信息化系统运行的原理，掌握物流、资金流与信息流的传递规律，在企业流程再造、组织再造工作中学以致用，创新创造，做出更大贡献。

工作过程四　期末处理

职业能力清单

1. 熟悉总账系统期末处理的主要功能；掌握转账定义及转账生成的基本方法；能够熟练进行期末业务的转账定义设置，生成正确的期末业务转账凭证。

2. 理解手工会计期末处理的方法、步骤；掌握总账系统下的实现方法，能够对账套数据进行修改、输出、引入等操作。

3. 熟悉所有系统期末结账的顺序和方法，能顺利完成业务系统和财务系统的期末结账。

职业素质培养

1. 认真仔细地完成收尾工作，体会锲而不舍、坚持到底获得的成就感。

2. 在烦琐缜密的工作中养成爱岗敬业、吃苦耐劳的职业习惯，发扬善始善终、善作善成的实干精神。

内容导图

工作过程四内容导图如图4-1所示。

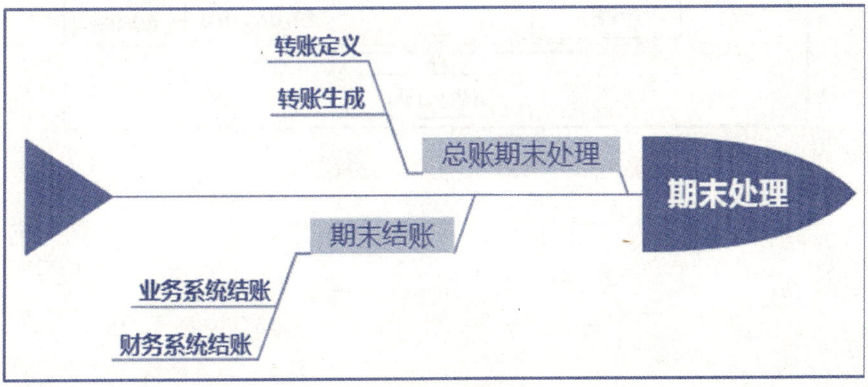

图4-1　工作过程四内容导图

工作情境引入

经过一期艰苦的劳作，各个子系统已经完成了职责内业务核算，进入期末处理状态。期末处理是对本期工作的收尾和总结，要通过一系列的程序和方法，封存系统，结转数据，实现企业经济业务持续性核算与管理。

思政主线

善始善终　善作善成　爱岗敬业　驰而不息

【实训十】总账系统期末处理

总账系统期末处理较为复杂，主要任务有三：①对本期来自其他各模块的记账凭证执行签字、审核、记账操作；②总结处理，完成本期全部常规性费用的计提、分摊、分配工作，并结转期间损益，计算缴纳企业所得税；③对账、结账处理，将本期末各账户余额结转至下期。在U8系统中总账期末处理主要包括转账定义、生成记账凭证以及对账和结账等内容。总账系统期末处理工作流程如图4-2所示。

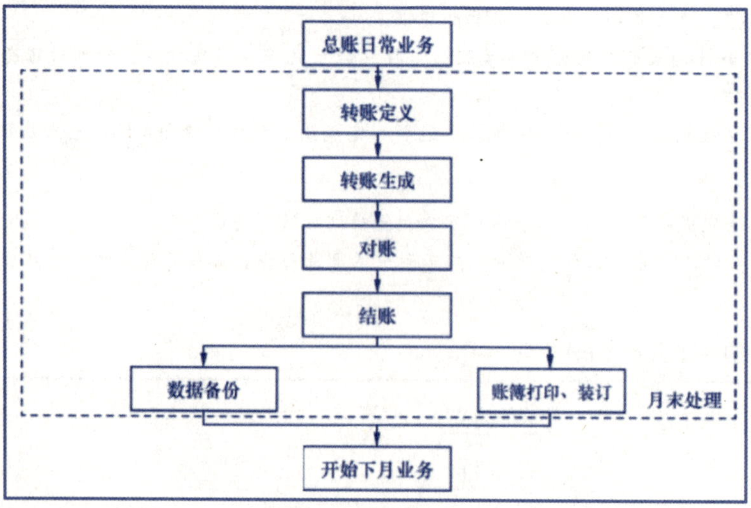

图4-2　总账系统期末处理工作流程

任务清单10-1　转账定义

任务下达

1.总账期末处理准备

（1）2022年1月31日，经有关部门研究决定将待处理财产损溢余额转入管理费用，会计W02在总账系统填制相关凭证；

（2）2022年1月31日，在总账系统对当前所有未处理凭证执行审核、签字及记账操作。

2.自定义转账设置

（1）无形资产摊销设置，本月新增无形资产30 000元，预计使用年限为5年。

（2）计提短期借款利息，年利率为6%。

（3）分配制造费用，两种产品按工时比例承担，各占50%。

（4）所得税费用计算设置，所得税税率为25%。

3.结转汇兑损益设置

假定2022年1月31日人民币对美元的即期汇率为1美元=6.29元人民币。增加会计科目“660305财务费用-汇兑损益”，用于核算可能发生的汇兑损益。

4.结转期间损益设置

任务解析

一、期末转账业务

总账系统的期末处理要在其他模块完成期末处理之后才能进行，其核心是期末转账业务的设置与凭证生成。总账系统提供了自定义转账、对应结转、销售成本结转、售价结转、汇兑损益结转、自定义比例转账、费用摊销和预提等定义转账形式，分别适用不同费用的处理。

期末转账前要对总账系统下所有的凭证进行签字、审核、记账等操作。

（一）自定义转账

自定义转账是指在总账系统内部采用设置凭证模板的方法使相应的凭证可以自动生成的操作。一些期末业务具有较强的规律性，而且每个月都会重复发生，如费用的分配、摊销、计提，税金的计算，成本的结转等。这些业务的凭证分录是固定的，金额来源和计算方法也是固定的，因而可以利用自动转账功能将处理这些经济业务的凭证模板定义下来，期末时通过调用这些模板来自动生成相关凭证。

（二）对应结转

当两个或多个上级科目的下级科目及辅助项有一一对应关系时，可将其余额按一定比例系数进行对应结转，可一对一结转，也可一对多结转。对应结转转出方科目只能是一个，只能结转期末余额。

（三）售价（计划价）结转和销售成本结转

售价（计划价）结转功能主要是按售价（计划价）结转销售成本或调整销售成本。

销售成本结转则是将期末库存商品（或产成品）销售数量乘以库存商品（或产成品）的平均成本计算各类商品销售成本并进行结转。其功能主要用来辅助没有启用购销存业务模块的企业完成期末销售成本的计算和结转，已经启用供应链模块的企业无需进行此操作。

（四）汇兑损益结转

汇兑损益结转用于期末自动计算外币账户的汇兑损益，并在转账生成中自动生成汇兑损益记账凭证。汇兑损益只处理以下外币账户：外汇存款户、外币现金、外币结算的各项债权和债务。

（五）期间损益结转

期间损益结转主要用于在一个会计期间终了时将损益类科目的余额结转到本年利润科目，从而及时反映企业利润的盈亏情况。

二、常用转账定义函数

要想利用自动转账功能自动生成记账凭证，首先应该定义凭证模板。定义凭证模板时，应设置凭证类别、摘要、借贷会计科目及其金额。其中最关键的是金额公式的设置。常用的账务取数函数有如下几种：期初余额函数、期末余额函数、发生额函数、净发生额函数、结果函数等。

期初余额函数QC（<科目编码>，<会计期间>，[<方向>]，[<账套号>]，[<会计年度>]，[<编码1>]，[<编码2>]，[截止日期]），用于返回指定科目、指定期间、指定方向的期初余额。若省略方向，与该科目默认余额方向相同的余额取正数，相反方向的余额取负数。期末余额函数QM的构成和规则与期初余额函数QC一致，用于返回指定科目、指定期间、指定方向的期末余额。如QM(20301,全年,贷,001,2018,01)，返回001套账20301科目2018年辅助项01（财务部）的年末贷方余额。

本期发生额函数FS（<科目编码>，<会计期间>，<方向>，[<账套号>]，[<会计年度>]，[<编码1>]，[<编码2>]，[<是否包含未记账>]，[<自定义项1>]，…，[<是否包含调整期（默认Y包含）>]），用于返回指定期间、指定科目、指定方向（借或贷）的发生额，如FS(20301,全年,贷,001,2018,01)，返回001套账20301科目2018年辅助项01全年的贷方发生额。

结果函数JG（科目），用来取转账中对方该科目发生数合计，若参数为空，则取对方全部科目的计算结果。

净发生额函数JE（<科目编码>，<会计期间>，[<账套号>]，[<会计年度>]，[<编码1>]，[<编码2>]，[<是否包含未记账>]，[<自定义项1>]，…，[<是否包含调整期（默认Y包含）>]），用于返回指定科目、指定期间的净发生额。如，JE(20301,全年,001,2018,01)表示返回账套001中辅助项01的20301科目2018年净发生额。

任务实施

【操作岗位】会计W02填制凭证，出纳W03执行出纳签字，财务经理W01审核凭证

【操作流程】

1.总账期末处理准备

（1）待处理财产损溢结转。

2022年1月31日，会计W02在总账管理系统填制凭证，摘要为“待处理财产损溢转出”，先输入科目“1901”，点击【余额】按钮，查询待处理财产损溢的科目余额为借方“325.55”，再借记“620206管理费用-其他”，贷记“1901待处理财产损溢”，管理费用“部门”辅助项选择“仓储部”，金额为“325.55”，结果如图4-3所示。

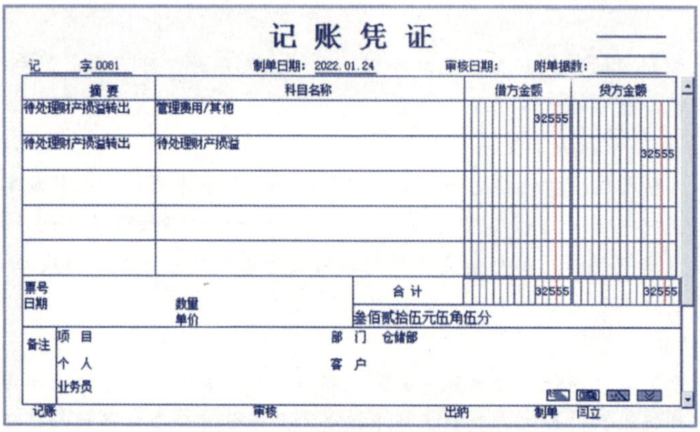

图4-3　结转待处理财产损溢

（2）所有凭证记账。

2022年1月31日，财务经理W01登录企业应用平台，在【我的桌面】点击【审核凭证】，批量审核全部凭证。

同日，出纳W03对所有的出纳凭证执行出纳签字操作，会计W02完成凭证的记账工作。

2.自定义转账设置

（1）2022年1月31日，会计W02执行【总账】|【期末】|【转账定义】|【自定义转账】，打开【自定义转账设置】窗口。单击【增加】，输入转账序号“0001”，转账说明输入“无形资产摊销”，如图4-4所示，单击【确定】。

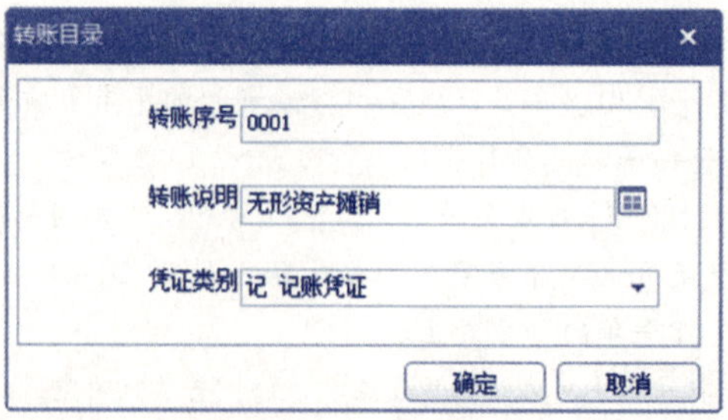

图4-4　转账定义-无形资产摊销（一）

单击【增行】，输入无形资产摊销凭证借方科目编码“660206管理费用-其他”，部门“总经办”，方向“借”，金额公式“JG（）”，继续单击【增行】，书写贷方科目编码

为“1702 累计摊销”，在【金额公式】栏内点击参照按钮，打开【公式向导】对话框，如图4-5所示，选择函数“QM（）”，单击【下一步】，设置QM（）科目为“1701 无形资产”，其他默认，如图4-6所示，单击【完成】，系统回到【自定义转账设置】窗口，继续书写公式为“QM(1701,月)/(5*12)”，点击【保存】，完成设置，如图4-7所示。

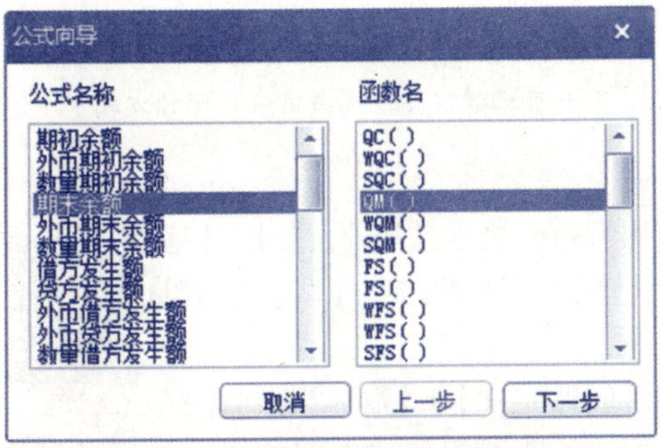

图4-5　转账定义-无形资产摊销（二）

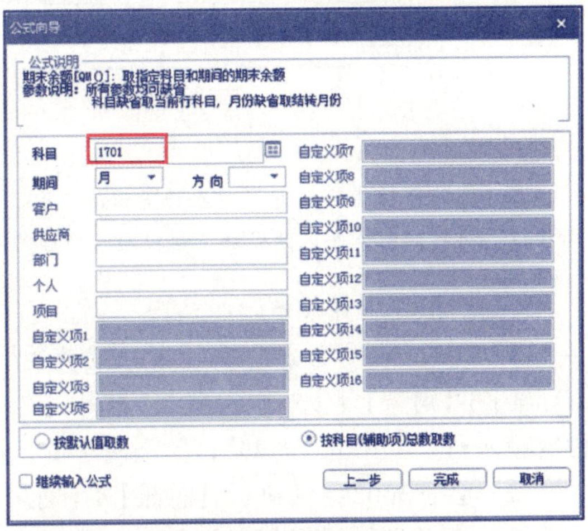

图4-6　转账定义-无形资产摊销（三）

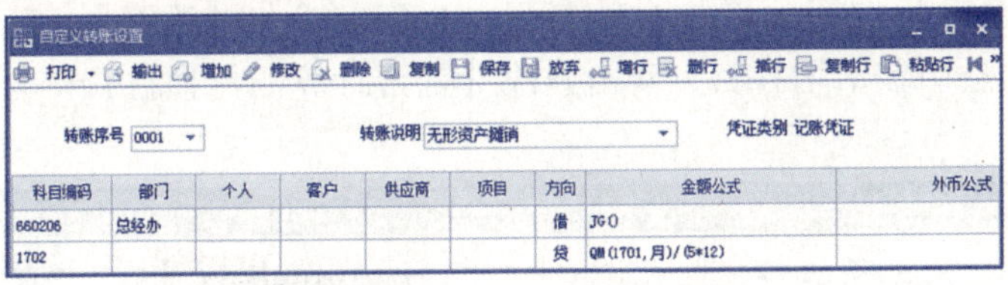

科目编码	部门	个人	客户	供应商	项目	方向	金额公式	外币公式
660206	总经办					借	JG()	
1702						贷	QM(1701,月)/(5*12)	

图4-7　转账定义-无形资产摊销（四）

（2）同理，定义序号为“0002”计提短期借款利息的转账设置，如图4-8所示；定义序号为“0003”分配制造费用的转账设置，如图4-9所示；定义序号为“0004”计算所得税费用的转账设置，如图4-10所示。

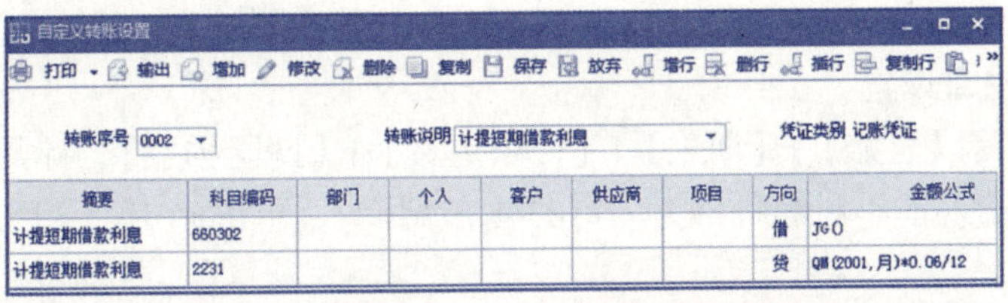

摘要	科目编码	部门	个人	客户	供应商	项目	方向	金额公式
计提短期借款利息	660302						借	JG()
计提短期借款利息	2231						贷	QM(2001,月)*0.06/12

图4-8　结转定义-计提短期借款利息

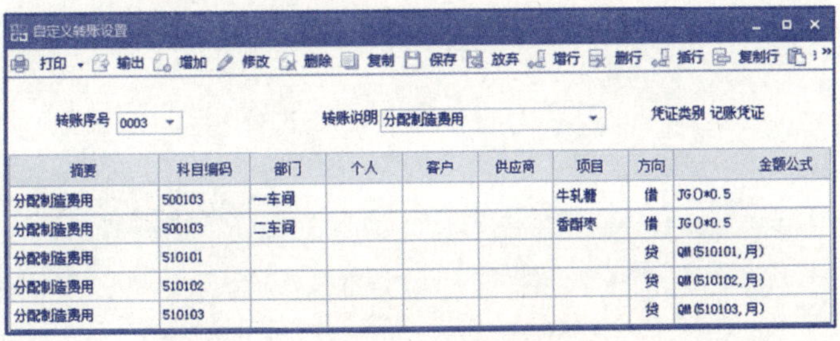

摘要	科目编码	部门	个人	客户	供应商	项目	方向	金额公式
分配制造费用	500103	一车间				牛轧糖	借	JG()*0.5
分配制造费用	500103	二车间				香酥枣	借	JG()*0.5
分配制造费用	510101						贷	QM(510101,月)
分配制造费用	510102						贷	QM(510102,月)
分配制造费用	510103						贷	QM(510103,月)

图4-9　结转定义-分配制造费用

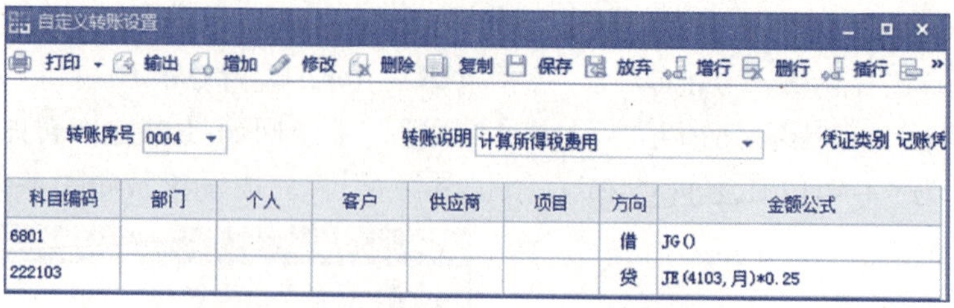

图 4-10　结转定义-计算所得税费用

操作提示

自定义转账功能可以完成对各种费用的分配、分摊、计提及税金的计算等操作，也可以自定义期间损益。同时，系统也单独提供了结转期间损益的功能，用户可根据实际情况决定采用哪种方式。

3.结转汇兑损益设置

（1）2022年1月31日，会计W02登录企业应用平台，执行【基础设置】|【基础档案】|【财务】|【外币设置】，打开【外币设置】对话框。在【调整汇率】栏内输入月末汇率为“6.29”，单击回车键，退出。

结转汇兑损益设置

（2）会计W02继续执行【总账】|【期末】|【转账定义】|【汇兑损益】，打开【汇兑损益结转设置】对话框。点击【汇兑损益入账科目】的参照按钮，打开【科目参照】，点击【编辑】按钮，增加会计科目“660305”（财务费用-汇兑损益），返回，如图4-11所示，选中该新增科目，双击修改【是否计算汇兑损益】栏为“Y”，单击【确定】，完成设置。

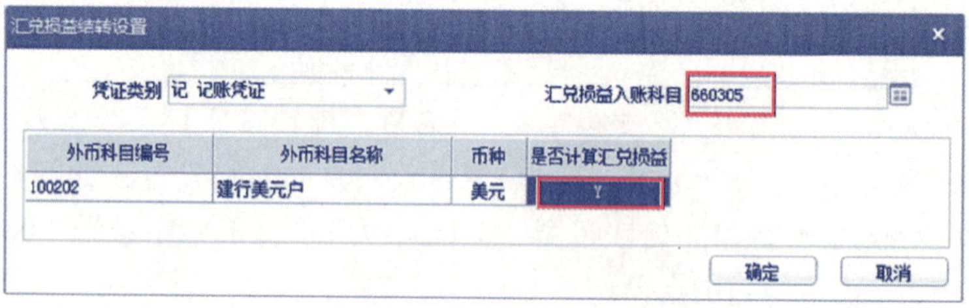

图 4-11　汇兑损益结转设置

4.结转期间损益设置

会计W02执行【总账】|【期末】|【转账定义】|【期间损益】，打开【期间损益结转设置】对话框，输入本年利润科目为“4103本年利润”，单击确定，关闭退出。

任务清单10-2　转账生成

任务下达

2022年1月31日，会计W02在总账管理系统完成如下任务：

1.凭证生成及处理。生成无形资产摊销、计提短期借款利息以及结转本月制造费用的会计凭证，已知牛轧糖和香酥枣各耗用工时50 000小时。

2.计算完工产品成本。已知牛轧糖和香酥枣均无期初在产品，投产产品期末全部完工，经检验合格入库各3 000箱。

3.结转汇兑损益，生成相关记账凭证。

4.结转期间损益，收入结转与费用结转分别生成记账凭证。

5.确认并结转所得税费用，生成相关记账凭证。

任务解析

一、自动转账凭证生成

凭证模板定义好以后，当每个月发生相关经济业务时可不必再手工录入凭证，而可以直接调用已定义好的凭证模板来自动生成相关的记账凭证。利用凭证模板生成记账凭证需要各月重复进行。一般而言，只有在凭证记账后，账务函数才能取出相关数据。所以利用自动转账生成凭证时，操作员一定要使得相关凭证已经全部记账，这样才能保证取出数据并且数据是完整的。

此外，还应注意自动转账凭证的生成顺序。例如，计算汇兑损益应在结转期间损益之前完成，因为汇兑损益会形成财务费用（正数或负数），其属于期间损益的构成部分，必须将其生成凭证并审核记账后，才能保证期间损益科目结转数据的准确性。通常的程序是：结转销售成本→计算汇兑损益→结转期间损益→计提所得税费用→结转所得税费用。同时，应保证前一张凭证入账后才能生成后一张凭证。

凭证模板只需定义一次即可，各月不必重复定义。

二、对账与结账

（一）对账

对账是对账簿数据进行核对，以检查记账是否正确、是否账账相符。对账包括总账与明细账、总账与辅助账的核对。试算平衡时，系统会将所有账户的期末余额按会计平衡公式“借方余额＝贷方余额”进行平衡检验，并输出科目余额表。正常情况下，系统自动记账后，应该是账账相符的，账户余额也是平衡的。但由于非法操作或计算机病毒等原因，数据有时可能会被破坏，因而引起账账不符。为了检查是否账证相符、账账相符以及账户余额是否平衡，应经常使用对账及试算平衡功能。结账时，一般系统会自动进行对账和试算平衡。

（二）结账

在一定会计期间结束时（如月末、季末、年末），需要进行结账。结账前应进行数据备份。结账后，当期不能再填制凭证，并终止各账户的记账工作。同时，系统会自动计算当期各账户发生额合计及余额，并将其转入下期期初。本月结账时，系统会进行下列检查工作：

①检查本月业务是否已全部记账，有未记账凭证时不能结账；

②检查上月是否已结账，上月未结账，则本月不能结账；

③核对总账与明细账、总账与辅助账是否相符，账账不符不能结账；

④对科目余额进行试算平衡，试算结果不平衡将不能结账；

⑤检查损益类账户是否已结转至本年利润；

⑥当各子系统集成应用时，总账系统必须在其他各子系统结账后才能最后结账。

任务实施

【操作岗位】会计W02进行凭证生成、记账；财务经理W01审核凭证；出纳W03进行出纳签字

【操作流程】

1.凭证生成及处理

（1）2022年1月31日，会计W02在企业应用平台执行【总账】|【期末】|【转账生成】，打开【转账生成】对话框，如图4-12所示。在【自定义转账】项目下，选定编号为“0001”的设置，勾选【包含未记账凭证（仅支持期末金额函数与发生金额函数）】复选框，单击【确定】，系统自动生成对应的记账凭证，如图4-13所示。单击【保存】，退出。

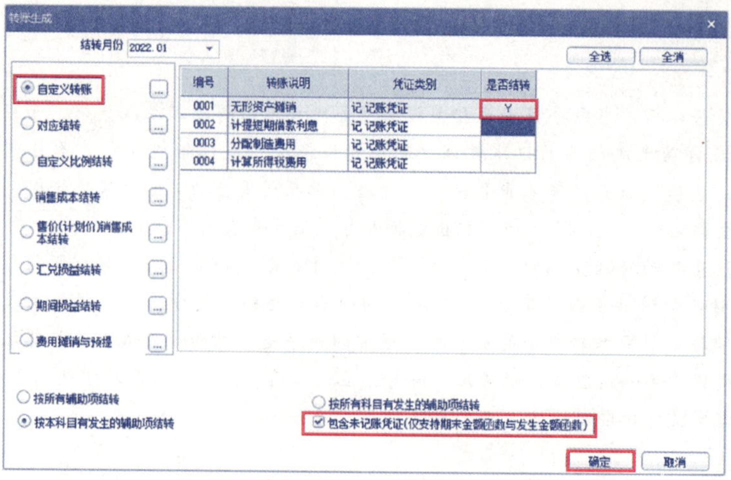

图4-12　转账生成-无形资产摊销（一）

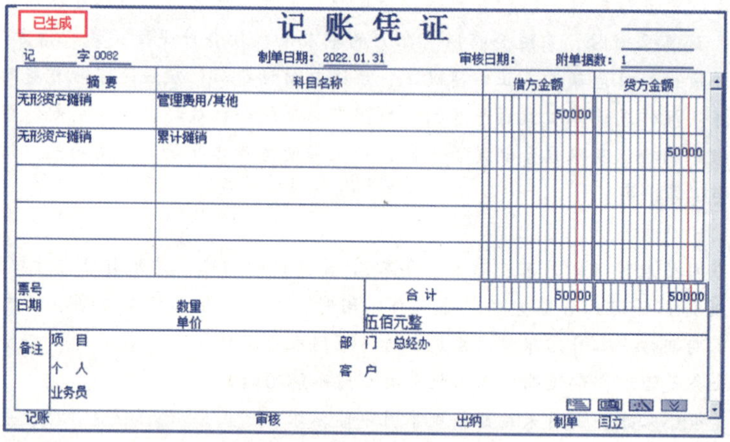

图4-13　转账生成-无形资产摊销（二）

重复前述操作，分别生成计提短期借款利息及分配制造费用的凭证，如图4-14、图4-15所示。过程中会提示“2022.01月或之前月有未记账凭证，是否继续结转?”，单击【是】即可。

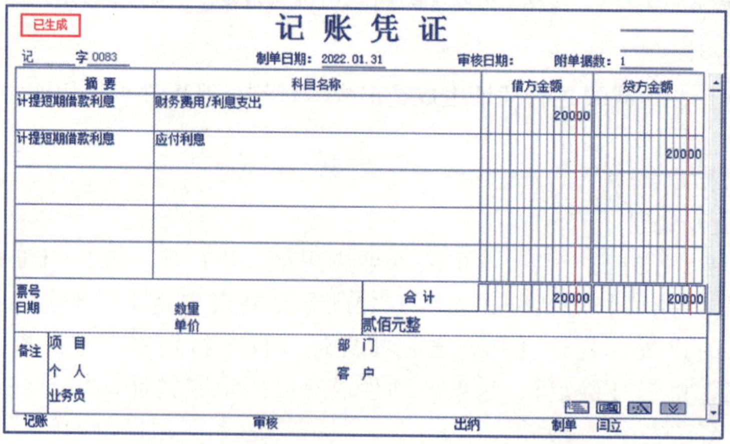

图4-14　转账生成-计提短期借款利息

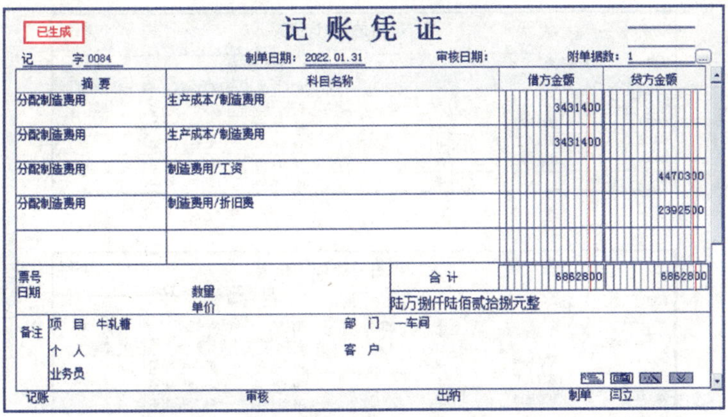

图4-15　转账生成-分配制造费用

（2）同日，财务经理W01对上述生成的记账凭证执行审核操作，会计W02完成全部凭证的记账工作。操作方法同前，这里不赘述。

2.计算完工产品成本

（1）查询项目总账。

会计W02继续执行【总账】|【账表】|【项目辅助账】|【项目总账】，打开【项目总账】对话框，如图4-16所示，修改项目大类为“00生产成本核算”，项目为“1-牛轧糖”，选中【包含未记账凭证】复选框。

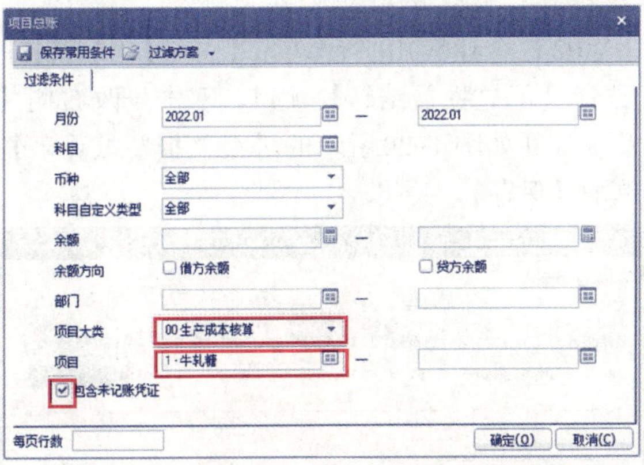

图4-16　结转待处理财产损溢

单击【确定】按钮，系统打开【项目总账】窗口，如图4-17所示，部门选择“501一车间”，单击【详细】按钮，系统返回“牛轧糖”项目总账的详细信息，如图4-18所示。同理，可得到“香酥枣”项目总账的详细信息，如图4-19所示。

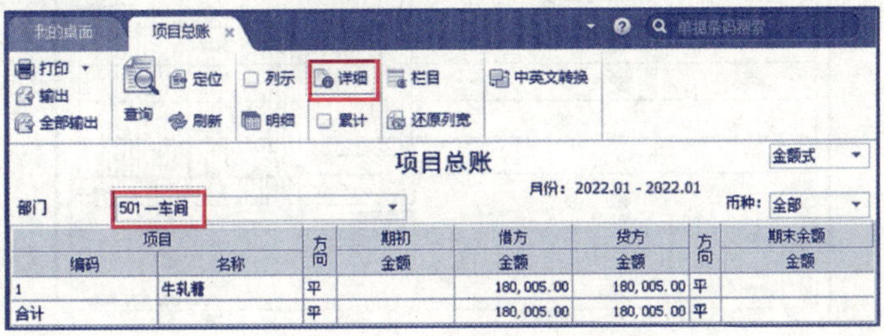

图4-17　项目总账

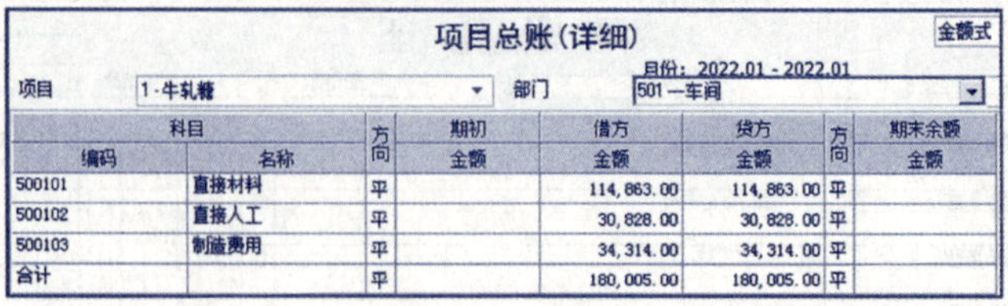

项目总账(详细)　金额式

项目 1-牛轧糖　部门 501一车间　月份：2022.01 - 2022.01

科目编码	科目名称	方向	期初金额	借方金额	贷方金额	方向	期末余额金额
500101	直接材料	平		114,863.00	114,863.00	平	
500102	直接人工	平		30,828.00	30,828.00	平	
500103	制造费用	平		34,314.00	34,314.00	平	
合计		平		180,005.00	180,005.00	平	

图4-18　牛轧糖项目总账（详细）

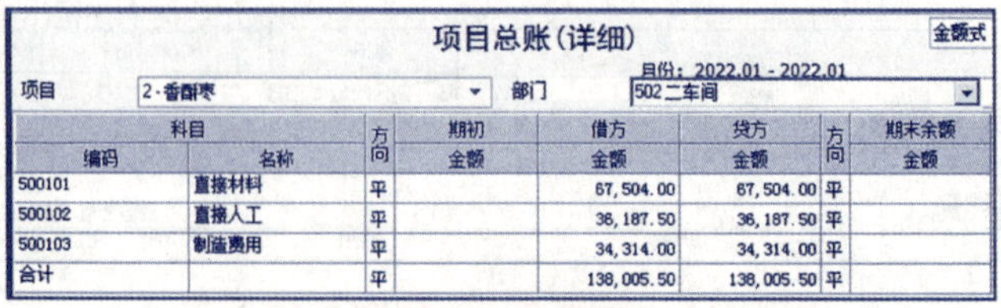

项目总账(详细)　金额式

项目 2-香酥枣　部门 502二车间　月份：2022.01 - 2022.01

科目编码	科目名称	方向	期初金额	借方金额	贷方金额	方向	期末余额金额
500101	直接材料	平		67,504.00	67,504.00	平	
500102	直接人工	平		36,187.50	36,187.50	平	
500103	制造费用	平		34,314.00	34,314.00	平	
合计		平		138,005.50	138,005.50	平	

图4-19　香酥枣项目总账（详细）

（2）计算单位成本。

从图4-18可知，牛轧糖本月发生直接材料为114 863元，直接人工为30 828元，制造费用为34 314元，总成本为180 005元。完工入库3 000箱，计算得到牛轧糖的单位成本为60元/箱。

从图4-19可知，香酥枣的总成本为138 005.5元，其中，直接材料为67 504元，直接人工为36 187.5元，制造费用为34 314元。按完工入库3 000箱计算的单位成本为46元/箱。

3.结转汇兑损益

2022年1月31日，W02在企业应用平台执行【总账】|【期末】|【转账生成】，打开【转账生成】对话框，选择【汇兑损益结转】项目，双击修改右侧【是否结转】栏内容为"Y"，单击【确定】。系统打开如图4-20所示的【汇兑损益试算表】。单击【确定】，生成凭证如图4-21所示，单击【保存】，关闭。

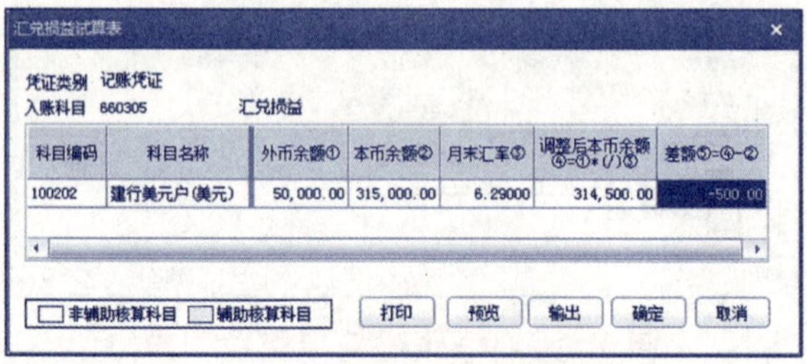

汇兑损益试算表

凭证类别 记账凭证

入账科目 660305　汇兑损益

科目编码	科目名称	外币余额①	本币余额②	月末汇率③	调整后本币余额④=①*(/)③	差额⑤=④-②
100202	建行美元户(美元)	50,000.00	315,000.00	6.29000	314,500.00	-500.00

图4-20　结转汇兑损益试算

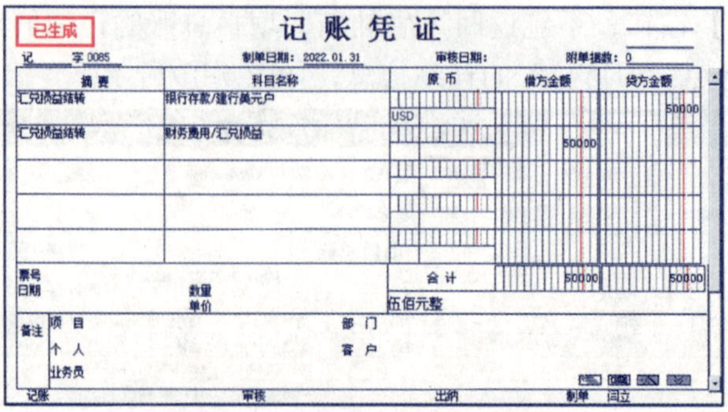

图4-21　结转汇兑损益凭证

同日，财务经理W01对上述生成的记账凭证执行审核操作，出纳W03执行签字操作，会计W02完成记账工作。

4.结转期间损益

同理，2022年1月31日，W02在【转账生成】对话框，选择【期间损益结转】项目，分别选择【类型】为“收入”和“支出”，单击【全选】，勾选【保护未记账凭证】按钮，点击【确定】，生成收入和成本结转本年利润的凭证，如图4-22、图4-23所示。同前操作，该张凭证也要立即执行审核、记账操作。

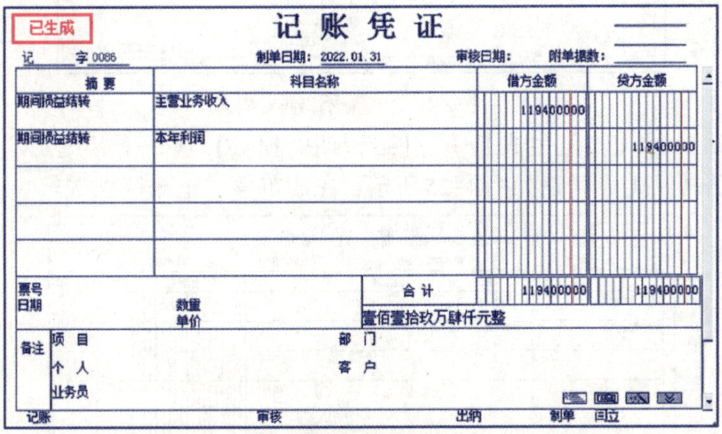

已生成

记账凭证

记 字 0086 制单日期：2022.01.31 审核日期： 附单据数：

摘要	科目名称	借方金额	贷方金额
期间损益结转	主营业务收入	119400000	
期间损益结转	本年利润		119400000
票号 日期	数量 单价	合计 119400000	119400000
		壹佰壹拾玖万肆仟元整	

备注 项目 部门 个人 客户 业务员

记账 审核 出纳 制单 闫立

图4-22 结转期间损益-收入

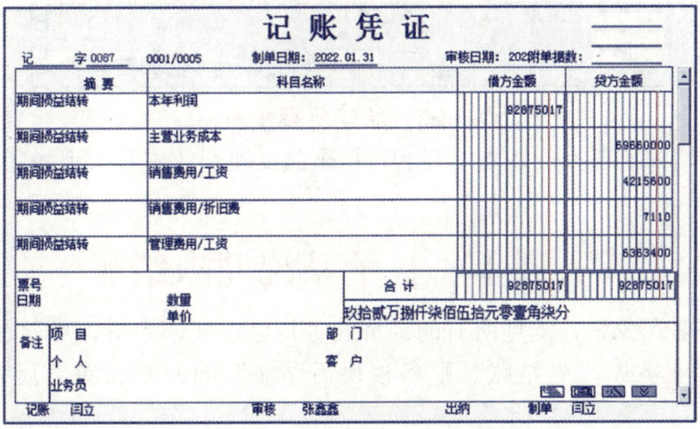

记账凭证

记 字 0087 0001/0005 制单日期：2022.01.31 审核日期：202附单据数：

摘要	科目名称	借方金额	贷方金额
期间损益结转	本年利润	92875017	
期间损益结转	主营业务成本		69660000
期间损益结转	销售费用/工资		4215600
期间损益结转	销售费用/折旧费		7110
期间损益结转	管理费用/工资		6363400
票号 日期	数量 单价	合计 92875017	92875017
		玖拾贰万捌仟柒佰伍拾元零壹角柒分	

备注 项目 部门 个人 客户 业务员

记账 闫立 审核 张鑫鑫 出纳 制单 闫立

图4-23 结转期间损益-支出

5.计算并结转所得税费用

2022年1月31日，W02在【转账生成】对话框，勾选【自定义转账】项目下编号为“0004”的设置，勾选【包含未记账凭证】复选框，生成计提所得税费用的记账凭证，如图4-24所示。完成审核、记账等操作。

计算并结转所得税费用

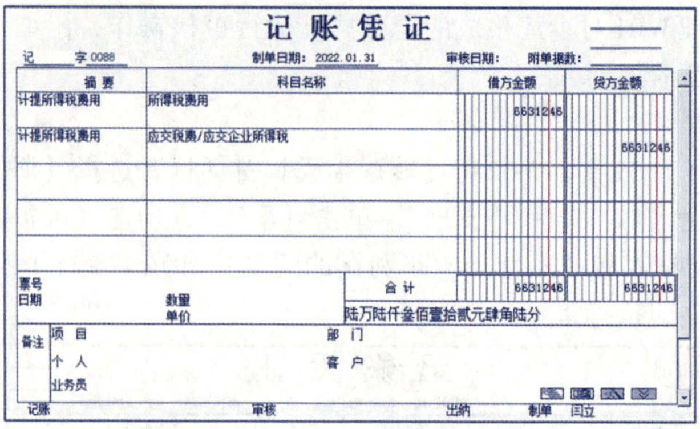

图 4-24 计算所得税费用

同时，再次执行【转账生成】，在【结转期间损益】项目下，选定“6801所得税费用”项目进行结转，生成凭证如图4-25所示。完成审核、记账等操作。

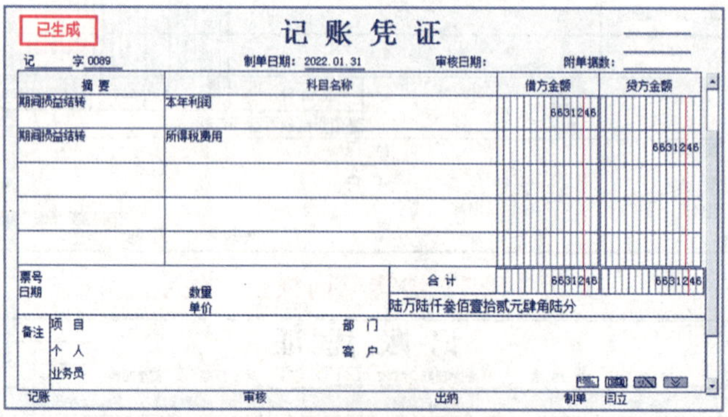

图 4-25 结转所得税费用

至此，总账期末处理完成，本年利润科目余额反映企业本月实现净利润。查账可知为198 937.37元。

【实训十一】子系统期末结账

总账期末处理完成后，本期所有的经济业务均已经处理完毕，可以进行结账工作了。结账时应遵循“业务模块先结账、财务模块后结账”的原则，有序展开。具体流程如图4-26所示。

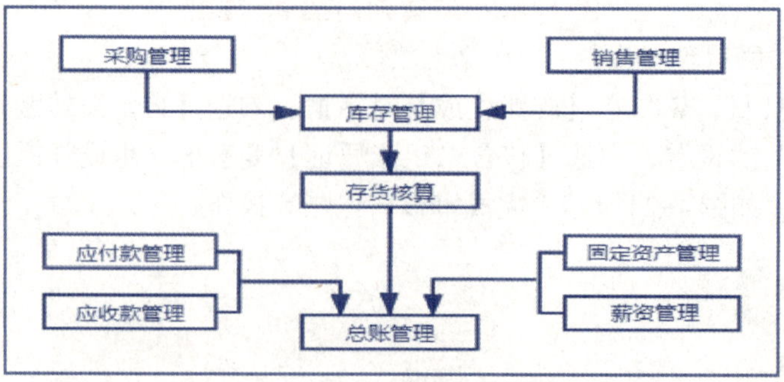

图 4-26 子系统期末结账流程

任务清单 11-1 业务系统结账

任务下达

2022 年 1 月 31 日，完成业务系统结账工作：

①采购管理系统结账；

②销售管理系统结账；

③库存管理系统结账；

④存货核算系统结账。

任务解析

一、各系统结账顺序

①采购部门和销售部门分别完成当月的采购业务和销售业务后，可以分别办理采购管理系统和销售管理系统的月末结账；②仓储部门确认当月不再发生任何形式的出入库业务后（如调拨、盘点等），库存管理系统可以月末结账；③前面业务模块已经结账后，存货核算系统若确定当月有关存货成本核算业务全部完成，可以办理月末结账；④财务部门可对固定资产管理、薪资管理以及应付款管理、应收款管理系统进行月末结账处理，最后完成对总账系统的月末结账工作。

二、结账注意事项

①结账前用户应检查本会计月工作是否已全部完成，只有在当前会计月份所有工作全部完成的前提下，才能进行月末结账，否则会遗漏某些业务。

②月末结账之前一定要进行数据备份，否则数据一旦发生错误，将造成无法挽回的后果。

③没有期初记账，将不允许月末结账。

④不允许跳月结账，只能从结账的第一个月起逐月结账；不允许跳月取消月末结账，只能从最后一个月逐月取消。

⑤上月未结账，本月单据可以正常操作，不影响日常业务处理，但本月不能结账。

⑥月末结账为独享功能，与系统中所有功能操作互斥，即在操作本功能前，应确定其他功能均已退出；在网络环境下，要确定本系统所有的网络用户退出了所有功能。

任务实施

【操作岗位】采购员G01进行采购系统结账；销售员X01进行销售系统结账；仓管员C01进行库存管理系统结账；会计W02进行存货核算系统结账

【操作流程】

1.采购、销售系统结账

2022年1月31日，采购员G01在采购管理系统中执行【月末结账】，打开【结账】窗口，如图4-27所示，选中会计月份为“1”，单击【结账】，打开月末结账窗口，单击【否】，不关闭订单，完成采购管理系统结账。

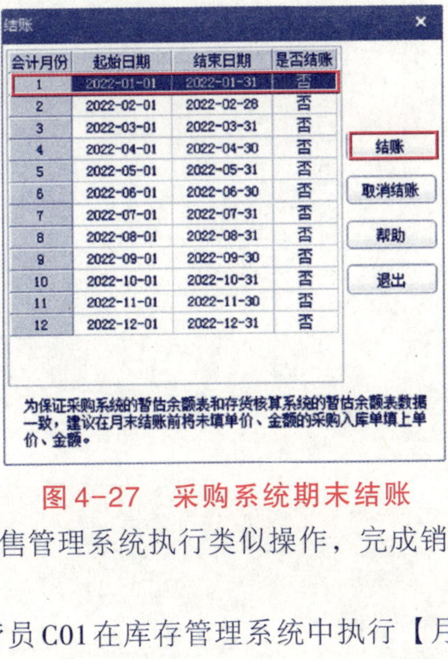

图4-27　采购系统期末结账

同理，销售员X01在销售管理系统执行类似操作，完成销售管理系统结账。

2.库存管理系统结账

2022年1月31日，仓管员C01在库存管理系统中执行【月末处理】|【月末结账】，打

开【结账】窗口，选中会计月份为“1”，执行【结账】，系统提示“库存启用月份结账后将不能修改期初数据，是否继续结账?”，点击【是】，完成结账，退出操作。

3.存货核算系统结账

2022年1月31日，会计W02在存货核算系统中执行【记账】|【月末结账】，打开【结账】窗口，选中会计月份为“1”，执行【结账】，系统提示月末结账完成，退出操作。

任务清单 11-2　财务系统结账

任务下达

2022年1月31日，会计W01按顺序完成财务系统结账工作：

①应付款管理与应收款管理系统期末结账；

②固定资产管理与薪资管理系统期末结账；

③总账管理系统期末结账。

任务解析

应收款管理与应付款管理系统结账时，应注意本月的单据（发票和应收应付单）在结账前应该全部审核；若本月还有应核销未核销的单据，则不能结账；参数设置为“核销制单”的情况下，如果有未制单的核销操作，也不允许结账。此外，如果结账期间是本年度最后一个期间，则本年度进行的所有核销、坏账、转账等处理必须制单，否则不能向下一个年度结转，而且对于本年度外币余额为零的单据必须将本币余额结转为零。

固定资产管理系统完成当月全部业务后，便可以进行月末结账，以便将当月数据结转至下月。月末结账后当月数据不允许再进行改动。月末结账后如果发现有本月未处理的业务或需要修改的事项，可以通过系统提供的【恢复月末结账前状态】功能进行反结账。

工资数据处理完毕后均可进行月末结转。需手工录入且每月数据均不相同的工资项目，在薪资管理系统结账时要进行清零处理。进行期末处理后，当月数据将不允许变动。

总账管理系统通常最后结账。结账后，当月不能再填制凭证，并终止各账户的记账工作。同时，系统会自动计算当月各账户发生额合计及余额，并将其转入下月月初。总账管理系统结账时，会进行一系列检查工作。只有当业务全部记账，账账核对平衡，科目余额试算平衡，所有损益类科目全部结转至本年利润，上月已结账且本月其他子系统已经结账后，总账系统才能结账成功。

◇ 任务实施

【操作岗位】会计W02

【操作流程】

1.应付款管理、应收款管理系统期末结账

2022年1月31日，会计W02在应付款管理系统执行【期末处理】|【月末结账】，打开【月末处理】对话框。双击修改1月对应的结账标志为“Y”，单击【下一步】，系统显示结果如图4-28所示，点击【完成】，系统提示“1月份结账成功!”。采用同样方法，2022年1月31日，会计W02完成应收款管理系统的结账工作。

2.固定资产管理系统期末结账

2022年1月31日，会计W02在固定资产管理系统执行【期末处理】|【月末结账】，打开【月末处理】对话框。单击【开始结账】，系统执行结账工作，反馈与总账对账结果为对账平衡，如图4-29所示，单击【确定】，系统提示“月末结账成功完成!”，单击【确定】，退出。

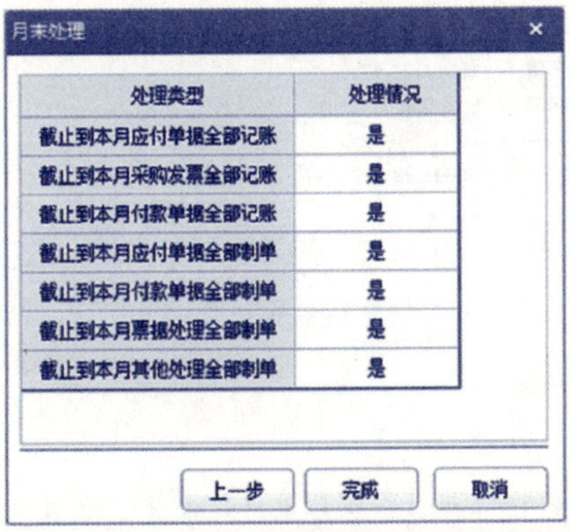

图4-28　应付款管理系统期末结账

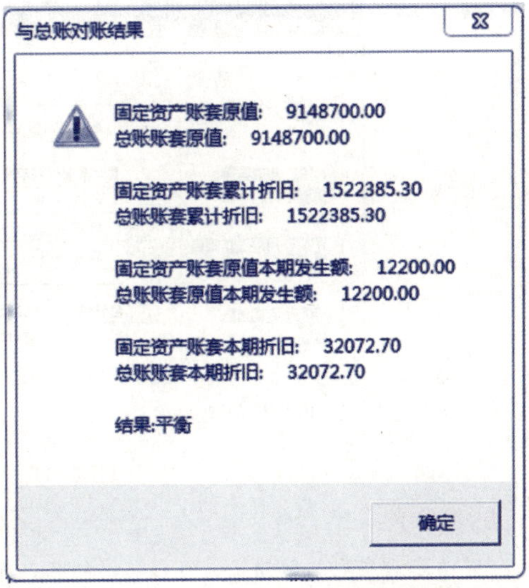

图4-29　固定资产与总账管理期末对账

3.薪资管理系统期末结账

2022年1月31日，会计W02在薪资管理系统执行【业务处理】|【月末处理】，打开【月末处理】窗口。单击【确定】，系统提示“月末处理之后，本月工资将不许变动！继续月末处理吗?”，单击【是】，系统继续提示“是否选择清零?”，单击【是】，打开【选择清零项目】窗口。选择要清零的项目“缺勤天数”，如图4-30所示。单击【确定】，系统提示“月末处理完成”。

4.总账管理系统期末结账

2022年1月31日，会计W02在总账管理系统执行【期末】|【对账】，打开【对账】对话框，双击【是否对账】栏，修改为“Y”，点击【对账】，如图4-31所示，系统执行对账工作，完成后执行【退出】。

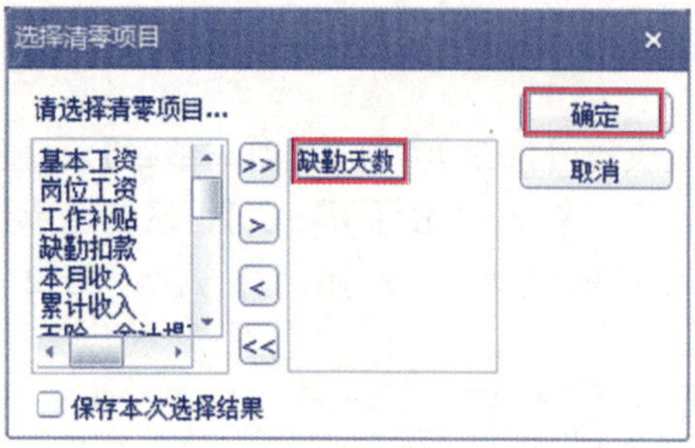

图 4-30　薪资管理期末结账

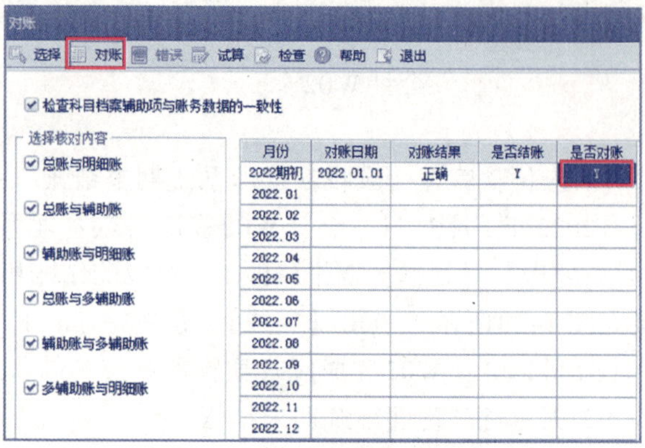

图 4-31　总账期末对账

接着，会计W02在总账管理系统执行【期末】|【结账】，打开【结账】对话框，单击【下一步】|【对账】，系统进行对账。对账结束，单击【下一步】，系统展示“2022年01月工作报告”，如图4-32所示，单击【下一步】|【结账】，完成全部操作。

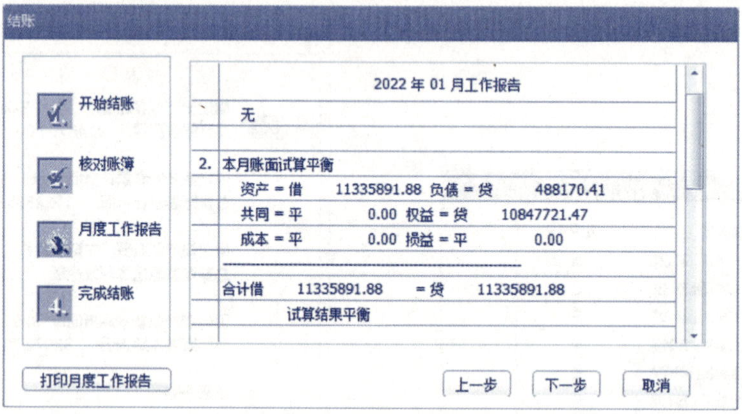

图 4-32　总账期末结账

操作提示

若结账后发现结账错误，可以取消结账，其操作方法为：进入【结账】窗口，选择要取消结账的月份，按【Ctrl+Shift+F6】组合键即可。

取消结账前要进行数据备份。

职场陪练

总账期末处理将财务上期末账务处理的逻辑以信息化的手段来实现。试着描述哪些业务可以通过总账期末处理来完成。总账期末处理要遵循怎样的操作程序？各模块期末结账要按照怎样的顺序进行？

职场寄语

“初心易得，始终难守”。党的二十大报告中反复提及“坚持”、“持续”、“坚定”等字样，强调“全党同志务必不忘初心，牢记使命”。

期末处理是本期经济业务一体化管理的收尾工作，是任务圆满完成的最后一步。“编筐织篓，全在收口”，期末处理正确与否直接影响着财报数据的准确性和可靠性。靡不有初，鲜克有终，在实际工作中应保持初心，以加倍的热情和信心，认真谨慎地做好期末处理工作，避免功败垂成的情况发生，慎终如始，善始善终。

工作过程五　报表生成与分析

职业能力清单

1. 理解报表编制原理，掌握资产负债表、利润表、现金流量表的编制方法；能够在正确核算企业经济业务的基础上，运用系统正确生成财务报表。

2. 认识系统内置的各类函数的意义和用法，掌握数据分析思路，方法；能够根据需要设计各种样式的分析表格，会定义公式从系统取数。

3. 了解数据分析决策的程序，能够运用系统提供的业务数据、财务数据、报表数据进行分析决策。

职业素质培养

1. 理解预与立的关系，在报表编制与分析过程中理解企业管理的目标和系统设计运行的机理。

2. 认识数据对于企业经营的重要意义，培养获取数据、分析数据、运用数据做决策的思维习惯。

内容导图

工作过程五内容导图如图5-1所示。

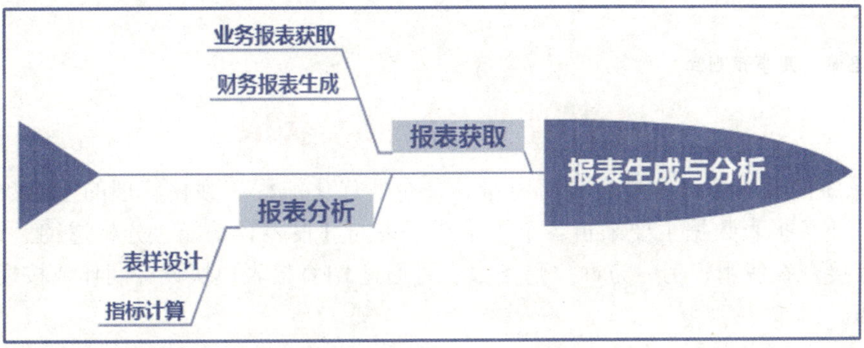

图5-1　工作过程五内容导图

工作情境引入

完成当月全部经济业务且结账后，就进入报表生成与分析环节。U8系统提供了专门的报表处理系统——UFO报表系统。该系统的主要功能是进行报表格式设计和报表数据处理，从总账子系统和其他业务系统中取得相关会计核算信息生成财务报表，进行报表汇总和输出备份，生成各种分析图表。UFO报表系统的工作流程如图5-2所示。

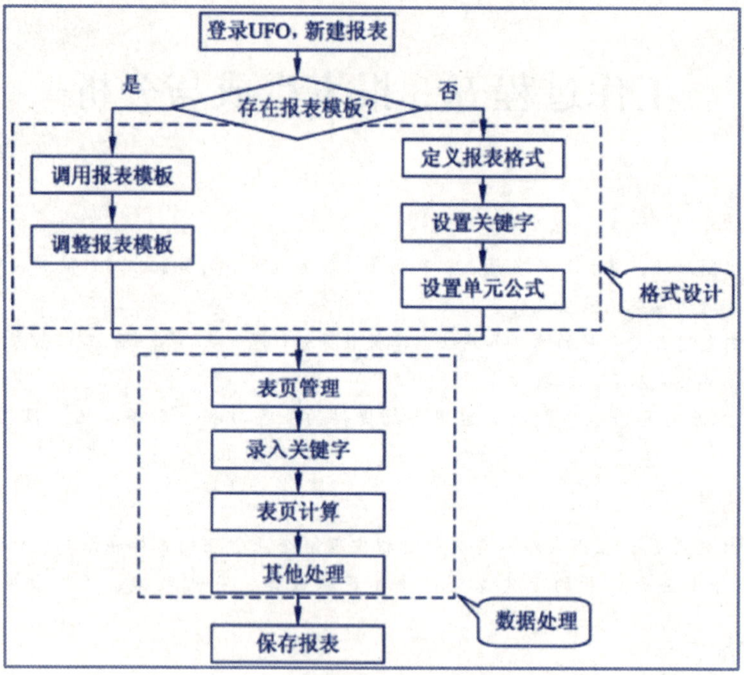

图 5-2　UFO 报表系统工作流程图

思政主线

数据思维　凡事预则立

【实训十二】报表获取

U8 系统潜藏着巨大的数据分析能量，是企业优化流程、强化管理的宝贵数据指南。一方面，业务报表数据主要来自各个子系统下设的【报表】功能，分析透彻、细致、全面，可直接查看使用；另一方面，财务报表可通过 UFO 报表模块设计制作或按模板生成，方便快捷。

任务清单12-1　业务报表查询

任务下达

2022年1月31日，各业务部门分别查看相关统计分析数据，掌握企业经营现状，锁定问题，强化管理。

1. 采购部门通过业务数据查询，了解本期采购到货数量和质量；掌握采购执行进度。

2. 销售部门通过销售综合统计表，了解本期销售数量、金额、开票、折扣等情况；通过销售结构分析表，掌握各种产品销售数量、金额构成等情况。

3. 仓管部门通过业务数据查询，掌握本期存货收、发、存情况。

4. 财务部门通过查询系统分析数据，掌握本期往来收支情况，了解应收账款、应付账款周转信息；查看存货核算系统的分析表，了解每种存货周转率和周转天数；掌握本期固定资产原值及变动情况，知晓各固定资产价值构成。

任务解析

用友ERP-U8 V13.0在每个子系统下提供了非常全面的报表分析数据，包括业务账表、统计表、分析表、科目账表等，从多个角度满足生产和管理的实际需要，极大地提高了数据应用效率，减轻了系统使用者数据分析的工作量。

业务报表数据通常存在于【报表】或【账表】或类似功能菜单下，不同的子系统定义的模块名称略有差异。在实务工作中应加强对这部分数据的查询和利用，以强化管理，实现业财一体化高效、高质运营。

任务实施

【操作岗位】采购员G01完成采购管理系统分析数据查询；销售员X01完成销售管理系统分析数据查询；仓管员C01完成库存管理系统分析数据查询；会计W02完成其他模块分析数据查询

【操作流程】

1.业务模块报表查询

2022年1月31日，采购员G01在采购管理系统执行【报表】|【明细表】|【到货明细表】，查看本期采购到货明细表，了解到货数量、金额和质检结果等数据，如图5-3所示。执行【报表】|【分析表】|【采购执行进度表】，详细查看每笔采购订单执行的进度情况，如图5-4所示。

到货明细表

查询方案：暂无查询方案，请点击"更多>>"添加，有助于您更加方便快捷的进行查询！

查询条件：日期 2022-01-01 到 2022-01-31

存货　到　查询　更多>>

单据日期	存货名称	规格型号	主计量	数量	实收数量	合格数量	不合格数量	退货数量	不合格品入库数量	原币无税单价	原币含税单价	原币无税金额	原币税额	原币价税合计	本币无税单价	本币金额
2022-01-01	黄油		千克	200.00	200.00	200.00		0.00	0.00	60.00	67.80	12,000.00	1,560.00	13,560.00	60.00	12,000.00
2022-01-03	太妃糖		箱	500.00	500.00	500.00		0.00	0.00	42.00	47.46	21,000.00	2,730.00	23,730.00	42.00	21,000.00
2022-01-05	椰子糖		箱	500.00	500.00	500.00		0.00	0.00	56.00	63.28	28,000.00	3,640.00	31,640.00	56.00	28,000.00
2022-01-08	纯牛奶		千克	4,995.00	4,995.00	4,995.00		0.00	0.00	10.00	11.30	49,950.00	6,493.50	56,443.50	10.00	49,950.00
2022-01-08	坚果		千克	800.00	800.00	800.00		100.00	0.00	25.00	28.25	20,000.00	2,600.00	22,600.00	25.00	20,000.00
2022-01-09	包装箱		个	1,000.00	1,000.00	1,000.00		0.00	0.00	2.00	2.26	2,000.00	260.00	2,260.00	2.00	2,000.00
2022-01-12	坚果		千克	-100.00				0.00	0.00	25.00	28.25	-2,500.00	-325.00	-2,825.00	25.00	-2,500.00
				7,895.00	7,995.00	7,995.00		100.00	0.00			130,450.00	16,958···	147,408.50		130,450···

图5-3　到货明细表

采购执行进度表

业务类型	订单编号	日期	供应商	部门	业务员	币种	存货编号	存货名称	规...	主计量	数量	原币含税单价	原币单价	原币金额	原币税额	原币价税
普通采购	CG20220101	2022-01-01	大连富林	采购部	周勋	人民币	106	黄油		千克	200.00	67.80	60.00	12,000.00	1,560.00	13,56
普通采购	CG20220102	2022-01-03	北京美乐	采购部	周勋	人民币	401	太妃糖		箱	500.00	47.46	42.00	21,000.00	2,730.00	23,73
普通采购	CG20220102	2022-01-03	北京美乐	采购部	周勋	人民币	402	椰子糖		箱	500.00	63.28	56.00	28,000.00	3,640.00	31,64
普通采购	CG20220103	2022-01-08	大连富林	采购部	周勋	人民币	105	坚果		千克	800.00	28.25	25.00	20,000.00	2,600.00	22,60
普通采购	CG20220104	2022-01-09	辽宁秋云	采购部	周勋	人民币	303	包装箱		个	1,000.00	2.26	2.00	2,000.00	260.00	2,26

共6条记录

到货明细　入库明细　发票明细　付款明细

采购执行进度表(到货明细)

业务类型	单据号	日期	供应商	币种	存货编码	存货名称	规格型号	主计量	数量	原币含税单价	原币单价	原币金额	原币税额	原币价税
普通采购	0000000005	2022-01-08	大连富林	人民币	105	坚果		千克	800.00	28.25	25.00	20,000.00	2,600.00	22,60
普通采购	0000000007	2022-01-12	大连富林	人民币	105	坚果		千克	-100.00	28.25	25.00	-2,500.00	-325.00	-2,82
小计									700.00			17,500.00	2,275.00	19,77

图5-4　采购执行进度表

采用同样方法，2022年1月31日，销售员X01在销售管理系统执行【报表】|【统计表】|【销售综合统计表】，查看本期销售数量、金额、开票以及折扣等数据；通过【销售分析】|【销售情况分析】功能，掌握本期销售数量、金额构成等情况。仓管员C01在库存管理系统通过【业务报表】|【统计表】，查看本期存货收、发、存统计情况。

2.财务模块分析数据查询

2022年1月31日，会计W02对应收款管理、应付款管理、存货核算以及固定资产管理系统执行【账表管理】或【账表】功能，查看系统自动生成的各类业务账表、统计表、分析表以及科目余额表等，从多个角度掌握企业业务状况与财务分析结果。这里不再详细阐述。

任务清单12-2　财务报表生成

任务下达

2022年1月31日，会计W02利用报表模板和账套本月数据完成如下任务：

按照2007年新会计制度科目，生成2022年1月份的资产负债表和利润表，并分别以rep和Excel格式备份保存。

任务解析

一、报表生成相关术语

（一）格式状态和数据状态

UFO报表系统有两种工作状态：格式状态和数据状态。通过单击页面左下角的【格式／数据】按钮实现状态切换。

1.格式状态

在格式状态下主要是对报表格式进行设计，如表尺寸、行高列宽、组合单元、单元属性、关键字位置定义、可变区等；定义单元公式、审核公式、舍位平衡公式。在格式状态下所做的操作对本报表所有的表页都起作用。在格式状态下不能进行数据的录入、计算等操作，页面显示的只是报表格式，不显示报表数据。

2.数据状态

在数据状态下主要是对报表数据进行管理，如输入数据、增加或删除表页、数据审核、舍位平衡、制作图形、汇总、合并报表等。在数据状态下不能修改报表的格式，页面显示报表全部内容，包括格式和数据。

（二）单元

单元是组成报表的最小单位，单元名称由所在列、行标识，与Excel中单元格命名规则相同。UFO报表系统中单元主要有以下类型：

1.数值单元

数值单元在数据状态下输入0～9这10个数字及特殊字符。数字可以直接输入或由单元中存放的单元公式运算生成。建立一个新表时，所有单元的类型缺省为数值。

2.字符单元

字符单元的内容可以是汉字、字母、数字及各种键盘可输入的任意符号组成的一串字符，一个单元中最多可输入63个字符或31个汉字。字符单元应在数据状态下输入，也可由单元公式生成。

3.表样单元

表样单元是报表的格式，只能在格式状态下输入和修改，在数据状态下不允许修改。

（三）组合单元与区域

组合单元是由相邻的两个或多个同一类型的单元组成的封闭矩形块。UFO报表系统在处理报表时将组合单元视为一个单元。

区域由一张表页上的一组单元组成，自起始单元至终点单元是一个完整的长方形矩阵。在UFO报表系统中，区域是二维的，最大的区域是一个二维表的所有单元，即整个表页，最小的区域是一个单元。

（四）表页

一个UFO报表最多可容纳99 999张表页，每一张表页是由许多单元组成的。一个报表中的所有表页具有相同的格式，但其中的数据不同。表页在报表中的序号称为“页标”，在表页的下方以标签的形式呈现。

（五）维、二维表、三维表、四维运算

确定某一数据位置的要素称为“维”。在一张表格中，任意位置都可以通过行和列来描述，这种方法被称作“二维描述”，这张表格被称为“二维表”。

多个相同的二维表叠在一起，被称为“三维表”。在三维表中，定位某一个数据除了行与列维度之外，还得指定第三个维度，即“表页号”。

如果将多个不同的三维表放在一起，要从这多个三维表中找到一个数据，则在前三个维度的基础上还需再增加一个“表名”要素。因此，三维表中的表间操作被作为“四维运算”。

（六）关键字

关键字是游离于单元之外的特殊数据单元，可以唯一标识一张表页，方便用户在大量表页中快速选

择或查找表页。UFO报表系统主要提供了以下6种关键字：

1.单位名称和单位编号

单位名称为字符型（最大28个字符），指该报表表页编制单位的名称；单位编号，为字符型（最大10个字符），指该报表表页编制单位的编号。

2.年、季、月和日

年、季、月和日4个关键字分别指该报表表页反映的年度、季度、月和日，均为数字型。除此之外，UFO报表系统还提供自定义关键字功能，可以应用于业务函数中。

关键字的位置在格式状态下设置，关键字的数值在数据状态下录入，报表可以定义多个关键字。

二、报表生成步骤

用友UFO报表系统为用户提供了16个行业的各种标准财务报表格式。企业可以套用系统提供的标准报表格式自动生成财务报表，避免独立编制报表的烦琐工作。实务中也可根据需要在系统标准报表格式的基础上进行个性化修改。

系统自动生成财务报表需要经过“新建空白表格”→“调用系统模板”→“录入关键字”→“报表数据生成”四个步骤。

利用报表模板可以迅速建立一张符合需要的财务报表。此外，对于一些本企业常用但系统没有内置标准格式的报表，可自行定义后设置为模板，供以后调用。

三、文件管理功能

UFO报表系统的文件管理功能可方便地执行报表文件的创建、保存等一般性操作，而且能够实现不同文件格式的转换（包括文本文件、MDB文件、Excel文件等）；提供标准财务数据的导入、导出功能。

任务实施

【操作岗位】会计W02

【操作流程】

1.报表生成

（1）调用模板。

2022年12月31日，会计W02在企业应用平台执行【业务工作】|【财务会计】|【UFO报表】命令，打开“UFO报表”窗口，系统弹出“日积月累”对话框，单击【关闭】按钮。

执行【文件】|【新建】命令，或使用工具栏的快捷键增加一张空白表页。新表自动进入格式状态，文件名显示在标题栏中，为“report1”。

执行【格式】|【报表模板】命令，打开【报表模板】对话框。选择行业为“2007年新会计制度科目”，财务报表选择“资产负债表”，如图5-5所示。

资产负债表生成与保存

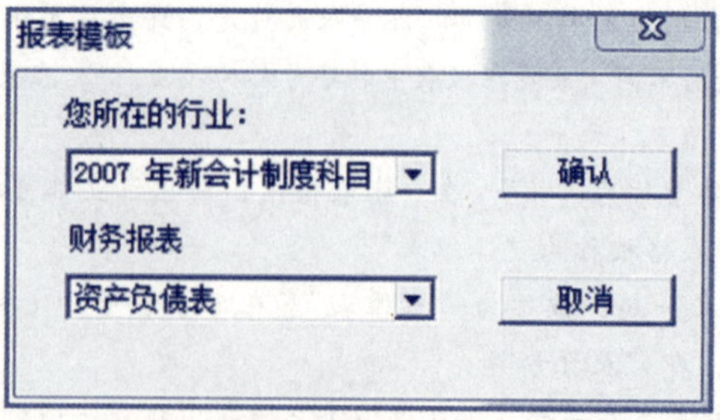

图5-5 报表模板应用

单击【确认】，弹出“模板格式将覆盖本表格式！是否继续？”提示框。单击【确定】按钮，即可打开“资产负债表”模板。

（2）调整报表模板。

此时的资产负债表处于“格式”状态。将A3单元格显示的“编制单位:”表样文字删除，同时在此单元格设置关键字“沈阳君喜糖果有限公司”。

实务中报表模板可根据单位要求自行调整，可定义样式、修改公式等。本例无修改要求。修改后保存调整后的报表模板备用。

（3）生成报表数据。

单击【数据/格式】按钮，将报表切换到数据状态下。执行【数据】|【关键字】|【录入】，打开【录入关键字】对话框。输入单位名称：沈阳君喜糖果有限公司，时间为2022年1月31日，单击【确认】按钮，弹出“是否重算第1页”提示框。单击【是】，系统会自动根据单元公式计算1月份的报表数据。点击【保存】按钮，系统弹出【另存为】对话框，如图5-6所示，选择保存位置，输入文件名“1月资产负债表”，单击【另存为】，完成报表数据的保存。

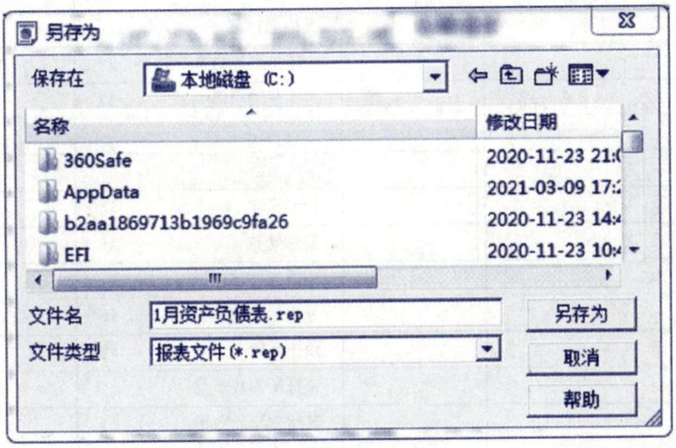

图5-6　报表保存

报表默认保存格式为“.rep”文件，该类型文件只有在U8系统中才能打开查看。为了使用方便，可以在保存文件时，点击【文件类型】下拉列表，选择将文件保存为Excel格式，如图5-7所示，系统会提示“是否同时将格式转换为Excel? 转换格式可能需要很长时间”，单击【是】，系统开始保存资料。资产负债表数据如图5-8所示。

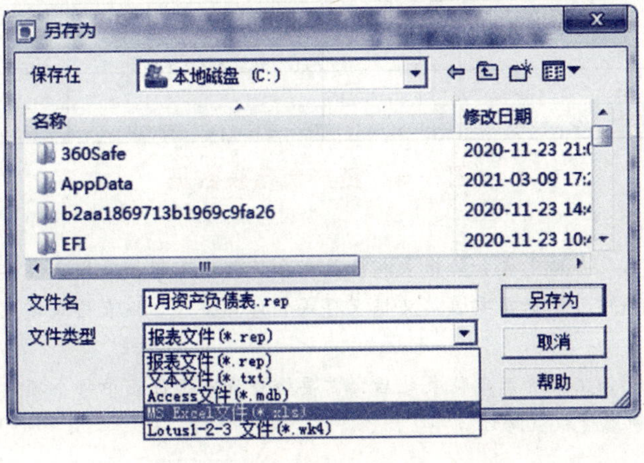

图5-7　报表另存为Excel格式

资产负债表

会企01表

沈阳君喜糖果有限公司　　2022 年　1 月　31 日　　单位:元

资　产	行次	期末余额	年初余额	负债和所有者权益（或股东权益）	行次	期末余额	年初余额
流动资产:				流动负债:			
货币资金	1	1,176,579.43	600,515.06	短期借款	32	40,000.00	40,000.00
交易性金融资产	2			交易性金融负债	33		
应收票据	3	216,000.00	135,600.00	应付票据	34	63,280.00	27,120.00
应收账款	4	554,634.40	139,419.40	应付账款	35	115,930.00	75,280.00
预付款项	5		10,000.00	预收款项	36		10,000.00
应收利息	6			应付职工薪酬	37	20,567.57	122,000.00
应收股利	7			应交税费	38	248,192.84	60,360.38
其他应收款	8		50,000.00	应付利息	39	200.00	
存货	9	1,741,340.75	1,908,200.00	应付股利	40		
一年内到期的非流动资	10			其他应付款	41		
其他流动资产	11			一年内到期的非流动负	42		
流动资产合计	12	3,688,554.58	2,843,734.48	其他流动负债	43		
非流动资产:				流动负债合计	44	488,170.41	334,760.38
可供出售金融资产	13			非流动负债:			
持有至到期投资	14			长期借款	45		
长期应收款	15			应付债券	46		
长期股权投资	16			长期应付款	47		
投资性房地产	17			专项应付款	48		
固定资产	18	7,616,314.70	7,644,810.00	预计负债	49		
在建工程	19			递延所得税负债	50		
工程物资	20			其他非流动负债	51		
固定资产清理	21	1,522.60		非流动负债合计	52		
生产性生物资产	22			负债合计	53	488,170.41	334,760.38
油气资产	23			所有者权益（或股东权益			
无形资产	24	29,500.00		实收资本（或股本）	54	7,855,000.00	7,360,000.00
开发支出	25			资本公积	55	473,060.00	473,060.00
商誉	26			减：库存股	56		
长期待摊费用	27			盈余公积	57	45,980.00	45,980.00
递延所得税资产	28			未分配利润	58	2,473,681.47	2,274,744.10
其他非流动资产	29			所有者权益（或股东权益	59	10,847,721.47	10,153,784.10
非流动资产合计	30	7,647,337.30	7,644,810.00				
资产总计	31	11,335,891.88	10,488,544.48	所有者权益(或股东权益	60	11,335,891.88	10,488,544.48

图 5-8　资产负债表数据

操作提示

需要说明的是，系统自动生成会计报表相比最新会计制度下的标准报表在格式及科目设置上均存在一定的滞后性，实务中可根据需要自定义报表样式和计算公式。报表格式定义与公式设置方法见实训十三。

第一次调用报表模板生成资产负债表之后，需要检查资产负债表中每个项目是否取数正确，资产总计是否等于负债和所有者权益总计。

采用同样方法，生成2022年1月的利润表，命名为“1月利润表”，分别以rep格式和Excel格式保存在C盘根目录下。利润表数据如图5-9所示。

利润表

会企02表

沈阳君喜糖果有限公司　　2022 年　　1 月　　单位:元

项　　目	行数	本期金额	上期金额
一、营业收入	1	1,194,000.00	
减：营业成本	2	696,600.00	
营业税金及附加	3		
销售费用	4	42,227.10	
管理费用	5	171,986.64	
财务费用	6	2,859.23	
资产减值损失	7	10,000.00	
加：公允价值变动收益（损失以“-”号填列）	8		
投资收益（损失以“-”号填列）	9		
其中:对联营企业和合营企业的投资收益	10		
二、营业利润（亏损以“-”号填列）	11	270,327.03	
加：营业外收入	12		
减：营业外支出	13	5,077.20	
其中：非流动资产处置损失	14		
三、利润总额（亏损总额以“-”号填列）	15	265,249.83	
减：所得税费用	16	66,312.46	
四、净利润（净亏损以“-”号填列）	17	198,937.37	
五、每股收益:	18		
（一）基本每股收益	19		
（二）稀释每股收益	20		

图5-9　利润表数据

【实训十三】报表分析

报表之间、不同单元数据之间存在着密切的逻辑关系。财务管理上经常要通过指标设计及计算来了解企业的财务状况、经营成果以及管理中存在的问题。在UFO报表系统可以根据管理需要设计各种类型的分析报表、设计表样、定义公式并进行运算，为企业生产经营提供决策依据。

任务清单13-1　表样设计

任务下达

2022年1月31日，会计W02按图5-10所示的样式设计简要的财务分析表。

财务分析简表

XXXX年XX月XX日

<table>
<tr><td rowspan="2">长期偿债能力</td><td rowspan="2">资产负债率</td><td>负债</td><td>所有者权益</td><td>指标数值</td></tr>
<tr><td></td><td></td><td></td></tr>
<tr><td rowspan="4">盈利能力</td><td rowspan="2">净资产收益率</td><td>净利润</td><td>平均所有者权益</td><td>指标数值</td></tr>
<tr><td></td><td></td><td></td></tr>
<tr><td rowspan="2">销售利润率</td><td>净利润</td><td>营业收入</td><td>指标数值</td></tr>
<tr><td></td><td></td><td></td></tr>
<tr><td rowspan="2">发展能力</td><td rowspan="2">总资产增长率</td><td>期末总资产</td><td>期初总资产</td><td>指标数值</td></tr>
<tr><td></td><td></td><td></td></tr>
</table>

图5-10　财务分析表表样

要求根据报表模板完成如下任务：

（1）第一行行高12mm，其余行高8mm，列宽均为36mm；表格标题字体为黑体20号、加粗，关键字字体为宋体12号，其他字体为宋体14号，要求所有内容行列居中。

（2）设计时间为XXXX年XX月XX日格式，偏移量分别为-280，-240，-200。

任务解析

在UFO报表系统中自定义报表与按模板生成报表的程序略有差异，先要进行表样设计和公式定义，再录入关键字，生成报表。

报表格式设计，需在格式状态下进行。格式设置对整个报表都有效，主要包括以下内容：

①设置表尺寸，定义报表的大小即设定报表的行数和列数。

②录入表内文字，包括表头、表体和表尾（关键字值除外）。

③关键字位置确定。通过偏移量设计调整单位名称、年、月、日等关键字的显示位置。

④定义行高和列宽。

⑤定义组合单元，即把几个单元作为一个单元使用。

⑥设置单元风格，设置单元的字型、字体、字号、颜色、图案、折行显示等。

⑦设置单元属性，把需要输入数字的单元定为数值单元；把需要输入字符的单元定为字符单元。

⑧画表格线。

⑨设置可变区，即确定可变区在表页上的位置和大小。

⑩定义各类公式。

任务实施

【操作岗位】会计W02

【操作流程】

1.设计表尺寸

会计W02在企业应用平台打开UFO报表窗口。单击工具栏上的【新建】按钮，新建一张空白表，点击【格式】菜单下的【表尺寸】命令，设置表尺寸为11行7列，单击确认，如图5-11所示。

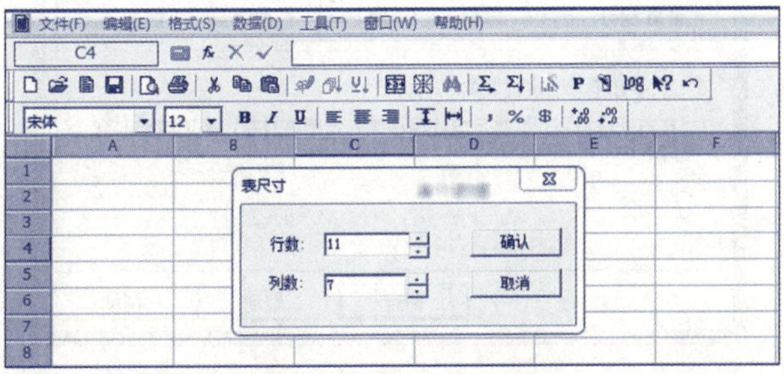

图5-11　表尺寸设置

2.设置行高、列宽

选中第一行，执行【格式】|【行高】，在如图5-12所示的【行高】对话框设置数值为“12”，单击【确认】。同理，设置其他行高为8mm，列宽为36mm。

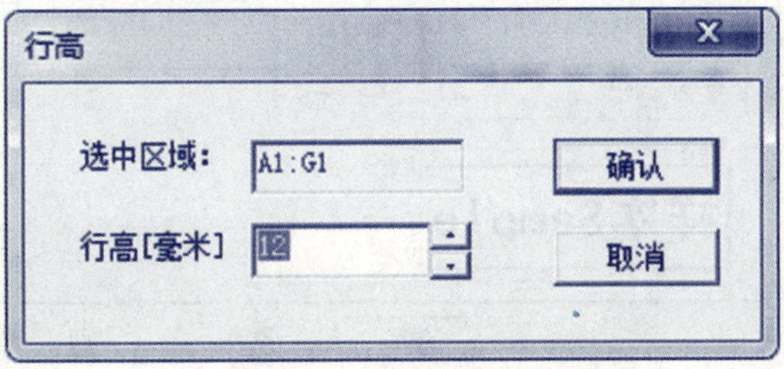

图5-12　行高设置

3.组合单元格

选中单元格区域B1:F1，点击【格式】菜单下的【组合单元】命令，弹出【组合单元】对话框，如图5-13所示。单击【整体组合】按钮，完成单元格合并。按照上述方法分别对单元格区域B2:F2，B3:B4，B5:B8，B9:B10，C3:C4，C5:C6，C7:C8，C9:C10进行整体组合。

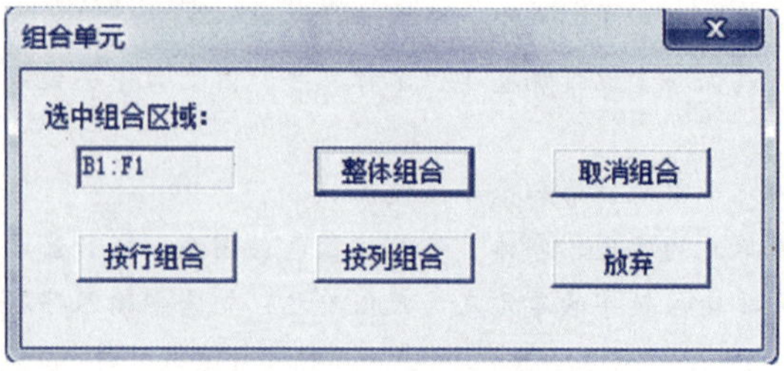

图5-13　组合单元设置

4.内容输入及格式设置

根据资料录入除表格第二行以外的文字内容。选中表标题所在单元格区域，执行【格式】菜单下的【单元格属性】命令，打开【单元格属性】对话框，点击【对齐】页签，选中对齐方式为“居中”，如图5-14所示，单击【确定】。同理，选择【字体图案】页签，设置字体为黑体20号、加粗，如图5-15所示。

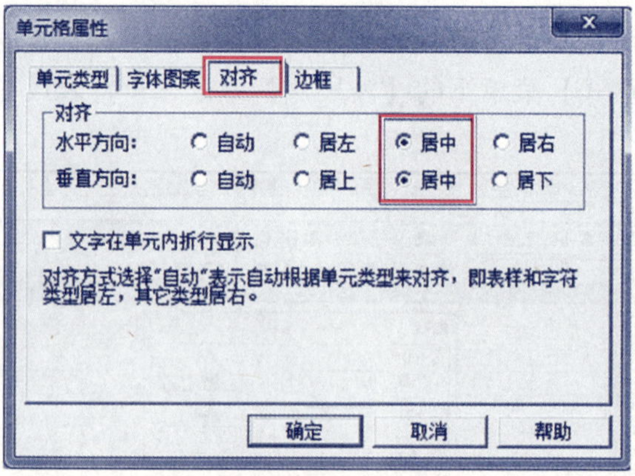

图5-14　单元格对齐属性设置

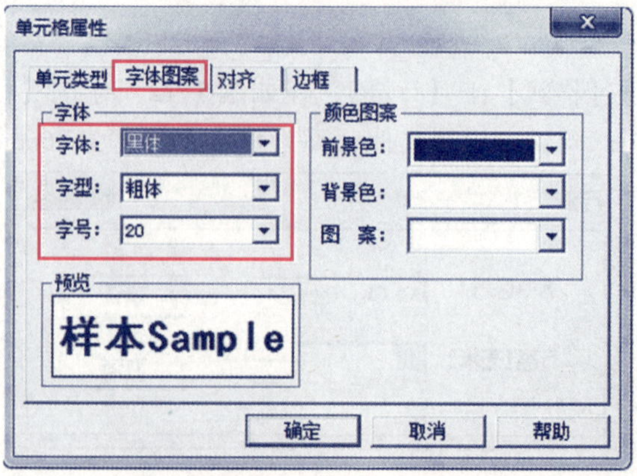

图5-15　字体、字型、字号设置

重复上述操作方法，设置其他单元格的字体、字号及对齐方式。其中单元格F4、F6、F8、F10应设置为百分数形式，保留4位小数。在【单元类型】下勾选【百分号】前的复选框，修改小数位数为“4”，如图5-16所示。

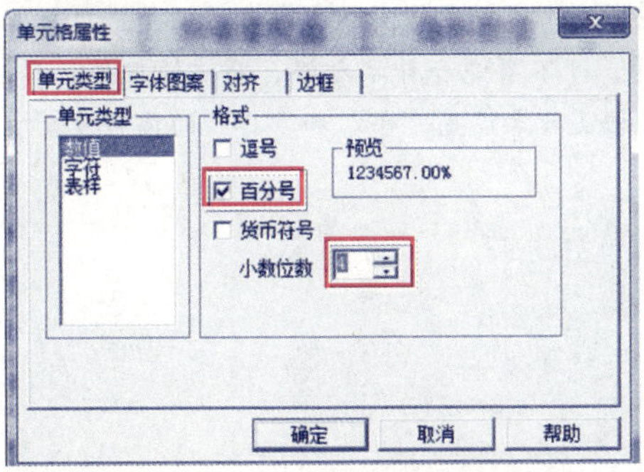

图5-16 百分数样式设置

5.绘制表格线

选中B3:F10区域，执行【格式】菜单下的【区域画线】命令，打开【区域划线】对话框，按默认网线，单击【确定】。

6.设置关键字

选中合并单元格B2，执行【数据】|【关键字】|【设置】，打开【设置关键字】对话框，选择“年”，单击【确定】。重复前述操作，再逐一设置关键字“月”和“日”。

继续执行【数据】|【关键字】|【偏移】，打开【定义关键字偏移】对话框，在“年”“月”“日”栏分别输入偏移量，如图5-17所示，单击【确定】，结果如图5-18所示。

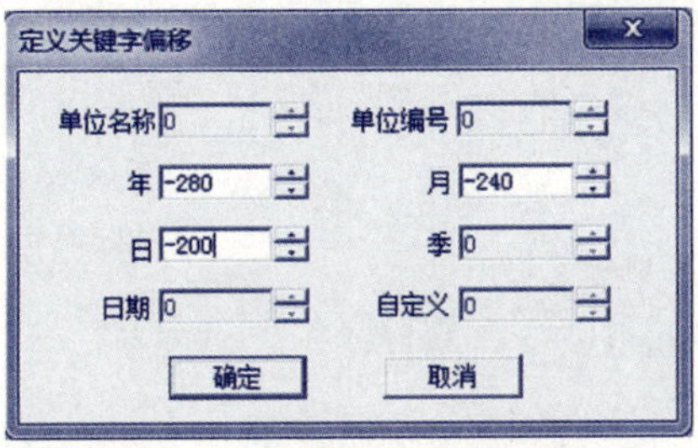

图5-17 关键字偏移设置

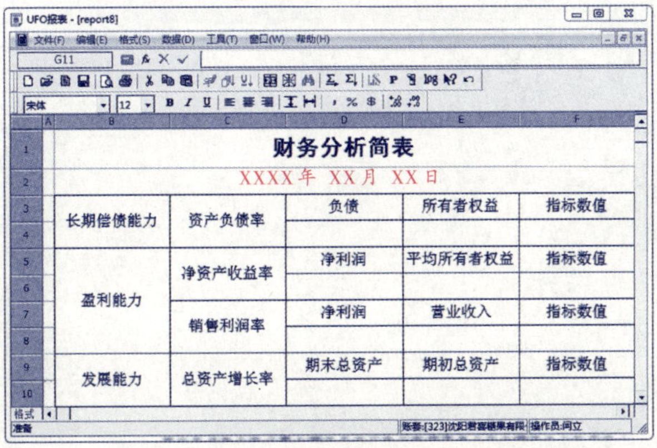

图5-18 表格样式设置结果

操作提示

在“格式”状态下定义了单元内容的自动默认为表样型，定义为表样型的单元在数据状态下不允许修改和删除。

定义表样时，可不规定列宽，而根据表格实际内容自行调整。

定义年、月、日关键字时，可不事先合并单元格，而选择把年、月、日同时设置在表格上方某一中间的单元格内，以负数和其相反数来设置“年”和“日”的偏移量，实现时间关键字的居中。

任务清单 13-2　指标计算

任务下达

2022年1月31日，会计W02定义前述财务分析简表的公式，要求如下：

（1）通过财务函数获取、掌握数据，填充“所有者权益”项目。

（2）通过报表取数或跨表取数方法完成其他项目填充。

（3）“销售利润率”计算用到的“净利润”指标取“净资产收益率”指标所用的“净利润”的计算结果。

（4）执行【数据】操作，生成分析结果并做简要分析。

任务解析

一、报表公式

（一）公式种类

报表公式主要有计算公式和非计算公式。计算公式也称为单元公式，指在报表单元直接定义的计算公式，一般可分为取数公式和单纯的统计、计算公式。非计算公式主要包括审核公式和舍位平衡公式等。用于审核报表内或报表之间的钩稽关系是否正确的公式称审核公式；用于报表数据进位或小数取整时避免破坏原数据平衡关系的公式称为舍位平衡公式。

报表的单元公式必须设置，审核公式和舍位平衡公式则是根据需要设置的。

（二）单元公式定义

UFO报表系统主要是从其他系统中提取编制报表所需的数据。报表公式编辑有两种方法：①直接输入；②利用函数向导输入。

在财务函数定义完毕后，可以利用报表间的勾稽关系定义审核公式。

1.财务函数

大多数单元公式可以利用财务函数进行设计，实现从各子系统提取数据。UFO报表系统中提供了几十种财务函数，主要包括：期初余额函数、期末余额函数、发生额函数、累计发生额函数、条件发生额函数、对方科目发生额函数、净额函数、汇率函数及其他从子系统取数的函数等。常见财务函数见表5-1。

表5-1　常见财务函数说明

分类	函数名	含义、用法示例
金额函数	QC期初余额	取指定会计科目的期初余额
	QM期末余额	取指定会计科目的期末余额
	FS发生额	取指定会计科目的发生额
	LFS累计发生额	取某科目从年初至今累计发生额
	DFS对方发生额	DFS(1405,6401,月,贷)取凭证中贷方为1405科目且借方为6401科目的贷方发生额
	JE净发生额	JE(1001,月)计算库存现金科目本月净发生额
数量函数	在金额函数的前面加“S”表数量，如SQC表示取科目的数量期初余额	
外币函数	在金额函数的前面加“W”表外币，如WQC表示取科目的外币期初余额	
现金流量函数	XJLL现金流量	提取现金流量项目特定会计期间或指定日期范围的发生额

2.表页内的计算公式

表页内的计算公式，采用逐个单元名称的方式对若干个单元的数据进行加减乘除等运算或利用会计报表系统提供的运算函数进行计算。如资产负债表的“资产总计”等项目，一般采用设计表页内的计算公式进行取数。

3.本表他页取数计算公式

本表他页取数计算公式是指同一报表文件中不同表页之间通过数据连接获取数据。在表页间取数可以分为：取确定页号表页的数据；按一定关键字值确定表页数来取数，可以使用SELECT函数来实现，也可以用关联条件从本表他页取数。

4.跨表取数计算公式

对于取自于其他报表的数据，可以按如下规则定义相应单元的计算公式："表文件名.REP"->单元名@表页数。

（三）审核公式定义

审核公式是UFO报表系统提供的用于检查报表数据之间勾稽关系的公式。它是报表数据之间的检查公式，主要用于报表数据生成后，审核报表数据的正确性。

（四）舍位平衡公式定义

舍位平衡公式用于报表数据进行进位或小数取整时调整数据。如以"元"为单位的报表在报送时可能会转换为以"千元"或"万元"为单位的报表，原来的数据平衡关系可能被破坏，因此需要进行调整，使之符合指定的平衡公式。报表经舍位之后，重新调整平衡关系的公式称为舍位平衡公式。其中，进行进位操作的叫做舍位，舍位后调整关系操作的公式叫做平衡调整公式。

二、数据处理

报表格式和各类公式定义好后，就可以进入数据处理工作了。报表数据处理在数据状态下进行，包括如下常用操作：

①追加表页并录入关键字。

新建的报表只有一张表页，可根据需要追加多个表页，并在每张表页录入关键字的值。例如，录入关键字"单位名称"的值：给第一页录入"甲单位"，给第二页录入"乙单位"，给第三页录入"丙单位"等。

②录入数据。

已经设置计算公式的单元，数据由公式自动计算生成，不能手工输入；未设置计算公式的数据单元可以手工录入数据。

③报表图形处理。

如有需要，可选取报表数据制作各种图形。图形标题、数据组可以自行设置，图形可随意移动并且能够打印输出。

任务实施

【操作岗位】会计W02

【操作流程】

1.利用账务函数取数

选择E4单元格，单击工具栏上 fx 按钮，或按"="，打开【定义公式】对话框，通过点击【函数向导】，找到"用友账务函数-期末（QM）"，执行【下一步】，在【用友账务函数】对话框，执行【参照】，打开【账务函数】对话框，选择科目为"4001"，单击【确定】，系统完成函数参照，返回【定义公式】对话框，采用同样方法，完成本单元格公式"QM("4001",月,,,,,,,,,)+QM("4002",月,,,,,,,,,)+QM("4101",月,,,,,,,,,)+QM("4103"，月,,,,,,,,,)+QM("4104",月,,,,,,,,,)"，结果如图5-19所示。

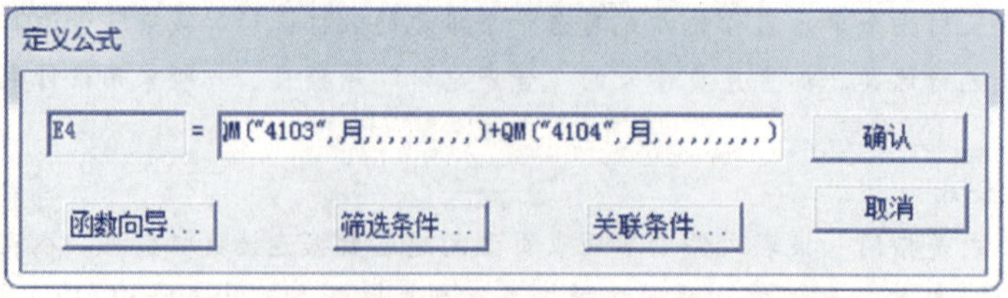

负债项目公式定义

图5-19　所有者权益项目公式定义

2. 定义报表取数

选择D4单元格，执行【数据】|【编辑公式】|【单元公式】命令，打开【定义公式】对话框，手工输入公式“"C:\1 月资产负债表"->G29”，单击【确认】按钮，如图5-20所示。系统自动将保存在C盘根目录下的名为“1 月资产负债表”的G29单元格中的数据取出。

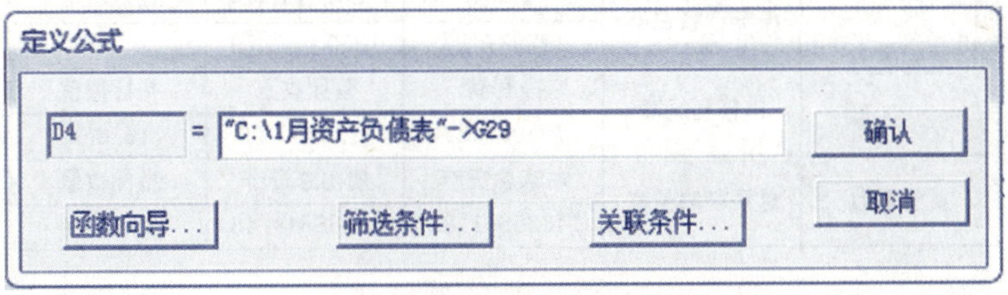

图5-20　负债项目公式定义

采用类似的报表取数方法定义“净利润”项目的公式为“"C:\1 月利润表"->C21”；定义“平均所有者权益”项目的公式为“（"C:\1 月资产负债表"->G36+"C:\1 月资产负债表"->H36）/2”；定义“营业收入”项目的公式为“"C:\1 月利润表"->C5”；定义“期末总资产”和“期初总资产”的公式分别为“"C:\1 月资产负债表"->C38”和“"C:\1 月资产负债表"->D38”。

3. 其他计算公式

选中F4单元格，输入“=”，在弹出的【定义公式】对话框中输入公式“D4/E4”，单击【确认】。同理完成F6、F8、F10单元格的公式定义，方法相似；选中D8单元格，输入公式“D6”，取前一个净利润计算结果。完成全部公式定义，结果如图5-21所示。

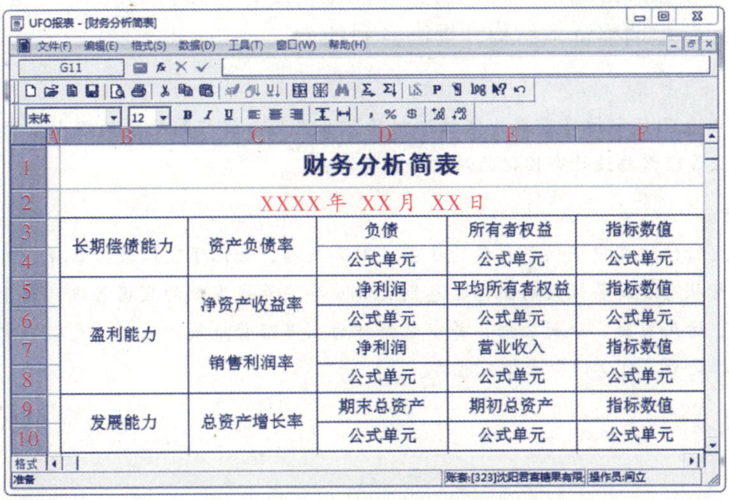

图5-21　全部公式定义完成

4. 生成数据

点击图5-21左下角的【格式】按钮，切换为数据状态。执行【数据】|【关键字】|【录入】，确定时间为2022年1月31日，单击【确认】，系统完成表页重算，结果如图5-22所示。

财务分析简表

2022年 1月 31日

长期偿债能力	资产负债率	负债	所有者权益	指标数值
		488170.41	10847721.47	4.50%
盈利能力	净资产收益率	净利润	平均所有者权益	指标数值
		198937.37	10500752.79	1.89%
	销售利润率	净利润	营业收入	指标数值
		198937.37	1194000.00	16.66%
发展能力	总资产增长率	期末总资产	期初总资产	指标数值
		11335891.88	10488544.48	108.08%

图5-22 财务分析结果

操作提示

报表的公式必须在格式状态下进行录入。公式中的符号都必须在英文半角状态下录入。

在数据状态下，执行【数据】|【整表重算】命令，系统可自动利用报表公式，从相关系统或报表中取数完成整表重算，取得分析数据。也可以执行【数据】|【表页重算】命令，生成当前表页的数据。

从资产负债表中相关项目提取的期初或期末两个时点的数据，各自对应的函数为期初余额（QC）和期末余额（QM）；而利润表各项目对应的是报告期各损益类账户发生额，取数时应使用函数发生额（FS）。

从财务分析的结果看，沈阳君喜糖果有限公司总资产处于增长状态，公司长期偿债能力强，但所有者权益所占比重较大，财务杠杆作用没有充分利用，净资产收益率较低。应在后期的生产经营中调整资本结构，提高盈利能力。

职场陪练

财务报表是以企业日常核算资料为依据编制的，如果按系统模板生成的报表数据不平，应如何处理？如何根据企业管理需要设计个性化的对内分析报表？

职场寄语

信息系统在运行的过程中提供了大量的业务、财务数据，相比于获取数据本身，隐藏于这些数据背后的反映公司运行状态和发展情况的规律信息则更加重要。养成发散的数据思维，善于搜集数据、整理数据、挖掘数据、运用数据、分析数据，并以数据作为生产经营决策的依据，是职场中需要长久锻炼并不断提升的能力，是必不可少的职业核心能力。

附录

附录1 企业信息

（一）基本情况

沈阳君喜糖果有限公司，是一家主营糖果制造及销售的生产型企业，主要生产牛轧糖和香酥枣，在业内具有很高的知名度，被誉为“中华老字号”。公司为增值税一般纳税人，法人代表兼总经理为顾晓兮。

公司开户银行为建设银行沈阳经济技术开发区支行，基本存款账户：6220556267834921166，税号：912101060911564238，公司地址：沈阳市经济技术开发区开发大路188号，联系电话：024-33661188。

（二）企业组织架构及岗位分工

沈阳君喜糖果有限公司董事会下设总经理办公室、财务部以及采购部、销售部、生产部和仓储部，组织结构图如附图1所示。总经理顾晓兮主管企业全面工作，公司岗位分工及职责划分见附表1。

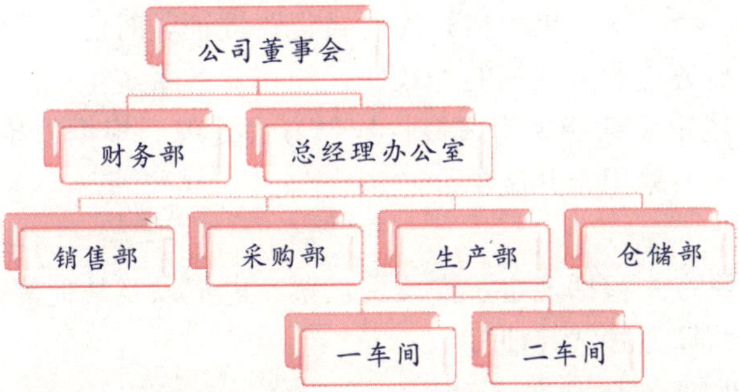

附图1　沈阳君喜糖果有限公司组织结构图

附表1　沈阳君喜糖果有限公司岗位分工及职责划分

人员编码	姓名	部门名称	主要职责
A01	顾晓兮	总经理办公室	主管企业全面工作
W01	张鑫	财务部	财务经理
W02	闫立	财务部	主管会计
W03	项芳	财务部	出纳
G01	周勋	采购部	采购经理
X01	丁天	销售部	销售经理
S01	徐旷达	生产部	生产主管
C01	杨雨艺	仓储部	仓库主管

（三）企业会计核算要求（附录）

1.科目设置要求

企业目前采用的会计科目分三级明细。应付账款科目下设“暂估应付款”和“一般应付款”两个二级科目，应收票据和应付票据下分别设置“银行承兑汇票”和“商业承兑汇票”两个二级明细科目。其辅助项设置说明如下：

二者均设置为供应商往来，其中，“一般应付款”设置为受控于应付系统，“暂估应付款” 设置为不受控于应付系统。应收票据下设两个二级科目，均为供应商往来，受控于应付系统。

日记账：库存现金、银行存款及其明细账

银行账：银行存款及其明细账

客户往来：应收票据-银行承兑汇票，应收票据-商业承兑汇票，应收账款，预收账款，以上账户均受控于应收系统。

供应商往来：应付票据-银行承兑汇票，应付票据-商业承兑汇票，应付账款-一般应付款，应付账款-暂估应付款以及预付账款。以上账户除“应付账款-暂估应付款”设置为不受控于应付系统外，其他均设置为受控于应付系统。

个人往来：其他应收款-个人。

部门、项目核算：生产成本。

2.会计凭证的基本规定

录入或生成“记账凭证”均由指定的会计人员操作，含有库存现金和银行存款科目的记账凭证均需出纳签字。采用单一格式的复式记账凭证。对已记账凭证的修改，只采用红字冲销法。为保证财务与业务数据的一致性，能在业务系统生成的记账凭证不得在总账系统直接录入。委托代销手续费采用虚拟收款单方式处理。根据原始单据生成记账凭证时，除企业有特殊规定外不采用合并制单。

3.结算方式设定

公司采用的结算方式包括现金、支票、汇票、电汇以及其他等方式。系统中没有对应结算方式时，选用结算方式“其他”。

4.薪酬业务的处理

假定五险一金及住房公积金以基本工资与岗位工资之和为计提基数。计提比例如下：基本养老保险为24%，其中，企业承担16%，个人承担8%；医疗保险和生育保险共10.6%，其中，企业承担8.6%，个人承担2%；失业保险为1%，其中，企业承担0.5%，个人承担0.5%；不缴纳工伤保险；住房公积金为24%，其中，企业承担12%，个人承担12%。公司职工福利费不预提，按实际发生金额列支。工会经费和职工教育经费分别按职工本月收入额的2%和2.5%计提。工会经费按月划拨给工会专户。各类社会保险费当月计提，当月缴纳。工资分摊制单合并科目相同、辅助项相同的分录。

5.固定资产业务的处理

固定资产包括房屋及建筑物、生产设备、运输设备和办公设备，均为在用状态；采用平均年限法（一）按月计提折旧。

6.存货业务的处理

存货按存货分类进行存放。各类存货按照实际成本核算，采用永续盘存制；发出原材料及周转材料成本采用“先进先出法”按仓库进行核算；发出产成品成本采用“移动平均法”按仓库进行核算；采购入库存货对方科目全部使用“在途物资”科目，委托代销成本使用“发出商品”科目核算，受托代销商品使用“受托代销商品”科目核算。

采购和销售业务必有订单（订单号与合同编号一致）、出入库业务必有发货单和到货单。

存货核算制单时不允许勾选“已结算采购入库单自动选择全部结算单上单据，包括入库单、发票、付款单，非本月采购入库按蓝字报销单制单”选项。

7.税费的处理

公司为增值税一般纳税人，销售商品的增值税税率为13%，按当期应交增值税的7%计算城市维护建设税、3%计算教育费附加和2%计算地方教育附加；企业所得税的计税依据为应纳税所得额，税率为25%，采用资产负债表债务法处理。所得税按月预算，按季预缴，全年汇算清缴。

8.财产清查的处理

公司每月月末对存货进行清查，每年年末对固定资产进行清查，根据盘点结果编制“盘点表”，并与账面数据进行比较，由库存管理员审核后进行处理。

9.坏账损失的处理

除应收账款外，其他应收款项不计提坏账准备。坏账准备按年末应收账款余额的0.5%计提，在每年年末进行。(月末可视同年末计提坏账)

10.损益类账户结转及利润分配

期末处理采用账结法，每月末将各损益类科目余额转入“本年利润”账户，结转时收入与支出可分别结转，分别生成会计凭证，也可以统一结转生成一张会计凭证。

根据企业惯例，公司税后利润首先用于弥补亏损，其次按10%提取法定盈余公积，然后按20%分配给投资者。

附录2 实训任务书

实训（　　）任务书

操作日志				
时间	操作内容	遇到的问题及原因	解决方法	其他
结果与反思				
任务名称	任务流程总结	使用时长	掌握程度	其他

附录3 一体化证书加油站

北京美庭商贸有限公司是一家经销床垫、被褥等家居用品的商业企业，地址为北京市海淀区香山路186号，纳税人识别号：914403007084611887。公司法人：夏冬雪。

1.2020年3月1日，在系统管理中增加编号为02的用户张远东，并设置其具有库存管理权限。

2.2020年3月1日，按要求增加仓库档案。仓库编号：02；名称：设备库；仓库属性：资产仓（不参与需求计划运算，不计入成本），主要用来存放设备等固定资产。

3.2020年3月1日，增加存货档案，见附表2。

附表2 存货档案

存货编码	存货名称	规格型号	存货分类	计量单位	税率	存货属性
0302	蚕丝被	200*230	被品	套	13%	内销、采购、外销

4.2020年3月1日，按北京美庭商贸有限公司的财务制度的核算要求，指定现金科目、银行科目、现金流量科目。

5.2020年3月1日，按北京美庭商贸有限公司的财务制度的核算要求，增加会计科目。科目编码：1502；科目名称：债权投资减值准备。

6.2020年3月1日，根据本公司经营需要设置销售类型。编码：01；销售类型：正常销售。

7.2020年3月1日，根据本公司经营需要设置采购类型。编码：02；采购类型：受托代销。

8.2020年3月1日，将采购订单的单据编号设置为完全手工编号。

9.2020年3月1日，按附表3设置客户分类和客户档案。

附表3 客户分类和客户档案

客户分类	客户编码	客户名称/简称	地址电话	开户银行银行账号与纳税人登记号	默认值
市外	0102	深圳宝马汇商业中心	深圳市福田区农林路69号深国投广场二号楼 0755-21512288	中国工商银行深圳市红围支行 4000021219200065217 910440301710936858	是
	0104	无锡宁润信息网络有限公司	无锡市新区硕放镇经一路8号 0510-85309091	中国农业银行无锡硕放支行 635101040013624 81210213560341655Y	是

10.2020年3月1日，按给定数据录入期初入库单并完成采购模块期初记账。附表4为2020年2月28日深圳安美家居有限公司的商品入库清单。

附表4 期初入库单信息表

商品名称	单位	数量	单价（不含税）	金额（元）
硅胶床垫	个	260	3 300.00	858 000.00

11.2020年3月1日，存货期初数据维护并记账。

12.2020年3月1日，按销售部门给定数据录入期初发货单。附表5为2020年2月10日北京天地商业广场的商品发货清单。

附表5　　期初发货单信息表

商品名称	单位	数量	单价（不含税）	金额（元）
蚕丝被	套	380	2 100.00	798 000.00
硅胶床垫	个	400	4 300.00	1 720 000.00
合计				2 518 000.00

13.应收账款期初余额录入。2020年3月1日，在应收款管理系统中，按附表6录入期初应收单。

附表6　　应收账款期初余额

单据类型	单据日期	客户	币种	科目	余额（元）
其他应收单	2020-02-29	深圳宝马汇商业中心	人民币	1122	438 030

14.2020年3月1日，在总账模块期初余额表中引入应收账款期初余额，录入库存商品的期初余额：5 703 462元，并保证期初余额试算平衡。

15.2020年3月1日，在应付款管理系统中，按附表7录入期初应付单。

附表7　　应付账款期初余额

单据类型	单据日期	客户	币种	科目	余额（元）
其他应付单	2020-02-20	北京万达物流有限公司	人民币	220201	113 000

16.2020年3月2日，行政专员孙庆忠在财务中心借200元现金，购买办公用品。（摘要：个人借款购买办公用品）

17.2020年3月2日，采购专员刘明借1 000元现金以备出差使用。（借款用途即为摘要）

18.2020年3月6日，收到购买LED广告屏的增值税专用发票，经质检部门检验合格后验收，财务部支付北京隆达股份有限公司货款，录入资产卡片并生成凭证。（不走采购管理模块）

19.2020年3月4日，采购专员刘明报销差旅费，出差共计花费980元，冲销借款1 000元，收回现金20元。

20.2020年3月7日，行政专员孙庆忠购买了200元办公用品。（摘要：购买办公用品）

21.2020年3月8日，采购专员孙庆忠报销22 600元的购买包装材料款项。（总账处理，摘要：购买周转材料）

22.2020年3月10日，公司应付深圳安美家居有限公司期初货款314 320元，已到信用期限。与供应商协商后达成一致，本月先支付货款300 000元，剩余货款下月付清。财务中心填制付款单，审核制单并核销应付款项。（在付款单上审核）

23.2020年3月10日，总经理李伟要了解当日资金使用情况，财务中心将当日资金日报导出Excel文件（文件名：资金日报表20200310，存放在桌面）转交给总经理。

24.2020年3月17日，由于工作需要将质量经理张德禄和质量专员高志爽调到管理中心。职务、薪资待遇暂不调整，调整薪资系统人员档案。

25.2020年3月23日，与北京东北旺电子商务有限公司洽谈签订合同，于签订合同当日通知仓库发货。

26.2020年3月27日，公司按合同约定，委托物流公司将合同标的发往合同给定地点。

27.2020年3月29日，深圳安美家居有限公司发来的商品检验全部合格，验收入库。（根据采购到货单生成）

28.2020年3月29日，收到深圳安美家居有限公司邮寄的增值税专用发票，金额为40 680元，录入发票（根据采购订单生成）并复核，对发票进行手工结算。

29.2020年3月29日，审核深圳安美家居有限公司的采购发票并生成凭证。（打开发票审核并制单）

30.2020年3月30日，由于2月销售业绩良好，3月份临时将市场中心所有员工的奖金调整为本人基本工资的0.15作为临时奖励，设置奖金公式。

31.2020年3月30，向北京东北旺电子商务有限公司开出发票，根据发货单生成发票。

32.2020年3月30日，审核开具给北京东北旺电子商务有限公司的发票并制单。（打开发票审核并制单）

33.2020年3月30日，确认采购入库商品成本，结转销售出库商品成本。

34.2020年3月31日，在库存管理模块中查询出入库流水账，并导出Excel文件，存放到桌面。

35.2020年3月31日，计提并分摊本月工资，公司缴纳五险一金。

36.2020年3月31日，查询本月应交增值税明细账，计算本月应交增值税，并填制记账凭证。（摘要：结转本月应交增值税）

37.2020年3月31日，参照本月增值税明细表（附表8）完成增值税纳税申报。

附表8　　2020年3月增值税发票明细

公司名称：北京美庭商贸有限公司　　纳税人识别号：914403007084611887

已开发票销售额（元）	销项税额（元）	本期认证相符且本期申报抵扣发票金额（元）	进项税额（元）
978200.00	127166.00	216177.00	28103.01

38.2020年3月31日，计提本月固定资产折旧，分摊并生成记账凭证。（使用批量制单生成凭证，并保存计提折旧制单设置）

39.2020年3月31日，按照顺序对销售管理模块、采购管理模块进行月末结账。

40.2020年3月31日，由操作员对已生成的凭证依次进行出纳签字、审核、记账。

41.2020年3月31日，利用自定义转账功能进行本月期间损益结转处理，系统尚未对期间损益结转进行设置。为快速生成结转期间损益的凭证，请在转账生成页面设置期间损益结转，生成一张结转损益凭证。

42.2020年3月31日，公司要求记录每月员工工资，导出工资变动表（文件名：工资统计202003），存放到桌面。

43.2020年3月31日，查询本月开具的增值税专用发票，导出为Excel文件（文件名：销售发票类别202003），保存到桌面。

44.2020年3月31日，对本月部分会计档案进行装册。

参考文献

[1] 李爱红. ERP财务供应链一体化实训教程（用友U8V10.1）[M]. 北京：高等教育出版社，2017.

[2] 财政部会计资格评价中心. 初级会计实务 [M]. 北京：中国财政经济出版社，2021.

[3] 王新玲. 用友U8 V10.1会计信息化应用教程 [M]. 北京：人民邮电出版社，2016.

[4] 牛永芹，杨琴，喻竹. ERP财务业务一体化实训教程（用友U8 V10.1版）[M]. 2版. 北京：高等教育出版社，2017.